Der „Studienkurs Politikwissenschaft“
wird herausgegeben von

Prof. Dr. Winand Gellner, Universität Passau

STUDIENKURS POLITIKWISSENSCHAFT

Prof. Dr. Stefan A. Schirm
Ruhr-Universität Bochum

Internationale Politische Ökonomie

Eine Einführung

Nomos

Bibliografische Information Der Deutschen Bibliothek

Die Deutsche Bibliothek verzeichnet diese Publikation in der Deutschen Nationalbibliografie; detaillierte bibliografische Daten sind im Internet über http://dnb.ddb.de abrufbar.

ISBN 3-8329-0735-1

1. Auflage 2004

Inhaltsverzeichnis

Vorwort zum Studienkurs Politikwissenschaft

Die Vielfalt politikwissenschaftlicher Studiengänge stellt für die akademische Lehre eine große Herausforderung dar. Neben die klassischen Magister- und Diplomstudiengänge treten zunehmend BA- und MA-Studiengänge, die die politikwissenschaftliche Lehre grundlegend zu verändern beginnen. Die Dozenten stehen vor dem Problem, dass in sehr kurzer Zeit hochgradig standarisierter politikwissenschaftlicher Stoff vermittelt werden muss, der in das sich immer stärker durchsetzende Klausurformat passt. Dazu tritt die Integration der Politikwissenschaft in immer mehr interdisziplinäre Studiengänge. Ob man es will oder nicht, dadurch wird der Druck immer stärker zunehmen, politikwissenschaftliches Wissen in neuen Formen bereitzustellen. Damit entsteht ein verstärktes Bedürfnis nach lehrbuchartiger Literatur, die aber selbstverständlich wissenschaftlichen Ansprüchen genügen muss. Der *Studienkurs Politikwissenschaft* ist das Ergebnis von Überlegungen, diese Herauforderung anzunehmen und erfolgreich zu bewältigen. Die Autorinnen und Autoren der Studienkurse sind profunde Kenner ihres jeweiligen Sachgebietes und bieten damit die Gewähr, dass mit der Vermittlung studienrelevanten Materials auch hohe wissenschaftliche Reputation verknüpft ist.

Alle Bände enthalten *erstens* grundlegende Informationen zu den spezifischen politikwissenschaftlichen Teilbereichen, *zweitens* darauf abgestimmte kommentierte Literaturhinweise und *drittens* Verständnisfragen. *Viertens* werden diese grundlegenden Informationen ergänzt durch in der Lehre einsetzbares Material (historische Quellen, Schaubilder oder multimediale Hilfsmittel). Ein besonderes Kennzeichen der Einführungsreihe ist die allfällige und schnelle Aktualisierung. Dabei bietet die Verknüpfung mit dem zwischenzeitlich fest etablierten politikwissenschaftlichen Online-Portal http://www.politik-im-netz.com/ ein hervorragendes Koordinierungs- und Aktualisierungsinstrument. Bei PIN werden die Basistexte sowie die Literaturhinweise regelmäßig aktualisiert und fortwährend aktualisierte und kommentierte Linkdatenbanken zu den verschiedenen Themenbereichen angeboten. Ferner werden die in den gedruckten Studienkursen aufgeworfenen Prüfungsfragen regelmäßig online aktualisiert und den Dozenten verfügbar gemacht. Die Studienkurse sind also so angelegt, dass sie direkt in der Lehre einsetzbar sind. Das Konzept des Studienkurses sowie die Einhaltung der einheitlichen Formate und Standards wird vom Herausgeber sowie der PIN-Redaktion gewährleistet.

Der Studienkurs ist auf insgesamt 17 Bände angelegt. Die Bände verteilen sich auf die drei klassischen Teilgebiete der Politikwissenschaft.

Für die *Politische Theorie und Ideengeschichte* wird es drei Studienkurse geben, die sich zum einen der *Klassischen politischen Theorie* und der *Modernen politischen Theorie* sowie zum anderen den *Politischen Ideen als Ideenkreisen* widmen.

Die *Vergleichende Regierungslehre* wird durch insgesamt sieben Bände repräsentiert, die sich im Einzelnen zunächst den *Grundbegriffen, Ansätzen und Methoden der Politikwissenschaft* annehmen, der horizontalen *Gewaltenteilung*, dem *Föderalismus* und dem *Parlamentarismus.* Neben der polity beschäftigen sich weitere Studienkurse mit politics-Themen, wie *Parteien und Wahlen*, *Interessengruppen* und *Medien.*

Die *Internationale Politik* schließlich wird neben dem Band zur *Weltpolitik* zunächst durch die area-orientierten Themen *Außenpolitik*, *Europäische Union* und *Lateinamerika* vertreten. Dazu kommen systematische Auseinandersetzungen mit der *Internationalen Politischen Ökonomie*, den *Internationalen Konflikten und Konflikttheorien* sowie schließlich der *Sicherheitspolitik.*

Wir sind fest davon überzeugt, dass die Arbeit unserer Autoren für sich selbst sprechen wird und dass der Studienkurs insgesamt zu einer großen Bereicherung der wissenschaftlichen Lehrbuchliteratur führen wird.

Prof. Dr. Winand Gellner
Passau und Zürich, im Juli 2004

1. Einleitung: IPÖ und die Konzeption des Buches

Der Gegenstand dieses Buches betrifft einen der beiden zentralen Bereiche des Politischen: Neben „Sicherheit“ ist „Wohlfahrt“ die Kernaufgabe des Staates und wichtiges Thema der Politikwissenschaft. Im Fokus praktischen Regierens wie wissenschaftlicher Analyse steht dabei die zunehmend grenzüberschreitend verlaufende Ökonomie. Was bei Adam Smith im 19. Jahrhundert noch als „Wealth of Nations“ bezeichnet wurde und in der damaligen Wissenschaft die „Nationalökonomie“ war, lässt sich heute immer weniger als nationales Phänomen begreifen. Nach drei Jahrzehnten beschleunigter Globalisierung wäre die Analyse der Wechselwirkungen zwischen Politik und Wirtschaft aus einzelstaatlicher Perspektive wirklichkeitsfremd. Während Finanztransfers, Handel und Produktionsprozesse sich in wachsendem Ausmaß auf mehr als einem nationalen Territorium abspielen, bleibt die Politik aber nach wie vor überwiegend an nationalen Zielen und Maßnahmen ausgerichtet. Zentrales Element dieses Buches ist daher die Analyse der Ursachen und Auswirkungen grenzüberschreitender Entwicklungen, durch die die Unterscheidung zwischen „intern“ und „extern“ möglicherweise immer weniger wichtig für die Politik wird.

Internationale Politische Ökonomie (IPÖ) lässt sich nur sehr vereinfacht als „Internationale Wirtschaftsbeziehungen“ umschreiben. Denn der politikwissenschaftlichen Disziplin der IPÖ geht es um mehr. Das Feld stellt nämlich nicht nur grenzüberschreitende wirtschaftliche Vorgänge in den Mittelpunkt, sondern ebenso die theoretische und empirische Untersuchung des Verhältnisses zwischen Politik und Ökonomie. Diese theoriegeleitete Untersuchung erst führt von der deskriptiven Darstellung etwa von grenzüberschreitendem Güter- und Finanzaustausch zur Analyse der wechselseitigen Beeinflussung von Politik und Wirtschaft. Grundlegende Fragen der IPÖ lauten somit: Wie funktioniert die Ökonomie? Was ist Globalisierung? Welche Gestaltungsspielräume hat die Politik? Mit welchen politischen Strategien ist dem Staatsziel „Wohlfahrt“ näher zu kommen? Wie verändert weltwirtschaftliche Globalisierung staatliche und private Handlungsoptionen? Diesen Fragen kann nur nachgegangen werden, wenn die ökonomisch und politisch handelnden Akteure in den Mittelpunkt der

Analyse gestellt werden. Daher orientiert sich dieses Buch analytisch primär an den Akteuren der IPÖ und weniger an Netzwerken oder Strukturen.

In Deutschland gehen Politik- und Wirtschaftswissenschaften oft getrennte Wege und die politikwissenschaftliche Beschäftigung mit IPÖ erfolgte in den letzten Jahrzehnten oft nur am Rande. Dagegen gehört die „International Political Economy" zum so genannten „core curriculum" politikwissenschaftlicher Studiengänge im anglo-amerikanischen Raum. Dies mag daran liegen, dass Politikwissenschaft in Deutschland eher aus der „Staatswissenschaft" kommt, in Anglo-Amerika dagegen aus der „Nationalökonomie". Die heutige Vernachlässigung der Internationalen Politischen Ökonomie in vielen politikwissenschaftlichen Lehrplänen in Deutschland mag auch ein Ergebnis der ideologischen Debatten der 1970er Jahre sein. In jedem Fall besteht ein erheblicher Nachholbedarf in Deutschland hinsichtlich der wissenschaftlichen Forschung und Lehre der IPÖ. Dieses Lehrbuch legt ein Fundament zur systematischen Integration der Internationalen Politischen Ökonomie in die politikwissenschaftliche Lehre. Dabei folgt das Buch vier konzeptionellen Elementen: Theorien, Argumenten, Aktualität und Internationalität.

Theorien. Politikwissenschaftler sollten wissen, warum sie wissen, was sie wissen. Um dieses Reflexionsniveau zu erreichen, um Analysen methodisch abgesichert, für andere nachvollziehbar und logisch stringent durchzuführen, brauchen wir systematische Vermutungen über Kausalzusammenhänge, d.h. Theorien. Daher startet dieses Lehrbuch mit einer Einführung in die Theorien der Internationalen Politischen Ökonomie. Die Erklärungsansätze werden nicht wie in einem Lexikon beschreibend und getrennt abgehandelt, sondern in Bezug zueinander gestellt und anhand aktueller empirischer Themen illustriert. Im Unterschied zu einem Lexikon erhebt das vorliegende Buch auch nicht den Anspruch auf Vollständigkeit: Es werden nicht alle denkbaren Theorien vorgestellt. Vielmehr wird gezeigt, wie die wichtigsten Ansätze aufeinander Bezug nehmen, sich unterscheiden und weiterentwickelt haben. Neben den Klassikern stehen hier vor allem neue Ansätze zur IPÖ im Mittelpunkt, da sie auf aktuelle Probleme zugeschnitten sind. Theorien der IPÖ werden aber nicht nur zu Beginn im eigenen Teil 2. präsentiert, sondern leiten auch viele der folgenden Kapitel der Teile 3.-6. des Buches. Beispielsweise leiten sie die Untersuchung von Globalisierungswirkungen, die Analyse der Ursachen regionaler Kooperation, die Erklärung von Freihandels-Verhandlungen und die Diskussion der Positionen der Global Governance.

Argumente. In allen Teilen des Buches wird versucht, Politikwissenschaft als Wettstreit von Argumenten zu präsentieren. Es geht nicht um die Verkündung von scheinbaren Wahrheiten, sondern darum, logisch überzeugende Argumente zu finden und diese anhand empirischer Indizien plausibel zu belegen. Daher sind die einzelnen Kapitel oft in einem diskursiven Stil gehalten: Wie kann ein bestimmtes Phänomen erklärt werden? Welche Argumente und Indizien sprechen dafür, welche dagegen? Es geht diesem Buch darum, Stoff zur Bildung der eigenen Argumentation und Analyse zu geben. Dazu schlägt das Buch Erklärungsmuster vor, mit denen Verständnis und eigene Interpretation bei Leserin und Leser angeregt werden sollen. Dies bedeutet auch, dass dieses Lehrbuch nicht nur „informieren" will, sondern vor allem darauf zielt, das Mitdenken zu stimulieren. Insofern ist dieses Buch sicherlich auch anspruchsvoller zu lesen als ein Lexikon, versucht aber auch die analytischen Fähigkeiten der Leser und Leserinnen stärker zu fördern.

Aktualität. Im Hinblick auf die Theorien und die empirische Dimension der IPÖ ist das Buch aktuell. Unter Rückgriff auf die Historie geht es um die aktuelle Theoriedebatte und um die aktuellen Entwicklungen in der Welt. Daher stehen neue Handelstheorien, Machtansätze, Institutionenökonomik und Globalisierungstheorien im Mittelpunkt und nicht nur die Neoklassik, Keynes und Ricardo. Mit dem Ziel der Aktualität widmet sich das Buch der Globalisierung, der regionalen Kooperation und der Global Governance als den relevantesten empirischen Dimensionen der IPÖ der letzten zwei Jahrzehnte. Frühere Entwicklungen und Strukturen der IPÖ wie das Bretton-Woods-System, das Zeitalter des Imperialismus oder der Neokeynesianismus der 1950er-1970er Jahre werden nicht behandelt, da sie Gegenstand vieler anderer Werke sind.

Internationalität. Alle Teile des Buches sind eng an die internationalen Debatten zum jeweiligen Aspekt der IPÖ angelehnt. Dadurch sind viele Kapitel wissenschaftlich anspruchvoll sowie analytisch und nicht nur beschreibend angelegt. Die Studierenden die dieses Buch lesen, gewinnen einen Einblick in die Zusammenhänge und Argumente, die in internationalen Fachveröffentlichungen diskutiert werden und an Universitäten mit dem Schwerpunkt auf die Internationale Politische Ökonomie etwa in Großbritannien, Skandinavien und den USA zum politikwissenschaftlichen Curriculum gehören.

Die Struktur des Buches folgt den Kernelementen „Theorien, Argumente, Aktualität und Internationalität" und zielt auf die theoriegeleitete Diskussion empirischer Fragen der IPÖ:

- Teil 2. präsentiert klassische und neue Theorien der IPÖ. Das erste Kapitel widmet sich den Klassikern Smith, Marx und Keynes sowie den neuen Ansätzen des Monetarismus, der Modernisierungs- und Dependenciatheorie und Institutionenansätzen. In den Kapiteln 2-4 werden neue theoretische Ansätze zu Handel, Macht und Institutionen vertieft diskutiert und beispielhaft angewendet auf Güteraustausch, den Einfluss der USA auf die Verschuldungskrise Mexikos und die Weltbank. Mit der Einführung in die Klassiker (2.1.) und mit der Vertiefung wie Anwendung neuer Theorien versucht dieser Teil des Buches, das Verständnis der aktuellen Debatten zu stärken und die Grundlagen für die Einordnung der empirischen Entwicklungen in den folgenden Teilen des Buches zu legen.
- Teil 3. untersucht die Entwicklung und die Wirkungen von Globalisierung als wichtiger empirischer Dimension der aktuellen IPÖ. Im ersten Kapitel zu den Grundlagen der Thematik werden ein Analyseansatz, die Entstehung der globalen Finanz-, Investitions- und Handelsmärkte sowie zwei Fallstudien zu ihren Auswirkungen präsentiert. Im zweiten Kapitel steht die Frage nach den unterschiedlichen Interessen und politischen Strategien in der aktuellen Globalisierungsdebatte im Mittelpunkt. Das dritte Kapitel widmet sich in einer Fallstudie der Erklärung der unterschiedlichen nationalen Antworten auf Globalisierung am Beispiel Deutschlands. Das vierte Kapitel geht der Frage nach, ob und unter welchen Bedingungen Entwicklungsländer zu den Gewinnern oder Verlierern von Globalisierung gehören.
- Teil 4. des Buches ist zwischenstaatlicher Wirtschaftskooperation auf regionaler Ebene gewidmet. Das erste Kapitel stellt zentrale Integrationstheorien vor und führt in einen ergänzenden Ansatz ein, der Kooperation als Antwort auf Globalisierung konzipiert. Anschließend werden regionale Kooperationsabkommen in Europa, Nord- und Südamerika empirisch vorgestellt. Kapitel 2 untersucht die Vorteile regionaler Kooperation anhand des Nordamerikanischen Freihandelsabkommens (NAFTA). Das dritte Kapitel untersucht die Verhandlungen über eine Freihandelszone der Amerikas anhand der Theorien internationaler Beziehungen und am Beispiel des Verhaltens der beiden zentralen Kontrahenten Brasilien und USA.
- Teil 5. ist der Global Economic Governance (GEG), d.h. den Möglichkeiten des multilateralen Managements der Weltwirtschaft gewidmet. Im ersten Kapitel werden die verschiedenen Vorschläge für neue Strategien der Global Governance vorgestellt und evaluiert. Anschließend wird am Beispiel der US-amerikanischen und deutschen Haltung zur Reform des

Internationalen Währungsfonds (IWF) untersucht, warum sich nationale Positionen zur GEG unterscheiden. Das zweite Kapitel beschäftigt sich mit Aufgaben und Funktionsweise zweier internationaler Wirtschaftsorganisationen, dem IWF und der Welthandelsorganisation (die Weltbank ist Gegenstand von Kap. 2.4.). Das dritte Kapitel geht der Frage nach, welche Rolle Nicht-Regierungsorganisationen und privatwirtschaftliche Akteure für die Global Economic Governance spielen können.

- Teil 6. beleuchtet als Exkurs die traditionellen Theorien der politikwissenschaftlichen Disziplin „Internationale Beziehungen" bezüglich der Wirkungen von Globalisierung auf zwischenstaatliche Politik und schlägt verbindende Hypothesen vor.

Die Teile 2.-6. des Buches sind in Kapitel unterteilt, an deren Ende sich Arbeitsfragen zum Test des gerade Erlernten ebenso finden wie ein Literaturverzeichnis zur Vertiefung des jeweiligen Themas.

Die Idee zu diesem Studienbuch entstand in einer Reihe von Seminaren und Vorlesungen, die ich in den letzten Jahren zu verschiedenen Themen der „Internationalen Politischen Ökonomie" (IPÖ) gehalten habe. Vor allem in den Vorlesungen „Einführung in die internationalen Beziehungen", „Theorie und Empirie weltwirtschaftlicher Globalisierung" und „Theorie und Praxis regionaler Integration" zeigte sich der Bedarf nach einem neuen Lehrbuch. In vielen Gesprächen mit Studierenden und Kollegen wie Kolleginnen wurde deutlich, dass andere Einführungswerke die IPÖ oft nur als Randbereich behandeln und daher nicht umfassend sowohl theoretisch wie empirisch beleuchten. Gerade in Zeiten zunehmender Globalisierung ist eine Vernachlässigung der IPÖ in der politikwissenschaftlichen Lehre aber ein besonderer Mangel. In Kursen und Gesprächen stellte es sich als essentiell für die Lehre der IPÖ heraus, nicht nur einzelne Theorien, Organisationen und historische Entwicklungen lexikalisch darzustellen. Vielmehr ist es für die Lehre zentral, ein Studienbuch vorzulegen, das theoriegeleitet, d.h. spezifische Thesen empirisch überprüfend in die IPÖ einführt. Dieses Studienbuch basiert auf Erfahrungen in der Lehre und baut auf einer Reihe eigener Forschungsprojekte auf, deren Veröffentlichungen sich in den Literaturverzeichnissen finden. Für Korrekturen des Manuskripts und inhaltliche Recherchen bedanke ich mich ganz herzlich bei Marco Reuter, Lisa Schöllhammer, Sandra Wassermann und Anna Wittenborg.

Stefan Schirm
München, März 2004

2. Neue Theorien der Internationalen Politischen Ökonomie

2.1 Theorieentwicklung: Klassiker und Neue Theorien

Theorien der Internationalen Politischen Ökonomie (IPÖ) beschäftigen sich mit der Wechselwirkung zwischen Politik und Wirtschaft im grenzüberschreitenden Kontext. Kernelement der IPÖ-Theorien sind kausale Aussagen über die Auswirkungen politischer Entscheidungen und Strukturen auf wirtschaftliche Entwicklungen und umgekehrt über die Auswirkungen wirtschaftlicher Strukturen und Entwicklungen auf die Politik. Dabei können Politik und Wirtschaft für die Klarheit der Analyse anhand ihrer unterschiedlichen Funktionslogik getrennt werden: Während der (globale) Markt der gewinn-maximierenden und grenzüberschreitenden Logik privater Akteure folgt, orientiert sich die Politik am Territorium des Staates und im Prinzip an der Verantwortung für das gesellschaftliche Gemeinwohl. Die zentrale Frage der Internationalen Politischen Ökonomie lautet daher: Wie beeinflussen sich das nationalstaatliche Gemeinwohlinteresse der Politik und das transnationale Eigennutzinteresse der Ökonomie gegenseitig?

Die analytische Trennung zwischen der Logik des Marktes und der Logik der Politik bedeutet aber keineswegs, dass beide auch Gegensätze im Sinne konträrer Zielsetzungen oder konträrer empirischer Entwicklungen darstellen müssen. So ist seit dem Zweiten Weltkrieg das Gewinnstreben privater Marktakteure in den Industrieländern Westeuropas, Ostasiens und Nordamerikas sehr wohl mit dem Wohlfahrtsinteresse des Staates kompatibel gewesen. In den „sozialen Marktwirtschaften" demokratischer Industrieländer scheint sich das Wachstumspotential des Marktes mit dem Verteilungsinteresse der Gemeinschaft sehr produktiv verbunden zu haben (vgl. Kap. 3.). Nur wenn man beide als unvereinbar definiert, wenn der Staat als planwirtschaftlicher Staat und der Markt als unzähmbarer, asozialer Markt gesehen wird, dann bilden beide einen unüberbrückbaren Gegensatz. Einer solchen ideologischen Position widersprechen aber die empirische Beobachtung und die (meisten) wissenschaftlichen Theorien politischer Ökonomie. Weder „der Staat" noch „der Markt" sind an sich gut oder schlecht – wichtig ist, wie beide interagieren und das gesellschaftliche Interesse an Wohlstand und an dessen Verteilung befördern.

Wie in Teil 1. ausgeführt, zielt dieses Lehrbuch auf eine theoriegeleitete empirische Analyse aktueller Entwicklungen der IPÖ. Daher wird in den empirischen Teilen 3., 4. und 5. systematisch auf Theorien als analytische „tools" zurückgegriffen. Der vorliegende Teil 2. befasst sich ausschließlich mit Theorien der IPÖ, um die wichtigsten Erklärungsansätze kurz vorzustellen und die Verknüpfung von Theorie und Empirie systematisch zu üben. Kapitel 2.1. skizziert die traditionellen Theorien politischer Ökonomie sowie neue Erklärungsansätze und schildert Argumentationslinien der aktuellen Diskussion: Zunächst liefert es einen Überblick über die Grundannahmen der wichtigsten „Klassiker" der Theorien politischer Ökonomie: Adam Smith, David Ricardo, Karl Marx und John Maynard Keynes stehen exemplarisch für die traditionellen Theorien. Bei dieser Auswahl und der Vorstellung ihrer Ansätze kann nicht auf Vollständigkeit geachtet werden. Da dieses Lehrbuch weder als Lexikon noch als eine umfassende Darstellung der Theorien konzipiert ist, werden im Folgenden die Theorien nur skizzenhaft gegenübergestellt. Ausführliche Darstellungen der Theorien der IPÖ finden sich in den Werken im Literaturverzeichnis. Nach den Skizzen zu den „Klassikern" der IPÖ gehe ich kurz auf neuere Erklärungsansätze ein, die in der zweiten Hälfte des 20. Jahrhunderts die Debatten maßgeblich beeinflusst haben: Monetarismus, Modernisierungstheorie, Dependencia-Theorie und Institutionenansätze.

In den darauf folgenden Kapiteln 2.2., 2.3. und 2.4. werden drei Theorierichtungen vertieft, die von besonderer aktueller Relevanz für die Interpretation transnationaler und internationaler Wirtschaftsbeziehungen sind: Theorien über Handel, über Macht und über Institutionen. Damit folgt das Buch dem Ziel, einen theoriegeleiteten Zugriff auf die aktuelle Diskussion zu ermöglichen. Spezifische Theorien zu den Wirkungen von Globalisierung werden in Teil 3. ausgeführt und angewandt. Theorien regionaler Kooperation sind Gegenstand von Teil 4. und die traditionellen Theorien der politikwissenschaftlichen Disziplin „Internationale Beziehungen" werden hinsichtlich ihrer Relevanz für die Globalisierungs-Debatte im Exkurs in Teil 6. untersucht.

2.1.1. Die Klassiker: Smith, Marx und Keynes

Im 17. Jahrhundert hatten noch der Kameralismus und der Merkantilismus das wirtschaftspolitische Denken beherrscht: Politik und Ökonomie wurde als Einheit gesehen, der Staat war Hauptakteur der Wirtschaft, deren wichtigster Zweck wiederum in der Stärkung des Staates und der Mehrung des fürstlichen bzw. königlichen Reichtums liegen sollte. Manufakturen wurden staatlich gegründet und der grenzüberschreitende Handel wurde im Merkantilismus kontrolliert und nicht selten verboten.

Demgegenüber stellte die Wirtschaftsphilosophie von Adam *Smith* (1723-1790) eine radikale Innovation dar: Der Markt wurde nunmehr begrifflich vom Staat getrennt und der Mensch in den Mittelpunkt ökonomischer Prozesse gerückt. Smiths Anliegen war die Frage nach den gesellschaftlichen (und insofern politischen) Wirkungen egoistischen (und insofern ökonomischen) Handelns des Einzelnen, der aus Eigennutz und im Wettbewerb mit anderen danach trachte, seine Lebensbedingungen zu verbessern. Reichtum entstehe durch produktive menschliche Arbeit. Da aber kein Individuum alle selbst benötigten Güter herstellen könne, sei Austausch und Arbeitsteilung sinnvoll. Durch das Angebot der eigenen Güter bzw. Ressourcen (wie Arbeitskraft) und die Nachfrage nach denjenigen Gütern, die der Einzelne nicht selber herstellen könne, entstehe der Markt. Angebot und Nachfrage nach Gütern und Dienstleistungen würden sich über den Preis regulieren. Übersteige das Angebot an einem Gut die Nachfrage, so führe dies zu Preisverfall, der die Herstellung des betreffenden Gutes unattraktiv mache und daher das Angebot mittelfristig verringere, womit eine Stabilisierung des Preises eintrete.

Der Markt benötigte also keine politische Intervention, um ins Gleichgewicht zu kommen. Diese Selbstregulierung – „invisible hand" – des Marktes sorge nach Smith dafür, dass individueller Eigennutz über den Marktmechanismus gesamtgesellschaftlichen Wohlstand mehre: Die Wirtschaftsakteure würden sich auf diejenigen Tätigkeiten konzentrieren (Arbeitsteilung), die sie am besten ausüben könnten (Spezialisierung und effiziente Ressourcenallokation). Durch den Preis würden sie darüber informiert, was auf dem Markt nachgefragt werde. Dieser Grundgedanke der liberalen Schule der politischen Ökonomie wurde von Adam Smith und David Ricardo auf den Aussenhandel übertragen: Erst durch Freihandel werde über Spezialisierung und die Produktion in größeren Stückzahlen („economies of scale") das Wohlfahrtspotential der Ökonomie genutzt (vgl. Kap. 2.2.). Obwohl diese liberale – meist (neo) klassisch genannte – Schule den Motor für wirtschaftliche Entwicklung in eigennützigem Handeln des Individuums und im freien Wettbewerb auf dem Markt sieht, weist sie dem Staat und damit der Politik eine grundlegende Rolle zu. Nach Smiths Hauptwerk zum „Wohlstand der Nationen" und anderer Veröffentlichungen liberaler Theoretiker soll der Staat die Funktion des Marktes u.a. durch die Regulierung des Bankgeschäftes und die Kontrolle der Zinsen sicherstellen sowie die öffentliche Sicherheit gewährleisten und durch Steuern die Infrastruktur (etwa den Straßenbau) ebenso unterstützen wie Bildung.

Karl *Marx* (1818-1883) entwickelte seine Theorie in Anbetracht der Mitte des 19. Jahrhunderts offensichtlichen Armut und Ausbeutung der Arbeiter: Der Wirtschaftskreislauf dient seiner Argumentation nach nicht (nur) der Reproduktion von Arbeit und Kapital, sondern verschaffe dem „Kapitalisten" einen steigenden „relativen Mehrwert" (Gewinn), den er nicht in den Kreislauf zurückgebe. Die besonders mehrwert-trächtige Kapitalgüterindustrie würde nach einiger Zeit Überkapazitäten erzeugen, die die Profitraten der Kapitalisten verringern und zu Massenarbeitslosigkeit führen würden. Damit untergrabe der Kapitalismus sich selbst und erzeuge das „Proletariat", das durch eine Revolution zunächst den Weg zu einer sozialistischen und anschließend zu einer kommunistischen Gesellschaftsform beschreite. Letztere zeichne sich durch die Aufhebung der „Entfremdung" des Menschen durch die Arbeitsteilung aus. Konsumenten und Produzenten, Angebot und Nachfrage stellen nach Marx eine Einheit dar. Der Sozialismus in Osteuropa zeigte in der zweiten Hälfte des 20. Jahrhunderts, dass ohne ein funktionsfähiges Preissystem ökonomische Ressourcen in großem Maße falsch eingesetzt werden, und dass ohne Wettbewerb und Eigentum offenbar die Produktivität gering bleibt.

John Maynard *Keynes* (1883-1946) setzte sich ebenfalls kritisch mit den Grundannahmen der liberalen Theorie auseinander. Allerdings sah er anders als Marx den Markt, Wettbewerb, Arbeitsteilung und individuellen Eigennutz ähnlich wie die liberale Theorie als Grundlagen wirtschaftlichen Fortschritts. Keynes' Kritik gründete auf der Beobachtung der Weltwirtschaftskrise nach 1929 und bezog sich auf die These der Selbstregulierungsfähigkeit des Marktes. Dem liberalen Postulat, dass sich jedes Angebot über den Preis mittel- bzw. langfristig auch eine Nachfrage schaffen würde, entgegnete Keynes: „On the long run, we are all dead". Zum einen seien Preise und Löhne (als Preis der Arbeit) nicht so anpassungsfähig wie dies mit der These der „invisible hand" vertreten werde. Zum anderen stellte Keynes fest, dass Geld auch aus spekulativen Gründen gehortet und so dem Wirtschaftskreislauf entzogen werden könne. Eine solche „Liquiditätspräferenz" könne die Nachfrage deutlich verringern und somit zu einer Krise führen, die auch über einen Preisverfall auf dem Markt nicht mehr zu regulieren sei. Keynes fordert in einer solchen Situation einen Eingriff des Staates, der selber als Wirtschaftsakteur auftreten soll, indem er über Staatsverschuldung (deficit spending) seine Nachfrage steigere, um die Konjunktur anzukurbeln. Diese Ausweitung der Staatsausgaben (Konsumfunktion des Staates) sah Keynes aber ausschließlich für den Fall einer Wirtschaftskrise durch Nachfrageschwäche als sinnvoll an. Sobald sich die Konjunktur erhole, solle der Staat seine Ausgaben wieder verringern und die entstandenen Schulden abtragen.

Keynes große Innovation lag neben der Begründung einer aktiven und interventionistischen Rolle des Staates vor allem in der Aussage, dass Geld keine neutrale Funktion hätte, sondern die Güterwelt nachhaltig beeinflussen könne: Börsen- und Währungsspekulationen könnten als Teile der „Geldwirtschaft" massive Wirkungen auf die „Realwirtschaft" (Güter und Dienstleistungen) entfalten, die der Markt nicht über den Preis kompensieren könne. Diese Annahmen brachten Keynes dazu, in seiner Funktion als Berater bei den Entscheidungen zum Weltwirtschaftssystem nach dem Zweiten Weltkrieg eine strenge Regulierung der „Geldwirtschaft" zu befürworten: Während der Handel mit Gütern durchaus liberalisiert werden solle, müsse die „Geldwirtschaft" reglementiert werden. Die festen Wechselkurse und Kapitalverkehrsbeschränkungen des von Keynes beeinflussten „Bretton-Woods-Systems" behielten ihre Wirkung bis in die 1970er Jahre. Dieses System mit festen Wechselkursen sowie den Leitorganisationen IWF (Internationaler Währungsfonds) und GATT (General Agreement on Tariffs and Trade) bestand aus einem international auf Freihandel gerichteten Gütermarkt und einem international regulierten Kapitalmarkt (vgl. Kap. 5.2.).

Keynes' Annahmen über staatliches Nachfragemanagement auf nationaler Ebene durch deficit-spending verloren ebenfalls erst in den 1970er und 1980er Jahren an Unterstützung in der Wirtschaftspolitik vieler Länder. Da sie auf der Annahme einer weitgehend geschlossenen Volkswirtschaft basierten, konnten sie mit zunehmendem grenzüberschreitenden Handel und Investitionen ihre Wirkungen nicht mehr im gewünschten Ausmaß entfalten. Außerdem hatten sich die von den staatlichen Ausgaben privilegierten Gruppen an den Geldregen gewöhnt und über Lobby-Druck dafür gesorgt, dass das deficit spending auch in Zeiten guter Konjunktur nicht mehr zurückgeführt wurde. Zusätzlich hatte die Staatsverschuldung und die staatlich erhöhte Nachfrage zu Inflation (Geldentwertung) geführt, die die Kaufkraft verringerte, die Zinsen hochtrieb und somit Investitionstätigkeit wie Produktion verteuerte. Die Verdrängung privater Investoren („crowding out") durch staatliche Nachfrage nach Krediten wirkte sich nachteilig auf Arbeitsplätze sowie Konjunktur aus und konterkarierte damit das eigentliche Ziel des keynesianischen deficit spendings, nämlich die Ankurbelung der Nachfrage und die Schaffung von Arbeitsplätzen.

2.1.2. Neuere Theorien: Monetarismus, Modernisierung, Dependencia, Institutionen

Die folgenden vier Theorieansätze können als „neu" betrachtet werden, da sie erst in der zweiten Hälfte des 20. Jahrhunderts virulent wurden und als Weiterentwicklungen auf den vorausgegangenen „klassischen" Theorien aufbauen.

Milton Friedmann gilt als Begründer der Weiterentwicklung der liberalen Theorie im *Monetarismus*, für die er 1976 den Nobelpreis für Wirtschaftswissenschaft erhielt. Kernaussage des Monetarismus ist, dass die Geldpolitik ein wirksameres Instrument zur Steuerung der gesamtwirtschaftlichen Nachfrage darstellt als die keynesianische Fiskalpolitik („money matters"). Im Prinzip teilt der Monetarismus die Annahmen der liberalen Theorie hinsichtlich der Selbstregulierungsfähigkeit des Marktes und sieht die keynesianische Nachfragesteuerung als problematisch an: Nicht nur würden private Marktteilnehmer durch den Staat als Kreditnehmer verdrängt („crowding out", siehe oben), vielmehr würde staatliches Nachfragemanagement erst verzögert wirksam („time lag") und trüge somit eher zu einer pro-zyklischen Verschärfung der Krise bei, statt antizyklisch – wie von Keynes postuliert – zu helfen. Staatliche Intervention würde außerdem den Marktmechanismus verzerren und somit zu ineffizienter Verwendung („Allokation") von Ressourcen beitragen.

Programmatische Forderung des Monetarismus ist die angebotsorientierte Steuerung der Wirtschaft über die Geldpolitik. Durch eine kontrollierte und im idealen Wachstumsfall konstante Ausweitung der Geldmenge sollen von der Tagespolitik und Wahlzyklen unabhängige Zentralbanken die Stabilisierung der wirtschaftlichen Entwicklung übernehmen. Diese Geldmengensteuerung dient dem Monetarismus zufolge der wichtigsten Aufgabe der Wirtschaftspolitik, nämlich der Gewährleistung des öffentlichen Gutes „wirtschaftliche Stabilität" durch niedrige Inflation. Die Allokation von Ressourcen solle dagegen dem Markt überlassen werden.

Das Management der Inflation über die Steuerung der Geldmenge soll im Monetarismus durch eine angebotsorientierte, unternehmerfreundliche Politik vervollständigt werden. Auch in dieser Hinsicht folgt der Monetarismus den liberalen Klassikern, da er davon ausgeht, das Angebot schaffe sich seine Nachfrage selbst. Dazu seien eine Erleichterung privater Investitionsmöglichkeiten, eine De-regulierung der Ökonomie und eine Privatisierung von Staatsbetrieben nötig. Durch diese Maßnahmen würde ein marktgerechter und damit effizienter Einsatz von Ressourcen möglich, der private Marktteilnehmer stimulieren würde. Diese hier nur kurz skizzierte Programmatik bildete die Grundlage für eine neue wirtschaftspolitische Tendenz in den meisten Industrieländern seit den 1980er Jahren. Der Monetarismus stand bei der Stabilitätspolitik der Deutschen Bundesbank ebenso Pate wie bei der Schaffung der Europäischen Zentralbank (EZB), deren Satzung die Gewährleistung niedriger Inflation durch geldpolitische Steuerung über Leitzinsen festlegt. Die Wirtschaftspolitik in den Industrieländern ist heute wohlgemerkt eine Mischung aus keynesianischer Intervention, hoher Staatsquote am Bruttosozialprodukt sowie deficit spending einerseits und andererseits aus dem stabilitätsorientierten Ziel niedriger Inflation und der steuerlichen Entlastung von unternehmerischer Tätigkeit.

Die *Modernisierungstheorie* entstand in den 1950er und 1960er Jahren und ist ein Ansatz zur Erklärung der wirtschaftlichen Unterentwicklung von Staaten. Gestützt auf die Annahmen der liberalen Theorie werden von Modernisierungstheoretikern wie Walt W. Rostow die aktive Integration der Entwicklungsländer in den Weltmarkt sowie marktwirtschaftliche Reformen im Inneren gefordert. Nur auf diese Weise könnten die traditionellen Besitzverhältnisse und Produktionsstrukturen aufgebrochen und ein effizienterer Einsatz von Ressourcen (Arbeit, Bodenschätze, Kapital, Technologie etc.) erreicht werden. Die Ursachen für Unterentwicklung sieht die Modernisierungstheorie im Wesentlichen innerhalb der Entwicklungsländer in feudalen und ineffizienten Gesellschafts- und Wirtschaftsstrukturen. Daher fordert sie eine umfassende Modernisierung der Ökonomie und eine Demokratisierung der Politik. Dabei sind die USA das Modell, auf das sich die Entwicklungsländer hinbewegen sollen. Nur über individuelle Freiräume, Rechtsicherheit an Eigentum, funktionierende Marktmechanismen etc. könne eine Entwicklung wie in den heutigen Industrieländern auch in der „Dritten Welt“ erfolgen.

Ein weiteres zentrales Element der Modernisierungstheorie ist die These, dass die Entwicklungsländer aufgrund der geringen internen Ersparnis nicht genügend investieren könnten und daher über Auslandsverschuldung und Auslandsinvestitionen externe Ersparnis anziehen müssten. Diesen externen Zuflüssen müsse eine aktive Weltmarktintegration durch Exporte gegenüberstehen, die nach Ricardos Modell der komparativen Kostenvorteile (vgl. 2.2.) mit denjenigen Produkten bestritten werden sollen, die Entwicklungsländer am kostengünstigsten herstellen können, nämlich Rohstoffe, Agrarprodukte und arbeitsintensive Güter. Der Staat solle sich nach der Modernisierungstheorie auf Infrastruktur, Bildung, soziale Absicherung und Rechtsicherheit konzentrieren.

Die *Dependencia-Theorie* widerspricht der Modernisierungstheorie und sieht die Ursachen der Unterentwicklung in der asymmetrischen Integration der Entwicklungsländer in den Weltmarkt begründet. Die internationale Arbeitsteilung würde sich nicht wie von der Modernisierungstheorie behauptet, wohlfahrtssteigernd auf die Entwicklungsländer auswirken, sondern diese vielmehr daran hindern, sich zu entwickeln. Die Weltwirtschaft sei von den Industrieländern dominiert und die Entwicklungsländer befänden sich in einer Situation der Abhängigkeit („Dependencia"), in der Entwicklung nicht möglich sei. Theoretisch stützt sich ein Teil der Dependencia-Theorie auf den Marxismus und die leninsche Imperialismustheorie. Die Ausbeutung der „Peripherie" (Arbeiterklasse) durch das „Zentrum" (Kapitalisten) in den Industrieländern werde reproduziert, indem im internationalen System die „Peripherie" (Entwicklungsländer) vom „Zentrum" (Industrieländer) ausgebeutet würde. Dabei spielten die Eliten in den Entwicklungsländern die Rolle von „Sub-Zentren", die ebenfalls von der Integration in den Weltmarkt profitieren würden.

Empirisch versuchte Raul Prebisch von der Wirtschaftskommission für Lateinamerika der Vereinten Nationen (CEPAL) in den 50er Jahren die These von der Ausbeutung der Entwicklungsländer mit dem Verfall der „terms of trade" zu belegen: Seiner historischen Untersuchung zufolge verlieren wenig oder nicht verarbeitete Produkte als Hauptexportgüter der Entwicklungsländer kontinuierlich an Wert gegenüber den verarbeiteten Produkten der Industrieländer. Dieser Verfall des realen Austauschwertes zwinge die Entwicklungsländer dazu, immer mehr Einheiten ihrer Produkte (etwa: Kaffee) für den Import einer Einheit eines verarbeiteten Produktes (etwa: Traktor) zu exportieren. Inzwischen fordert die CEPAL aber eine aktive und selektive Weltmarktintegration der Entwicklungsländer zur Nutzung von Wachstum und Wettbewerb (CEPAL 1992).

Zusammen mit der Ausbeutungsthese des kapitalistischen Weltwirtschaftssystems bildete die Beobachtung der Verschlechterung der „terms of trade" die Grundlage für die Forderung nach einer „selektiven Abkoppelung" der Entwicklungsländer vom Weltmarkt: Da eine Integration schädlich sei, müssten sie sich auf den Aufbau eigener Industrien konzentrieren, um früher importierte Waren nun selber herzustellen. Dieses Modell einer Industrialisierung zur Substitution von Importen (ISI) wurde von vielen Entwicklungsländern in den 1970er und 1980er Jahren praktiziert – meist durch autoritäre Regime („Entwicklungsdiktaturen") sozialistischer (etwa: Peru, Mexiko) oder rechtsgerichteter (etwa: Brasilien) Ausprägung. Diese Länder vermischten aber in der Praxis, was die Theorien getrennt hatten: Sie finanzierten ISI mit externer Ersparnis durch Kreditaufnahme in den Industrieländern, schotteten aber gleichzeitig ihre entstehende Industrie vom Weltmarkt ab.

Im Ergebnis häuften viele Länder eine große Auslandsverschuldung an, deren Zinsen und Tilgungen sie strukturell nicht leisten konnten, weil ihnen wettbewerbsfähige Exporte fehlten, mit denen sie die für den Schuldendienst nötigen Devisen auf dem Weltmarkt hätten verdienen können. Oftmals erfreuten sich die neuen Industrien ihrer durch staatliche Protektion und Privilegien geschützten Gewinne („rent-seeker"). In den 1980er Jahren führte der geschilderte Strategie-Mix zur Verschuldungkrise, die das Scheitern des ISI-Modells offensichtlich werden ließ und zu marktliberalen Reformen sowie zur Demokratisierung in vielen Entwicklungsländern beitrug. Im Gegensatz zu den – meist lateinamerikanischen – Ländern, die der These der „selektiven Abkoppelung" bei gleichzeitiger „externer Finanzierung" folgten und mit diesem Modell weitgehend scheiterten, hatten sich viele ostasiatische Länder stärker an der Modernisierungstheorie orientiert. Besonders erfolgreich waren dabei Staaten wie Südkorea, Thailand und Taiwan, die sowohl auf den Weltmarkt zielten („export-led-growth") als auch intern demokratisierten. Andere wie Malaysia und Indonesien verfolgten die Strategie des „export-led-growth" mit autoritären Regimen.

Wachstumskrisen in Entwicklungs- wie Industrieländern haben im letzten Jahrzehnt einer Theorierichtung zu mehr Beachtung verholfen, die die Steuerung der Wirtschaft durch *Institutionen* in den Vordergrund stellt. Hierbei handelt es sich um eine „Argumentationsfamilie", die die Prägung des Verhältnisses von Wirtschaft und Politik durch dauerhafte Regelwerke analysiert, die Interaktionssituationen strukturieren und daher das Verhalten sowohl privater Marktteilnehmer wie auch der Regierungen beeinflussen können.

Da sich Kapitel 2.4. den Institutionentheorien ausführlich widmet, seien hier drei Untersuchungsgegenstände nur kurz erwähnt: (1) Die Institutionenökonomik entwickelt den liberalen Ansatz weiter und beschäftigt sich beispielsweise mit der Senkung von Transaktionskosten, mit Aufsichts- und Überwachungssystemen für den Markt sowie mit individuellem wie kollektivem Handeln bei unvollständiger (Markt-) Information. (2) Die Debatte um unterschiedliche Kapitalismus-Typen dreht sich um die Relevanz von Institutionen für die Wettbewerbsfähigkeit von Standorten (Markt) und für die Ausprägung gesellschaftlicher Modelle (Politik). Hier geht es um „comparative institutional advantages“ in Anlehnung an das Modell von Ricardo und um die Erklärung der fortdauernden Unterschiede etwa zwischen dem deutschen und dem britischen Wohlfahrtsstaat trotz weltwirtschaftlicher Globalisierung (vgl. Kap. 3.2.). Als weitere Dimension der Institutionentheorien kann (3) die Beschäftigung mit den institutionellen Voraussetzungen für Entwicklung gelten: In Anlehnung an die Institutionenökonomik wird hier die Rolle von Institutionen in den Mittelpunkt gestellt, die wirtschaftliche Aktivitäten erleichtern und damit wohlfahrtsfördernd wirken können, wie etwa ein verlässliches Rechtssystem (für Eigentums- und Vertragsrechte), Transparenz bei Regierungsentscheidungen, unabhängige Bankaufsichtsbehörden und Kartellämter.

2.1.3. Fazit

Als Fazit zu diesem Überblick über die Theorien der Internationalen Politischen Ökonomie bleibt festzuhalten, dass alle Ansätze sich mit der Frage beschäftigen, wie der Markt funktioniert und wie Politik und Ökonomie sich gegenseitig beeinflussen. Die Theorieentwicklung der IPÖ reagiert dabei oft auf empirische Beobachtungen. So entstand die Theorie von Keynes aufgrund seiner Analyse der Weltwirtschaftskrise 1929 und die Dependencia-Theorie aufgrund der Beobachtung der anhaltenden Entwicklungsprobleme Lateinamerikas lange nach der Unabhängigkeit dieses Kontinents in den 1820er Jahren. Jenseits aller Unterschiede ist den meisten Theorien der IPÖ gemeinsam, dass sie erstens die Ökonomie als ein grenzüberschreitendes, international-transnationales Phänomen begreifen, dass es sich zweitens bei der Antriebskraft der Ökonomie um eine Logik der Gewinnmaximierung („Kapitalakkumulation“) handelt, und dass es drittens bei der Zielsetzung jedweder Politik im Idealfall um die Bereitstellung kollektiver Güter gehen sollte. Dabei stellen die Theorien teilweise Pole auf einem imaginären Kontinuum zwischen „größtmöglicher Effizienz/Wachstum“ (liberale Ansätze) und „sozialem Krisenmanagement/Nachfragesteuerung“ (Keynesianismus) dar; teilweise verkörpern sie aber auch grundverschiedene Gedankenwelten.
Die folgenden drei Kapitel diskutieren die Themen der Internationalen Politischen Ökonomie anhand zentraler Dimensionen der IPÖ: Handel,

Macht und Institutionen. Während es im ersten Fall um neue Theorien über Handel und Arbeitsteilung geht, werde ich im zweiten Fall Konzepten indirekter und struktureller Macht am Beispiel der Finanzmärkte nachgehen und im dritten Fall Ergebnisse der Institutionenforschung präsentieren. Ziel der Kapitel 2.2. bis 2.4. ist es, aktuelle Theoriedebatten aufzunehmen, die Verknüpfung von Theorie und Empirie zu veranschaulichen und somit die folgenden Kapitel zu Globalisierung, regionaler Kooperation und Global Economic Governance vorzubereiten.

Arbeitsfragen zu Kapitel 2.1.:

- Welcher Mechanismus sorgt für einen effizienten Einsatz von Ressourcen in der Klassik?
- Was war die wichtigste Innovation des Keynesnianismus gegenüber der Klassik?
- Wie erklären Modernisierungs- und Dependenciatheorie Unterentwicklung von Staaten?

Literatur zu Kapitel 2.1.:

Behrends, Sylke 2001: Neue Politische Ökonomie, München.

Boeckh, Andreas 1992: Entwicklungstheorien: eine Rückschau, in: Nohlen, D./ Nuscheler, F. (Hrsg.): Handbuch der Dritten Welt, Bonn: 110-130.

Caporaso, James A./Levine, David P. 1992: Theories of Political Economy, Cambridge.

CEPAL (UN-Commisión Economica para América Latina y el Caribe) 1992: Open Regionalism in Latin America and the Caribbean, Santiago/Chile.

Frieden, Jeffry A./Lake, David A. (Ed.) 2000: International Political Economy. Perspectives on Global Power and Wealth, 4. Aufl., London.

Friedman, Milton 1984: Kapitalismus und Freiheit, Frankfurt/M.

Gilpin, Robert 2001: Global Political Economy. Understanding the International Economic Order, Princeton.

Hall, Peter A./Soskice, David (Ed.) 2001: Varieties of Capitalism. The Institutional Foundations of Comparative Advantage, New York.

Keynes, John Maynard 1989: The General Theory of Employment Interest and Money, transcribed, ed. by Thomas K. Rymes. Houndmills/Basingstoke.

Menzel, Ulrich/Senghaas, Dieter 1986: Europas Entwicklung und die Dritte Welt. Eine Bestandsaufnahme, Frankfurt/M.

Nye, Joseph S./Donahue, John D. (Ed.) 2000: Governance in a Globalizing World, Washington D.C.: Brookings Institution.

Obinger, Herbert/Wagschal, Uwe/Kittel, Bernhard (Hrsg.) 2003: Politische Ökonomie. Demokratie und wirtschaftliche Leistungsfähigkeit, Opladen.

Palan, Ronen (Ed.) 2000: Global Political Economy, London.

Piper, Nikolaus (Hrsg.) 1996: Die großen Ökonomen. Leben und Werk der wirtschaftswissenschaftlichen Vordenker, 2 Aufl., Stuttgart.

Rode, Reinhard 2000: Internationale Wirtschaftsbeziehungen, Halle.

Rostow, Walt W. 1960: Stadien wirtschaftlicher Entwicklung, Göttingen.

Ruggie, John 1982: International Regimes, Transactions, and Change: Embedded Liberalism in the Postwar Economic Order, in: International Organization 36/2: 379-415.

Schirm, Stefan A. (Ed.) 2004: New Rules for Global Markets. Public and Private Governance in the World Economy, Houndmills: Palgrave Macmillan.

Smith, Adam 1976: An Inquiry into the Nature and Causes of the Wealth of Nations, edited by Cannan, Edwin. New York: University of Chicago Press..

Stubbs, Richard/Underhill, Geoffrey R. D. (Ed.) 2000: Political Economy and the Changing Global Order, 2d. ed. Oxford: 3-24.

Sturm, Roland 1995: Politische Wirtschaftslehre, Opladen.

Voigt, Stefan 2002: Institutionenökonomik, München.

Ziegler, Bernd 1991: Ökonomische Lehrmeinungen, in: Ziegler, Bernd (Hrsg.): Leitfaden zum Grundstudium der Volkswirtschaftslehre, Gernsbach: 13-80.

2.2. Theorien über Produktion und Handel

Theorien über den Austausch von Produkten zwischen Ländern sind insofern ein Kernelement der IPÖ, als sie die Konsequenzen der Öffnung nationaler Grenzen in den Mittelpunkt stellen. Grenzüberschreitender Handel ist ohne die politische Entscheidung zur Liberalisierung nicht denkbar und beeinflusst in jedem Fall Produktion und Wachstum in den beteiligten Ländern. Das Volumen des internationalen Handels ist in den letzten Jahrzehnten stärker gewachsen als das Weltsozialprodukt (vgl. Kap. 3.1.4.). Sind solche wirtschaftlichen Entwicklungen schädlich für die Wohlfahrt von Nationen oder Individuen? Muss die Politik die heimische Wirtschaft durch Protektionismus schützen? Die zentrale These der meisten Theoretiker der Internationalen Politischen Ökonomie lautet: Handel zwischen geografisch voneinander getrennten Einheiten (Ländern oder Regionen), führt für alle Beteiligten zu Wohlstandsgewinnen – in *nahezu* allen Fällen (Krugman 2004: 28). Eine nähere Betrachtung der IPÖ-Theorien, die sich mit internationalem Handel beschäftigen, zeigt, dass zwei Hauptströme voneinander unterschieden werden können: der klassische liberale Ansatz des 18. und frühen 19. Jahrhunderts sowie die neuen Handelstheorien. Die klassische Theorie geht auf der Grundlage *vereinfachter* Modelle davon aus, dass internationaler Handel allen Beteiligten immer Nutzen bringt. Protektionismus wird daher kategorisch abgelehnt. Die neue Handelstheorie berücksichtigt im Gegensatz dazu die *Komplexität* internationaler Handelsbeziehungen, um realitätsgerechte Aussagen treffen zu können. Negative Konsequenzen von Freihandel werden nicht mehr ausgeschlossen. Die Gründe für Protektionismus werden analysiert.

In diesem Kapitel soll die Entwicklung der IPÖ-Theorien des internationalen Handels nachgezeichnet werden. In welchen Punkten unterscheiden sich die beiden theoretischen Hauptströmungen voneinander? Stellt die neue Handelstheorie einen Bruch mit der klassischen liberalen Theorie dar? Um diese Fragen zu beantworten, wird wie folgt vorgegangen: Zunächst wird ein kurzer Überblick über die klassischen Theorien gegeben, wobei der Schwerpunkt auf der Darstellung des Prinzips absoluter Kostenvorteile nach Adam Smith und der komparativen Kostenvorteile nach David Ricardo liegt. Die Darstellung der neuen Handelstheorie erfolgt anhand der Beiträge von Paul Krugman und Jagdish Bhagwati. Ihre theoretischen Schlussfolgerungen werden im Vergleich zum klassischen Ansatz vorgestellt und diskutiert.

2.2.1. Der klassische Ansatz der Handelstheorie

Die klassische liberale Handelstheorie legt dar, wie und warum Staaten von internationalem Handel profitieren. Der Politik wird Freihandel als beste Außenhandelsstrategie empfohlen. Das Eintreten für den Freihandel entstand in Abgrenzung zu den Aussagen merkantilistischer Theoretiker des späten 18. Jahrhunderts. Aus deren Sicht wird der Wohlstand einer Gesellschaft durch Exporte gefördert, durch Importe hingegen stark gefährdet, da er zum Abfluss von Geld führt. Internationaler Handel wird somit als Nullsummenspiel gesehen. Die klassische liberale Theorie hingegen argumentiert, dass Handel eine win-win Situation herstellt, aufgrund absoluter und komparativer Kostenvorteile der Handelspartner bei der Güter-Produktion.

Absoluter Kostenvorteil. Adam Smith stellt in seinem Buch „An Inquiriy into the Nature and the Causes of thc Wealth of Nations" (1776) die These auf, dass Handel aufgrund absoluter Kostenvorteile bei der Produktion von Gütern für Länder immer vorteilhaft sei. Der Produktionsfaktor Arbeit steht im Mittelpunkt seiner Theorie, alle anderen Faktoren (z.B. Kapital) werden ausgeblendet. Die Kosten der Produktion eines Gutes bemessen sich nach Smith an der Arbeitszeit, die zu seiner Herstellung aufgewendet werden muss. Nach Smith ist die Schnelligkeit, mit der Arbeitskräfte ein und dasselbe Gut produzieren können, jedoch von Land zu Land sehr unterschiedlich. Ist der Arbeitseinsatz bei der Herstellung des gleichen Produktes im Vergleich zu einem anderen Land geringer, besteht ein absoluter Kostenvorteil. Wenn alle Länder sich nun auf die Produktion des Gutes spezialisieren, bei dem für sie ein absoluter Kostenvorteil besteht, dann würden alle Beteiligten davon profitieren. Mit dem folgenden Beispiel soll Smiths Schlussfolgerung veranschaulicht werden: Angenommen, in den USA und Deutschland würden jeweils nur zwei Güter produziert: Weizen und Wein. Der Produktionsfaktor Arbeit kann zwischen den jeweils vorhandenen Produktionszweigen, aber nicht zwischen den beiden Ländern flexibel ausgetauscht werden. Die Vereinigten Staaten können mit der einen Hälfte ihrer Arbeitskräfte 100 Einheiten Wein herstellen, mit der anderen 400 Einheiten Weizen. Deutschland schafft mit der gleichen Aufteilung der Arbeitskräfte 200 Einheiten Wein und 100 Einheiten Weizen. Nach Smith sind die USA somit der effizientere Weizen-Produzent, Deutschland der effizientere Produzent von Wein. Insgesamt können 500 Einheiten Weizen und 300 Einheiten Wein hergestellt werden. Beide Länder stellen ihre Produktion nun entsprechend ihrem absoluten Kostenvorteil um. Sind in den USA alle Arbeitskräfte damit beschäftigt, Weizen herzustellen, können sie 800 Einheiten produzieren. Diese Steigerung der Produktionsmenge folgt aus Smiths Annahme, dass doppelt so viele Arbeiter auch doppelt so viele Güter produzieren können. Deutschland kann die Produktion von Wein entsprechend auf 400 Einheiten verdoppeln. Durch die Spezialisierung kann die Gesamtproduktion von Weizen von 500 auf 800 Einheiten und bei Wein von 300 auf 400 Einheiten gesteigert werden. Insgesamt stehen mehr Güter für den Konsum zur Verfügung, was nach Smith eine Preissenkung der importierten Güter zur Folge hat, die zur Steigerung der Realeinkommen führt. Der Wohlstand beider Länder kann somit gesteigert werden. Die Existenz absoluter Kostenvorteile bildet daher einen Anreiz für Nationen, internationalen Handel zu betreiben.

Komparativer Kostenvorteil. Vertiefend zu Smiths Überlegungen wendet sich David Ricardo in „On the principles of political economy and taxation“ (1817) der Frage zu, was geschieht, wenn Land A im Vergleich zu Land B für beide Produkte den absoluten Kostenvorteil besitzt. Internationale Arbeitsteilung würde für Land A nach Smiths Aussagen keinen Nutzen bringen. Ricardo widerspricht dieser Annahme und führt komparative Kostenvorteile als Erklärung für internationalen Handel an. Um die Überlegungen David Ricardos im Vergleich zu denen Adam Smiths zu veranschaulichen, wird im Folgenden wiederum auf das Wein/Weizen Beispiel zurückgegriffen. Ricardo geht von den gleichen Grundannahmen wie Smith aus: Es gibt zwei Länder mit jeweils zwei Gütern; Arbeit ist der einzige Produktionsfaktor (mobil zwischen zwei Produktionszweigen aber nicht zwischen den Ländern) und die verwendeten Arbeitseinheiten bestimmen die Produktionskosten. Die USA können mit der einen Hälfte ihrer Arbeitskräfte 100 Einheiten Wein herstellen, mit der anderen 400 Einheiten Weizen. Deutschland schafft mit der gleichen Aufteilung der Arbeitskräfte 50 Einheiten Wein und 100 Einheiten Weizen. Die Vereinigten Staaten sind somit der effizientere Wein-Produzent und der effizientere Produzent von Weizen. Die USA besitzen für beide Produkte den *absoluten* Kostenvorteil. Insgesamt können 150 Einheiten Wein und 500 Einheiten Weizen hergestellt werden.

David Ricardos Innovation besteht in der Untersuchung der Opportunitätskosten beider Länder: Um eine zusätzliche Einheit Weizen zu produzieren, müssen die USA auf die Produktion einer bestimmten Menge Wein verzichten. Drückt man die Opportunitätskosten einer Einheit Weizen anhand der entgangenen Produktionsmenge Wein aus, belaufen sich die Opportunitätskosten jeder zusätzlichen Einheit Weizen auf 0,25 Einheiten

Wein (100 : 400 = 0,25). Mit jeder zusätzlich produzierten Einheit Weizen hat man somit auf die Produktion von 0,25 Einheiten Wein verzichtet. Für Deutschland ergeben sich nach dem gleichen Schema Opportunitätskosten der Produktion einer zusätzlichen Einheit Weizen von 0,5 Einheiten Wein (50 : 100 = 0,5). Mit jeder produzierten Einheit Weizen hat man somit auf die Produktion von 0,5 Einheiten Wein verzichtet. Vergleicht man beide Opportunitätskosten können die USA Weizen effizienter herstellen als Deutschland, Ricardo spricht für die Weizen-Produktion vom *komparativen* Kostenvorteil der USA. Für die Herstellung von Wein ergibt sich folgendes Bild: Die USA müssen für die Produktion einer zusätzlichen Einheit Wein auf 4 Einheiten Weizen verzichten (400 : 100), Deutschland hingegen lediglich auf 2 Einheiten (100 : 50). Deutschland kann somit Wein *gegenüber Weizen* effizienter herstellen als die USA, es besitzt den *komparativen* Kostenvorteil der Weinherstellung.

Nach Ricardo stellen beide die Produktion nun entsprechend ihren komparativen Kostenvorteilen um. Sind in den USA alle Arbeitskräfte damit beschäftigt Weizen herzustellen, kann die USA ihre Produktion von 400 auf 800 Einheiten steigern. Deutschland kann die Produktion von Wein auf 100 Einheiten verdoppeln. Insgesamt steigt die für den Konsum in beiden Ländern vorhandene Menge Weizen von 500 auf 800 Einheiten. Bei Wein allerdings fällt die Gesamtproduktion von 150 auf 100 Einheiten. Wo also liegt der Vorteil für Deutschland, nach Ricardos Empfehlung zu handeln? Um diese Frage zu klären, müssen zusätzlich die Austausch-Beziehungen berücksichtigt werden. Ricardo nimmt an, dass Land A mit Land B Handel treibt, wenn das Verhältnis zu dem zwei Güter getauscht werden (Terms of Trade) über den jeweiligen Opportunitätskosten liegt. Angenommen eine Einheit Wein wird für 3 Einheiten Weizen zwischen den Ländern getauscht und Deutschland exportiert die Hälfte seiner Wein-Produktion (50 Einheiten) in die USA, dann erhält es dafür im Austausch von den USA 150 Einheiten Weizen (50 x 3 = 150). Die Weinmenge, die in Deutschland für den Konsum zur Verfügung steht, würde wie vor der Spezialisierung 50 Einheiten betragen, die Weizen-Menge könnte allerdings von 100 Einheiten auf 150 Einheiten gesteigert werden. Beide Länder könnten somit durch die Ausnutzung des jeweiligen komparativen Kostenvorteils einen Nutzen für ihre Volkswirtschaft erzielen und den Wohlstand insgesamt mehren. Ebenso wie die Existenz absoluter Kostenvorteile bildet daher auch die Ausnutzung komparativer Kostenvorteile einen Anreiz, internationalen Handel zu betreiben.

Schwächen des klassischen Ansatzes. Die liberalen Klassiker gehen von folgenden Grundannahmen aus: Auf den Märkten herrscht das Prinzip des vollständigen Wettbewerbs, d.h. es gibt viele Käufer und Verkäufer, die keine großen Marktanteile besitzen. Staaten sind die Hauptakteure des internationalen Handels. Der Nutzen von Handel wird durch die Unterschiede in den Produktionskosten erklärt. Von der neuen Handelstheorie werden diese Annahmen von Adam Smith und David Ricardo als zu vereinfachend angesehen, um die komplexen Zusammenhänge des internationalen Handels realitätsgerecht abzubilden. Wichtige Aspekte des internationalen Handels bleiben in der klassischen liberalen Theorie ausgeblendet:

- Arbeit ist der einzige Produktionsfaktor, der bei den Klassikern Eingang in die Analyse findet. Neuere Theorien (z.B. das Heckscher-Ohlin-Modell) beziehen auch andere Faktoren wie Kapital in die Analyse ein.
- Der klassische Ansatz betrachtet den gesamtgesellschaftlichen Nutzen von Spezialisierung durch den ungehinderten Austausch von Arbeitskräften zwischen Wirtschaftssektoren. Es wird angenommen, dass dieser Austausch Individuen nicht schädigen kann. Neuere Theorien halten eine Schädigung jedoch für möglich und sehen darin eine Ursache von Protektionismus.
- Die Klassiker analysieren keine Gewinnverteilungen. Es wird angenommen, dass alle Staaten Gewinne durch internationalen Handel erzielen. Die neuen Theorien verweisen jedoch darauf, dass diese Gewinne nicht gleich hoch sind.
- Der klassische Ansatz betrachtet ausschließlich den *inter*-sektoralen Handel, d.h. den Austausch von Produkten verschiedener Branchen. Der *intra*-sektorale Handel mit Produkten der gleichen Branche bleibt ausgeblendet.
- Da die Klassik von Märkten mit einem vollständigen Wettbewerb ausgeht, wird der Einfluss von Märkten mit unvollständigem Wettbewerb (wie Monopolen oder Oligopolen) auf den internationalen Handel nicht untersucht.

2.2.2. Die neue Handelstheorie: Paul Krugman und Jagdish Bhagwati

Die neue Handelstheorie ist äußerst vielschichtig. Neben den hier dargestellten Ansätzen von Jagdish Bhagwati und Paul Krugman gehört beispielsweise auch die Faktorproportionen-Theorie von Heckscher und Ohlin, das Leontief-Paradoxon und die Faktorpreisausgleich-Theorie von Stolper/Samuelson dazu. Da das Verständnis dieser Ansätze allerdings vertiefte Kenntnisse der Volkswirtschaftslehre voraussetzt, werden sie im Folgenden nicht näher behandelt. Bhagwati und Krugman stellten seit den 1980ern einige wichtige Grundannahmen der klassischen Handelstheorie in Frage, sprachen ihr aber nicht die Gültigkeit ab. Vielmehr wurde die Klassische Theorie durch neue Elemente erweitert.

Zu den neuen Aspekten gehört beispielsweise die Beobachtung, dass auf Märkten häufig kein vollständiger Wettbewerb herrscht und dass Produktdifferenzierung häufiger vorkommt als Produkthomogenität (Gandolfo 1998: 227). Intra-sektoraler Handel, d.h. der Austausch des gleichen Gutes zwischen Ländern, wurde ebenfalls in die Analyse einbezogen. Beispielsweise handeln Frankreich und Deutschland gleiche Produkte wie Autos untereinander. Die klassische Theorie hingegen betrachtet nur Inter-sektoralen Handel, d.h. den Austausch unterschiedlicher Güter. Nach ihren Annahmen müsste sich jedes Land auf das Produkt spezialisieren, bei dem es einen absoluten oder komparativen Kostenvorteil besitzt. Die Annahme der Klassiker, dass nur Effektivitätsunterschiede bei der Produktion einen Anreiz für die Aufnahme von internationalem Handel darstellen, wird somit in Frage gestellt. Gleiches gilt für die Annahme der Klassiker, dass Freihandel das Individuum nicht schädige und daher unter allen Umständen dem Protektionismus überlegen sei. Im Folgenden werden die Ansätze der neuen Handelstheorie von Paul Krugman und Jagdish Bhagwati jeweils in Abgrenzung zur klassischen Theorie beleuchtet.

Paul Krugmans handelstheoretische Neuerungen

Der Schwerpunkt von Krugmans Analysen liegt auf der Untersuchung der Wirkung von Märkten mit unvollständigem Wettbewerb auf internationalen Handel. Auf einem vollständigen Markt gibt es viele Produzenten und Verbraucher, die alle ähnlich geringe Marktanteile besitzen. Die Ökonomen sprechen von einem Polypol. Auf Märkten mit wenigen oder nur einem Anbieter ist der Wettbewerb verzerrt oder nicht vorhanden. Im Fall eines Monopols z.B. wird ein Gut von nur einem einzigen Produzenten hergestellt. Krugman kommt bei der Untersuchung solcher Phänomene zu Erkenntnissen, die unter Anwendung der klassischen Theorie nicht möglich gewesen wären. Im Folgenden werden zwei Themen behandelt: Der Nutzen von intra-sektoralem Handel und die Begründung von protektionistischen Maßnahmen in Verbindung mit der Rolle von Interessengruppen im policy making-Prozess von Staaten.

Intra-sektoraler Handel kann als „the simultaneous import and export of commodities belonging to the same industry" (Gandolfo 1998: 228) definiert werden. Intra-sektoraler Handel umfasst etwa ein Viertel des gesamten Welthandels (Krugman 2004: 193). Beispiele sind der Handel von Automobilen zwischen Japan und Deutschland oder von Flugzeugen zwischen den USA und der EU. In beiden Fällen besteht auf den entsprechenden Märkten kein vollständiger Wettbewerb. In Japan und Deutschland gibt es mehrere Großproduzenten von Automobilen, d.h. es liegt ein Oligopolmarkt vor. Durch Handel kann der Absatzmarkt für alle Beteiligten erweitert werden. Das ist deshalb von großer Bedeutung, weil die Produktion von Automobilen von Skaleneffekten beeinflusst wird. Skaleneffekte liegen vor, wenn durch jede zusätzlich produzierte Einheit eines Gutes die Gesamtproduktionskosten fallen. Wo Skaleneffekte wirken, wandeln sich Märkte mit vollständigem Wettbewerb zu Märkten mit unvollständigem Wettbewerb. Außenhandel bietet somit für die Produzenten den Anreiz, durch einen erweiterten Markt noch größere Skaleneffekte zu erzielen. Aufgrund der dann möglichen Produktion in größeren Stückzahlen fallen die Preise und die Zufriedenheit der Konsumenten steigt. Folglich nimmt der Wohlstand in Volkswirtschaften, die Handel betreiben, zu. Außerdem hat jeder Konsument eine individuelle Präferenz für ein ganz bestimmtes Produkt. Die Chance, dieses „ideale" Produkt zu erhalten, steigt, wenn ein Land Außenhandel betreibt, da die Produktvielfalt zunimmt.

Der Handel von Flugzeugen zwischen den USA und der EU stellt einen Sonderfall dar: Boeing ist in den USA Monopolist für die Produktion großer Verkehrsmaschinen, in der EU nimmt das Airbus-Konsortium diese Rolle ein. Sind die Produktionskosten gleich, müsste es zu annähernd gleichen Preisen für die Produkte von Airbus bzw. Boeing auf dem jeweiligen Heimatmarkt kommen. Zudem fallen Transportkosten an, die den Nutzen von Handel für den Käufer weiter reduzieren. Krugman nimmt an, dass Handel trotzdem entsteht, weil jede der beiden Firmen versuchen wird, ihre Marktanteile auf dem „fremden" Markt zu vergrößern, um ihren Konkurrenten zu destabilisieren und dadurch langfristig einen größeren Gesamtmarkt zu erhalten. Ein Instrument dafür ist gegenseitiges Preis-

Dumping, etwa wenn ein Flugzeug im Auslandsmarkt zu einem geringeren Preis zum Verkauf angeboten wird als im Inland obwohl Transportkosten den Auslandspreis eigentlich steigern sollten.

Zusammenfassend kann nach Krugman folgender Nutzen von intra-sektoralem Handel angenommen werden: Eine größere Produktvielfalt steht den Konsumenten zur Verfügung; das Produktionsniveau jedes einzelnen Produktes kann erhöht werden, was zu einer Senkung der Produktionskosten durch Skaleneffekte führt. Monopolanbieter zweier Länder können über Dumping versuchen, ihren Konkurrenten zu destabilisieren. Im Hinblick auf die Aussagen der klassischen Theorie trifft Krugman abschließend folgende Abgrenzung: *Skaleneffekte* stellen einen Anreiz für *intra*-sektoralen Handel dar, *komparative Kostenvorteile* einen Anreiz für *inter*-sektoralen Handel (Krugman 2004: 214).

Protektionismus und Interessengruppen. Sowohl nach der klassischen als auch nach der neueren Handelstheorie erzeugt Freihandel gesamtgesellschaftlichen Nutzen. Trotzdem kann immer wieder beobachtet werden, dass Staaten zu protektionistischen Maßnahmen greifen und tarifäre (Zölle) oder nicht- tarifäre (Subventionen für einheimische Produkte, Quoten auf Importe etc.) Handelshemmnisse errichten. Die USA beispielsweise haben nach dem Zweiten Weltkrieg maßgeblich zum Aufbau des multilateralen GATT/WTO-Systems beigetragen, dessen Kernziel der Freihandel ist (vgl. Kap. 5.2.2.). Trotzdem haben die Vereinigten Staaten immer wieder protektionistische Maßnahmen ergriffen (Textilien, Landwirtschaft, Stahl), die entsprechend den Annahmen der liberalen Handelstheoretiker zu volkswirtschaftlichen Verlusten führten. Ein Beispiel ist der Protektionismus der US-Regierung in den 1990er Jahren bei Textileinfuhren. Es kann gezeigt werden, dass die Kosten der Konsumenten für diese Maßnahmen 1990 21,16 Milliarden USD betrugen, die Gewinne der geschützten Produzenten hingegen nur 9,90 Milliarden. Es entstand ein volkswirtschaftlicher Schaden von 11,26 Milliarden USD (Krugman 2004: 308).

Ähnlich der Theorie des Neo-Realismus (vgl. 6.) betrachtet die klassische Handelstheorie den Staat als Hauptakteur der Außenhandelspolitik. Innenpolitische Prozesse wurden nicht analysiert, der Staat blieb eine „black box". Krugman öffnete die „box" und untersucht die Rolle, die Interessengruppen im Entscheidungsprozess der Außenhandelspolitik spielen. Er argumentiert im Gegensatz zu den liberalen Klassikern, dass Freihandel einen Einfluss auf die Einkommensverteilung und damit negative Effekte für Individuen haben kann. Die klassische Theorie blendet diese

Möglichkeit aus, indem sie annimmt, der Faktor Arbeit könne kostenfrei zwischen Produktionssektoren verschoben werden. Somit würde nicht nur die Nation, sondern auch jedes einzelne Individuum von Freihandel profitieren.

> Krugman führt folgende Gründe an, warum Freihandel die Einkommensverteilung erheblich beeinflussen kann: „Erstens können Ressourcen nicht unmittelbar und kostenfrei von einer Branche in die andere verlagert werden. Zweitens unterscheiden sich die Branchen hinsichtlich ihrer Produktionsfaktoren. Eine Veränderung in den Mengenverhältnissen der Güter, die ein Land produziert, senkt normalerweise den Bedarf an einigen Produktionsfaktoren und erhöht den Bedarf an anderen. Aus diesen beiden Gründen sind die Vorteile des Außenhandels meist nicht so eindeutig wie [...] [von den Klassikern] nahe gelegt. Während die Nation als Ganzes von Außenhandel profitiert, fügt er bedeutenden Gruppen innerhalb des Landes zumindest kurzfristig oft Schaden zu“ (Krugman 2004: 72).

Krugman argumentiert – insbesondere im Hinblick auf die Außenhandelspolitik der USA –, dass Regierungen nicht vorrangig das Ziel verfolgen, die gesamtgesellschaftliche Wohlfahrt zu steigern. Vielmehr geht es ihnen darum, den eigenen politischen Erfolg und die Wiederwahl zu sichern. Aus ökonomischer Perspektive eigentlich irrational anmutende Entscheidungen zugunsten protektionistischer Maßnahmen werden demnach aufgrund eines Aushandlungsprozesses zwischen Interessengruppen und Regierung getroffen. Interessengruppen die Protektionismus wünschen, versprechen dem Präsidenten höhere Wahlkampfspenden, wenn er der gesamtgesellschaftlichen Wohlfahrt geringere Beachtung schenkt. Dafür kann der Präsident durch höhere Wahlkampfmittel mehr Wählerstimmen auf sich vereinigen, der Verlust an Wählerstimmen durch protektionistische Maßnahmen wird so mehr als ausgeglichen (Krugman 2004: 306). Somit kann Handelspolitik nicht nur als das Ergebnis rein ökonomischer Überlegungen betrachtet werden. Die Betrachtung des politischen Prozesses, welcher der Handelspolitik zugrunde liegt, ist eine Innovation im Vergleich zur klassischen Theorie, die aufgrund ihrer vereinfachenden Sichtweise den politischen Prozess samt seiner Teilnehmer außer Acht ließ. Krugman, der sich wie bereits oben dargestellt auf die Analyse von intra-sektoralem Handel konzentriert, behauptet, dass die Forderung nach Protektionismus durch Interessengruppen bei intra-sektoralem Handel geringer sei als bei inter-sektoralem Handel, da die Gewinne dort gleichmäßiger verteilt sind.

Jagdish Bhagwatis Beiträge zur neuen Handelstheorie

Bhagwati untersucht drei Aspekte: (1) die Forderung nach universellem Freihandel, (2) den Einfluss von Interessengruppen auf die politische Entscheidungsfindung sowie (3) die Neigung von Staaten, sich zu regionalen Blöcken zusammenzuschließen, anstatt den globalen Freihandel voranzutreiben. Bhagwati unterscheidet sich in seinen Annahmen grundlegend von den Klassikern. Sie gingen davon aus, dass Handel auf vollkommenen Märkten geschieht. Krugman nimmt an, dass unvollkommene Wettbewerbsformen wie Monopole einen Anreiz für Handel bieten können. Bhagwati schließlich geht davon aus, dass unvollkommener Wettbewerb den Regelfall des Marktes bildet. Ebenso wie Krugman nimmt Bhagwati an, dass Protektionismus als Strategie der Außenhandelspolitik aufgrund innerstaatlicher Prozesse gerechtfertigt sein kann. Dabei widerspricht er dem Freihandelsgedanken nicht grundsätzlich, sondern passt ihn theoretisch einigen aktuellen empirischen Beobachtungen an.

Universeller Freihandel. Während die Klassiker unilateralen Freihandel als wohlfahrtssteigernd – weil effizienzsteigernd – befürworteten, sieht Bhagwati Handel als „mutual and symmetric access to each other's markets, i.e. universal rather than unilateral free trade, is the guiding principle in practice" (Bhagwati 1991: 16). Das unilaterale Freihandelsprinzip trifft insbesondere für die Vereinigten Staaten im Zeitraum von 1946 bis in die 1980er Jahre zu. Die US-Regierungen forcierten in dieser Periode den Abbau amerikanischer Handelsbarrieren sowie den Aufbau der multilateralen Welthandelsordnung im Rahmen des GATT. Japan und Europa senkten ihre Handelsbarrieren allerdings nicht im gleichen Maße, sondern übernahmen die Rolle des Trittbrettfahrers („free rider"). In der wirtschaftlichen Boom-Phase dieses „golden age", das bis in die 1970er Jahre andauerte, unterstützte die Bevölkerung jedoch die Verwirklichung des Freihandelsprinzips, auch wenn es sich um eine einseitige Liberalisierung handelte. Interessengruppen, die durch Freihandel geschädigt wurden, konnten sich kein Gehör verschaffen. Das änderte sich in den 1980er Jahren. Wegen der Wirtschaftskrisen konnten Lobby-Gruppen ihre Interessen pro-Protektionismus mit dem Verweis auf hohe Arbeitsplatzverluste bei der Bevölkerung und damit auch im Kongress durchsetzen, dessen Abgeordnete in hohem Maße wahlkreisabhängig sind. Gemäß der amerikanischen Verfassung besitzt der Kongress alle maßgeblichen Kompetenzen in Außenhandelsfragen. Er setzte gegenüber der Exekutive eine Änderung der Außenhandelsstrategie vom Freihandelsprinzip zum Prinzip des „fairen" Handels durch. Verbunden mit der Androhung von Strafzöllen forderten die USA von ihren Handelspartnern universell faire Handelsbedingungen auf der Grundlage des Reziprozitätsprinzips (Gegenseitigkeit), d.h. auf jeden Liberalisierungsschritt durch Land A muss Land B mit gleichwertigen Maßnahmen reagieren (Bhagwati 1990: 57-59).

„Thus, if Bangladesh has current comparative advantage in textiles, due to lower wages, we no longer need to worry about being scolded as protectionists when we reject imports of Bangladeshi textiles as unfair trade caused by her 'pauper labour'. After all, the low Bangladeshi wages are a result of inadequate population-control policies and of inefficient economic policies that inhibit investment and growth and hence a rise in real wages" (Bhagwati 1992: 447).

Einfluss von Interessengruppen auf die Handelspolitik. Wie Krugman spricht Bhagwati den Interessengruppen eine bedeutende Rolle im policy making-Prozess der Außenhandelspolitik zu. Er weist jedoch die Annahme einer „puppet government" zurück. Demnach wäre der Staat ein bloßes Sprachrohr von Interessengruppen. Bhagwati vertritt vielmehr die Annahme eines „self willed government", d.h. Regierungen sind als autonome Akteure mit eigenen Zielsetzungen zu betrachten (Bhagwati 1991: 21). Diese Zielsetzungen werden nach Bhagwati zwar maßgeblich von Interessengruppen beeinflusst, aber nicht ausschließlich durch sie bestimmt. Auch unter der Annahme eines „self willed government" kann die Außenhandelspolitik protektionistische Strategien verfolgen, die dem Wohlstand einer Nation abträglich sind. Wie Krugman geht Bhagwati davon aus, dass die Politik erst in zweiter Linie darauf abzielt, den allgemeinen gesellschaftlichen Wohlstand zu steigern. Oberste Priorität hat das Wiederwahlinteresse, das Lobby-Gruppen zur Durchsetzung ihrer Interessen instrumentalisieren können.

Angesichts der steigenden ‚Nachfrage' nach Protektionismus und der damit verbundenen möglichen wohlstandsverringernden Folgen, setzt sich Bhagwati für eine politische Wiederbelebung des Freihandelsgedankens ein. In diesem Zusammenhang betont Bhagwati die Relevanz von Auslandsinvestitionen (foreign direct investment, FDI): „FDI is undertaken in response to the threat of protection, not with a view to 'jumping' the anticipated protection but with a view to defusing that threat" (Bhagwati 1991: 28). FDI kann Protektionismus aufgrund von zwei Faktoren eindämmen: Erstens bemüht sich das Empfängerland um eine Politik des guten Willens und kommt dem Interesse des ausländischen Investors nach geringem oder gar keinem Protektionismus entgegen, zweitens findet eine Zusammenarbeit zwischen dem Investor und den inländischen Akteuren statt, bei der der Investor die Akteure von den Vorteilen des Freihandels überzeugen kann (Bhagwati 1991: 28). Gegenüber den Annahmen der Klassiker besteht das Innovative an Bhagwatis Ansatz darin, dass er wie Krugman gesellschaftliche Gruppen in den politischen Prozess der Außenhandelspolitik integriert. Regierungen werden von Lobbygruppen stark beeinflusst. Im Vergleich zu den Klassikern betrachtet Bhagwati staatliche Interventionen als Normalität des politischen Prozesses. Aus diesem Grunde berücksichtigt er sie in seinen Untersuchungen; er stimmt allerdings mit den Klassikern darin überein, dass Intervention schädlich für den gesamtgesellschaftlichen Wohlstand sein können.

Regionalismus – ein Schritt vorwärts oder rückwärts in Richtung Freihandel? Der Frage, ob regionale Handelszusammenschlüsse das Prinzip des Freihandels unterstützen oder es behindern, wurde von verschiedenen modernen Handelstheoretikern nachgegangen. Krugman kam beispielsweise zu dem Ergebnis, dass die Bildung regionaler Blöcke ein ‚zweischneidiges Schwert' sei. Einerseits können handelsschaffende Effekte, d.h. neue Austauschbeziehungen, entstehen oder Wechselkursschwankungen durch eine Währungsunion entfallen. Andererseits können handelsumleitende Effekte entstehen, wenn der Handel innerhalb einer Zollunion den Handel mit Staaten außerhalb ersetzt, da jeder Block eine nach außen diskriminierende Einheit bildet (vgl. Kap. 4.1.).

Bhagwati teilt die Sichtweise von Krugman, betont aber, dass regionale Handelszusammenschlüsse universellen Freihandel fördern können, wenn deren Mitgliedschaft offen ist („open regionalism"). In diesem Fall würde der globale wirtschaftliche Wohlstand maximiert werden (Grimwade 2000: 353-355). Die derzeit existierenden Zusammenschlüsse betrachtet Bhagwati als Bedrohung für den universellen und multilateralen Freihandel, wie ihn die WTO zum Ziel hat (vgl. Kap. 5.2.2.). Er beobachtet, dass die regionalen Handelsblöcke sich mehr und mehr voneinander abschotten und somit multilaterale Verhandlungen zur weiteren Liberalisierung des Welthandels erschwert werden (etwa die WTO-Verhandlungen in Seattle 1999 und Cancún 2003). Aus diesem Grund befürwortet er einen Ausbau und eine Stärkung der WTO und plädiert für die Schaffung von Zollunionen statt Freihandelszonen. Zollunionen unterscheiden sich von Freihandelszonen dadurch, dass sie einen gemeinsamen Zolltarif nach außen haben; dieser sollte dem des Mitgliedslandes entsprechen, der den geringsten Tarif erhebt (Bhagwati 1992: 455).

Da die Klassiker für Freihandel unter allen Umständen plädierten, kann man vermuten, dass sie der Bildung von exklusiven Handelszusammenschlüssen ablehnend gegenüber gestanden hätten. Bhagwatis Standpunkt, dass Freihandel in einen multilateralen Kontext eingebettet sein sollte, nähert sich so dem der Klassiker an; entspricht diesem aber nicht ganz, da die Klassiker eine Öffnung der Märkte auch ohne Gegenseitigkeit der Öffnung befürworteten.

2.2.3. Fazit

Der Nutzen von internationalem Handel wurde in der Wirtschaftstheorie ausgiebig untersucht und diskutiert – angefangen bei den Klassikern bis hin zu den neuen Handelstheoretikern. Im Mittelpunkt stand dabei die Frage, inwiefern internationaler Handel den Wohlstand der handelnden Staaten und Individuen beeinflussen kann. Die Antworten auf diese Frage gehen allerdings von unterschiedlichen Grundannahmen aus und kommen somit zu unterschiedlichen Ergebnissen: Die liberalen Klassiker gehen von vollkommen wettbewerbsfähigen Märkten aus, wohingegen die neuen Handelstheoretiker auch unvollkommene Marktformen wie Monopole und Oligopole sowie die Rolle von Interessengruppen im politischen Prozess in die Analyse miteinbeziehen. Es bleibt abschließend festzuhalten, dass die neue Handelstheorie keinen Bruch mit der klassischen Theorie vollzieht, sondern die vereinfachten Annahmen der Klassiker dahingehend erweitert, dass realitätsnahe Aussagen über internationalen Handel heute eher möglich sind. Im Kern schließen sich Krugman und Bhagwati der Forderung der liberalen Klassiker nach Freihandel an und kritisieren Versuche von Interessengruppen, die neue Handelstheorie zur Legitimierung von Protektionismus zu benutzen

Arbeitsfragen zu Kapitel 2.2.:

- Welches sind die Wirkungen des Handels nach der Theorie komparativer Kostenvorteile?
- Welche Rolle spielen Interessengruppen in der neuen Handelstheorie?

- Warum ist Intra-Sektoraler Handel heute so wichtig?

Literatur zu Kapitel 2.2.:

Bhagwati, Jagdish 1992: The threats to the World Trading System. In: The World Economy 15/4: 443-456

Gandolfo, Giancarlo 1998: International Trade Theory and Policy. Berlin und Heidelberg.

Grimwade, Nigel 2000: International Trade. New patterns of trade, production and investment. London and New York.

Krugman, Paul/Obstfeld, Maurice 2004: Internationale Wirtschaft : Theorie und Politik der Außenwirtschaft, München.

Krugman, Paul 1992: Does the New Trade Theory Require a New Trade Policy? In: The World Economy, 15/4: 423-441.

Milner, Helen V. 2002: International Trade, in: Carlsnaes, Walter/Risse, Thomas/Simmons, Beth A. (Ed.): Handbook of International Relations, London: 448-461.

Ricardo, David 1994: Über die Grundsätze der politischen Ökonomie und der Besteuerung, Hrsg. von Heinz D. Kurz, Marburg.

Für die Mitarbeit an Kapitel 2.2. danke ich Marco Reuter und Anna Wittenborg.

2.3. Theorien über Macht und Strukturen

Während vor allem wirtschaftswissenschaftliche Theorien der Internationalen Politischen Ökonomie die Frage nach der Effizienz von Austausch und Produktion in den Mittelpunkt ihrer Erklärungen und Analysen stellen, beschäftigen sich politikwissenschaftliche Theorien der IPÖ oft mit Macht und Einfluss. Dabei geht es um die Machtverteilung zwischen Politik und Ökonomie sowie um die Machtausübung zwischen politischen Akteuren (Staaten) mit ökonomischen Instrumenten. In jedem Fall fokussieren diese Theorien weniger auf die Frage nach der Entstehung von Wohlstand, sondern primär auf die Frage der Verteilung von Wohlstand und nach dem Einfluss auf die Gestaltung ökonomischer Spielregeln. Letzteres wiederum hängt wesentlich von der Macht der jeweiligen Akteure (Staaten, Unternehmen, Gruppen, Individuen etc.) ab.

Die wichtigste Theoretikerin der macht-orientierten Variante der Theorien der IPÖ war Susan Strange (1923-1998), deren Kernfragen man auf den Punkt bringen kann: Wer bekommt was, und wem nutzt es? In ihrem umfangreichen Werk beschäftigte sich Strange mit dem Verhältnis von Politik und Ökonomie sowie mit den Strukturen von Macht. Susan Strange gilt vielen als Begründerin und wichtigste Vertreterin der „International Political Economy". Im Folgenden wird daher zunächst der theoretische Ansatz von Strange vorgestellt. Anschließend werde ich kurz auf den verwandten, aber in der Aussage durchaus ergänzenden Ansatz von Joseph Nye eingehen. Die empirische Relevanz struktureller, indirekter Macht illustriere ich danach am Beispiel der Verschuldungskrise Mexikos in den 1980er Jahren. Susan Strange und Joseph Nye sind sowohl durch ihre Beiträge zur Theorieentwicklung einflussreich gewesen als auch durch ihre beruflichen Positionen in den letzten Jahrzehnten: Strange hatte beim „Economist" gearbeitet, am Chatham House geforscht und unter anderem an der London School of Economics gelehrt. Nye lehrte als Professor an der Harvard University, war stellvertretender Verteidigungsminister unter Präsident Clinton und kehrte Mitte der 1990er Jahre als Dean der Kennedy School of Government an die Harvard University zurück.

2.3.1. Susan Stranges „Structural Power"

Im Folgenden soll vor allem auf zwei Aspekte des Ansatzes von Susan Strange eingegangen werden: (1) Auf ihre Überlegungen zur strukturellen Macht der USA und (2) auf ihre Thesen zum „Rückzug des Staates" im Zeitalter weltwirtschaftlicher Globalisierung.

(1) Mit ihren Veröffentlichungen zur strukturellen Macht der USA in der heutigen Weltwirtschaft antwortete Strange auf die verbreitete These von der „declining hegemony" der Vereinigten Staaten (vgl. u.a. Kennedy 1989: 758-787). Das Argument vom Niedergang US-amerikanischer Macht stützt sich vor allem auf den Verlust der wirtschaftlichen Vorherrschaft der USA seit den 1970er Jahren: Infolge des Wiedererstarkens der ehemals vom Krieg zerstörten Länder Europas sowie Japans war der Anteil der USA am Welthandel ebenso zurückgegangen wie ihr Anteil an globalen Investitionen und Krediten. Dieser Prozess der Verringerung ökonomischer Vorherrschaft der USA setzte sich mit der aktiven gemeinsamen Außenwirtschaftspolitik der Europäischen Union und der Konkurrenz des Euros zum Dollar zu Beginn des 21. Jahrhunderts fort. Der Beobachtung einer „verlorenen Hegemonie" der USA trat Strange in einer Reihe von Veröffentlichungen (u.a. Strange 1987, 1989, 1998) mit der Formulierung eines innovativen Konzepts der „structural power" entgegen. Strange betont, dass die Verringerung von Ressourcen wie dem Anteil am Welthandel oder am Welt-BSP nicht zwangsläufig mit der Verringerung von Macht, als Fähigkeit eigene Interessen durchzusetzen, einhergehe. Es müsse zwischen „power over resources" und „power over outcomes" unterschieden werden. Die USA hätten nach wie vor – und möglicherweise sogar in größerem Ausmaß – diese Fähigkeit durch ihre Position im Weltwirtschaftssystem: „In every important respect the United States still has the predominant power to shape frameworks und thus to influence outcomes. This implies that it can draw the limits within which others can choose from a restricted list of options, the restrictions being large part a result of U.S. decisions" (Strange 1989: 34).

Im Gegensatz zur „relational power", die durch Zwang oder Überredung ausgeübt wird, manifestiere sich „structural power" in der Kontrolle über bzw. im Einfluss auf Strukturen, in denen andere Akteure Entscheidungen fällen. Strange unterscheidet vier Felder struktureller Macht: Sicherheit, Wirtschaft (Produktion und Finanzen), Kultur und Wissen. Strange konzentriert sich auf den Bereich der Wirtschaft, den sie als komplexes System staatlicher und gesellschaftlicher Akteure und Strukturen konzipiert. Dabei ist entscheidend, dass Macht nicht wie klassisch bei Max Weber als beabsichtigte Handlung eines spezifischen Akteurs zur Durchsetzung seines Willens gegen das Widerstreben eines anderen spezifischen Akteurs definiert ist.

Für Strange ist „structural power" weder zwangsläufig beabsichtigt, noch wird sie zwangsläufig von einem spezifischen Akteur ausgeübt und vor allem erfolgt sie nicht gegen Widerstreben anderer. Vielmehr ist es beispielsweise die Struktur weltweiter Arbeitsteilung bei der Produktion von Gütern oder die Struktur des Weltfinanzsystems, die die darin handelnden Akteure mit bestimmten „Restriktionen", also Kosten- und Nutzen-Erwägungen, konfrontiert. Somit ist auch nicht das gezielte Handeln der US-Regierung in Washington nötig, um Macht auszuüben. Die USA können – als Land – durch ihre Position in Internationalen Organisationen wie dem IWF und der Weltbank, durch ihre Bedeutung als Vermittler von Wissen mit weltweit führenden Medien und Universitäten oder auch durch die Kredite und langfristigen Investitionen US-amerikanischer Transnationaler Unternehmen (TNU) eine Entscheidungsstruktur für andere Akteure formen. Diese vielfältigen Kanäle struktureller Macht bedeuten aber nicht, dass hier die US-Politik dominiert, vielmehr sind es die USA als ganzes, also als Wirtschafts-, Wissens- und Politikfaktor.

> „The United States, using its structural power to lock European, Latin American and now Asian and African economies into an open world market economy, certainly intended to reap benefits and new opportunities for American business. What its policymakers did not fully intend (…) was the enhanced power that this would give to markets over governments, including their own. This result may make social scientists uncomfortable. They are accustomed to think power as pertaining to someone, or some social or economic institution. But markets do not fit this conception. They are impersonal, intangible, not even necessarily to be found in any one place." (Strange 1996: 29-30)

Dieses Zitat drückt deutlich aus, welche Macht Strange den USA zumisst, auch wenn sich deren quantitative Ressourcen relativ zu anderen Staaten verringert haben. Allerdings deutet das Zitat auch klar auf die zweite Dimension von Stranges' Ansatz zur IPÖ, der Konzeption des Einflusses von Märkten auf Staaten und deren Verhalten.

(2) Stranges zentrale Hypothese im Hinblick auf das Verhältnis von Märkten und Staaten ist, dass Staaten die Kontrolle über einige „Autoritätsfunktionen" verloren haben und diese nunmehr mit anderen Staaten oder nicht-staatlichen Akteuren teilen. Dabei folgt Strange keineswegs einer neo-marxistischen Argumentation, die den Staat als bloßen Reflex bzw. Überbau der kapitalistischen Produktionsstruktur sehen würde. Vielmehr argumentiert Strange, dass Staaten und Märkte sich gegenseitig bedingen, aber sich durchaus im Wettstreit um die Setzung von Spielregeln

befinden würden. Es sei aber sehr schwer, in der Internationalen Politischen Ökonomie eine klare Unterscheidung zwischen politischer und wirtschaftlicher Macht zu treffen. Politische Macht sei schwer vorstellbar ohne wirtschaftliche Macht, ohne Einfluss auf Nachfrage, auf Produktion und Kapital. Andererseits sei wirtschaftliche Macht schwer vorstellbar ohne Rechtssicherheit und physische Sicherheit, die wiederum nur eine politische Autorität gewährleisten könne (Strange 1994: 25-27).

Transnationale Unternehmen (TNU, engl. TNC) spielen bei Strange eine zentrale konzeptionelle Rolle, da sie ihnen infolge des Prozesses der Transnationalisierung einen Machtzuwachs im Vergleich zu nationalstaatlichen Regierungen zumisst. TNU hätten durch die Globalisierung der Ökonomie an Einfluss auf den Einsatz von Ressourcen und damit auch auf das Steueraufkommen und die Arbeitsbeziehungen in einzelnen Gesellschaften gewonnen: „They [TNCs, S.A.S.] are increasingly exercising a parallel authority alongside governments in matters of economic management affecting the location of industry and investment, the direction of technological innovation, the management of labour relations and the fiscal extraction of surplus value“ (Strange 1996: 65).

Dabei sind TNU durchaus bestimmten Ländern und bestimmten „Strukturen“ zuzuordnen, aber nicht unbedingt der Politik des Landes und seiner territorialen Legitimität sowie seinen „nationalen“ Interessen: So formuliert Strange die These, dass die Transnationalisierung von Produktion, Kredit, Sicherheit und Ideen die nationalstaatlich-territorialen Grenzen durchlässig gemacht und zum Entstehen eines „nonterritorial empire with the imperial capital in Washington, D.C.“ geführt habe (Strange 1989: 35). Unklar bleibt, warum Strange hier die US-Hauptstadt und nicht etwa New York als weltweit bedeutendsten Finanzplatz benennt. Möglicherweise ist dies ihrer Lust an der Polemik geschuldet (s.u.). Wichtiges Argument in Stranges Ansatz ist auch, dass TNU nicht nur zunehmend eine „parallele Autorität“ bei der Regelung und Beeinflussung von ökonomischen Prozessen besitzen, sondern dass dadurch die demokratische Legitimität wirtschaftlicher Entwicklung verringert sei. Da Märkte nicht in dem Maße rechenschaftspflichtig („accountable“) seien wie (demokratisch gewählte) Regierungen, sei durch die gestiegene Rolle der privaten Akteure gegenüber den staatlichen Akteuren bei der transnationalen Festsetzung von Regeln deren Legitimität verringert: „Firms – the new players in transnational economic diplomacy – are hierarchies, not democracies“ (Strange 1996: 197, vgl. Kap. 3.1. und 5.3.2.).

Die Transnationalisierung der Ökonomie, den Rückzug des Staates sowie die „parallele Autorität“ privater Akteure sieht Strange am stärksten bei den

Finanzmärkten gegeben, denen sie sowohl konzeptionell wie in empirischen Beispielen die größte „strukturelle Macht“ gegenüber der Politik zumisst. Diese „strukturelle Macht“ der Finanzmärkte ist Strange zufolge erratisch, unvorhersehbar und gefährdet nicht nur die Beteiligten, sondern auch andere Akteure sowie die Gütermärkte. Diese Definition von spekulativen Finanzmärkten („Mad Money“, 1998b) folgert Strange aus der empirischen Beobachtung der Finanzkrisen der 1980er und 1990er Jahre. Sie schließt daraus, dass die liberale Theorie bezüglich einer effizienzsteigernden Wirkung von Marktliberalisierung hinsichtlich der Finanzmärkte falsch liege. Dies wiederum bedeutet für Strange, dass die Politik die Finanzmärkte wieder disziplinieren müsse (Strange 1998a, 1998b). Die „strukturelle Macht“ der Finanzmärkte über Kosten (Wechselkursschwächung, ausbleibende Kapitalzuflüsse etc.) und Anreize (Zustrom an Börsenkapital etc.) weitere Liberalisierungen in immer mehr Ländern zu bewirken, müsse politisch eingeschränkt werden, ähnlich wie dies während des Bretton-Woods-Systems durch feste Wechselkurse, Kapitalverkehrskontrollen etc. der Fall gewesen sei.

Der theoretische Ansatz von Strange ist oft kritisiert worden, weil sie keine systematische Theorie formuliert hat. Tatsächlich ist Stranges' Ansatz weder ein in sich geschlossenes Hypothesengebäude, noch zieht sich eine klare Benennung von Kausalwirkungen durch ihre Veröffentlichungen. Vielmehr liefert Strange durch eine „heuristische Interpretationsfolie und die historische Rekonstruktion zentraler Transformationsprozesse unzählige Anregungen“ (Bieling 2003: 381). Daher ist es aber auch oft nicht möglich, ihre Thesen zu falsifizieren, was natürlich die Überprüfbarkeit des Ansatzes insgesamt in Frage stellt. Strange vermischt historisch-induktives Vorgehen, d.h. die Ableitung von allgemeingütigen Aussagen aus der Beobachtung einzelner Ereignisse, mit normativen Postulaten und klaren Kausalhypothesen.

> Der vor allem in den USA vorgebrachten Kritik entgegnete Strange 1998: „In the United States especially, researchers are told that you must find an hypothesis and proceed to test it against the available data (…). This imperative derives from Karl Popper who defined a theory as a proposition that could be falsified (…). The alternative approach to research [is, S.A.S.] (…) that all you need for research was a good question“ (Strange 1998a: 22).

Diese Polemik zeigt Stranges distanziertes Verhältnis zum akademischen „Mainstream“, aber auch ihre Lust an der pointierten Formulierung, da sie selbstverständlich ebenfalls Thesen aufgestellt und sich um empirische Belege bemüht hat. Allerdings waren ihre Thesen oft nicht klare Kausalvermutungen und ihre Belege oft nicht systematisch. Dies lag am großteils historisch-induktiven Vorgehen und an Stranges Misstrauen gegenüber geschlossenen Theorien und quantitativen Beweisführungen: Nach ihrer Auffassung führt deduktive Theorie und quantitative Empiriegläubigkeit nicht nur oft zu „falschen" wissenschaftlichen Ergebnissen („complete rubbish", Strange 1998a:10), sondern auch zu „falscher" Politik („bad theory misleads policy", Strange 1998a: 22). Als Beispiel für letzteres sieht Strange die Öffnung der Finanzmärkte, die keineswegs zu einer effizienteren Allokation von Ressourcen geführt habe, sondern vielmehr durch Spekulation zu Währungs- und Wirtschaftskrisen von der Sterling-Krise 1976 in Großbritannien bis zur Asien-Krise 1997/98.

Eines der Hauptdefizite ihres Vorgehens stellt die mangelnde Ausdifferenzierung der Analyseeinheiten dar: Beispielsweise wird der Staat so konzipiert, dass er als „geschwächt" gelten muss, wenn er weniger Regeln setzt bzw. wenn private Akteure mehr „authority" über den Markt ausüben. Hier hängt Strange einem statischen (keynesianischen) Staatsverständnis an und berücksichtigt nicht, dass der Staat sich auch wandeln kann (soll), und dass er mit anderen (weniger) Regeln seine grundlegenden Funktionen (etwa Wohlfahrt) möglicherweise sogar besser erreichen kann. Auch muss kritisch hinterfragt werden, ob Macht ohne Absicht überhaupt noch Macht ist, oder vielmehr ein nicht-zielgerichtetes, zufälliges Nebenprodukt? Außerdem erscheint es teilweise widersprüchlich, den Einfluss von in den USA ansässigen TNU „den USA" zuzuschreiben, gleichzeitig aber einen „retreat of the state" festzustellen.

Insgesamt zeigt sich, dass Stranges' Ansatz deutliche theoretische Schwächen aufweist, indem er sich nicht durchgehend um Nachvollziehbarkeit und Überprüfbarkeit von Kausalwirkungen bemüht. Gleichzeitig wird aber auch klar, dass dies nicht das einzige oder vorrangige Ziel von Strange war. Vielmehr liegt ihrem Werk eine aufklärerische Zielsetzung zugrunde: Sie wollte konventionelles Wissen hinterfragen, vor wissenschaftlicher Theorie-Gläubigkeit warnen und historische Beobachtung fördern. „If liberal theory has misled policymakers, what is to be done to save the international financial system from the consequences? It is a question neither economists nor other social scientists should ignore. They have a social responsibility – the price of academic freedom – to enlighten, to explain and to prescribe if they can" (Strange 1998a: 25). Diese moralische Haltung trug Strange viele Sympathien ein und erklärt ihren intellektuellen Einfluss auf Wissenschaft und Politik zum großen Teil. Allerdings zeigt diese Haltung auch, dass Stranges' innovativen und kritischen Aussagen mit erheblicher Skepsis zu begegnen ist, da sie teilweise noch auf eine nachvollziehbare und systematische Überprüfung warten.

2.3.2. Joseph Nyes „Soft Power"

Joseph Nyes Argument der „soft power" ähnelt Stranges' „structural power", unterscheidet sich aber in einigen Bereich und ist insgesamt weniger komplex und differenziert. Daher soll es hier nur sehr kurz dargestellt werden. Hauptunterschied zu Strange ist, dass Nye sich im Wesentlichen mit US-amerikanischer Macht beschäftigt und dass er keinen grundlegenden und systematischen Rückzug des Staates im Verhältnis zum Markt sieht.

Auch Nye sieht Macht nicht zwangsläufig als Fähigkeit zur Durchsetzung von Interessen gegen Widerstreben anderer oder als „power over resources". Vielmehr sei Macht „realized power, as measured by the changed behaviour of others" (Nye 1990a: 27). Für Nye ist die Machtausübung eines Landes auch nicht auf seine Regierung beschränkt, sondern kann auch über die Wirkungen von Banken und Firmen sichtbar werden, die ihren Sitz im betreffenden Land haben (Nye 1990b: 168). Damit misst Nye den TNU ebenfalls eine entscheidende Rolle bei der grenzüberschreitenden Machtausübung zu. Allerdings sieht er die Ziele und Aktivitäten der US-TNU als Bestandteil des „nationalen Interesses" der Vereinigten Staaten – wie die Ziele und Aktivitäten der US-Regierung. Im Ergebnis sieht Nye eben nicht den Gegensatz zwischen (US-) Politik und (US-) Markt, wie es Strange tut, sondern hält vielmehr beide für Akteure der USA. Die USA würden als Land „soft power" auf andere Länder bzw. Regierungen ausüben, indem diese durch Vorteile wie Kapitalzuflüsse dazu bewogen werden, ihre Präferenzen so zu verändern, dass sie den US-Interessen entsprechen. Daher nennt Nye diese Form von Machtausübung auch „co-optive power": Andere Länder würden durch Vorteilsgewährung in das US-System aufgenommen, kooptiert: „Co-optive power is the ability of a country to structure a situation so that other countries develop preferences or define their interests in ways consistent with its own" (Nye 1990b: 168).

Während Strange sich bei der Beurteilung der US-Macht auf den Einfluss der USA im Weltwirtschaftssystem konzentriert, hat Nye bei der Formulierung und Untersuchung der „soft power" der USA die Beziehungen zwischen den USA und anderen Industrieländern im Blickfeld. Ebenso wie Strange sieht auch Nye die Macht der USA nicht nur im wirtschaftlichen oder militärischen Bereich gegeben, sondern auch durch deren kulturellen und ideologischen Einfluss: Auch „subtle influences“ (Nye 1990a: 193) wie kulturelle Attraktivität gehören zur „soft power“, wenn sie den US-Interessen nutzen. Wie bei Strange ist auch bei Nye die Machtausübung nicht an eine Absicht (Intentionalität) gebunden.

Für Nye gelten einige der Kritiken, die auch auf Strange zutreffen: Manchmal werden keine klaren und widerlegbaren Kausalvermutungen aufgestellt und ein systematisches Hypothesengebäude liegt nicht vor. Dennoch hat auch Nye den Verdienst, traditionelle Machtkonzepte erweitert zu haben und mit seinem Konzept der „weichen Macht“ empirische Entwicklungen besser erklären zu können als dies konventionelle Thesen von US-Hegemonie und der simplen „Dependenz“ anderer Länder vermochten. Susan Strange kritisiert an Nye hauptsächlich seinen „soften“ Umgang mit der US-Regierung: „Nye's notion of the ‚soft power' of the United States in the world is not wrong, but still distorts the truth, which is that there is nothing very soft about the way US administrations can take unilateral decisions affecting others, military or monetary, with immunity“ (Strange 1998a: 21f).

2.3.3. Die USA, Finanzmärkte und Mexikos Verschuldungskrise

In meiner Studie „Macht und Wandel. Die Beziehungen der USA zu Mexiko und Brasilien“ (Schirm 1994) habe ich die Macht-Konzepte von Strange und Nye zur „indirekten Macht“ ergänzt und auf die US-Mexikanischen und US-Brasilianischen Beziehungen angewendet. Dabei ging es um die Erklärung des Wandels dieser beiden bilateralen Beziehungen von eher konfliktgeladener Distanz zu freundschaftlicher Kooperation in den 1980er und 1990er Jahren. Der Wandel war durch die traditionellen Konzepte „Hegemonie der USA“ und „Abhängigkeit Lateinamerikas“ nicht zu erklären. Im Folgenden soll eine Zusammenfassung der Rolle „indirekter Macht“ der USA über die Finanzmärkte beim Wandel der Beziehungen zu Mexiko als empirische Fallskizze zur Anwendung der theoretischen Konzepte struktureller bzw. indirekter Macht dienen. Eine ausführlichere Darstellung dieses Falls findet sich in der oben genannten Studie und unter dem Aspekt des Einflusses globaler Märkte in Kapitel 3.1..

Mexiko hatte als sozialistisches Land den Interessen der USA in den 1960er und 1970er Jahren sowohl durch die planwirtschaftlichen Elemente in seiner Ökonomie, als auch durch die außenpolitische Unterstützung für linke Regierungen (wie Kuba) und Guerilla-Bewegungen in Lateinamerika wiederholt widersprochen. Versuche der USA, durch *direkte* Macht – etwa durch die Drohung mit Handelssanktionen, das Angebot einer Freihandelzone oder die Sperrung der Grenze – eine Änderung des mexikanischen Verhaltens zu erreichen, waren gescheitert. Dennoch kam es Ende der 1980er Jahre, als die USA keine Macht im Sinne direkten Druckes ausübten, zu einer außen- und wirtschaftspolitischen Annäherung Mexikos an die USA, die in der Gründung der NAFTA (Nordamerikanisches Freihandelsabkommen) gipfelte. Die Ursachen lagen wesentlich in der strukturellen, indirekten Macht der USA:

Mexiko hatte sich in den 1970er Jahren bei privaten transnationalen Banken erheblich verschuldet, um sein Entwicklungsmodell der Industrialisierung zur Substitution von Importen zu finanzieren. Diese Form der Entwicklungsfinanzierung war erst durch die Liberalisierung und Globalisierung des Finanz- bzw. Bankensystems in den 1970er Jahren möglich geworden. US-Banken dominierten in diesem System und Mexiko verschuldete sich überwiegend bei diesen Banken. Mexiko investierte die Kredite oftmals in neue Industrien, die Zinsen und Tilgungen für die Kredite nicht verdienen konnten (über Exporte), da sie hinter hohen Zollschranken geschützt und somit auf dem Weltmarkt nicht wettbewerbsfähig waren (vgl. 2.1. „Dependencia-Ansatz“). Die Kredite Mexikos waren an den für Privatbanken international relevanten Zinssatz LIBOR (London Interbank Offered Rate) gekoppelt.

Als die Zentralbank der USA ab 1980 eine Hochzinspolitik betrieb (u.a. um dem US-Handelsbilanz- und Haushalts-Defizit entgegen zu steuern), folgten die Zentralbanken anderer Industrieländer, um den Kapitalabfluss in die USA einzudämmen. Die Hochzinspolitik der USA „globalisierte“ sich somit, weil die US-Ökonomie aufgrund ihrer Größe sehr viel Kapital aufnehmen konnte. Da der LIBOR alle 6 Monate an das weltweite Zinsniveau angepasst wurde, erhöhte sich der mexikanische Schuldendienst erheblich – der LIBOR verdreifachte sich. Zusammen mit den strukturellen Zahlungsproblemen Mexikos führte die Hochzinswelle zur Zahlungsunfähigkeit Mexikos 1982. Da private Banken in dieser Situation keine neuen Kredite mehr ausgeben wollten, blieb dem Land nur die völlige internationale Isolation oder die Hilfe des Internationalen Währungsfonds (IWF). Dieser vergibt Beistandskredite für Not leidende Länder mit der Bedingung, dass die Empfänger ihre Wirtschaftspolitik auf die Wiederherstellung ihrer Zahlungsfähigkeit ausrichten. Die marktliberalen Konditionen des IWF spiegeln die wirtschaftspolitischen Überzeugungen seiner wichtigsten Geldgeber, allen voran die USA (vgl. Kap. 5.2.1.). Mexiko waren also indirekt positive Anreize gegeben worden, um seine Wirtschaft zu liberalisieren, ohne dass die US-Regierung direkten Druck ausgeübt hätte.

Intern hatte die alte Führungsschicht der Partei der Institutionalisierten Revolution (PRI) in den 1980er Jahren durch die Verschuldungs- und Wirtschaftskrise Unterstützung verloren. Dagegen glaubten jüngere Politiker der PRI an die positiven Wirkungen marktliberaler Reformen und konnten sich in der Krisensituation innerhalb der PRI durchsetzen. Viele dieser jüngeren Politiker waren in den USA ausgebildet worden – wie der spätere Präsident Salinas de Gortari an der Harvard University und der spätere Finanzminister Aspe Armella am Massachusetts Institute of Technology. Hier zeigte sich die indirekte, strukturelle Macht der USA im Bereich „Wissen“ bzw. die „kulturelle Attraktivität“ der USA. Hinzu kam das große Interesse von privaten Unternehmen aus den USA, in Mexiko zu investieren und wegen der geographischen Nähe zu produzieren, wenn das Land eine liberale Wirtschaftspolitik verfolgen würde. Gerade in der Wirtschaftskrise der 1980er Jahre, als Kredite ausblieben, war das Interesse Mexikos an Auslandsinvestitionen von TNU gestiegen.

Fazit:

Insgesamt haben die USA als Land indirekt

- über die Liberalisierung des Banken- bzw. Finanzsystems seit dem Ende der 1960er Jahre (erleichterte Möglichkeit zur Kreditaufnahme für Mexiko),
- über die Hochzinspolitik zu Beginn der 1980er Jahre (Verteuerung des Schuldendienstes für Mexiko -> Krise),
- über den Einfluss im Internationalen Währungsfonds (marktliberale Bedingungen für Beistandskredite an Mexiko),
- über das Angebot hervorragender Universitäten (liberalisierungsfreundliche Ausbildung der neuen Führungsschicht Mexikos),
- über das Investitionspotential von US-TNU (marktliberale Bedingungen für Investitionen in Mexiko)

das Entscheidungsumfeld Mexikos so strukturiert, dass es in Mexikos eigenem Interesse lag, sich wirtschaftspolitisch dem US-Modell und den USA anzunähern.

Arbeitsfragen zu Kapitel 2.3.:

- Welche Eigenschaften und Wirkungsweisen hat „strukturelle Macht“ nach Strange?
- Wie unterschieden sich Stranges und Nyes Macht-Konzepte von traditionellen Definitionen?
- Auf welche Weise konnten die USA Mexiko dazu bringen, seine Politik zu ändern?

Literatur zu Kapitel 2.3.:

Bieling, Hans-Jürgen 2003: Internationale Politische Ökonomie, in: Schieder, Siegfried/Spindler, Manuela (Hrsg.): Theorien der Internationalen Beziehungen, Opladen: 363-389.

Kennedy, Paul 1989: Aufstieg und Fall der großen Mächte. Ökonomischer Wandel und militärischer Konflikt 1500 bis 2000, Frankfurt/M.

Nye, Joseph S. 1990a: Bound to Lead. The Changing Nature of American Power, New York: Basic Books.

Nye, Joseph S. 1990b: Soft Power, in: Foreign Policy 80/3: 153-171

Nye, Joseph S. 2002: The Paradox of American Power. Why the World's Only Superpower Can't Go it Alone, Oxford.

Schirm, Stefan A. 2001: Indirekte Macht. Zum Einfluss der USA auf den wirtschaftspolitischen Paradigmenwechsel in Mexiko, in: Fischer, Thomas (Hrsg.): Ausländische Unternehmen und einheimische Eliten in Lateinamerika, Frankfurt/M: Vervuert: 231-249

Schirm, Stefan A. 1994: Macht und Wandel. Die Beziehungen der USA zu Mexiko und Brasilien, Opladen: Leske + Budrich.

Stopford, John/Strange, Susan 1991: Rival States and Rival Firms. Competition for World Market Shares, Cambridge: CUP

Strange, Susan 1987: The Persistent Myth of Lost Hegemony, in: International Organization 41/4: 551-574

Strange, Susan 1989: Toward a Theory of Transnational Empire, in: Väth, Werner (Hrsg.): Political Regulation in the 'Great Crisis'", Berlin: 25-42

Strange, Susan 1994: States and Markets, 2. Aufl., London: Pinter.

Strange, Susan 1996: The Retreat of the State. The Diffusion of Power in the World Economy, Cambridge.

Strange, Susan 1998a: What Theory? The Theory in Mad Money, Centre fort he Study of Globalisation and Regionalisation (CSGR) Working Paper No. 18/98, Warwick.

Strange, Susan 1998b: Mad Money, Manchester.

2.4. Theorien über Institutionen und Politik

Anhaltende Wohlstandsunterschiede zwischen Industrie- und Entwicklungsländern sowie Unterschiede innerhalb der Gruppe der Schwellen- und Entwicklungsländer haben in der IPÖ einen neuen Theorieansatz populär gemacht: die Institutionenökonomik. Die (neo) klassisch-liberale Wachstumstheorie hatte positive wirtschaftliche Effekte für alle durch die Globalisierung prognostiziert und konnte daher fortbestehende Unterentwicklung in Entwicklungsländern nur mit unzureichender Marktliberalisierung erklären. Im klassischen Modell sind die Akteure rationale Individuen, die über vollständige Informationen und klare Präferenzen verfügen. Der Zugang zu Märkten ist frei, und das Zusammenspiel von Angebot und Nachfrage führt zu optimalen Ergebnissen, falls es keine Marktverzerrungen gibt. Dies sind Annahmen, die die Institutionenökonomik in Frage stellt. Auch wenn es keine einheitliche ‚institutionalistische Schule' gibt, haben die verschiedenen Stränge der institutionalistischen Theorien gemeinsame Annahmen, wie z.B. die einer beschränkten Rationalität der Akteure und die des Auftretens von Transaktionskosten. Während klassische Theorien Institutionen als gegeben ansehen, analysieren institutionalistische Theorien ihre Entstehung, Funktion und Dysfunktion. Dadurch bieten institutionalistische Theorien eine vielschichtigere Sicht auf viele ökonomische Probleme. Mit der Institutionenökonomik gelingt es insbesondere, die Auswirkungen von Institutionen auf die Wirtschaft zu erklären. Entgegen der klassischen Wachstumstheorie lässt sich die Wachstumsrate einer Volkswirtschaft nicht mehr nur mit der Faktorausstattung (Arbeit, Kapital und in der neuen Wachstumstheorie mit Humankapital) eines Landes, sondern auch mit der Qualität der bestehenden Institutionen erklären (Voigt 2002: 144; Mummert 2001: 300).

Dieses Kapitel führt in die Institutionenökonomik ein und beleuchtet den Wandel der Entwicklungsstrategie der Weltbank als Beispiel für die empirische Erklärungskraft der Institutionenökonomik: Sie kann erklären, warum die wirtschaftspolitische Orientierung der Weltbank am liberalen Paradigma der 80er und frühen 90er Jahre in vielen Ländern nicht die angestrebten Entwicklungserfolge erzielen konnte und es in der Folge zu einem institutionenökonomischen Strategiewechsel kam. Die grundlegende Annahme der Institutionenökonomik ist klassisch-liberal und lautet: Alle Akteure streben danach, ihren Nutzen zu maximieren und ihre Kosten zu minimieren (Voigt 2002: 26). Die vorhandenen Mittel zur Erreichung dieses Ziels sind dabei begrenzt. Die klassischen Verhaltensannahmen leiten sich aus dem Knappheits- und Konkurrenzpostulat und dem der Anreize als Triebkraft jeglicher Wirtschaftstätigkeit ab (North 1992: 133). Aus der Grundannahme der Knappheit folgt Wettbewerb, d.h. sowohl Produktionsfaktoren als auch die damit produzierten Güter sind nur in bestimmter Menge, also nicht unendlich vorhanden, so dass die Akteure miteinander um diese Faktoren bzw. Güter konkurrieren müssen und Wettbewerb entsteht. Als Regelungsmechanismus treten hier die relativen Preise auf, wobei diese durch Angebot und Nachfrage bestimmt werden.

Das Verhalten der Akteure in Wettbewerbssituationen wird in klassischen Konzepten mit Hilfe der Theorie der rationalen Wahlhandlung erklärt (Voigt 2002: 26ff.). In diesen Ansätzen erscheinen Individuen als nutzenmaximierende, ökonomisch rationale Akteure, die über stabile Präferenzen verfügen. Hinzu kommt das Prinzip der vollständigen Information: Den Akteuren sind erstens alle Alternativen bei der Verwirklichung ihrer angestrebten Ziele ebenso bekannt wie die Folgen ihrer Entscheidungen. Diese Annahmen sind der Komplexität der Realität, in diesem Fall der Frage nach der Ursache von Unterentwicklung, oft nicht angemessen. Die Institutionenökonomik plädiert daher dafür, das Zweckrationalitätspostulat durch das Postulat der Verfahrensrationalität und der Rationalität bei eingeschränkter Information zu ersetzen.

2.4.1. Annahmen und Thesen der Institutionenökonomik

Die Institutionenökonomik umfasst mehrere Subtheorien und basiert auf folgenden Grundannahmen:

- auf dem methodologischen Individualismus, der besagt, dass die Funktionsweise der Volkswirtschaft durch die Präferenzen und das Verhalten der Individuen erklärt wird;
- auf der Annahme einer durch unvollständige Information begrenzten Rationalität der nutzenmaximierenden Akteure; und
- auf der Annahme, dass die Akteure sich opportunistisch verhalten und bereit sind, sich einander in ihrem Profitstreben zu betrügen.

Die neoklassischen Annahmen der Knappheit und des daraus folgenden Wettbewerbs gelten als fruchtbare Bestandteile der (neo) klassischen Theorie; die Annahmen über einen reibungslosen Tauschvorgang, in dem Eigentumsrechte eindeutig und Informationen kostenlos erhältlich sind, werden dagegen ergänzt. Die Institutionenökonomik versucht, neue Analyseeinheiten wie Transaktionskosten und Institutionen in den Mittelpunkt ihrer Analysen zu stellen. Institutionen existieren aufgrund der Knappheit von Ressourcen und der begrenzten Rationalität der Akteure. Ihre Hauptfunktion ist aber die Senkung von Transaktionskosten. Institutionen sind immer Regeln. Beispiele für Institutionen sind Verfassungen, Gesetze, Verträge, moralische Normen etc. Kernaussage der Institutionenökonomik ist, dass Institutionen für den Wirtschaftsprozess und die Entwicklung eines Landes von zentraler Bedeutung sind („institutions matter"). Die Funktion von Institutionen besteht darin, Unsicherheiten der Akteure zu reduzieren, ihren Zeithorizont zu verlängern, Anreize für Spezialisierung und Arbeitsteilung zu geben, um so das Wohlstandsniveau in einer Gesellschaft zu heben.

Es gibt eine Reihe von Institutionendefinitionen, denen allen die Annahme zugrunde liegt, dass Institutionen Systeme von formellen und informellen Regeln und Normen sind, die Handlungen einschränken und die Mittel zur Umsetzung dieser Regeln bereitstellen (Eissrich 2001: 62 ff.; Richter 1994: 2). Laut Douglass North sind „Institutionen (...) die Spielregeln einer Gesellschaft oder, förmlicher ausgedrückt, die von Menschen erdachten Beschränkungen menschlicher Interaktion" (North 1992: 3).

Die Theorie der Transaktionskosten. Bereits 1937 wurde das Konzept der Transaktionskosten von Ronald Coase in die Wirtschaftswissenschaft eingeführt (Voigt 2002: 30). Seine Überlegung, „...warum es überhaupt Firmen gibt und nicht alle Transaktionen als Markttausch vollzogen werden..." (Göhler/Kühn 1999: 23) markierte den Anfang der Institutionenökonomik. Er hatte darauf verwiesen, dass scheinbar unvergleichbare Phänomene wie hierarchische Organisationsgebilde und Märkte auf dieselbe Weise analysiert werden können. Als Ergebnis ließ sich zeigen, dass die Existenz hoher Transaktionskosten zur Herausbildung hierarchischer Organisationen führt, die den Markt einschränken. Transaktionskosten setzen sich aus den bei einem ökonomischen Tausch entstehenden Messungs- (das sind die beim Messen der Eigenschaften von getauschten Gütern anfallenden Kosten) und Erfüllungskosten (das sind die für Rechtsschutz und für Überwachung und Umsetzung anfallenden Kosten) zusammen (North 1992: 32). Dabei handelt es sich um Reibungsverluste, die bis zu 50% des Bruttosozialprodukts einer modernen Volkswirtschaft ausmachen können (Richter 1994: 9). Bei Vertragsabschlüssen sind dies beispielsweise die Kosten (1) einen potentiellen Partner zu finden, (2) den Vertrag zu schließen, (3) ihn in Kraft zu setzen und (4) seine Anwendung zu überwachen. Es gibt zwei Arten von Transaktionskosten: „sunk costs" als unveränderbare Investitionen (etwa: Fabrikgebäude) und variable Transaktionskosten in Abhängigkeit von der Anzahl der Transaktionen. Bei Transaktionskosten handelt es sich also vor allem um Informationen, über die kein Akteur vollständig verfügt und deren Fehlen sich als sehr teuer auswirken kann. Informationen können daher wertvoll sein. Je schwieriger sich eine Informationsbeschaffung gestaltet, desto teurer ist sie; desto höher ist der Preis, den der einzelne gewillt ist, für sie zu zahlen. Der Grund für die Existenz von Institutionen ist nun in diesen hohen Kosten zu suchen. Institutionen stellen den (häufig erfolgreichen) Versuch dar, die Preise für Informationen zu senken, indem sie den wirtschaftlichen Akteuren Beschränkungen auferlegen und dadurch Unsicherheit beseitigen.

Entstehung von Institutionen. Die Institutionenökonomik geht nicht davon aus, dass Institutionen geschaffen werden, um einen kollektiven Nutzen zu erreichen. Vielmehr werden sie errichtet, um den Interessen jener zu dienen, die in einer Gesellschaft die Macht besitzen, neue Regeln aufzustellen. Manchmal haben diese, zuerst aus rein egoistischen Motiven geschaffenen Regeln jedoch auch gesamtgesellschaftlich positive Auswirkungen, wenn sie z.B. zur Steigerung des BSP und einer gerechten Verteilung führen. Dann sind Institutionen gesellschaftlich funktional und haben stabilisierende Effekte. Wenn dagegen gesellschaftliche Eliten Institutionen schaffen, die nur zu ihrem persönlichen Nutzen sind, indem sie andere Akteure aber nicht die Eliten beschränken, hat dies negative Wirkungen für die wirtschaftliche Entwicklung eines Landes. Am Beispiel des Problems der Korruption in vielen Staaten der Dritten Welt wird deutlich, dass Strukturen, die nur einer Minderheit dienen, gesamtgesellschaftlichen Schaden anrichten können (Mummert 2001: 306).

Institutionen im Zusammenspiel mit Organisationen. Organisationen sind in der ökonomischen Theorie vorrangig Unternehmen und dienen der Profitmaximierung. Sie werden so gestaltet, wie es die institutionelle Ordnung einer Gesellschaft ermöglicht. Transaktionskosten führen dazu, dass Organisationen Techniken entwickeln, mit denen sich diese Kosten senken lassen. Grund für Kooperation sind die institutionellen Spielregeln, an die sich die Mitglieder von Organisationen halten und die maßgeblich am erzielten Output beteiligt sind. In diesem Zusammenhang sind Informationen und Wissen von entscheidender Bedeutung. „In den Arten von Wissen, Fertigkeiten und Bildung, die die Angehörigen einer Organisation sich aneignen, drücken sich die Gewinnaussichten – die Anreize – aus, die in den institutionellen Beschränkungen eingebaut sind“ (North 1992: 89). Den Grund für die Existenz von Unternehmen sieht North in der Senkung von Transaktionskosten. Diese müssen Märkte entdecken, Produkte und

Technologien bewerten, Mitarbeiter führen. All dies bedeutet einen hohen Aufwand an Informationen und Wissen, die wiederum zu einem guten Teil Ergebnisse der institutionellen Vorgaben sind.

Institutioneller Wandel. Aufgrund der gegenseitigen Beeinflussbarkeit von Institutionen und Organisationen lässt sich institutioneller Wandel insbesondere mit Hilfe von Organisationen erklären. Dabei werden Institutionen als Spielregeln und Organisationen sowie individuelle Wirtschaftsakteure als Spieler modelliert (Häder 1997: 84). Die Institutionen geben einen Rahmen von Anreizen vor, und die Organisationen investieren dementsprechend in die Aktivitäten, die den größten Nutzen versprechen. Die Investitionen von Organisationen sind somit durch Institutionen geprägt. Die in einer Gesellschaft vorhandenen Institutionen in Form von Regeln prägen das Verhalten von Organisationen indem sie sowohl die Ziele der Gewinnmaximierung beeinflussen als auch den Zugang der zur Gewinnmaximierung notwendigen Informationen eingrenzen. Dies führt dazu, dass „...der institutionelle Rahmen (...) die Richtung mitbestimmen [wird], die beim Erwerb von Wissen und Fertigkeiten eingeschlagen wird..." (North 1992: 93). Er ist somit entscheidend für die langfristige Entwicklung einer Gesellschaft. Andererseits verändert unternehmerische Tätigkeit auch die Gesellschaft und ihre Institutionen. Wenn z.B. Unternehmen vermehrt in eine bestimmte Art von Wissen investieren, etwa in neue Produktionsformen und Technologien (etwa Internet, Biotech), so muss der Staat einen gesetzlichen, d.h. institutionellen Rahmen dafür schaffen.

Ein auf diese Weise herbeigeführter institutioneller Wandel wird als nicht beabsichtigter Wandel interpretiert, da das unternehmerische Maximierungsverhalten nicht von vornherein auf eine Veränderung der Beschränkungen abzielt. Durch das Aneignen von neuen Fertigkeiten und Wissen werden Preise verändert. Daher liegt die eigentliche Ursache institutionellen Wandels in Veränderungen der relativen Preise und Präferenzen begründet, da sie bestimmend für Tausch, oder allgemeiner ausgedrückt für jede Art von zwischenmenschlicher Interaktion sind. Durch unternehmerisches Maximierungsstreben kommt es nun zu Änderungen von Faktorpreisverhältnissen, Informationskosten und Technologien und dadurch auch zu Veränderungen in der Verhandlungsmacht, die wiederum Versuche zur Neugestaltung des institutionellen Rahmens in einer Gesellschaft mit sich bringt.

Eine wichtige Unterscheidung für die Analyse institutionellen Wandels ist die Differenzierung zwischen ‚institutionellem Umfeld' und ‚institutionellem Arrangement'. Diese Unterscheidung ist von zentraler Bedeutung, weil sie die Geschwindigkeit des Wandels und die Möglichkeiten einer gezielten Einwirkung bestimmt. Das institutionelle Umfeld bezieht sich auf die Hintergrundregeln, die das individuelle Verhalten steuern. Diese können sowohl formal und explizit als auch informell und implizit sein, wie z.B. soziale Konventionen, die Sprache etc. Diese Hintergrundregeln hängen nicht von individuellen Handlungen ab, und müssen auf kurze Sicht als gegeben angenommen werden. Ihr Wandel kann nur langsam und schrittweise vor sich gehen. Dagegen sind institutionelle Arrangements spezifische Handlungsanweisungen, die von Partnern entworfen werden, um bestimmte wirtschaftliche Beziehungen zu vermitteln. Firmen, Verträge, staatliche Verwaltungen und Hilfsorganisationen sind Beispiele für institutionelle Arrangements. Sie müssen das institutionelle Umfeld respektieren, aber können innerhalb dieses Rahmens schneller geschaffen, verändert oder aufgelöst werden. Wenn von außen institutioneller Wandel initiiert werden soll, etwa um die wirtschaftliche Entwicklung in einem Land anzustoßen, dann muss das bereits bestehende institutionelle Umfeld mitberücksichtigt werden. Zum einen zeigt die Institutionenökonomik, dass es kaum möglich ist, auf das institutionelle Umfeld, d.h. die informellen Institutionen einer Gesellschaft, einzuwirken. Dagegen lässt sich auf das formelle institutionelle Arrangement Einfluss nehmen – allerdings nur unter Überprüfung der Vereinbarkeit mit dem institutionellen Umfeld.

Pfadabhängigkeit von Institutionen. Nach North (1990: 94) unterliegt institutioneller Wandel einer Pfadabhängigkeit, d.h. kleine Ereignisse und Veränderungen wirken sich dauerhaft auf die Richtung des Wandels der Institutionen aus. Es bedeutet ebenfalls, dass sich Institutionen nicht immer optimal wandeln und dass institutioneller Wandel kein Synonym für Fortschritt ist. Zwei Mechanismen sind dafür hauptsächlich verantwortlich: die Dynamik der steigenden Erträge und die Effekte unvollkommener Märkte (Häder 1997: 85). Zentral für die Analyse institutioneller Pfadabhängigkeit ist der von W. Brian Arthur eingeführte Erklärungsansatz für technologischen Wandel. Unbedeutende Ereignisse und Zufälle können technische bzw. institutionelle Veränderungen produzieren die, sobald sie von einer kritischen Masse anerkannt sind, den eingeschlagenen Pfad nicht mehr verlassen, sondern sich mehr und mehr verfestigen. Dies liegt unter anderen daran, dass sich Akteure an die Funktionsweise von Institutionen gewöhnen und in Lernprozessen Wissen über den effizienten Umgang mit Institutionen gewinnen. Außerdem führt die Verbreitung einer Institution zur Senkung von Transaktionskosten. Wenn beispielsweise zwei Handelspartner auf bestehende multilaterale oder bilaterale Handelsabkommen zurückgreifen, dann vermeiden sie die Transaktionskosten einer Neu-Entwicklung von Regeln. Diese Effekte erhöhen die Kosten, ein bestehendes institutionelles Arrangement aufzugeben, so dass dieses auch dann bestehen bleiben kann, wenn es nicht mehr optimal ist.

2.4.2. Institutionenökonomik und Unterentwicklung: Weltbank

Die zentrale Prämisse der Institutionenökonomik lautet: Die wirtschaftliche Entwicklung einer Volkswirtschaft hängt entscheidend vom institutionellen Umfeld und den institutionellen Arrangements ab. Wirtschaftliche Unterentwicklung ist aus Sicht der Institutionenökonomik daher ein Ergebnis fehlender institutioneller Rahmenbedingungen, wie etwa effektiver Mechanismen zur Durchsetzung von Verträgen oder von Eigentumsrechten. Diese sind in einer Marktwirtschaft von besonderer Relevanz, da sie die Bereitschaft stärken, in langlebige Kapitalgüter zu investieren.

Da die Wirkungen von Institutionen durch konkurrierende Institutionen beschränkt werden können, ist die Frage des Zusammenspiels formeller und informeller Institutionen dann von Bedeutung, wenn die Chancen für die Errichtung neuer Institutionen abgeschätzt werden sollen. Beispielsweise sind die Möglichkeiten, neue wachstums- und entwicklungsfördernde Institutionen politisch durchzusetzen, durch die traditionelle kulturelle Prägung der jeweiligen Gesellschaft beschränkt. Häufig scheitern daher Versuche, Entwicklungsprogramme mit neuen Institutionen zu verknüpfen. Manche Institutionen, die sich in entwickelten Industrieländern als wohlfahrtssteigernd bewährt haben, sind für die Entwicklung in Entwicklungsländern daher nicht geeignet. So führt beispielsweise „...die Liberalisierung der Märkte (...) angesichts unklarer Handlungsrechte und einer mangelhaften Setzung und Durchsetzung staatlicher Institutionen nicht zu den gewünschten Ergebnissen...“ (Mummert 2001: 305). Wenn die Wirkungen neuer, marktwirtschaftlicher Institutionen durch die Wirkungen traditioneller, oft informeller Institutionen konterkariert werden, muss nach Lösungen gesucht werden, um neue Institutionen besser in das bereits bestehende institutionelle Arrangement einer Gesellschaft einzufügen. Dies beinhaltet nicht zuletzt die Beantwortung der Frage nach der Pfadabhängigkeit informeller Institutionen.

Die Institutionenökonomik hat in den letzten Jahren insbesondere auch in der entwicklungspolitischen Debatte starken Zuspruch erfahren. Die klassisch-liberal geprägte Wachstumstheorie sowie ihre soziologischen

Varianten der Modernisierungstheorien hatten mancherorts Unterentwicklung nicht erklären können. Wie hat sich dies auf die Entwicklungsstrategie der Weltbank ausgewirkt?

> „The World Bank Group's mission is to fight poverty and improve the living standards of people in the developing world. It is a development Bank which provides loans, policy advice, technical assistance and knowledge sharing services to low and middle income countries to reduce poverty. The Bank promotes growth to create jobs and to empower poor people to take advantage of these opportunities" (The World Bank Group 2004).

Die Weltbank wurde gemeinsam mit ihrer Zwillingsorganisation, dem Internationalen Währungsfonds, 1944 auf der Konferenz von Bretton Woods gegründet. Zunächst dem Wiederaufbau der vom Krieg zerstörten Staaten Europas und Ostasiens gewidmet, wurde sie bald zur wichtigsten internationalen Entwicklungsorganisation für die Länder des Südens. Die wesentliche Aufgabe der Weltbank sind Kredite für langfristige Entwicklungsprojekte. Der ursprünglich vorherrschende Entwicklungsgedanke war stark von den USA geprägt und entsprach einem frühen moderinsierungstheoretischen Konzept: „Schon das Bankenmodell zeigt den liberalen Charakter der Institution auf und definiert marktwirtschaftlich orientierte Entwicklungspfade als Förderphilosophie" (Rode 2001: 135). Die Finanzierungsmittel der Weltbank stammen dabei aus Anleihen auf den privaten Kapitalmärkten. Die Kredite werden zu günstigeren Bedingungen als dem Marktpreis vergeben und sind an entwicklungspolitische Konditionen gekoppelt. Finanziert werden einzelne Projekte, die vor einer Zusage der Weltbank eingehend geprüft werden (Andersen 2000: 515).

Der frühen Weltbank-Strategie zufolge waren Entwicklungsprobleme intern bedingt und durch Liberalisierung und externes Kapital zu bewältigen (vgl. Kap. 2.1.2.). Diese Versatzstücke der frühen Modernisierungstheorie sind eng mit der liberalen Wachstumstheorie verknüpft, der zufolge ausschließlich die Faktoren Arbeit und Kapital für die Wachstumsrate einer Volkswirtschaft verantwortlich sind. Dies gilt ebenfalls für das Paradigma des Washington Consensus, das in den 80er und frühen 90er Jahren von der Weltbank und dem IWF vertreten wurde (Williamson 1993). Die wirtschaftspolitischen Grundpfeiler dieses Gedankens waren makroökonomische Stabilisierung, Liberalisierung und Strukturanpassung (Gilpin 2001: 315). Nach diesem Prinzip wurden Entwicklungshilfeprojekte finanziert und Kredite vergeben, ohne dass dabei der institutionelle Rahmen der betroffenen Volkswirtschaften berücksichtigt wurde. In vielen Fällen zeigt sich, dass eine Liberalisierung der Märkte ohne die Existenz von Eigentumsrechten oder eine wirkliche Durchsetzungskraft staatlicher Institutionen die angestrebten Ergebnisse nicht erreicht hat. Ende der 90er Jahre entfernte sich die Weltbank von den dem Washington Consensus zugrundeliegenden entwicklungspolitischen Strategien (Stiglitz 2002: 66). Stattdessen wurde die „Strategie des umfassenden Entwicklungsrahmens" verabschiedet, bei der die strukturellen und sozialen Elemente einer Volkswirtschaft im Mittelpunkt stehen. Die Weltbank hat entsprechend neue Ansätze für die Geldvergabe entwickelt, bei denen es vorrangig auch um die Beziehung zwischen Politik und ökonomischen Strukturen geht, die in einem umfassenden Entwicklungsrahmen berücksichtigt werden sollen (Mummert 2001: 307; World Bank 2001).

Eine enttäuschende Bilanz der Strukturanpassungspolitik war die Triebfeder für diese neue entwicklungspolitische Strategie. Der 1997 zum neuen Chefökonom der Weltbank ernannte Wirtschaftswissenschaftler und Nobelpreisträger Joseph Stiglitz leitete den dazu passenden theoretischen Paradigmenwechsel ein. „Stiglitz hatte in der wirtschaftstheoretischen Debatte die Ansätze der Economics of Information und der New Development Economics mitentwickelt, die mit dem Neo-Institutionalismus kompatibel sind" (Burchardt 2003: 12). 1999 wurde diese institutionenökonomisch geprägte Strategie des umfassenden Entwicklungsrahmens verabschiedet. Der externen aber auch internen Kritik am Washington Consensus folgte nun die explizite Berücksichtigung der institutionellen Gegebenheiten in den jeweiligen Ländern. Im neuen Weltbank-Konzept tritt nicht mehr die Weltbank als Steuerungsakteur auf, sondern das Zielland selber erhält die Federführung bei der Konzeption und Umsetzung des von der Weltbank finanzierten Projektes („ownership"). In der neuen Strategie wird insbesondere das Zusammenspiel zwischen dem staatlichen Sektor, den privaten Unternehmen und der Gesellschaft betont. An diesem Punkt wird das neue institutionenökonomische Paradigma besonders deutlich: Das Zusammenwirken politischer Institutionen und nationaler Unternehmen soll für die wirtschaftliche Entwicklung eines Landes von zentraler Bedeutung werden. Die Weltbank definiert ihre neue Rolle in der Entwicklungshilfe vorrangig als Wissenslieferantin und unterstützende Beraterin (World Bank 2001: 9). Der Aufbau politischer und ökonomischer Institutionen wird dabei den geförderten Ländern selbst überlassen, nachdem das Scheitern vieler Projekte in der Vergangenheit deutlich gemacht hatte, dass die Berücksichtigung nationaler Besonderheiten wichtig ist. In der Weltbank hat offenbar die Einsicht gesiegt, dass wirtschaftliche Entwicklung mit dem Aufbau gesellschaftlicher Institutionen einhergehen muss (Burchardt 2003: 10).

> „Recent research has shown that aid works best when a country's overall policy and expenditure framework is appropriate, its institutions are strong, its private sector is vibrant, and its government and people together are strongly committed to reform. (...) The Bank recognizes that two important engines of economic growth that will benefit the poor are the private sector and poor people themselves. As a result the Bank's strategic priorities are based on two pillars: building the climate for investment, jobs, and sustainable growth; and investing in poor people and empowering them to participate in development. In addition, the Bank recognizes that some of the most pressing development concerns reach across country boundaries and must be addressed on a worldwide scale through internationally coordinated efforts. Dealing with the many urgent global priorities, such as the provision of global public goods, will require better management and financing of cross-cutting issues" (World Bank 2002).

Die besondere Relevanz, die die Institutionenökonomik dem institutionellen Gefüge in einer Volkswirtschaft zuweist, spiegelt sich somit im neuen Ansatz der Weltbank wider. Ist keine feste institutionelle Grundlage gegeben, so werden die Erfolgsaussichten von entwicklungspolitischen Initiativen zunehmend skeptisch eingestuft. Das Handeln der Regierungen in den jeweiligen Förderstaaten und traditionelle Konzepte zur Förderung von Stabilität und Wachstum haben zwar nach wie vor einen hohen Stellenwert. Sie werden aber jetzt von Konzepten ergänzt, die auf die Schaffung von sozialen und institutionellen Grundlagen zielen. Wirtschaftspolitische Reformen sollen nunmehr in soziale und institutionelle Reformen eingebettet werden. Zentrale Bedeutung erlangt die gesellschaftliche Einbettung von neuen Institutionen, um die Akzeptanz von Reformen zu unterstützen. Moderne Regeln sollen dadurch mit pfadabhängigen traditionellen Institutionen kompatibel gemacht werden.

2.4.3. Fazit

Institutionen definieren und beschränken die Handlungsalternativen von Akteuren. Sie bestimmen die ökonomischen Potentiale einer Gesellschaft und führen zur Entstehung von Organisationen (Akteure, Unternehmen etc.), die wiederum die jeweiligen Institutionen verändern. Effiziente Institutionen senken die bei einem Tausch anfallenden Transaktionskosten und haben somit positive (output-steigernde) Effekte auf eine Volkswirtschaft. Die Institutionenökonomik kann das Zustandekommen von Kooperation erklären, da Handlungsalternativen durch Institutionen eingeschränkt werden und manches Verhalten explizit positiv sanktioniert wird. Wenn auf diese Weise kooperatives Verhalten erzeugt wird und eine Institution somit positive Effekte auf die Wirtschaftsleistung einer Gesellschaft hat, so ist zu erwarten, dass der einmal eingeschlagene Pfad weiter verfolgt wird. Änderungen eines Pfades erfolgen normalerweise aufgrund veränderter Preise und Präferenzen sowie veränderter gesellschaftlicher Akteurskonstellationen. Dem unterschiedlichen Einbeziehen nationaler Akteure kommt bei der Formulierung entwicklungspolitischer Strategien eine besondere Bedeutung zu. Diesem Aspekt kommt die Weltbank seit einigen Jahren nach und hat sich in ihrer neuen beratenden und vermittelnden Rolle, auch für nationale Entwicklungspolitiken als Wegbereiterin erwiesen.

Arbeitsfragen zu Kapitel 2.4.:

- Welche Rolle spielen Transaktionskosten und Informationen in der Institutionenökonomik?
- Wie können Institutionen wirtschaftliche Entwicklung stimulieren?
- Welche Änderung der Weltbankstrategie geht auf die Institutionenökonomik zurück?

Literatur zu Kapitel 2.4.:

Andersen, Uwe 2000: Weltbank(gruppe), in: Woyke, Wichard (Hrsg.): Handwörterbuch Internationale Politik, 8. Aufl., Opladen: 513-519.

Burchardt, Hans-Jürgen 2003: Poverty Reduction Strategy Papers und internationale Sozialfonds: Neue Impulse für die globale Armutsbekämpfung?, Hamburg: Institut für Iberoamerika-Kunde, Arbeitspapier Nr. 13.

Eissrich, Daniel 2001: Systemtransformation aus der Sicht der Neuen Institutionenökonomik. Frankfurt/M.

Gilpin, Robert 2001: Global Political Economy. Understanding the International Economic Order, Princeton NJ.

Göhler, Gerhard 1999: Institutionenökonomie, Neo-Institutionalismus und die Theorie politischer Institutionen, in: Edeling, Thomas/Jann, Werner/Wagner, Dieter (Hrsg.): Institutionenökonomie und Neuer Institutionalismus. Überlegungen zur Organisationstheorie, Opladen: 17-42.

Häder, Michael 1997: Umweltpolitische Instrumente und Neue Institutionenökonomik. Wiesbaden.

Klein, Peter G. 1999: New Institutional Economics. in: Encyclopedia of law and economics, entnommen am 27.3. 2003: <http://encyclo.findlaw.com/0530book.pdf>

Mummert, Uwe 2001: Wirtschaftliche Entwicklung und Institutionen. Die Perspektive der Neuen Institutionenökonomik, in: Thiel, Reinhold E. (Hrsg.): Neue Ansätze zur Entwicklungstheorie, 2. Aufl., Bonn DSE: 300-311.

North, Douglass 1992: Institutionen, institutioneller Wandel und Wirtschaftsleistung, Tübingen.

North, Douglass C. 1990: Institutions, institutional change and economic performance, Cambridge.

Nunnenkamp, Peter 2002: IWF und Weltbank: Trotz aller Mängel weiterhin gebraucht?, Kiel: Institut für Weltwirtschaft, Kieler Diskussionsbeiträge, Mai 2002.

Richter, Rudolf 1994: Institutionen ökonomisch analysiert. Tübingen.

Rode, Reinhard 2001: Weltregieren durch internationale Wirtschaftsorganisationen, Halle.

Stiglitz, Joseph 2002: Die Schatten der Globalisierung, Berlin.

Voigt, Stefan 2002: Institutionenökonomik, München.

Williamson, John 1993: Democracy and the 'Washington Consensus', in: World Development, 21/8:1329-1336.

World Bank Group 2001: World Bank Group. Strategic Framework, January 24, 2001, in: http://siteresources.worldbank.org/EXTABOUTUS/Resources/strategic.pdf

World Bank Group 2002: Annual Report 2002, in: http://www.worldbank.org/annualreport/2002/chap0100.htm

World Bank Group 2004: About Us, in: http://web.worldbank.org/WBSITE/EXTERNAL/EXABOUTUS/0"pagePK:43912~piPK:36602~theSitePK:29708,00.html#

Für die Mitarbeit an Kapitel 2.4. danke ich Sandra Wassermann.

3. Globalisierung

3.1 Entwicklung und Wirkung von Globalisierung

3.1.1 Erklärungsansatz zu globalen Märkten

Die Globalisierung der Weltwirtschaft wird heute von politischen Entscheidungsträgern, Wissenschaftlern und Journalisten als handlungsleitendes Kriterium wahrgenommen. Globalisierung gewinnt aber bereits seit den 70er Jahren an Relevanz und beeinflusst seitdem ökonomische Entscheidungen maßgeblich. Dies zeigte sich in den 80er Jahren, als die Verflechtung nationaler Ökonomien mit globalen Märkten und der globale Wettbewerbsdruck in vielen Staaten zu einem wirtschaftspolitischen Kurswechsel beitrugen: In Europa wurde der keynesianische Konsens (vgl. Kap. 2.1.) der Nachkriegsdekaden geschwächt und Lateinamerika löste sich vom importsubstitutierenden Protektionismus. Marktliberale Reformen und neue, nunmehr deregulierende regionale Kooperation (etwa im EG-Binnenmarkt) prägten die 80er und 90er Jahre. Bei teilweise sehr unterschiedlicher Intensität nationaler Liberalisierungen war den meisten Staaten der Versuch gemein, den eigenen Standort in der globalen Konkurrenz zu stärken.

Globalisierung sei hier definiert als der wachsende Anteil grenzüberschreitend verlaufender privatwirtschaftlicher Transaktionen an der gesamten Wirtschaftstätigkeit. Dieser Anteil nahm in den letzten Jahren weiter zu und gelangte verstärkt in das öffentliche Bewusstsein. Der Globalisierung werden unterschiedliche Wirkungen zugeschrieben, das Ende staatlicher Handlungsfähigkeit wird ebenso für möglich gehalten wie eine Gefährdung des Wohlfahrtstaates durch globalen Standortwettbewerb. Auf der anderen Seite werden infolge der Globalisierung von Märkten neue Wachstumsimpulse, Innovation und eine effizientere Nutzung von Ressourcen erwartet. Welche ökonomischen Wirkungen hat Globalisierung auf Staat, Wirtschaft und Gesellschaft?

Ziel der folgenden Kapitel ist die Erklärung der Entwicklung von Globalisierung und der Wirkungen globaler Märkte auf nationale Ökonomien und auf die Wirtschaftspolitik von Regierungen. In einem ersten Schritt werden eine Präzisierung des Phänomens vorgenommen und diejenigen

Ebenen gezeigt, auf denen Wirkungen erkennbar werden können (3.1.1.). Anschließend werden die spezifischen Wirkungen von drei Märkten untersucht: Finanzen (3.1.2.), Produktion/Investition (3.1.3.) und Handel (3.1.4.). Oft wird im Folgenden der Begriff „globale Märkte" verwendet, da der Terminus „Globalisierung" durch eine Vielzahl von Definitionen in der wissenschaftlichen Literatur unscharf, d. h. missverständlich geworden ist. Außerdem wird das Schlagwort „Globalisierung" in der öffentlichen Debatte zunehmend als Mittel zum Zweck (partei-) politischer Postulate genutzt. Der Begriff „globale Märkte" ist dagegen unbelastet und in der Sache präziser, weil er sich auf die ökonomische Dimension beschränkt. Vor allem aber liefert er die zur theoretischen Konzeptionalisierung notwendige definitorische Abgrenzung zwischen „Markt" und „Staat": Globale Märkte funktionieren nach der gewinnmaximierenden Logik privater, transnationaler und potentiell global operierender Akteure. Damit unterscheiden sich globale Märkte klar von der Setzung von Regeln und Werten nach der nationalstaatlich begrenzten und im Prinzip am Gemeinwohl ausgerichteten Politik von Regierungen. Vier Vorbemerkungen sind angebracht, um Vereinfachungen zu vermeiden:

- Erstens erstrecken sich transnationale Bewegungen von Kapital und Produktion sowie der „Welt"-Handel im Wesentlichen auf die Staaten der OECD in Nordamerika, Westeuropa, Ostasien und – in geringerem Ausmaß – auf einige Schwellenländer wie Brasilien und Indonesien. Das „globale" an der Globalisierung betrifft nicht ihre tatsächliche geographische Ausdehnung, sondern die potentiell globale Mobilität privater Ressourcen.
- Zweitens entsteht, auch bei den OECD-Staaten, nur der kleinere Teil des Bruttosozialproduktes durch transnationale Aktivitäten – Investition, Produktion und Konsum verlaufen überwiegend weiterhin binnenwirtschaftlich. Entscheidend für die Bedeutung globaler Märkte ist ihr rapides Anwachsen seit den siebziger Jahren, d.h. der gestiegene Anteil des Außenhandels wie der grenzüberschreitenden Produktionsprozesse am BSP und vor allem die transnationale Integration der Finanzmärkte.
- Drittens ist Globalisierung kein Prozess, der unabhängig von nationalstaatlicher Politik verläuft: Erst die Entscheidungen der Industrieländer zur Liberalisierung des Welthandels im GATT und zur Deregulierung nationaler Ökonomien – vor allem der Finanzmärkte – machten die heutige Entwicklung möglich. Die OECD-Staaten zielten mit dieser Politik erfolgreich auf eine Förderung des Wachstums in ihren Ländern. Hierbei scheint der Spielraum für den Erhalt unterschiedlicher nationaler Institu-

tionen – entgegen den Thesen von fortschreitender Konvergenz und „race to the bottom“ – größer als vielfach angenommen (vgl. Kap. 3.2.).

- Viertens ist Globalisierung historisch gesehen kein neues Phänomen, da grenzüberschreitende ökonomische Verflechtung zu Beginn des 20. Jahrhunderts eine der heutigen ähnliche Intensität aufgewiesen hatte (Hirst/Thompson 1996: 18-50). Diese war durch die Weltkriege und die Weltwirtschaftskrise aber zusammengebrochen. In den 1950er bis 1970er Jahren prägten die Elemente eines „embedded liberalism“ (Ruggie 1982) die Wirtschaftspolitik der Industrieländer, vor allem Westeuropas: Beschränkung des Kapitalverkehrs, feste Wechselkurse, relativ offener Güterverkehr und binnenorientierte, keynesianische Steuerung. Entscheidend für die Bewertung der heutigen Wirkungen von Globalisierung ist ihr Wachstum seit den 70er Jahren und nicht ihre Präsenz im 19. Jahrhundert.

Unter der Entwicklung globaler Märkte ist der Prozess wachsender globaler Mobilität und Verflechtung privater wirtschaftlicher Aktivitäten zu verstehen, d. h. eine Verflechtung von Märkten, die auf mehrere Staaten simultan wirken kann. Während sich privatwirtschaftliche Tätigkeiten (Märkte, Akteure) auf eine Vielzahl von Gesellschaften ausdehnen können, bleiben Regierungen hinsichtlich ihrer Handlungsfähigkeit durch staatliche Territorialität gekennzeichnet (Beck 1997: 18). Globale Märkte werden geprägt von Interaktionen, die über den nationalen Rahmen hinausgehen und nicht durch eine *einzelne* nationale Grenze oder Norm bestimmt sind. Insofern unterscheidet sich die Funktionsweise globaler Märkte deutlich von derjenigen des Staates und seiner Regierung, deren Vorgehen durch Territorialität, Souveränität und Gemeinschaft charakterisiert ist. Welche Konsequenzen hat der Bedeutungszuwachs globaler Märkte für Staaten? Kohler-Koch (1996: 87) argumentiert, die „neue Qualität von Globalisierung“ liege darin, dass die Funktionslogik privater, nicht an politische Grenzen gebundener Akteure nur noch bedingt mit den Wohlfahrts- und Sicherheitsbestrebungen von Staaten kompatibel sei. Strange (1996: 65) sieht staatliche Autorität über ökonomisches Geschehen vor allem von Transnationalen Unternehmen (TNU) eingeschränkt, die eine „parallel authority“ über den Einsatz wirtschaftlicher Ressourcen ausüben würden (vgl. Kap. 2.3.1.).

Die Wirkungen globaler Märkte auf Staaten bedeuten allerdings nicht eine Schwächung des Staates per se, sondern vielmehr eine Veränderung der Kosten-Anreiz-Relation für staatliches Verhalten. Durch die höhere Mobilität eines wachsenden Teils von ökonomischen Faktoren steigen die

Kosten einer Politik, die sich nicht an globalen Märkten ausrichtet, beispielsweise binnenorientierte Steuerung. Keynesianische Rezepte des „nationalen Interventionsstaates" verlieren zunehmend an Funktionalität (Altvater 1994: 523, vgl. Kap. 2.1.1.). Gleichzeitig steigen die Anreize für marktorientierte Liberalisierungen, da Staaten in den Genuss eines verstärkten Zuflusses von mobilen Investitionen gelangen können. Wenn sie am globalen Wirtschaften teilhaben möchten, müssen sie den Erwartungen globaler Märkte stärker entsprechen und sehen sich in ihrer Wahlfreiheit eingeschränkt. Insofern kann gesagt werden, dass staatliche Aktivität nach wie vor zentral für den wirtschaftlichen Erfolg eines Landes ist, sich aber einer durch die Entwicklung globaler Märkte veränderten Kosten-Anreiz-Relation ausgesetzt sieht.

Es kann daher vermutet werden, dass sich Regierungen in dem Maß in ihrer Handlungsautonomie eingeschränkt sehen, in dem die Verflechtung zwischen globalen Märkten und nationaler Ökonomie zunimmt. Handlungsautonomie sei hier definiert als die Freiheit, wirtschaftspolitische Entscheidungen unabhängig von externen Einflüssen, d.h. Kosten und Anreizen, zu treffen. Nach dieser Definition wird auch nicht davon ausgegangen, dass eine solchermaßen definierte Autonomie jemals vollkommen gegeben war. Es geht um die Art und Weise ihrer Einschränkung durch Kostenwirkungen: Je stärker eine nationale Ökonomie in globale Märkte integriert ist (etwa durch Handel, Kredite oder Investitionen), desto höher sind die unmittelbaren Kosten einer Regierungspolitik, die sich nicht an den Gewinnerwartungen transnationaler Wirtschaftsakteure orientiert (Entzug von Ressourcen). Mittelbare Kosten entstehen in Form von Opportunitätskosten (d.h. Kosten der verpassten Gelegenheit), unabhängig vom Integrationsgrad einer Ökonomie (ausbleibender Zufluss von Ressourcen). Entscheidend für die Verursachung von Kosten sind hierbei (1) die (gewachsene) Mobilität, die einen Abzug von Kapital und Produktion erleichtert, und (2) der verstärkte Standortwettbewerb, d.h. die potentiell globalen Allokationsmöglichkeiten, die es den Akteuren globaler Märkte erlauben, ihre Ressourcen an dem Ort einzusetzen, der die attraktivsten Gewinnaussichten bietet (vgl. die Theorien in Kap. 2.1.1. und 2.2.). Umgekehrt bedeutet die Mobilität und potentielle Globalität der Aktivitäten auch einen erhöhten Anreiz in Form von möglichen Zuflüssen von Ressourcen für Standorte, die attraktive Bedingungen bieten. Eine im Sinne der Logik globaler Märkte attraktive Politik von Regierungen müsste (1) dem Kriterium der Mobilität durch binnen- und außenwirtschaftliche Liberalisierungen und (2) dem Kriterium der potentiell globalen Allokation durch eine

Verbesserung der Gewinnaussichten etwa durch marktwirtschaftliche Spielregeln und eine angebotsorientierte, eher unternehmerfreundliche Politik Rechnung tragen.

In dieser Hinsicht bedeuten globale Märkte zwar keine „Entgrenzung der Staatenwelt“ (Brock/Albert 1995), aber eine Entgrenzung der Wirtschaftswelt, eine De-Nationalisierung der Ökonomie durch die strukturell zur staatlichen unterschiedliche Funktionslogik globaler Märkte. Gewinnen globale Märkte an Bedeutung, wie seit den 70er Jahren, dann setzen sie Staaten unter Druck, ihre Politik stärker an der wettbewerbsorientierten Logik grenzüberschreitenden, privaten Wirtschaftens auszurichten (Mahnkopf 1998: 61; Schmidt 1995; Strange 1996: 3-43). Folgende Wirkungen globaler Märkte können daher als Leitthesen vermutet werden:

- *Krisen.* Erstens ist eine Krise binnenorientiert-interventionistischer Wirtschaftspolitik wahrscheinlich, da sich diese nicht an den relevanter gewordenen Erwartungen und Mechanismen globalen Wirtschaftens ausrichtet. Damit ist eine Politik gemeint, die sich vorrangig an Strukturen und Anforderungen der Binnenwirtschaft orientiert, globale Wettbewerbsfähigkeit vernachlässigt und relativ stark auf staatlichem Interventionismus basiert. Beispiele sind keynesianische, etwa die Nachfrage staatlich stimulierende Ansätze (Westeuropa, 1950er-80er Jahre) und die Industrialisierung zur Substitution von Importen durch Protektionismus (Lateinamerika, 1950er-80er Jahre). Globale Märkte reagieren auf die Standortnachteile binnenorientiert-interventionistischer Politik mit dem Entzug von Kapital und Produktion und können damit Wirtschaftskrisen verursachen. Außerdem basiert Interventionismus auf der Fähigkeit des Staates, nationale Ökonomie zu steuern – eine Fähigkeit, die durch die De-Nationalisierung der Ökonomie geschmälert sein dürfte.
- *Interessen.* Zweitens kann eine Veränderung der Interessenlagen innenpolitisch relevanter Gruppen vermutet werden, da eine wachsende Einbeziehung von Wirtschaftssektoren in globale Märkte ihre Orientierung am nationalen Binnenraum schwächen und eine Ausrichtung an den Konkurrenzerfordernissen transnationalen Wirtschaftens stärken dürfte. Marktliberale Interessen dürften durch den wachsenden Auslandsanteil an nationaler Wertschöpfung und den leichteren Möglichkeiten zu globalem Wirtschaften gestärkt werden.
- *Instrumente.* Drittens ist zu vermuten, dass die mit einer Verflechtung zwischen nationalen und globalen Ökonomien einhergehende De-Nationalisierung wirtschaftlicher Tätigkeit die Wirksamkeit binnenorientierter staatlicher Instrumente einschränkt, da sich transnationale Aktivitäten

dem Zugriff des Staates leichter entziehen können als rein nationale Aktivitäten.

Diese drei Hypothesen zu Wirkungsebenen globaler Märkte auf Staaten werden im Folgenden empirisch in Hinblick auf die Märkte Finanzen, Produktion/Investition und Handel untersucht. Dabei stehen zwei Fragen im Vordergrund: Welche Ursachen hatte die Entwicklung globaler Märkte seit den 70er Jahren? Welche Auswirkungen hat die Funktionsweise globaler Märkte auf Staaten, d.h. auf Regierung, Wirtschaftspolitik und nationale Ökonomie? Zielsetzung ist die Erarbeitung genauerer Erkenntnisse über die Wirkungsweisen globaler Märkte. Zur klareren Strukturierung werden die miteinander verbundenen Märkte Finanzen, Produktion und Handel getrennt untersucht und zwar jeweils in Hinblick auf ihre Ursachen und auf ihre Auswirkungen.

3.1.2. Globale Finanzmärkte

Die wachsende Mobilität und transnationale Vernetzung finanzieller Interaktionen war und ist ein gradueller Prozess. Insofern lässt sich kein „Datum“ spezifizieren, zu dem globale Finanzmärkte in der heutigen Form entstanden sind. Entscheidend ist, inwieweit eine seit den 70er Jahren gewachsene transnationale Tätigkeit privater Finanzakteure die Handlungsoptionen der Staaten verändert.

Ursachen und Entwicklung. Wesentliche Ursachen für das Anwachsen globaler Finanzmärkte waren [1] das Ende des Bretton-Woods-Systems, [2] die in Wettbewerb tretenden Deregulierungen in Großbritannien und den USA sowie die Entstehung von Euro-Dollar- bzw. „off-shore“-Finanzplätzen, und [3] die sprunghafte Zunahme internationaler Anlagegeschäfte (u.a. durch das „Recycling“ von Petro-Dollars und die Ausweitung multinationaler Unternehmen). Diese Entwicklungen bedingten sich zum Teil gegenseitig:

[1] Wie Helleiner (1994: 4) und Ruggie (1982) zeigen, war durch das Bretton-Woods-System von 1944 eine Weltwirtschaftsordnung geregelt worden, die den Rahmenbedingungen für globalen Freihandel auf Kosten eines liberalen Weltfinanzsystems den Vorzug gab: Um die Offenheit nationaler Volkswirtschaften für den Warenverkehr zu gewährleisten, wurde mit dem Gold-Dollar-Standard, Hilfen bei Zahlungsproblemen vor allem vom Internationalen Währungsfonds und Kontrollen des Kapitalverkehrs, ein relativ restriktives Finanzsystem etabliert. Dieses sollte ausreichend Stabilität garantieren, um protektionistische Entwicklungen im Handel zu

verhindern. Der keynesianische Konsens der 40er-60er Jahre erachtete die staatliche Regulierung internationaler Kapitaltransfers auch als nötig, um eine Einschränkung der Handlungsautonomie des neuen interventionistischen Wohlfahrtstaates durch spekulative und destabilisierende internationale Kapitalbewegungen zu verhindern (zum Bretton-Woods-System vgl. Helleiner 1994: 25-50; Gilpin 1987: 131ff, 140f, 364-394).

> Helleiner (1994: 4) schreibt: „... the Bretton-Woods negotiators, under American leadership, explicitly opposed a return to the open, liberal international financial order existing before 1931. Indeed, they constructed a decidedly *non*liberal financial order in which the use of capital controls was strongly endorsed".

Das System stabiler Wechselkurse und liberaler Handelsordnung wurde seit dem Ende der 1960er Jahre zunehmend labiler, vor allem aufgrund der wachsenden Verschuldung der USA (wesentlich wegen der Kosten des Vietnamkriegs) und der relativ abnehmenden ökonomischen Leit-Funktion der USA vor allem durch das Wiedererstarken Europas. Im Ergebnis konnten und wollten die USA den Umtausch von Dollars gegen Gold zu einem festen Satz nicht mehr garantieren, was 1971 zur Aufkündigung des Gold-Eintauschversprechens durch Präsident Nixon führte. In der Folge entwickelte sich ein System flexibler („floatender") Wechselkurse, das zu einer sprunghaften Zunahme von Wechselkursschwankungen und Währungsgeschäften führte. Zum einen waren mit den Schwankungen flexibler Wechselkurse Gewinne aus Währungstransaktionen leichter zu erzielen und zum anderen wurden Kapitalanlage und Geschäftsabwicklung in verschiedenen Währungen, d.h. Diversifizierung, zum Ausgleich des Wechselkursrisikos, notwendiger als zuvor während des Systems fester Wechselkurse.

[2] Um die Attraktivität ihrer Länder als Finanzplätze zu erhalten bzw. zu stärken und auf Druck des privaten Finanzsektors unternahmen die USA und England seit Mitte der 70er Jahre eine Reihe von Deregulierungen: Unter anderem infolge von Zahlungsbilanz- und Budgetdefiziten sowie der 1973 einsetzenden Rezession war der Kapitalbedarf vor allem der USA gestiegen und veranlasste sie, ihre dominante Stellung (Dollar als Weltleitwährung, Größe des Finanzplatzes) im Weltfinanzgeschehen auszubauen, indem sie Beschränkungen für transnationale finanzielle Aktivitäten verringerten. Diese Deregulierungen folgten auch dem Druck von Finanzsektoren, die wegen der Reglementierungen der 60er Jahre mit

einem Abzug von Kapital drohten. Mit den Liberalisierungen wurden nicht nur Bankaktivitäten von Regulierungen befreit, sondern auch die so genannten „Euro-Märkte“ gestärkt. Sie werden auch „off-shore“ Finanzplätze genannt, weil sie – kaum eingeschränkt von staatlichen Vorschriften – quasi „außerhalb“ nationaler Rechtsprechung funktionieren (Dombrowski 1996: 70-79). Geographisch gesehen lagen und liegen weiterhin die bei weitem wichtigsten „off shore“ Märkte in London und New York. Die Deregulierung von nationalen Finanzmärkten war insofern konkurrierend als sie anderen Ländern nur die Möglichkeit ließ, ebenfalls zu deregulieren, wenn sie nicht einen Abfluss von Kapital hinnehmen wollten. Deregulierte Finanzplätze sind für Anleger wie Kreditnehmer attraktiv, weil mit höheren Gewinnen und Zinssätzen, höherer Liquidität und leichteren Transfers gerechnet werden kann, da Steuern, Mindestreserven, Beschränkung von Geschäftsfeldern, Kontrollen etc. geringer ausfallen. Vor allem die USA versuchten – weitgehend erfolgreich – außenwirtschaftliche Defizite auszugleichen, indem sie durch günstigere Anlagebedingungen Kapitaltransfers aus dem Ausland in den Dollar, d.h. den Ankauf von Dollars durch Inhaber ausländischer Währungen stimulierten (ähnlich wie in den 80er Jahren durch hohe Zinsen).

[3] Gleichzeitig mit der Aufgabe der finanziellen Beschränkungen des Bretton-Woods-Systems zu Beginn der 70er Jahre nahm das Volumen internationaler Anlage- und Kreditgeschäfte sprunghaft zu. Dies lag zum einen an der Expansion transnationaler Unternehmen (vgl. Kap. 3.1.3.), deren Investitions- und Handelsaktivitäten verstärkt transnationale Finanzströme verursachten. Zum anderen explodierten die Erdölpreise und schufen einen Anlagebedarf bisher unbekannten Ausmaßes: Die hohen Einnahmen der OPEC-Staaten wurden überwiegend bei europäischen und amerikanischen Banken angelegt, vor allem auf Euro-Dollar Märkten. Diese Anlagen konnten aufgrund der Wirtschaftskrise in den Industrieländern nach 1973 nicht vollständig vom Wirtschaftskreislauf aufgenommen werden. Das Problem privater Banken, die ihnen anvertrauten Gelder gewinnbringend weiter zu verleihen, traf auf eine Reihe von Entwicklungsländer, die für ihren Industrialisierungsprozess dringend externe Kreditquellen benötigten. Somit erfolgte in den 70er Jahren neben der mengenmäßigen Ausdehnung des privaten internationalen Kreditgeschäfts auch eine geographische – auf zuvor kaum in das transnationale Finanzsystem integrierte Staaten.

Über die hier skizzierten Ursachenfelder für die gewachsene Mobilität und Vernetzung privater Finanzaktivitäten besteht im Prinzip Übereinstimmung in der Forschung. Die zentrale Kontroverse betrifft die Rolle von Staaten bei der Verursachung globaler Finanzmärkte (Cohen 1996: 271-279). Helleiner und Ruggie zufolge waren staatliche Maßnahmen ursächlich entscheidend: Globale Märkte seien erst ermöglicht worden durch die Liberalisierungen, die Schaffung von „off-shore“ Finanzplätzen, den Verzicht auf eine Wiedereinführung von Kontrollen. Wichtig sei auch die Stabilisierung eines liberalen Finanzsystems durch staatliches Krisenmanagement gewesen, beispielsweise bei der Schuldenkrise vieler Entwicklungsländer nach 1982 und dem Börsen-Crash in Industrieländern 1987. Betont wird aber auch der Einfluss interner Interessengruppen, der Liberalisierungen nach außen als einen Reflex innenpolitischen Drucks erscheinen lässt (inside-out approach). Vorwiegend aus dem Bereich der Privatwirtschaft wird dagegen die These vertreten, dass die Entwicklung globaler Finanzmärkte in erster Linie ein Resultat von Innovation (etwa Informationstechnologien, neue Finanzprodukte) und autonomen Marktkräften sei, denen der Staat habe nachgeben müssen (outside-in approach). Beispielsweise sieht der Chef-Volkswirt der Deutschen Bank, Norbert Walter (1996: 16f) die Ursachen der Globalisierung (1) in marktwirtschaftlichen Liberalisierungen, (2) in der Verringerung der Transportkosten und (3) in Fortschritten der Informationstechnologie.

Aufgrund der oben ausgeführten Indizien, erscheint eine maßgebliche Mit-Verursachung durch staatliche Aktivitäten durchaus überzeugend. Aber auch Helleiner schreibt, dass mehrere Versuche von Staaten zu reregulieren, d.h. Kapitalkontrollen wieder einzuführen, bereits in den 70er Jahren an den zu erwartenden Kosten (Kapitalverlust) gescheitert seien (Helleiner 1994: 121-145). Letztendlich dürfte es schwer und möglicherweise von geringem Erkenntniswert sein, eine Primärverursachung festzustellen. Offenbar haben sich staatliche Maßnahmen, Lobbying und die Dynamik technologischer Innovation sowie Wettbewerb gegenseitig bedingt. Eine Wiedereinführung von Beschränkungen des Kapitalverkehrs scheint wirksam, wenn kooperative Kontrollen von *allen* Staaten gleichzeitig getätigt werden. Hinsichtlich eines multilateralen Managements der Weltwirtschaft bestehen Kooperationshemmnisse aufgrund des Standortwettbewerbs zwischen Staaten und unterschiedlicher Wirtschaftsphilosophien (vgl. Kap. 5.1.).

Zu den Dimensionen globaler Finanzmärkte: Entscheidend für den Einfluss größerer Mobilität und transnationaler Verflechtung privater finanzieller Aktivitäten ist nicht, ob diese in Hinblick auf eine spezifische Volkswirtschaft mengenmäßig gegenüber nationalen Strömen *dominant* sind, sondern inwieweit ihre *Zunahme* Veränderungen der Kosten und des Nutzens staatlicher Handlungsoptionen bedingt hat. Zur Illustration werden daher vor allem empirische Daten gezeigt, die exemplarisch eine Zunahme globaler Aktivitäten im Vergleich zu nationalen seit den 1970er Jahren betreffen.

Das Volumen internationaler Bankkredite wuchs von 5% des BSP der OECD-Länder 1973 auf etwa 20% des OECD-BSP 1991 (Economic Report of the President 1993: 281). Zwischen 1970 und 1980 stiegen die Einlagen der Euro-Märkte von 110 Mrd. Dollar auf 1515 Mrd.$ (Dombrowski 1996: 71). Grenzüberschreitende Banktransaktionen (bonds and equities) nahmen von weniger als 10% des BSP der G-7 Industrieländer 1980 auf weit über 100% 1995 zu; für die Bundesrepublik beispielsweise von 7,5% (1980) auf 169,4% (1995) (IMF May 1997: 60). Der weltweite Handel mit Währungen stieg 1986 bis 1995 von 188 Mrd.$ auf 1190 Mrd.$ pro Tag; gemessen an den nationalen Währungsreserven (ohne Gold) aller Länder betrug der Währungshandel 1986 36,7% und 1995 84,3% (IMF 1997: 64). Einschränkend zur Größenordnung globaler Finanzmärkte muss angemerkt werden, dass ihr Wachstum relativ zu nationalem Anlageverhalten zwar erheblich war, letzteres aber absolut gesehen nach wie vor dominiert: Beispielsweise hielten US-Anleger 1989 94% ihres Börsen-Vermögens („stock-market wealth“) an inländischen Börsen (Japan 98%, Großbritannien 82%) (Epstein 1996: 213). Zwischen 1990 und 1998 verdoppelten sich die von institutionellen Investoren verwalteten Assets (assets managed by mature market institutional investors) auf mehr als USD 30 Billionen, etwa gleich viel wie das BSP der ganzen Welt (IMF: International Capital Markets 2001: 4).

Grenzüberschreitender Besitz von Wertpapieren in Mrd. US Dollar (Anteile und Anleihen/equity and long term debt)				
	Dez. 1994	Dez. 1997	Dez. 2001	Dez. 2002
Ausländische Wertpapiere in US-Besitz	949	1755	2115	1847
US-Wertpapiere in Auslands-Besitz	1244	2632	3970	4149

Quelle: Bertaut, Carol C./Griever, William L. 2004: Recent Developments in Cross-Border Investment in Securities, in: Federal Reserve Bulletin, Winter: 19-31; aus: www.federalreserve.gov/pubs/bulletin/2004/04bulletin.htm#winter_if

Portfoliozuflüsse (Inflows) in Mrd. US Dollar (in Klammer: ausländische Direktinvestitionen)				
	1994	1997	2001	2002
USA	139 (46)	333 (105)	425 (151)	421 (39)
Entwicklungs- und Schwellenländer	93 (97)	81,9 (184)	4,9 (221)	-15,6 (172)

Quelle: IMF 2004: Global Financial Stability Report: 176; aus: www.imf.org/external/pubs/ft/GFSR/2004/01/index.htm

Zum Vergleich: Sozialprodukt in Mrd. US Dollar (GDP in current prices)				
	1994	1997	2001	2002
BSP der USA	7072	8304	10.100	10.480
Welt-BSP	26.292	29.724	31.127	32.273

Quelle: IMF 2004: World Economic Outlook Database, aus: www.imf.org/external/pubs/ft/weo/2004/01/data/

Wirkungen globaler Finanzmärkte auf Staaten. Die Wirkungen größerer Mobilität, der größeren Freiheit von staatlichen Beschränkungen und des höheren Volumens privater transnationaler Finanzströme können unter den in 3.1.1. eingeführten Ebenen zusammengefasst werden: [1] Binnenorientierte Modelle geraten durch Konkurrenzdruck in eine *Krise*, [2] die Wirksamkeit wirtschaftspolitischer *Instrumente* wird eingeschränkt, [3] Interessen werden verändert.

„The key difference for governments today is that, unlike their predecessors in the period from 1945 to 1980, they confront unprecedented levels (and speeds) of capital mobility, which make the reaction of international financial markets a major consideration in policy formulation" (Milner/ Keohane 1996a: 23).

[1] Krisen. Mit dem Anwachsen grenzüberschreitender Kapitalmobilität nahmen die Anreize für Staaten zu, diesen Finanzströmen attraktive Bedingungen zu bieten, um sie anzuziehen bzw. im Land zu halten. Im gleichen Ausmaß stiegen die Kosten einer Unterlassung solcher Maßnahmen in Form eines Abflusses bzw. eines mangelnden Zuflusses von Kapital:

Regierungen mussten sich stärker an den Kriterien privater Anleger orientieren und fanden sich somit in ihrer Handlungsautonomie eingeschränkt. Der scharfe Wettbewerb unter Investoren (vor allem institutionellen Investoren) überträgt sich auf Staaten, da auch kleinste Zinsdifferenzen oder erwartete Wechselkursänderungen umfangreiche Portfolioumschichtungen zur Folge haben können. Neue gesetzliche Regelungen, Wachstumsprognosen, Budgetdefizite oder die Veränderung von Leitzinsen durch Zentralbanken werden von privaten Finanzakteuren (Banken, Investmenthäusern, Börsenmaklern etc.) registriert und sofort in Anlageentscheidungen einbezogen. Diese Tendenz wird durch neue Finanzinstrumente (Derivate, Optionen, Futures) und Informationstechnologien verschärft, die den Marktteilnehmern die gleichen Informationen zum gleichen Zeitpunkt zugänglich machen. Die Kosten (Kapitalabfluss) einer binnenorientierten Nicht-Beachtung globaler Märkte haben sich erhöht, und die Anreize (Kapitalzufluss) einer Ausrichtung an globalen Märkten sind gestiegen.

Seit den 70er Jahren sahen sich nach den USA auch Großbritannien, Frankreich, Deutschland und skandinavische Länder veranlasst, Kontrollen abzubauen und die Gewinnmöglichkeiten für globale Finanzgeschäfte zu verbessern. Ähnlich wie im Güter- und Dienstleistungsbereich (vgl. 3.1.3.) erlangten auch im Finanzsektor Akteure im Rahmen der transnational-globalen Ausdehnung ihrer Aktivitäten „exit-options", die sie vorher nicht besessen hatten: Mit der Entstehung der Euro-Dollar-Märkte und dem technisch wie gesetzlich leichteren Zugang zu diesen, haben Staaten selbst dazu beigetragen, privaten Akteuren eine Alternative zu binnenwirtschaftlichen Geschäften zu ermöglichen. Eine Rückführung dieser Situation durch neue Beschränkungen wäre nur denkbar, wenn beispielsweise alle OECD-Staaten gemeinsam Kontrollen einführen würden. Nach der Entstehung neuer ökonomischer Wachstumspole – vor allem in Form der Newly Industrializing Countries (NICs) – scheint aber die Wirksamkeit auch dieser Option eingeschränkt. Eine *unilaterale* Re-Regulierung hätte einen massiven Abfluss von Kapital und eine Abschottung von neuen Zuflüssen zur Folge (Cable 1996: 27).

[2] Instrumente. Keineswegs führen globale Märkte zur „Auflösung" des Staates, wie dies beispielsweise Ohmae (1995) postuliert, oder zu einer völligen Wirkungslosigkeit seiner Instrumente. Vielmehr verändern globale Märkte die Effizienz staatlicher Instrumente und schränken sie teilweise ein. Infolge der gewachsenen Mobilität kann ein bedeutendes Kapitalvolumen schneller in einen Finanzplatz bzw. in eine Währung strömen oder von dort abgezogen werden als zuvor. Diese Kapitalbewegungen kön-

nen spekulativen Erwartungen folgen oder Ergebnisse von Gewinnkalkulationen auf der Grundlage realer Entwicklungen im betreffenden Land sein – wie Inflation (die Nominalzinsen entwertet), Wachstum, Produktivität und Produktionskosten (Lohnentwicklung, Steuern, Normen). Die Einschätzung solcher „financial market fundamentals" kann aufgrund des Umfangs transnational mobilen Kapitals eine erhebliche Wirkung auf Preise, Zinsen, Exporte und Arbeitsplätze in einer Volkswirtschaft haben.

Eine verstärkte Nachfrage beispielsweise nach dem Dollar bzw. dem Euro führt zu einem höheren Kurs dieser Währungen gegenüber anderen. Daraus ergibt sich (1) eine Verschlechterung der Ausfuhrchancen der amerikanischen bzw. europäischen Exporteure, da ihre Produkte in ausländischer Währung teurer werden. Die Preise für importierte Güter dagegen verbilligen sich. Die Folge ist eine Verschlechterung der Handelsbilanz, eine Gefährdung von Arbeitsplätzen, Steuereinnahmen und des Lohnniveaus sowie eine Erhöhung des Anteils ausländischer Waren am nationalen Konsum. Nachfragestimulierende – keynesianische – Staatsausgaben würden in dieser Situation im gewachsenen Ausmaß ausländischen Herstellern durch Import-"leakages" der neugeschaffenen Nachfrage zugute kommen (Lerda 1996: 74). Zum anderen (2) kann sich infolge der stärkeren Nachfrage nach einer Währung der „Preis des Geldes", d.h. die Zinsen, des betroffenen Landes erhöhen. Dies wiederum kann negativ auf die Investitionstätigkeit und damit auf Konjunktur, Arbeitsplätze etc. wirken, da sich der Zugang zu Investitionskapital verteuert. Antwortet eine Zentralbank bzw. eine Regierung mit abwertenden Maßnahmen (z.B. Ausweitung der Geldmenge, Verkauf von Devisen im Fall einer Aufwertung bzw. Haushaltskürzungen, restriktive Geldpolitik im Fall einer Abwertung), dann unternimmt sie extern veranlasste Schritte, die ihren vormaligen Zielsetzungen möglicherweise entgegenlaufen. Umgekehrte – aber staatliche Handlungsoptionen gleichermaßen verändernde – Wirkungen würde ein massiver Abzug von Kapital aus einer Währung erzeugen, mit dem bei einer negativen Einschätzung von „financial market fundamentals" zu rechnen ist (zur Geldmengensteuerung vgl. Kap. 2.1.2.).

In Anbetracht der auf globalen Finanzmärkten transferierten Summen wurde die Wirksamkeit von Instrumenten zur Wechselkurssteuerung (etwa Stützungskäufe) zunehmend geschwächt: Währungshandel beläuft sich heute auf über eine Billion Dollar täglich (beispielsweise traditioneller Währungshandel USD1,2 Billionen täglich im Jahr 2001, BIS: Triennial Central Bank Survey 2002: 1-2); ein Volumen, das mehr als das fünfzigfache des täglichen Welthandels und mehr als die Devisenreserven aller

Regierungen beträgt (Economic Report of the President 2003: 403, table B-111). Staatliche Ressourcen zur Wirtschaftssteuerung (etwa zur Beeinflussung des Wechselkurses und der Zinsen) sind gegenüber den Volumina globaler Finanzmärkte klein geworden – ebenso wie der realwirtschaftliche Gütersektor.

Das globale Finanzsystem verfügt über einen eigenen Zinssatz, den LIBOR: Zur London Interbank Offered Rate leihen sich transnational operierende Banken untereinander Geld. Der LIBOR gilt als Weltleitzinssatz zu dem transnationale privatwirtschaftliche Kredite an private Firmen ebenso wie an Staaten vergeben werden. Kredite etwa an Risikoschuldner wie Brasilien und Argentinien werden beispielsweise zu LIBOR + 2% spread (Aufschlag) vergeben. Da transnationale Darlehen zunehmend an die Entwicklung des LIBOR gekoppelt wurden und dieser alle sechs Monate von Privatbanken neu festgelegt wird, können die Zinsverpflichtungen deutlich variieren.

Diese hier nur exemplarisch wiedergegebenen Wirkungsweisen, etwa die externe Beeinflussung von Zinsen und Inflation, gelten im Prinzip auch ohne globale Märkte, etwa zwischen zwei Volkswirtschaften. Das Ausmaß und die Schnelligkeit der Wirkungen wurden aber durch die Entwicklung globaler Märkte deutlich erhöht. Die Effizienz staatlicher Kontrollmöglichkeiten wird zusätzlich dadurch eingeschränkt, dass infolge der weitgehend „virtuellen", d.h. elektronischen Geschäftsabwicklung, staatliche Stellen kaum an die Informationen gelangen, die sie bräuchten, um einen Einblick in spezifische globale Finanztransaktionen zu erlangen. Die Vermeidung neuer Steuern und die Umgehung neuer Vorschriften wäre massiv und weitgehend straflos (The Economist: The Disappearing Taxpayer, 31.5.1997: 17-19). Auch Staaten, die nicht im Mittelpunkt globalisierter Finanztätigkeit standen – wie lateinamerikanische Länder -, erfuhren seit den 70er Jahren eine sprunghaft gestiegene Kapitalflucht, ohne sie kontrollieren zu können. Die Diskussion über die Besteuerung von Zinseinkünften („Quellensteuer") in Deutschland und ihre geringe Effizienz infolge vermehrter Auslandsanlagen belegen die Einschränkung der Wirksamkeit staatlicher Instrumente. Um kein einseitiges Bild entstehen zu lassen: Staatliche Instrumente sind immer noch wirksam bei der Steuerung einer Volkswirtschaft, sie befinden sich aber im Prozess *abnehmender* Effizienz. Staaten können reale Wechselkurse weniger durch Kontrollen bestimmen und Kapitalströme weniger durch Reserven verhindern. Aber sie können nach wie vor den Wechselkurs durch Zinssätze beeinflussen – wenn sie bereit sind, ihre Geldpolitik diesem Ziel unterzuordnen. Der „Transmissionsriemen“ zwischen staatlich beeinflussbaren Zinssätzen (Geldmenge, Leitzinsen) und Inflation (und damit Einfluss auf Nachfrage, Konjunktur) ist auch heute noch gegeben – wenn auch nicht mehr in dem Ausmaß, das bis in die 70er Jahre vorlag.

[3] Interessen. Den Ausführungen unter [1] und [2] entsprechend, wandelten sich auch Interessenlagen im Inland. In dem Maß, in dem globale Finanzmärkte (wie die Euromärkte) attraktive Anlagemöglichkeiten boten, gewannen Anleger ein Interesse an einem besseren Zugang zu diesen bzw. an attraktiveren Bedingungen am eigenen Standort. Gegenüber binnenwirtschaftlichen Zielen wie dem Wachstum der Produktion durch Nachfragesteigerung gewann die Vergrößerung des verfügbaren Anlagekapitals etwa durch Steuersenkung für die Kapitalgeberseite an Bedeutung. Relativ zu den gestiegenen Gewinnaussichten auf Finanzmärkten wurde es für private Akteure wichtig, ihr Kapital stärker in Finanzanlagen investieren zu können als in den produktiven Bereich einer Volkswirtschaft – es sei denn, letzterer bot attraktivere Möglichkeiten.

Insofern verändert die Entwicklung globaler Finanzmärkte die Interessenlagen privater Akteure zugunsten einer angebotsorientierten Marktöffnung bzw. Deregulierung und zu Lasten des Interesses an binnenwirtschaftlich-nachfragestimulierender Politik. Mit zunehmender Kapitalmobilität und einem wachsenden Engagement nationaler Anleger an globalen Märkten wuchs auch das Gewicht dieser Akteure, da sie stärker als andere über eine „exit option“ verfügten (vgl. 3.1.3.). Sie gewinnen an politischer Bedeutung, da sie einer Regierung mit dem Abzug ihrer Anlagen „drohen“ können. Dabei handelt es sich nicht notwendigerweise um organisierten Einfluss, sondern um eine „Abstimmung mit dem Konto“ bzw. um beobachtbare Kapitalströme, die sich wie oben ausgeführt auch an Regierungsmaßnahmen orientieren. Die Folge sind hohe Opportunitätskosten für nachfrageorientiert-dirigistische Politik.

3.1.3. Globale Produktion und Investitionsströme

Die Herstellung eines Produktes (Güter wie Dienstleistungen) in mehreren Ländern und ausländische Direktinvestitionen sind historisch gesehen nicht neu. Einen Höhepunkt hatte diese Art „globaler Märkte“ bereits Ende des 19. Jahrhunderts erlebt, als weltumspannende koloniale Wirtschaftsstrukturen besonders ausgeprägt waren – beispielsweise in Form der ersten Bearbeitung eines Rohstoffes (z.B. Baumwolle) in der Kolonie (z.B. Indien) und der Endveredelung im Mutterland (z.B. Großbritannien) oder aber in Form von Direktinvestitionen zur Errichtung von Manufakturen und der Nutzung von Rohstoffen in den Kolonien (Hirst/Thompson 1996: 18ff). Die beiden Weltkriege und die Wirtschaftskrise nach 1929 unterbrachen aber diese Version globaler Mobilität von Kapital, Investition und Produktion. Heutige globale Märkte sind vor allem „neu", weil sie sich in Form und Volumen von weltwirtschaftlichen Prozessen der 1930-1960er Jahre unterscheiden.

Ursachen und Entwicklung. Wesentliche Ursachen für das Anwachsen der Mobilität und des Volumens von Auslandsinvestitionen sowie globaler, arbeitsteiliger Produktion waren [1] die Expansion transnationaler Unternehmen, [2] Industrialisierungserfolge in Entwicklungsländern, [3] neue marktliberalisierende Wirtschaftspolitiken in Industrieländern und [4] daraus folgend stärkere Konkurrenz, die zur Nutzung auch kleinster Kostenvorteile zwang. Diese Entwicklungen bedingten sich teilweise gegenseitig und sind eng mit der Entwicklung globaler Finanzmärkte verknüpft. Träger ausländischer Direktinvestitionen sind transnationale Unternehmen, die mit dem Kapitaltransfer Produktionskapazitäten und Technologie über die Grenzen ihres Ursprungslandes verlagern. Ausländische Direktinvestitionen (Foreign Direct Investment, FDI) sind immer produktionsbezogen und unterscheiden sich damit von Portfolioinvestitionen (vgl. 3.1.2.), die als spekulatives Kapital an die Börsen gehen. FDI kann daher meist nicht schnell und vor allem nicht ohne Kosten abgezogen werden, da es sich nach kurzer Zeit Großteils in ein „sunk investment" verwandelt: Auch im Zeitalter von e-commerce können Fabrikgebäude und Maschinen nicht sekundenschnell den Standort wechseln. Zur dauerhaften Sicherstellung von Wachstum und Wohlfahrt (Produktion, Arbeitsplätze, Technologieentwicklung etc.) sind Direktinvestitionen für Regierungen daher erheblich wichtiger als Portfoliokapital.

Die Trennung zwischen FDI und Portfoliokapital ist nicht immer möglich, da letzteres über die Börse zu produktionsrelevanten Investitionen führen *kann*. Produktion durch transnationale Unternehmen wird im In- und Ausland natürlich nicht nur mit Investitionen aus Eigenkapital finanziert, sondern wesentlich auch durch die Aufnahme von Krediten auf nationalen wie globalen Kapitalmärkten. Der Kapitalbedarf zur Finanzierung wachsender FDI war daher auch eine der wichtigsten Ursachen für die Entwicklung globaler Finanzmärkte. Letztere stimulierte wiederum die Ausdehnung des Engagements von transnationalen Unternehmen (TNU).

[1] Bei der Expansion von TNU sind zwei Typen von Produktion zu unterscheiden: TNU können Firmen außerhalb des Standortes ihrer Unter-

nehmenszentrale (Mutterland) aufbauen, um im Zielland vollständige Güter herzustellen. Die Motivation für diese Aktivität liegt meistens in der Vermeidung von Transportkosten sowie in der Umgehung von tarifären und nicht-tarifären Marktzugangsbeschränkungen im Zielland („jump the tariff"). Der letzte Punkt macht deutlich, dass auch Protektionismus FDI bewirken und Marktliberalisierung somit auch zur Ersetzung von FDI durch Exporte aus dem Mutterland führen kann. Nicht-tarifäre Handelshemmnisse sind über Zölle hinausgehende Handelsbarrieren wie Subventionen, Mengeneinfuhrbeschränkungen und technische Standards. Ziel des Aufbaus kompletter Produktionsstätten in Absatzmärkten ist es, durch die Produktion vor Ort bessere Verkaufschancen zu erhalten, als sie zuvor durch Lieferungen (Exporte) des Mutterkonzerns gegeben waren. Dieser Typus von TNU-Produktion war in den 50er und 60er Jahren vorherrschend und ist bis heute wichtig (Gereffi 1995: 100ff).

Seit den 70er Jahren trat zunehmend eine zweite Form von Aktivitäten Transnationaler Unternehmen in den Vordergrund: die arbeitsteilige Herstellung eines Gutes in mehreren Ländern. Um einen möglichst effizienten Einsatz von Produktionsfaktoren zu erreichen, wurden Produktionsschritte an Standorte verlagert, an denen beispielsweise Lohnkosten niedriger, Zugang zu Rohstoffen leichter, die Nähe der Zulieferer größer oder aber Bedingungen für Forschung und Entwicklung (Ausbildung, Gesetze) besser waren als am vorherigen Standort des Produktionsschrittes. Globale Arbeitsteilung betrifft die Herstellung eines Gutes an verschiedenen Standorten *eines* Unternehmens (Tochtergesellschaften), als auch „global sourcing", d.h. der Bezug von Komponenten, Vorprodukten, Lizenzen und Personal aus verschiedenen Standorten und durch andere Firmen.

Produktionsverlagerung in Billiglohnländer hatte – anders als oftmals angenommen – nur einen kleinen Anteil an der Abnahme industrieller Arbeitsplätze in den Industrieländern. Der Verlust von Industriejobs ist hauptsächlich auf Produktivitätssteigerung und Rationalisierung zurückzuführen, die durch Wettbewerb stimuliert wurden (The Economist 26.4.1997: 88). Dies bedeutet, dass diese Arbeitsplätze möglicherweise auch dann „verloren" gegangen wären, wenn TNU keine Produktion im Ausland entwickelt hätten.

[2] Industrialisierungserfolge von Entwicklungsländern, d.h. die Herausbildung von Newly Industrializing Countries (NICs, „Schwellenländer"), sind auch das *Ergebnis* der Expansion von TNU, die einen wesentli-

chen Anteil an der Industrialisierung beispielsweise Brasiliens hatten. Sie ist aber ebenfalls *Ursache*: Zum einen entwickelten sich in diesen Ländern ebenfalls TNU, vor allem in Ostasien wie etwa Hyundai und Gold Star in Südkorea, die mittlerweile zu den *global players* gehören. Zum anderen zog „sunk investment" nach der Errichtung von Fabriken tendenziell weiteres Engagement nach sich, um frühere Investitionen besser zu nutzen. Die Kosten eines Rückzugs hätten ja den Verlust getätigter Investitionen einschließen können. Außerdem vergrößerten die Entwicklungserfolge der NICs vielerorts die Kaufkraft, d.h. die Größe der Binnenmärkte. Auch wenn dies oft mit einer Öffnung der Einkommensschere einherging, wurden diese Märkte interessanter als Ziele für Investition und Produktion von TNU. Einkommensunterschiede vergrößerten sich etwa in den lateinamerikanischen NICs, während in asiatischen „Tigern" wie Taiwan und Südkorea in den 70er – 90er Jahren die Mittelschicht wuchs.

[3] Marktliberalisierungen vor allem in Industrieländern förderten zusätzlich die Expansion von TNU, da sie die Kosten für transnationale Aktivitäten verringerten und den Druck zur Nutzung globaler Wettbewerbsvorteile erhöhten. Die Senkung von Zollschranken im Rahmen der GATT-Runden und durch regionale Zusammenschlüsse förderte „global sourcing", da sie den Import von Vorleistungen und Komponenten zur Weiterverarbeitung im Inland verbilligte (vgl. 3.1.4. und Lerda 1996: 69). Gleichzeitig vergrößerte die Außenöffnung in verschiedenen OECD-Ländern (vor allem USA und Großbritannien) die Konkurrenz auf ihren Märkten, was bisher nur national tätige Firmen dazu veranlasste, ihre Aktivitäten zu transnationalisieren, um Weltmarktniveau und eine höhere Wettbewerbsfähigkeit zu erreichen.

[4] Auch in Industrieländern wuchsen Auslandsinvestitionen stark an, da stärkerer Wettbewerb und technologischer Innovationsdruck zur Nutzung immer kleinerer Kostenvorteile und Forschungs- und Entwicklungsleistungen führten. Dies betrifft beide unter [1] ausgeführten Formen von TNU-Aktivitäten: komplette Produktion „vor Ort" und Herstellung eines Gutes an mehreren Standorten. Der zunehmende transnationale Wettbewerb in den letzten Jahrzehnten stimulierte die globale Ausweitung von Unternehmensaktivitäten.

Zur quantitativen Größenordnung globaler Produktion wie Investition: In den 70er und 80er Jahren wuchsen Volumen und Ausdehnung von Direktinvestitionen bzw. TNU-Aktivitäten sprunghaft an. Ausländische Direktinvestitionen stiegen zwischen 1980 und 1996 dreimal so schnell wie die gesamte Investitionstätigkeit (d.h. einschließlich binnenwirtschaftlicher Investitionen) – machten aber 1996 nur 6% der jährlichen Investitionstätigkeit der Industrieländer aus (Zahlen der UNCTAD in: The Economist 22.11.1997: 108). Zwischen 1990 und 2001 stiegen Auslandsinverstitionen (FDI) von USD 1,7 Billionen auf USD 6,6 Billionen (UNCTAD: WIR Overview 2002: 1). Obwohl FDI-Ströme 2001 als Resultat der schwachen Weltwirtschaft zurückgingen, weisen grundlegende Entwicklungen auf eine weitere Zunahme von FDI hin. Als langfristige Hauptfaktoren für eine Ausweitung der FDI sieht der World Investment Report 2002: (1) politische Liberalisierung, (2) schnelle technologische Neuerungen und als Resultat der beiden vorhergehenden (3) wachsender Wettbewerb (UNCTAD: WIR Overview 2002: 3-4).

Entscheidend für die Wirkungen auf Staat und Gesellschaft ist, dass der Zuwachs erheblich *größer war als das Wachstum nationalen Wirtschaftens und sich dadurch die Anteile an der Wirtschaftsleistung zugunsten des transnational-globalen Teils entwickelten.* Am aussagekräftigsten ist das Wachstum transnationaler Investitionen gegenüber dem Wachstum des Welt-BSP, da eine stärkere Zunahme der Auslandsinvestitionen ein Wachstum des Anteils globaler Märkte am Weltprodukt bedeutet:

Wachstum der Direktinvestitionen im Vergleich zum Welt-BSP				
Durchschnittliches jährliches Wachstum (%)	1986–1990	1991–1995	1999	2000
Foreign direct investment inflows	24%	20%	56%	37%
World gross domestic product	11,5%	6,5%	3,5%	2,5%

UNCTAD: World Investment Report 1997: xv, 3-4 und UNCTAD: WIR Overview 2002: 1/5

2001 brachen FDI wegen der Finanzkrisen und schwacher Konjuktur allerdings vorübergehend ein (IMF: WEO April 2003). Die Summe getätigter FDI („stock“) verdoppelte sich als Prozentsatz des Welt-BSP zwischen 1982 und 1994 auf 9% (UNCTAD: World Investment Report 1997: xv, 3-4). Direktinvestitionen konzentrieren sich zu über zwei Dritteln auf die Industrieländer Nordamerikas, Westeuropas und Ostasiens (UNCTAD:

WIR Overview 2002: 6). „Globale“ Märkte finden demnach hauptsächlich zwischen OECD-Ländern oder mit der OECD eng verbundenen Ländern (wie China) statt.

Auslandsinvestitionen erhöhten auch den Transnationalisierungsgrad von Firmen bereits in den 70er und 80er Jahren: So stieg der Anteil getätigter Auslandsinvestitionen (FDI stocks) an den gesamten Firmen-Aktiva (corporate assets) zwischen 1970 und 1984 in der Bundesrepublik von 2% auf 7,2%, in Japan von 0,4% auf 1,7% und in Großbritannien von 22% auf 31% (1983); im Fall der USA nahm der Anteil ab – ein Indiz für die Verringerung der weltwirtschaftlichen Vormachtstellung von US-Firmen in diesem Zeitraum (UNCTC 1988: 26). Die gesamten weltweiten Direktinvestitionen nahmen innerhalb von zehn Jahren von 1700 Mrd. USD auf 6600 Mrd. USD im Jahr 2001 zu. Im Jahr 2002 wurde die Anzahl der TNU auf 65 000 Firmen mit 850 000 Tochterfilialen geschätzt (UNCTAD: WIR Overview 2002: 1). Gerade die TNU weisen inzwischen einen hohen Grad der Globalisierung auf: Im Jahr 2001 entfielen 54 Millionen Arbeitsplätze der TNU auf ihre Tochtergesellschaften im Vergleich zu 24 Millionen Arbeitsplätzen in Auslandsstellen im Jahr 1990. Verkäufe von TNU waren im Jahr 2001 mit fast 1900 Mrd. USD mehr als doppelt so hoch wie die Weltexporte im Jahr 2001 während diese Zahlen sich 1990 noch entsprachen. Dominiert wird dieses Bild von den großen Unternehmen: Im Jahr 2000 waren die 100 größten transnational tätigen Unternehmen (ohne Banken) mit mehr als der Hälfte aller Verkäufe und Arbeitsplätze in Tochterfirmen führend. Vor allem durch Fusionen und Übernahmen steigerten sie ihre foreign assets um 10%, ihre Arbeitsplätze im Ausland um 19%, sowie ihre Verkäufe um 15% (UNCTAD: WIR Overview 2002: 1).

Die starke Verflechtung transnationaler Unternehmen kann beispielsweise durch die Unternehmen Vodafone und Volkswagen verdeutlicht werden, welche 2000 Rang eins und 12 der nach Firmen-Aktiva im Ausland (foreign assets) bewerteten Tabelle der 25 weltgrössten TNU (ohne Banken) erreichten. Vodafone (Volkswagen), dessen Heimatland Großbritannien (Deutschland) ist, hatte 99,5% (56,3%) der Firmenaktiva, tätigte 63,2% (72,6%) der Verkäufe und unterhielt 81, 5% (49,4%) der Arbeitsplätze im Ausland (eigene Berechnung nach UNCTAD: WIR Overview 2002: 2). Transnational geprägte Firmen tragen erheblich zur gesamtwirtschaftlichen Leistung von einzelnen Ländern bei und machen die Regierungen dieser Staaten damit empfänglich für wirtschaftspolitische Forderungen des „globalen“ Sektors: Insgesamt sind TNU hinsichtlich ihrer Auslandstätigkeit für ein Zehntel des Welt-BSP und ein Drittel der Welt-Exporte verantwortlich (UNCTAD: WIR Overview 2002: 1).

Diese Zahlen zeigen, dass sich der Anteil global-transnationaler Tätigkeit an der weltweiten Wirtschaftsleistung deutlich erhöht hat und damit der Anteil binnenorientierten – einzelstaatlich leichter steuerbaren – Wirtschaftens relativ gesehen abnahm. Diese Tendenz verstärkt sich insofern selbst, als die Nutzung von verschiedenen Standorten die Wettbewerbsfähigkeit transnationaler Firmen gegenüber derjenigen von Unternehmen stärkt, die nur in einem Land für den Binnenmarkt produzieren (vgl. Kap. 2.2.2.). Global tätige Firmen erreichen eine gegenüber nationalen Konkurrenten höhere Produktivität, da sie transnational operieren, Skaleneffekte erzielen und im globalen Wettbewerb bestehen müssen. Dadurch sehen sich immer mehr Firmen gezwungen, ihre Produktion ebenfalls an den Wettbewerbserfordernissen globaler Märkte auszurichten. Dieser Konkurrenzdruck führte in den 80er Jahren auch zunehmend zur Bildung von „strategischen Allianzen" und zu Fusionen zwischen TNU zur Nutzung von Synergieeffekten (Verwaltung, Forschung, Marketing). Beispiele für diese Art transnationaler Verflechtung sind die Kooperationen zwischen Fluggesellschaften in der „Star Alliance" und die Fusion von Daimler und Chrysler. Unternehmensallianzen verstärken globale Märkte, indem sie weltweite privatwirtschaftliche Vernetzung fördern und somit globale Systeme jenseits staatlicher Strukturen etablieren.

Wirkungen auf Staaten. Bei der Einschätzung der Wirkungen globaler Märkte auf Staaten ist zu berücksichtigen, dass der bei weitem größte Teil der Wirtschaftsleistung auch der Industrieländer binnenwirtschaftlich entsteht und konsumiert wird. Investoren investieren nach wie vor überwiegend in ihrem jeweiligen Inland. „Globale" Produktion und Investition ist zwar ein zunehmend wichtiger, aber ein nicht dominierender Aspekt für nationale Volkswirtschaften. Relevanz gewinnen die ausgeführten Entwicklungen aber nicht nur durch ihr schnelles Wachstum, sondern auch dadurch, dass sie die produktivsten Sektoren einschließen. Ähnlich den Wirkungen der Mobilität von Finanzkapital erhöht auch globale Produktion und Investition [1] den Wettbewerbsdruck auf Staaten wie die Kosten binnenorientierter Politik (*Krisen*), [2] verändert *Interessen* gesellschaftlicher Gruppen und [3] schwächt die Effizienz einzelner staatlicher *Instrumente*.

[1] Krisen. Der wachsende Anteil transnational-globaler Aktivitäten von Unternehmen an nationaler wie weltweiter Wertschöpfung symbolisiert die höhere Mobilität von Produktion und Investition. Sie erhöht den Druck auf Staaten, die Attraktivität ihres Standortes etwa durch Deregulierungen

zu verbessern – wenn sie an der Dynamik globalen Wirtschaftens teilhaben möchten. Da Staaten zunehmend auf dem Weltmarkt der Standortvorteile konkurrieren, geraten binnenorientierte Modelle oft in eine Wettbewerbskrise. Relevant für nationale Wettbewerbsfähigkeit ist dabei nicht nur der Anteil am Welthandel (vgl. Kap. 3.1.4.), sondern zunehmend auch die Standortkonkurrenz um mobiles Investitionskapital. Entscheidend ist, dass für Firmen der Transfer von Produktion und Kapital leichter wurde und dass immer mehr Firmen einen wachsenden Teil ihrer Operationen transnational abwickeln. Diese TNU können im Prinzip Aktivitäten leichter verlagern als Firmen ohne Auslandsengagement bzw. -erfahrung und sind damit stärker im Besitz der „exit-option", d.h. der Option, den derzeitigen Standort zumindest teilweise zu verlassen. Es kann davon ausgegangen werden, dass TNU durch die „exit"-option auch stärkeren Einfluss, „voice", auf Regierungen erhalten. Immobile Firmen verfügen nicht im selben Ausmaß über das politische Drohpotential des Abzugs ihrer Aktivitäten und damit ihrer Arbeitsplätze und Steuern.

[2] Interessen. Der politische Einfluss global tätiger Firmen in westlichen Industrieländern zielt ihrer Interessenlage entsprechend auf eine Verbesserung des Standortes im Vergleich zu anderen Standorten, d.h. auf Marktliberalisierung, niedrige Abgaben, Skaleneffekte durch regionale Markterweiterung etc. In dieselbe Richtung dürfte das Lobbying rein nationaler Firmen gehen, die wesentlich vom Exportgeschäft abhängig sind und daher auf dem Weltmarkt konkurrieren müssen. Diese Produzenten wettbewerbsfähiger Güter orientieren sich hinsichtlich der wirtschaftspolitischen Bedingungen ebenfalls an globalen Konkurrenzerfordernissen und haben anders als die Hersteller von nicht wettbewerbsfähigen Waren ein Interesse an der transnationalen Mobilität von Wirtschaftsfaktoren. Da der Welthandel stärker wuchs als die Summe nationaler Sozialprodukte, hat auch der Anteil weltmarktorientierter Sektoren an der Gesamtwirtschaft gegenüber dem Anteil rein binnenorientierter Branchen zugenommen. Der durch globale Märkte gewachsene Druck auf Regierungen, bessere Wettbewerbsbedingungen zu gewährleisten, ergibt sich somit auf zwei ineinander verschränkten Ebenen. Zum einen werden TNU inklusive nationalem Exportsektor Regierungen dazu bewegen wollen, ihnen im globalen Vergleich bessere Arbeitsbedingungen zu ermöglichen und wirtschaftsliberale Reformen durchzuführen. Dies betrifft die mikro-ökonomische bzw. sektorspezifische Übertragung von Wirkungen globaler Märkte auf den politischen Bereich. Auf der makroökonomischen bzw. gesamtgesellschaftlichen Ebene dürften sich Regierungen zum Handeln veranlasst sehen, wenn die Gewährleistung von „Wohlfahrt"

gefährdet scheint – etwa durch die Verschlechterung gesamtwirtschaftlicher Indikatoren wie beispielsweise Exportstatistik, Investitionszu- und abfluss, Steueraufkommen etc. (zu Interessengruppen vgl. Kap. 2.2.2. und 3.2.3.).

> TNU-Interessen richten sich in der Regel aus drei Gründen gegen Protektionismus: [1] Handelsbeschränkungen können Gegenmaßnahmen anderer Staaten hervorrufen, die die Einfuhr von Vorprodukten und die Ausfuhr von Gütern verteuern. [2] Importschranken des Heimatlandes verteuern Intra-Firmen-Handel und verschlechtern damit die globale Wettbewerbsposition von TNU. [3] Protektionismus verbessert die Konkurrenzfähigkeit nationaler Wettbewerber von TNU (vgl. Busch/Milner 1994: 269). Wenn TNU direkt von Protektionismus profitieren wie etwa in importsubstituierenden Ländern Lateinamerikas, dann ist ein Lobbying *gegen* Handelsliberalisierungen möglich.

Da wachsender Konkurrenzdruck und die durch ihn stimulierten Liberalisierungen gesellschaftliche Sektoren auch negativ betreffen können (z.B. früher durch Zölle geschützte Betriebe), ist davon auszugehen, dass sich die Regierungen entgegengesetzten Interessen gegenüber sehen. Welche der beiden Gruppen relevanter ist und welcher die jeweilige Regierung eher folgen wird, dürfte von einer Reihe von Faktoren abhängen – auch von nationalen Spezifika wie beispielsweise dem politischen System und der politischen Kultur. Korporatistische und auf Konsens zielende Systeme in großen Ländern wie in der Bundesrepublik erschweren Anpassungsmaßnahmen, kleinere Länder wie die Niederlande oder wettbewerbsorientiert-liberale Systeme wie in Großbritannien können Reformen schneller durchsetzen (vgl. Kap. 3.3.). Zu den wichtigsten Determinanten gehören die Abhängigkeit einer Volkswirtschaft vom Ausland in Form von Exporten, Krediten, Investitionen oder Technologie. Entscheidend dürfte auch sein, inwieweit alternative Konzepte zur weltmarktorientierten Marktliberalisierung vorliegen und politische Relevanz gewinnen können. In Westeuropa und in Lateinamerika hatten binnenorientierte, auf staatlicher Regulierung basierende Modelle (Keynesianismus in Europa, Importsubstitution in Lateinamerika) zu Beginn der 80er Jahre Wachstum in unterschiedlichem Ausmaß nicht mehr sichergestellt. Insofern war die konzeptionelle Alternative zur Marktliberalisierung und zur globalen Wettbewerbsorientierung politisch wie ökonomisch diskreditiert.

[3] Instrumente. Die Expansion von TNU, von Direktinvestitionen und globaler Arbeitsteilung schränkt die Wirksamkeit einiger Instrumente

staatlicher Wirtschaftssteuerung ein und erhöht die Opportunitätskosten einer Politik, die globalen Wettbewerbsdruck ignoriert. Im Hinblick auf Wirtschaftskooperation zur Liberalisierung von Märkten ist dies vor allem relevant, weil einige derjenigen Instrumente geschwächt wurden, die für binnenorientierte Wirtschaftsstrategien grundlegend waren. Wie bei Kapitalverkehrskontrollen ist auch die Wirksamkeit von Handelsbeschränkungen vermindert – aber nicht aufgehoben. Globale Arbeitsteilung macht es beispielsweise schwerer, „nationale" Sektoren politisch durch tarifäre oder nicht-tarifäre Hemmnisse gegenüber „ausländischen" zu schützen, da die Unterscheidung zwischen intern und extern nicht mehr im früheren Maße möglich ist. Clinton's späterer Arbeitsminister Robert Reich fragte schon 1990: „Who is Us?" (Reich 1990: 53-64): Wenn die Komponenten eines Produktes in verschiedenen Ländern hergestellt werden, dann ist die Wirksamkeit politischer Maßnahmen zum Schutz oder zur Ausgrenzung eines Gutes eingeschränkt. *Japan-Bashing* und *Buy American* ist die Grundlage entzogen, wenn das entsprechende Auto oder Stereogerät überwiegend gar nicht in Japan bzw. den USA hergestellt wird. Die Bevorzugung von Firmen in US-Besitz zeigt wenig Wirkung auf US-amerikanische Arbeitsplätze, wenn diese Unternehmen wesentlich im Ausland produzieren. Umgekehrt wäre eine Diskriminierung von Produkten ausländischer Firmen fehlgeleitet, wenn diese zum großen Teil in den USA hergestellt werden.

Auch Handel zwischen verschiedenen Töchtern eines TNU (Intra-Firmen-Handel) entzieht sich klaren Einteilungen und ist schwer zu regeln, da die Preis-Berechnung nicht unbedingt Preisen entsprechen muss, die tatsächliche Produktionskosten wiedergeben. Somit können Gewinne über die Gestaltung des Transferpreises staatlichem Zugriff entzogen werden. Eine Besteuerung von Unternehmensgewinnen wird durch Intra-Firmen-Handel erschwert und die Möglichkeiten für TNU vergrößert, Verluste dort zu verbuchen, wo sie besonders steuermindernd wirken. Allerdings sollte diese Einschränkung der Wirksamkeit staatlicher Instrumente nicht übertrieben werden. Es kann davon ausgegangen werden, dass TNU nach wie vor sehr empfänglich für wirtschaftspolitische Maßnahmen ihrer Heimatländer sind. Das Verhältnis zwischen Staat und TNU ist von Interdependenz gekennzeichnet (vgl. Kap. 2.3.1.). Die Wirkungen von globalen Märkten bzw. Akteuren auf Staaten sind gradueller Natur: TNU sind nicht autonom von Staaten, sondern erlangen durch globale Orientierung eine zunehmend leichtere Möglichkeit, Standorte zu wechseln und somit – „exit, voice" – Regierungen zu wettbewerbsfreundlicher Politik zu bewegen. In *absoluten* Zahlen verlaufen wirtschaftliche Aktivitäten auch in den OECD Staaten nach wie vor national, *relativ* wuchs aber der Anteil globalisierten Wirtschaftens an der gesamten ökonomischen Leistung seit den 70er Jahren an.

3.1.4. Globaler Handel

Da die drei Wirtschaftsbereiche Kapital, Produktion und Handel eng miteinander verwoben sind, wurde durch die Untersuchung der beiden erstgenannten bereits auf die wichtigsten Entwicklungen im grenzüberschreitenden Warenaustausch eingegangen. Die folgenden Ausführungen bauen auf den vorausgegangenen Kapiteln auf und konzentrieren sich auf komplementäre Elemente.

Ursachen und Entwicklung. Grenzüberschreitender Handel und die Existenz eines „Weltmarktes", d.h. die Verfügbarkeit und Konkurrenz derselben Güter und Dienstleistungen in weiten Teilen der Welt, ist kein neues Phänomen. Wie im Fall der Finanzmärkte und der Produktionsverflechtungen ist für die Relevanz eines globalen Gütermarktes entscheidend, dass seine Bedeutung in den letzten drei Jahrzehnten gegenüber den vorhergehenden Dekaden zugenommen hat. Das gewachsene Gewicht globaler Gütermärkte für nationale Ökonomie und Wirtschaftspolitik manifestiert sich im zunehmenden Anteil des Außenhandels (Exporte & Importe) am Bruttosozialprodukt. Dieser Anteil wuchs seit den 1970er Jahren rapide (s.u.). Wesentliche Ursachen dafür waren [1] in multilateralen zwischenstaatlichen Verhandlungen erzielte Liberalisierungen, [2] erheblich gesunkene Transportkosten, [3] die Expansion transnationaler Unternehmen und [4] die Entstehung von Newly Industrializing Countries.

[1] Besonders wichtig war die Verringerung von Zöllen, d.h. tarifärer Handelshemmnisse, durch multilaterale Abkommen zwischen Staaten im Rahmen mehrerer GATT-Runden (Kahler 1995: 23-48). Das General Agreement on Tariffs and Trade (GATT) bot die Grundlage für die Kennedy-, Tokio- und Uruguay-Runde, die mit grundlegenden Handelserleichterungen endeten. Mit der Uruguay-Runde wurden auch Normen und Standards als nicht-tarifäre Handelshemmnisse verringert und Handel von Dienstleistungen einbezogen. Die Uruguay-Runde wurde im Dezember 1993 mit der Überführung des GATT in die neue Welthandelsorganisation (World Trade Organization, WTO) abgeschlossen (vgl. Kap. 5.2.2.). Infolge der Verringerung von Barrieren wurde die Einfuhr bzw. Ausfuhr von Gütern und geistigem Eigentum (intellectual property) rentabel, die

zuvor aufgrund von Handelshemmnissen nicht konkurrenzfähig waren. Dies machte vermehrten Außenhandel attraktiv und trug dazu bei, dass der Welthandel stärker wuchs als das Weltsozialprodukt (vgl. Kap. 2.2.).

[2] Gesunkene Transportkosten und -zeiten ließen den grenzüberschreitenden Warenaustausch ebenfalls ansteigen. Diese Kostenersparnis erhöhte genauso wie sinkende Zölle die Attraktivität grenzüberschreitenden Handels. Der Gütertransport wurde vor allem durch technische Neuerungen erleichtert, beispielsweise durch die Einführung von Containern seit den 60er Jahren. Kostenträchtiges und zeitaufwendiges Be- und Entladen einzelner Güter durch Hafenarbeiter wurde ebenso überflüssig wie aufwendige Einzelverpackungen. Der zunehmende Anteil von Industriegütern am Welthandel verringerte ebenfalls Transportkosten relativ zum Güterwert, da nunmehr eine – gegenüber vielen Rohstoffen – höhere Wertschöpfung pro Gewicht bzw. Volumen versandt werden konnte. Bei technischen Neuerungen wie dem Internet kulminiert dieser Effekt vorerst: Der Transport wertvoller Informationen erfolgt in Realzeit und (fast) zu lokalen Telefonkosten. Die Kosten für die Erlangung von Informationen über andere Märkte wie Produkte und die Rentabilitätsschwelle von Transfers wurden ebenfalls reduziert.

[3] Die Expansion transnationaler Unternehmen verursachte ebenfalls eine sprunghafte Ausdehnung des Welthandels, da sie den Austausch von Einzelteilen und fertigen Produkten zwischen mehreren Standorten eines Konzerns stimulierten. Infolge der Ausweitung von Produktionsstätten eines Unternehmens nahm der Intra-Firmen-Handel erheblich zu. Die Rolle von TNU ist aber ambivalent zu beurteilen, da der Aufbau von Fertigungskapazitäten in Absatzmärkten zum Teil auf Kosten früher dorthin gelieferter Exporte geschah.

[4] Industrialisierungserfolge führten in einigen Entwicklungsländern (Newly Industrializing Countries NICs) zur Herausbildung einer breiteren Produktpalette: Sie konnten nunmehr nicht nur Primärgüter ausführen, sondern auch verarbeitete Produkte. Industrialisierungsprojekte in Entwicklungsländern waren außerdem mit der Einfuhr von Kapitalgütern und vermehrten Exportanstrengungen zur Begleichung der Einfuhrrechnungen verbunden. Beides vergrößerte das Außenhandelsengagement in einigen NICs. Hohe Wachstumsraten machten die NICs auch zu attraktiven Absatzmärkten für langlebige Konsumgüter. Dies führte zu einem stär-

keren Engagement von Firmen aus den Industrieländern, sowohl in Form von Direktinvestitionen von TNU, wie durch höhere Exporte in NICs.

Wachstum des globalen Handels im Vergleich zum Welt-BSP				
Durchschnittliches jährliches Wachstum (%)	1965–1980	1980–1990	1990–2000	2001–2002
Welthandel (Exporte+ Importe/2)	5,6%	4,4%	6,6%	4,2%
Weltprodukt	4%	3,2%	2,7%	2%

World Bank 1992: 221, 245 (1965-80, 1980-90); UNCTAD 2003 Handbook of Statistics: table 1.2 und WTO 2003: International Trade Statistics: table II.1 (1990-2000, 2001-02).

Damit war das Wachstum des Welthandels in allen Zeiträumen wesentlich größer als das Wachstum der Weltwirtschaft und erhöhte den transnational entstandenen Anteil an der gesamten Weltökonomie. Während der Anteil des Welthandels am Welt-BSP für 1965 auf 11,9% beziffert wird, belief er sich 1987 auf 19% und 1998 auf 38% und 2001 auf 40% (The World Bank: WDI 2003: Data Query: trade in goods). Konsequenzen hatte die Expansion von TNU: Die UNCTAD (WIR Overview 2002: 1) schätzte den Anteil der Auslandsstellen der TNU am gesamten Welthandel auf ein Drittel, und auf ein Zehntel des Welt-BSP.

Wirkungen auf Staaten. Ähnlich den Auswirkungen globaler Finanzmärkte und von Produktionsverflechtungen trug auch die Ausweitung des Welthandels [1] zu *Krisen* binnenorientiert-dirigistischer Modelle, [2] zur Veränderung von *Interessen* und [3] zur Einschränkung staatlicher *Instrumente* bei.

[1] Krisen. Ein wachsender Außenhandelsanteil an der Entstehung eines nationalen Bruttosozialproduktes geht einher mit einer wachsenden Orientierung der Produktionsbedingungen an Weltmarktstandards: Die Kosten einer Nicht-Berücksichtigung von Angebot und Nachfrage auf dem Weltmarkt stiegen ebenso wie die Anreize für eine Ausrichtung an Weltmarktbedingungen. Beispielsweise muss sich eine Volkswirtschaft in dem Maß, in dem sie vom Export abhängig ist, nach den Qualitäts- und Preisanforderungen richten, die auf dem Weltmarkt herrschen. Anders gesagt: Proporti-

onal zum Anteil an der Entstehung des Sozialproduktes, der den Angebots- und Nachfragebedingungen auf dem Weltmarkt unterliegt, steigt der Druck (Kosten/Anreize) zur Anpassung an globale Konkurrenzkonditionen. Dies ist zuvorderst eine Bedingung, die von den privaten Herstellern zu erfüllen ist. Für die Regierung impliziert dieser Zusammenhang, dass sie ihre Politik in dem Maß weniger kostenfrei nach binnenwirtschaftlichen Kriterien gestalten kann, in dem die Wirtschaftsleistung (und davon betroffen auch „Wohlfahrt") nicht mehr vom nationalen Binnenmarkt abhängt. Vor allem aber verringert sich durch eine steigende Exportquote die Effizienz von binnenorientierter Staatsintervention, da sich die Regelung von Produktionsbedingungen stärker an einem Markt ausrichtet, den Regierungen nicht steuern können. Wollen Regierungen bei wachsender Exportabhängigkeit Produktionsleistung im Lande halten bzw. ausbauen, dann müssen sie Standortbedingungen bieten, die den Konkurrenzerfordernissen des Weltmarktes genügen (Qualität, Preis, Bildung, Innovation etc.). Binnenorientierter Dirigismus gerät somit in eine Effizienz- und Wettbewerbskrise und kann im Prinzip weniger wirkungsvoll „Wohlfahrt" sichern als ohne außenwirtschaftliche Verflechtung. Für Importe gilt dies insofern auch, als die Herstellung für den Weltmarkt leichten und günstigen (d.h. abgaben- und hemmnisfreien) Zugang zur Einfuhr von Vorprodukten, Kapitalgütern und Technologie benötigt, um konkurrenzfähig zu sein.

[2] Interessen. Diesen Zusammenhängen entsprechend, verändert ein wachsender Außenhandelsanteil am BSP auch Interessenlagen privater Akteure und die Bedeutung von Interessengruppen zu Lasten binnenorientierter Steuerung. Diejenige Interessengruppe wächst und gewinnt an Bedeutung, die von Dirigismus negativ betroffen ist. Proportional zur Steigerung global handelbarer Produkte am BSP („tradables") wächst das Interesse an und das Lobbying für eine Wirtschaftspolitik, die die Wettbewerbsfähigkeit auf globalen Gütermärkten verbessert (Frieden/Rogowski 1996: 25-47). Umgekehrt führt eine Verringerung des Anteils nicht am Weltmarkt gehandelter Güter („non-tradables") zur Abnahme des Lobbying für Handelsprotektionismus. Die Öffnung vor allem in OECD-Staaten (u.a. infolge der GATT-Runden) steigerte den Wettbewerb auf ihren Märkten, was bisher nur national tätige Firmen dazu veranlasste, ihre Aktivitäten stärker am Weltmarktniveau auszurichten, teilweise sogar ihre Produktion transnational zu strukturieren. Somit trugen die Regierungen maßgeblich dazu bei, anti-protektionistisch und marktliberal orientierte Interessengruppen zu stärken (vgl. die neuen Handelstheorien in Kap. 2.2.2.).

[3] Instrumente. Die Einschränkung derjenigen Instrumente, die zur Durchführung etwa keynesianischer oder importsubstituierender Binnenorientierung nötig sind, ergibt sich beim Handel nach einem dem Finanz- und Produktionsbereich ähnlichen Muster: Globale Märkte können ihre Wirkung verringern. Beim Handel betrifft dies vor allem „import leakages“, d.h. den Abfluss keynesianischer Nachfragestimulierung (etwa mit höheren Staatsausgaben) ins Ausland durch vermehrte Importe. Je nach dem Grad der Außenhandelsverflechtung eines Landes wandert die Kaufkraftzunahme in Einfuhren ab und erreicht nur noch eingeschränkt die beabsichtigte Ausweitung von Produktion und Arbeitsplätzen im Inland. Dem Gegeninstrument der Einschränkung von Importen (etwa durch Zölle) steht aber die mit den Exporten gewachsene Abhängigkeit von der Offenheit der Zielmärkte entgegen: Der Vorstellung von „fair trade“ bzw. „reciprocal trade“ entsprechend, wäre diese Offenheit gefährdet, wenn die Regierung des exportierenden Landes zur Binnensteuerung Handelsschranken für Importe einführen würde. In der Folge sieht sich eine Regierung auch hinsichtlich ihres außenwirtschaftlichen Instrumentariums eingeschränkt. Die Ressourcenausstattung des Staates, das Steueraufkommen, ist bei wachsender Außenhandelsverflechtung ebenfalls weniger nach binnenwirtschaftlichen Gesichtspunkten zu steuern, da ein großer Teil des BSP nunmehr auf globalen Märkten erwirtschaftet wird. Mit einer politischen Abschottung von letzteren würde sich die Regierung unmittelbar die Einnahmen kürzen.

3.1.5. Fallbeispiel Industrieländer: Frankreichs „Sozialistisches Experiment“

Als Beispiel für Anwendung der Thesen – Krisen, Interssen und Instrumente – zu den Wirkungen globaler Märkte auf Industrieländer eignet sich das „Sozialistische Experiment“ der 1980er Jahre unter François Mitterrand in Frankreich besonders gut. Damals wurde eine bereits in globale Märkte integrierte Volkswirtschaft mit einer klar binnenorientiert-interventionistischen Politik konfrontiert. Insofern erlaubt das Fallbeispiel Frankreich eine deutliche Analyse von Globalisierungswirkungen, da die Regierung besonders drastisch der Logik globaler Märkte widersprochen hat. Gleichzeitig zeigt der Fall des „Sozialistischen Experiments“, wie wenig eine binnenorientiert-interventionistsiche Politik von den französischen

Interessengruppen geteilt wurde. Auch die Einschränkung politischer Instrumente des Keynesianismus lässt sich hier klar zeigen.

> Vorgeschichte: Bereits in den 70er Jahren verfolgte der liberal-konservative Präsident Giscard d'Estaing eine vorsichtige Öffnungspolitik, indem er die französische Wirtschaft zusätzlich zur Integration in die Europäische Gemeinschaft auch Weltmarkteinflüssen aussetzte. Die daraus folgende Strukturanpassung ging einher mit zunehmender Internationalisierung in Form einer wachsenden Export- und Importabhängigkeit des Bruttosozialproduktes und intensiveren Kapitalverflechtungen. Der Anteil der Exporte am französischen Bruttosozialprodukt stieg von 16% (1970) auf 22% (1980), derjenige der Importe von 15% (1970) auf 23% (1980) – diese Höhe der Außenhandelsverflechtung blieb in den 80er Jahren bestehen (Exporte wie Importe erzielten 1990 jeweils einen Anteil von 23% am BSP) (UNCTAD 1997b: 295). Zum Vergleich: Exporte erzielten 2001 einen Anteil von 28% am BSP, Importe von 26% (UNCTAD: WDI 2003).

Die Wahl von François Mitterrand zum Staatspräsidenten 1981 und die Mehrheit für eine von der Sozialistischen Partei (PS) geführte Koalition in der Nationalversammlung stellte die erste Machtübernahme des linkssozialistischen Lagers seit den späten 40er Jahren dar. Das „projet socialiste" in der Wirtschaftspolitik folgte einem klassischen Mix aus keynesianischer Nachfragestimulierung durch staatlich verordneten Kaufkraftzuwachs und dirigistischem Einsatz von Ressourcen (Erhöhung der Mindestlöhne und der Staatsausgaben, Verstaatlichungen, stärkere Regulierungen): Es war ein Experiment in „redistributivem Keynesianismus" (Hall 1987: 55, vgl. Kap. 2.1.1.) mit dem die Arbeitslosigkeit gesenkt, das Wirtschaftswachstum gefördert und die Verteilung gesellschaftlichen Wohlstands zugunsten der unteren Einkommensbezieher verändert werden sollte. Beispielsweise wurde die Kaufkraft der Mindestlöhne – an die viele andere Gehälter gekoppelt waren – kurzfristig 1981-1982 politisch um 10,6% gesteigert (gegenüber 3,3% 1979-1980).

Zusammen mit einer erheblichen Ausweitung der Anzahl von Arbeitsplätzen im öffentlichen Sektor und einer deutlichen Erhöhung sozialer Vergünstigungen für die Bevölkerung summierte sich das Programm der sozialistischen Regierung auf 2% des BSP. Im Ergebnis wuchs die Binnennachfrage 1982 um 4%, während sie in den anderen OECD-Ländern – dem Trend der weltweiten Rezession folgend – leicht fiel; bei

Frankreichs wichtigstem Handelspartner, der Bundesrepublik, fiel sie um 2% (OECD 1988: 59). Ein umfangreiches Verstaatlichungsprogramm (vor allem von Banken und Großkonzernen) führte dazu, dass sich 1982 der Anteil des verstaatlichten Sektors an der Volkswirtschaft erheblich erhöhte (Beschäftigte: von 13% auf 16%, Exporte: von 11% auf 23%, Investitionen: von 29% auf 36%; Zahlen aus Uterwedde 1987: 105). Auf der makroökonomischen Ebene hatte diese Wirtschaftspolitik im Zusammenwirken mit der damaligen weltwirtschaftlichen Verflechtung Frankreichs folgende Auswirkungen:

- Der anfängliche Kaufkraftzuwachs bei der Bevölkerung führte zu einer deutlichen Verringerung der Exporte (die Produktion wurde vermehrt im Inland konsumiert) und zu einem erheblichen Anstieg der Importe. Infolge der Außenhandels-Verflechtung der französischen Volkswirtschaft (rund 20% des BSP) floss ein überproportional großer Teil des Nachfragewachstums ins Ausland ab: Die Steigerung der Wachstumsrate zwischen 1981 und 1982 um 1,6% führte zu einer Ausweitung des Importvolumens um etwa 5% im Jahr 1982 (Albert/Ball 1983: 40). Die Außenhandelsbilanz (Güter und Dienstleistungen) wies für 1982 ein Rekorddefizit von 69 Mrd. FF auf (1980: 34 Mrd. FF) (OECD 1990: 227). Insofern stimulierte die neue Wirtschaftspolitik zwar die Nachfrage im Inland, aber nur in geringerem Ausmaß auch die Inlandsproduktion und damit die Schaffung von neuen Arbeitsplätzen im privaten Sektor. Gegen eine zur Nachfrage proportionale Ausweitung des Angebots sprach auch die verschlechterte Profitlage der Arbeitgeber:
- Die Gewinne vieler Unternehmen wurden als Folge von Lohnsteigerungen sowie von Steuererhöhungen und zunehmenden Sozialabgaben für Firmen geringer (vgl. The Economist 31.7.1982: 56). Dies führte zu einem deutlichen Rückgang der Investitionstätigkeit, der die Wettbewerbsfähigkeit der französischen Industrie weiter schwächte. Produktive Investitionen fielen um fast 8% in den Jahren 1980-1984 (OECD 1988: 61). Dies geschah vor dem Hintergrund einer in den 70er Jahren bereits gesunkenen Konkurrenzfähigkeit der französischen Wirtschaft im Vergleich etwa zur Bundesrepublik, zu den USA und Japan. Frankreich fungierte als „intermediäre“ Wirtschaft, deren Wettbewerbsfähigkeit nicht im Kapitalgüter- (Deutschland) oder Hochtechnologiesektor (Japan, USA) lag, sondern in einem technologisch weniger anspruchsvollen Bereich, dessen Güter es politisch gefördert hauptsächlich an Entwicklungsländer exportierte. 1983 erreichte Frankreich die größten Handelsdefizite (ohne Erdöl) gegenüber Deutschland, den USA, Hol-

land und Japan, während es Überschüsse im Handel mit Ländern wie Ägypten, Tunesien und Griechenland erzielte. Diese ohnehin schwierige Wettbewerbssituation wurde durch die Erhöhung der Kosten für Unternehmen 1981-1982 weiter verschlechtert.

- Zum Rückgang der Investitionstätigkeit trug ebenfalls der starke Anstieg der Zinssätze bei, der eine Verdrängung („*crowding out*") privater Kreditnehmer durch den Staat zur Folge hatte: Zur Finanzierung ihrer umfangreichen Sozial- und Verstaatlichungsprogramme musste die französische Regierung erhebliche Anleihen an den Kapitalmärkten aufnehmen. Damit trieb der Staat die Zinsen hoch und verteuerte private Kreditaufnahme zu Investitions- und Konsumzwecken (vgl. die Kritik am Keynesianismus in Kap. 2.1.1.). Angesichts der – vor allem durch die Hochzinspolitik der USA verursachten – weltweiten Zinserhöhung in diesen Jahren wäre Stabilitätspolitik ein Mittel gewesen, um negativen Auswirkungen der globalen Hochzinswelle auf die Investitionstätigkeit der französischen Wirtschaft zu begegnen – nicht aber die inflationäre und zinssteigernde Strategie Mitterrands.
- Der Franc geriet international unter Abwertungsdruck, vor allem aufgrund der sich rapide verschlechternden Handelsbilanz, der ebenso negativ verlaufenden Kapitalbilanz und der durch *deficit spending* angetriebenen Inflation (vgl. Kap. 2.1.1.). Entscheidend für die Schwäche des Franc war die steigende Differenz im Inflationsniveau zwischen Frankreich und wichtigen – Stabilitätspolitik betreibenden – Handelspartnern wie Deutschland und Großbritannien. Bereits im Oktober 1981 musste die sozialistische Regierung eine erste Abwertung des Franc vornehmen, eine zweite folgte im Juni 1982, eine dritte im März 1983.
- Die Inflationsrate nahm erheblich zu, u.a. aufgrund der höheren Produktionskosten im Inland (Lohnerhöhungen etc.), der explodierenden (und teilweise durch die Notenpresse finanzierten) Staatsausgaben, der Zinserhöhungen und der steigenden Importe bei gleichzeitiger Schwächung des Franc gegenüber anderen Währungen.
- Das Haushaltsdefizit wuchs infolge der stark zunehmenden Ausgaben der Regierung für die Programme des „Sozialistischen Experiments": 1981 betrug das Budgetdefizit 64 Mrd. FF (gegenüber 24 Mrd. FF 1980); für 1982 sah der Haushalt eine Finanzierungslücke von 93 Mrd. FF vor.

In Anbetracht dieser Kosten des „sozialistischen Experiments" war eine Änderung der Politik bereits 1982 notwendig geworden. Eine weitere Verschuldung des französischen Staates zur Finanzierung der Programme bzw. des Budgetdefizits hätte die außenwirtschaftliche Situation weiter verschlechtert, und eine weitere Steigerung der Inflation und des Handelsdefizits hätte den Abwertungsdruck auf die Währung erheblich verstärkt. Im Prinzip hatte die Regierung zwei Optionen:

(1) Zum einen hätte sie sich von internationalen Arrangements lösen bzw. Frankreich aus dem weltwirtschaftlichen Geschehen teilweise abkoppeln können. Diskutiert wurden beispielsweise ein Austritt aus dem Europäischen Währungssystem (EWS), um Abwertungen der Währung unbeschränkt vornehmen zu können, sowie eine selektive Abkoppelung von der Weltwirtschaft etwa über Kapitalverkehrskontrollen und Importrestriktionen. Durch eine Abwertung des Francs wären kurzfristig und wechselkursbedingt die Importe verteuert und die Wettbewerbsfähigkeit der Exporte verbessert worden.

(2) Zum anderen hätte Frankreich auf den außenwirtschaftlichen Druck mit der Anpassung seiner Politik antworten können, indem es die Wettbewerbsfähigkeit seiner Wirtschaft und die Stabilität seiner Währung zu verbessern versucht. Dafür erforderlich waren bessere Bedingungen für Investitionen (wie niedrigere Zinsen und Inflation), für Produktion (bei Lohnkosten, Steuern, Sozialabgaben) und eine gesamtwirtschaftlich stabilere Lage. In Anbetracht der hohen Kosten und der geringen Wirksamkeit des „redistributiven Keynesianismus" wählte die Regierung die zweite Option, die sie unter Führung von Finanzminister Jacques Delors seit 1983 im Rahmen des „rigueurs" (frz. für Härte, Strenge) mit einer Sparpolitik umsetzte. Folgende Ursachen waren für diesen Kurswechsel maßgeblich (vgl. Hall 1987: 56ff, 63f):

- Selbst ein vorsichtiger Rückzug aus der Weltwirtschaft und aus internationalen Abkommen hätte den Druck auf den Franc erhöht und externe Quellen zur Finanzierung des *deficit spending* und einer Wechselkursstützung verschlossen. Die Kreditwürdigkeit Frankreichs hätte abgenommen, der Zugang zu Kapitalmärkten wäre erschwert worden und internationale Beistandsquellen (EWS, BIZ, IWF) wären versiegt. Anstatt die Situation zu entspannen, hätte dies den Sparzwang noch vergrößert. Nach Schätzungen des französischen Finanzministeriums von 1983 hätte ein Ausscheiden aus dem EWS eine 20% Abwertung des Francs zur Folge gehabt, die die Regierung zu noch drastischeren Sparmaßnahmen (Deflation) gezwungen hätte, um starke Inflationssprünge und eine erhebliche Verschlechterung der Zahlungsbilanz zu vermeiden (Goodman 1989: 177). Außerdem war mit der EWS-Mitgliedschaft eine antiinflationäre Politik auch extern zu begründen. Importbeschränkungen aus strategischen (Verhinderung eines Nachfrageabflusses ins Ausland) oder finanziellen Gründen (fehlende Devisen) hätten eine erhebliche Verteuerung eines Fünftels der bis dato in Frankreich gekauften Waren (Importquote: rund 20% des BSP) und damit eine Verschärfung der *Krise*, eine Verschlechterung des Lebensstandards, weitere Inflation und eine Verteuerung der nationalen Produktion (infolge teurerer Vorprodukte) zur Folge gehabt.

- Die Einführung neuer Außenhandelsbarrieren wäre ein Bruch mit der vorsichtigen Öffnungsstrategie der französischen Wirtschaft – vor allem seit 1958 im Rahmen der EWG – gewesen, auf der die relativ erfolgreiche Wirtschaftsentwicklung der 60er und 70er Jahre basierte. Neben politischen Kosten (internationale Isolierung, Bruch mit der EG/ Deutschland) hätten die französischen Exporteure mit Gegenmaßnahmen der aus dem französischen Markt ausgeschlossenen Länder, d.h. mit geringeren Exporten rechnen müssen. Damit wären die vom Export abhängigen rund 20% des BSP und Arbeitsplätze bedroht gewesen.
- Das „sozialistische Experiment" hatte seine beiden Hauptziele nicht im erwarteten Ausmaß erreicht: Die Arbeitslosigkeit war infolge der fehlenden Ausweitung der Produktion (s.o.) nicht wesentlich abgebaut worden und der anfängliche Kaufkraftzuwachs wurde von der steigenden Inflation teilweise ausgeglichen. Diese mangelhafte Wirksamkeit der binnenorientiert-keynesianischen Strategie führte zur Schwächung des traditionellen Flügels innerhalb der regierenden PS und zur Stärkung des „internationalistisch" orientierten Flügels, d.h. derjenigen Politiker (allen voran Jacques Delors), die für eine Stabilitäts- und Öffnungsstrategie, für globale Wettbewerbsfähigkeit plädierten (Gourevitch 1987: 186f). Eine ähnliche Verschiebung ergab sich auch bei den ökonomisch relevanten *Interessengruppen*: Die Probleme des binnenorientierten Experiments schwächten die Positionen des „antikapitalistischen" Gewerkschaftsverbandes CGT und stärkten die „internationalistische" Fraktion im moderateren CFDT (Uterwedde 1987: 96ff, 181-203. CGT = Confédération Générale du Travail, CFDT = Confédération Française Démocratique du Travail). Auf Unternehmerseite artikulierten sich die Exporteure als Verlierer der Entwicklung von 1981-82 (u.a. infolge sinkender Wettbewerbsfähigkeit durch höhere Kosten für Arbeit, Investitionen und Abgaben), während die Gewinnerwartungen des weniger wettbewerbsfähigen Sektors aufgrund des Nachfrageabflusses in Importe, der hohen Zinsen und der gestiegenen Abgabenlast nicht wie erwartet eintraten. Vor seiner Entscheidung zum Kurswechsel traf sich Mitter-

rand mit Wirtschaftsführern – auch mit denen, die er zu Präsidenten der verstaatlichten Firmen gemacht hatte. Ihr starker Widerstand gegen eine Fortführung des „sozialistischen Experiments“ (mit einer dann nötigen teilweisen Abkoppelung vom Weltmarkt) soll eine große Rolle für die Entscheidung für einen marktwirtschaftlichen Sparkurs gespielt haben (Gourevitch 1987: 189).

- Insgesamt war der Druck der „contrainte extérieure“, der externen ökonomischen Beschränkungen, entscheidend für die Aufgabe des redistributiven Keynesianismus und für die Einführung einer stabilitätsorientierten marktliberalen Politik 1983: Zum einen hatte die externe Verflechtung der französischen Wirtschaft dem sozialistischen Experiment nicht die erwarteten Erfolge ermöglicht, da zentrale *Instrumente* aufgrund des Internationalisierungsgrades nur ungenügend griffen: Die Ausweitung der Nachfrage zur Stimulierung des Wachstums (Schaffung von Arbeitsplätzen) floss Großteils ins Ausland ab und die zur Realisierung des vollen nominalen Kaufkraftzuwachses nötige nationale Kontrolle über Zinssätze und Inflation funktionierte nicht. Im Ergebnis wurden die angestrebten Effekte nachfrageorientierter Binnensteuerung durch die Verflechtung mit globalen Märkten weitgehend neutralisiert. Zum anderen hatte die „contrainte extérieure“ zu großen *Kosten*, d.h. zu einer *Krise* geführt, die eine Änderung der Strategie nötig machten, um die Unterstützung der Bevölkerung sicherzustellen.
- Die radikalen Ausgabensteigerungen 1981-82 hatten zu einer starken Erhöhung der Verschuldung geführt, auch der Auslandsverschuldung in Dollar gegenüber privaten Banken. Zur Begleichung des Schuldendienstes externer Verpflichtungen war aber nach Erkenntnissen des Finanzministeriums ein Handelsüberschuss von 20-30 Mrd. FF im Jahr nötig, der mit dem „sozialistischen Experiment“ nicht zu erzielen war (Survey on France, in: The Economist, 9.2.1985: 9). Wenn die Regierung nicht auf einen deutlich sinkenden Dollar-Kurs oder sinkende internationale Zinssätze spekulieren wollte, musste sie die Wirtschaftspolitik auch zur Begleichung ihrer Verpflichtungen gegenüber transnationalen Gläubigerbanken ändern. Eine OECD-Studie schlussfolgert zur Rolle globaler Finanzmärkte für den Kurswechsel: „At the political level it was above all the pressures in the exchange market, reflected in a fall in reserves, as well as mounting foreign debt, that seem to have persuaded the government to act“ (OECD 1988: 64).

Die Entscheidung für außenwirtschaftliche Offenheit und eine deflationäre Beschneidung der Nachfrage im Rahmen des „rigueurs“ war somit ein direktes Ergebnis der Kosten der binnenorientiert-dirigistischen Politik infolge der Integration Frankreichs in globale Märkte.

> Der enge Berater Mitterrands und Generalsekretär des Élysée, Hubert Védrine (1996: 294), schrieb über die damalige Wahrnehmung globaler Märkte als Ursache für den politischen Strategiewechsel: „Und der März 1983 hat deutlich daran erinnert, dass Frankreich keine Insel ist, sondern Bestandteil eines Ensembles, dem Weltmarkt, in dessen Schoss eine offene Wirtschaft es sich nicht erlauben kann, zu lange Schuldner zu sein, unter Strafe monetärer Sanktionen und [externer, S.A.S.] Bevormundung". Védrine wurde Ende der 1990er Jahre Außenminister.

Die Sparpolitik begann 1982/1983 noch mit starken Eingriffen des Staates in die Volkswirtschaft, wandelte sich aber zunehmend zu einer liberaleren Politik bis zur Ablösung der Sozialistischen Partei durch die konservative Regierung Chirac (1986-88). Maßgeblich für den „rigueur" war Finanzminister Jacques Delors bis zu seiner Berufung zum Präsidenten der EG-Kommission 1985. Der „rigueur" zielte vor allem auf die Verringerung der Inflation und eine bessere Konkurrenzfähigkeit der Industrie, mit der außenwirtschaftlich dem finanziellen (Abwertung) und handelspolitischen Druck (Defizit) begegnet werden sollte. Die zentralen Maßnahmen der neuen Politik waren eine Verringerung der Kaufkraft (Einfrieren der Löhne und Gehälter), Beschränkung des Defizits der öffentlichen Haushalte auf 3% des BSP (allein 1982 wurden die Ausgaben um 20 Mrd. FF gekürzt) und eine Verbesserung der Wettbewerbsfähigkeit der französischen Wirtschaft. Für Unternehmer wurden die Sozialabgaben und Steuern gesenkt bzw. eingefroren. Die Inflation und das Haushaltsdefizit sollten durch die Verringerung von Kaufkraft durch Steuererhöhungen bekämpft werden.

Während die Kosten des redistributiven Keynesianismus 1981-1983 hauptsächlich den Unternehmen aufgebürdet worden waren, mussten jetzt die Bezieher von Löhnen und Gehältern überwiegend die Last der deflationären Sparpolitik tragen. Dies kam nur deshalb nicht einem politischen Suizid der Regierung gleich, weil hohe Inflation, Handelsdefizit, mangelhafte globale Wettbewerbsfähigkeit und die Wechselkursschwäche des Franc für eine relative Akzeptanz des Sparkurses bei der Bevölkerungsmehrheit sorgten. Vor dem Kurswechsel, d.h. wegen des „sozialistischen Experiments" hatte die PS starke Verluste bei den Kommunalwahlen 1982/1983 hinnehmen müssen. Wahltaktisch war Mitterrand eher auf die Stimmen der politischen Mitte angewiesen, als auf diejenigen der Kommunisten, deren Ausscheren aus der Regierungskoalition deshalb bewusst in Kauf genommen wurde. Anders als beim keynesianischen *deficit-spending* und der Kaufkrafterhöhung 1981-1982 zeigten sich die positiven Effekte der Sparpolitik erst mittel- und langfristig. Trotz der relativ effizienten Umsetzung der neuen Politik blieb die Arbeitslosigkeit hoch. Das Wirtschaftswachstum setzte nur langsam ein. Eine leicht verbesserte Wirtschaftslage zeigte sich erst 1985: Die Inflation konnte von 12,6% (1982) auf 5% (1985) verringert werden, die Zahlungsbilanz war 1985 ausgeglichen (nach Defiziten 1981-84), und Investitionen (1982: -7%, 1983: -4%, 1984: +10%) sowie Wachstum nahmen nach Jahren der Stagnation wieder zu (Hall 1987: 61, 64). Die neue Wirtschaftspolitik war innenpolitisch aber nur insofern erfolgreich, als die konservative Opposition vor den Wahlen 1986 kaum Ansatzpunkte für Kritik fand. Im Ergebnis traten die positiven wirtschaftlichen Entwicklungen innenpolitisch für die Regierung zu spät ein, da die Konservativen die Wahl zur Nationalversammlung 1986 gewinnen konnten.

In Anbetracht der unvermindert hohen Arbeitslosigkeit, der sinkenden Reallöhne und der moderaten Wachstumszahlen war es für die Regierung nach 1983 eine politische Überlebensfrage, den als unumgänglich wahrgenommenen neuen Kurs politisch auf eine Art zu legitimieren, die der PS den Verbleib an der Macht ermöglichen würde. Unter dieser Perspektive ist auch das EG-Binnenmarktprojekt „1992“ und die Entsendung des Reformers Delors in die Präsidentschaft der EG-Kommission zu sehen: Die politische Absicherung des nationalen Reformprogramms und seine ökonomische Flankierung durch neue EG-Initiativen versprach eine wirkungsvolle Methode zu sein. Das Experiment von 1981/1982 hatte auch der Bevölkerung gezeigt, dass Frankreichs Wirtschaftspolitik zu stark außenwirtschaftlich verflochten war, um erfolgreich (ohne Kosten) eine Strategie zu verfolgen, die die „contrainte extérieure“ nicht berücksichtigt. Die Verlierer dieser Politik hatten sich artikuliert und der Staat war an seine Finanzierungs- und Steuerungsgrenzen gestoßen. Die Vorteile eines liberalen EG-Binnenmarktes waren wegen des Kurswechsels im „rigueur“ nicht nur mit nationalen Präferenzen kompatibel geworden, sondern wurden von der Regierung jetzt auch als erstrebenswerte Option zur ökonomisch wirkungsvolleren Umsetzung der eigenen Wachstumsstrategie gesehen. Eine effiziente Umsetzung der neuen Spar- und Wettbewerbspolitik implizierte eine weitere Außenöffnung, die einerseits die Präferenz für die Liberalisierungsstrategie im EG-Binnenmarkt stimulierte und andererseits den Binnenmarkt zur externen Legitimation der ohnehin anfallenden Kosten einer Wettbewerbsorientierung attraktiv machte. Letzteres wurde zum Beispiel deutlich in den Auseinandersetzungen der (seit 1988 wieder sozialistischen) Regierung von Ministerpräsident Rocard mit den Streiks im öffentlichen Dienst: Die Ablehnung jeglicher Zugeständnisse an die Gewerkschaften wurde von Präsident, Ministerpräsident und Wirtschaftsminister einhellig mit dem Verweis auf die europäische Konkurrenz begründet (Deubner 1989: 85). Man hatte sich erfolgreich eine neue und extern vertraglich legitimierte Rechtfertigung zur Umsetzung einer Politik zugelegt, die seit 1983 aufgrund außenwirtschaftlicher Zwänge notwendig geworden war. Mit dem Binnenmarktprojekt hatte man die nationalen Liberalisierungen zur regionalen Verpflichtung gemacht (vgl. Kap. 4.1., 6. und Schirm 2001: 81-91).

Ein Indiz für den innenpolitischen Erfolg des neuen Kurses ist der Sieg der PS bei den Wahlen zur Nationalversammlung und zur Präsidentschaft 1988 nach einem Wahlkampf, zu dessen Schlüsselelementen nationale und europäische Liberalisierung gehörte. Mitterrand und die Vertreter des marktliberalen Kurswechsels von 1983 konnten die Regierungsgeschäfte weiterführen – bis zur Wahl Chiracs zum Präsidenten 1995 (Chirac setzte die liberale Wirtschaftspolitik fort). Die neue Strategie seit 1983 und die 1985 beginnenden Liberalisierungen des EG-Binnenmarktprojektes dürften auch zur Erfolgsbilanz der französischen Ökonomie in der zweiten Hälfte der 80er Jahre beigetragen haben: Die Exporte (als Indikator für globale Wettbewerbsfähigkeit) stiegen 1985-90 um 15,3% (zum Vergleich 1980-85: -2,6); der Anteil von Maschinen und Transportgütern an den Exporten lag 1990 höher als 1980; das BSP wuchs 1985-90 um 3,1% (1980-85: 1,5) (UNCTAD 1997b: 14, 118, 286).

3.1.6. Fallbeispiel Schwellenländer: Mexikos Liberalisierung

Wie Frankreich für die Industrieländer ist auch Mexiko für die Schwellenländer ein besonders pointiertes Beispiel für die Anwendung der Thesen „Krisen. Interessen und Instrumente“ des Globale-Märkte-Ansatzes zu den Konsequenzen von Globalisierung. In Mexiko trafen die Wirkungen globaler Märkte ebenfalls auf eine binnenorientiert-interventionistische Politik, diesmal die Industrialisierung zur Substitution von Importen (ISI), mit der in einem abgeschotteten Binnenmarkt staatlich gesteuert eigene Industrien aufgebaut werden sollten (vgl. Kapitel 2.1. und Schirm 1994: 56-71). Wie Frankreich ist auch Mexiko in den 1980ern ein sehr illustrativer Fall für einen radikalen Kurswechsel aufgrund der Wirkungen von Globalisierung. Die Wirkungen globaler Märkte auf Mexiko weisen deutliche Ähnlichkeiten zu den Entwicklungen in Argentinien und Brasilien auf, da die Auslandsverschuldung und ihre Krise nach 1982 in allen drei Ländern wesentliches Mittel zur Integration in globale Finanzmärkte war, ähnliche Zwänge und Optionen mit sich brachte und als Katalysator für einen wirtschaftspolitischen Paradigmenwechsel fungierte.

Der Fall der Newly Industrializing Countries in Ostasien ist anders gelagert, da sie wie etwa Südkorea und Taiwan einen von vornherein weltmarktorientierten Kurs eingeschlagen hatten. Weil die asiatischen NICs anders als die lateinamerikanischen NICs ihre Entwicklung als „export-led-growth" auf Wettbewerbsfähigkeit ausgerichtet hatten, sind sie oft den Problemen eines binnenorientierten Interventionismus entgangen. Die südostasiatischen NICs wie Indonesien und Thailand erlebten Ende der 1990er Jahre eine Finanzkrise (vgl. Kap. 5.1.), die allerdings andere Merkmale trug als die Auswirkungen von Globalisierung auf lateinamerikanische NICs wie Mexiko.

Die Aufnahme von Krediten bei ausländischen Banken hatte für Mexiko ein Mittel zur Finanzierung seines Entwicklungsmodells dargestellt. Mitte der 70er Jahre schien der Weg der Auslandsverschuldung aus zwei Gründen attraktiv: Die Kreditaufnahme war aufgrund negativer Realzinsen günstig und sie schloss keine politischen Abhängigkeiten ein, da sie nicht bei Regierungen, sondern bei privaten, transnational tätigen Banken erfolgte. Ermöglicht wurde die massive Verschuldung durch die Ausweitung des transnationalen Finanzsystems infolge von Deregulierungen in Industrieländern und Petro-Dollar-Einlagen. Die Anreize verstärkter Auslandsverschuldung führten zur intensiven Nutzung dieses Instruments für die mexikanische Absicht, seine Wirtschaft durch Importsubstitution zu entwickeln und politische Autonomie von den USA zu erlangen. Mit der Verschuldung zögerte Mexiko das Scheitern der Entwicklungsstrategie hinaus, indem es sein Wirtschaftsmodell durch günstige Kredite und Erdöleinnahmen finanzierte (vgl. Rojas 1988: 208). Während das Wachstum der Auslandsverschuldung bis in die 70er Jahre relativ moderat geblieben war, führten die neuen Kreditmöglichkeiten und der einsetzende Ölboom zu einem rapiden Anstieg. Durch die Entdeckung von Ölquellen Mitte und Ende der 70er Jahre geriet Mexiko in eine Erdöl-Bonanza, bei der in Erwartung hoher Einnahmen durch Öl-Exporte verstärkt ausländische Kredite aufgenommen wurden: Die Verschuldung stieg von 14,4 Mrd. $ (1974) auf 80,3 Mrd. $ (1982) (vgl. Aspe Armella 1988: 34; Schubert

1985: 176). Im Vertrauen auf zukünftige Öl-Gewinne wollte man das Geld jetzt schon ausgeben, hatte aber nicht mit dem Rückgang des Erdölpreises ab 1980 und der Zinsexplosion zu Beginn der 80er Jahre gerechnet.

Zur Verschuldungs*krise* kam es, als Mexiko 1982 seine Zahlungsunfähigkeit erklären musste, da es nicht in der Lage war, die für den Schuldendienst (Zinsen & Tilgungen) notwendigen Devisen aufzubringen. Die Ursachen für die Zahlungsunfähigkeit lagen in den strukturellen Schwächen des mexikanischen Entwicklungsmodells und in externen Schocks. Zum einen konnte das Land aufgrund von Misswirtschaft und der binnenorientierten, von Zöllen geschützten Produktion nicht genügend Waren konkurrenzfähig exportieren, um Devisen für den Schuldendienst zu erwirtschaften (vgl. Kap. 2.1.2.). Die nachfragestimulierende Ausgabenpolitik der Regierung verursachte außerdem ein hohes Staatsdefizit, das zusammen mit dem Handelsdefizit und einem überbewerteten Peso zu spekulativen Kapitalabflüssen führte (Kaufman 1990: 97). Zum anderen waren der Weltmarktpreis für das wichtigste Ausfuhrprodukt (Erdöl) gesunken und die Nachfrage nach anderen Gütern in den Industrieländern durch die dortige Rezession zurückgegangen. Ausgelöst wurde die Krise jedoch durch den sprunghaften Anstieg der globalen Zinssätze, die den mexikanischen Schuldendienst drastisch erhöhten. Wie im Fall Argentiniens und Brasiliens hatte die Integration in globale Finanzmärkte durch massive Kreditaufnahme auch Mexiko von variablen Zinssätzen abhängig gemacht, die von privaten transnationalen Banken festgelegt wurden.

Der globale Leitzinssatz LIBOR (vgl. Kap. 3.1.2.), zu dem der größte Teil der Schulden indexiert war und der halbjährlich angepasst wurde, verdoppelte sich nominal zwischen 1978 und 1982 und stieg real sogar noch stärker an. Diese plötzliche Verteuerung seines Schuldendienstes konnte Mexiko in Anbetracht der ohnehin geringen Wettbewerbsfähigkeit nicht verkraften und musste seine Zahlungsunfähigkeit erklären. Der Anstieg des weltweiten Zinsniveaus war auch auf die Erhöhung der US-Leitzinsen durch die Federal Reserve Bank der USA zurückzuführen. Die „Fed“ beabsichtigte und erreichte damit einen erheblichen Kapitalzufluss in die Vereinigten Staaten. Das Anlagekapital kam von Europäern, Japanern, aber auch von den Eliten in der „Dritten Welt“, die alle von dem höheren Zinssatz in den USA profitieren wollten. Zweck dieser Maßnahme der „Fed“ war es, das US-Budget- und Leistungsbilanzdefizit durch eine positive Kapitalbilanz auszugleichen. Um nicht selber zu viel Anlagekapital zu verlieren, erhöhten die Zentralbanken und die privaten Banken der Industrieländer ihre Zinssätze und globalisierten somit die Politik der Federal Reserve Bank.

Mit der Erklärung der Zahlungsunfähigkeit löste die mexikanische Regierung neben der eigenen auch die weltweite Verschuldungskrise aus, weil die Gläubigerbanken infolge der mexikanischen Zahlungsprobleme die Vergabe neuer Kredite nicht nur an Mexiko, sondern auch an andere Länder fast einstellten – Kredite, die zur Zahlung der Zinsen und Tilgungen für die alten Darlehen notwendig gewesen wären. Damit globalisierten die transnationalen Banken die Verschuldungskrise. Neue Kredite wurden jetzt von den Gläubigerbanken von einem Abkommen Mexikos mit dem Internationalen Währungsfonds abhängig gemacht (zum IWF vgl. Kap. 5.2.1.). Stärker als bei anderen, Not leidenden Schuldnern war im Fall Mexikos die US-Regierung an einer Entschärfung der Lage interessiert, koppelte Hilfsangebote aber an ein Abkommen mit dem IWF. Einige große US-Banken befanden sich in einer sehr exponierten Position in Mexiko, die einen Zusammenbruch einzelner Institute und eine Erschütterung des US-Finanzsystems im Falle einer andauernden Zahlungsunfähigkeit Mexikos zur Folge gehabt hätte. Einige US-Banken hatten Mexiko im Vergleich zu ihrem Eigenkapital soviel Geld geliehen, dass ein kompletter Ausfall dieser Forderungen ihren Bankrott bedeutet haben könnte (Weintraub 1990: 141).

Die Defizite des ISI-Modells, die Folgen der Auslandsverschuldung (Kapitalabfluss im Schuldendienst) und die weitgehende Abkoppelung von globalen Finanzmärkten aufgrund der Verschuldungskrise verursachten eine schwere Rezession in Mexiko. Ihr gravierendes Ausmaß ließ einen Kurswechsel für die mexikanische Führung notwendig erscheinen. Denn zum Machterhalt musste die regierende Partei der Institutionalisierten Revolution (PRI) zumindest mittelfristig wieder ökonomische Erfolge vorweisen.

> Purcell (1992: 54) schreibt: „The main reason for the economic change is political. The onset of the foreign debt crisis in August 1982 seriously threatened the stability of the Mexican political system, and with it the continuing rule of the Institutional Revolutionary Party (PRI) [...]. If the ruling elite wished to remain in power, it had to restore economic growth. [...] The party's continued rule depended on its ability to deliver rewards to supporters“.

Eine Fortführung des binnenorientierten ISI-Modells hätte die Kosten einer dauerhaften externen Zahlungsunfähigkeit und damit verbunden eines Verzichts auf neue Kredite wie Investitionen bedeutet. Eine Erfüllung der Bedingungen der privaten Gläubigerbanken und des IWF durch marktliberale Reformen bot dagegen den Anreiz neuer Kapitalzuflüsse. Mexiko leitete Mitte der 80er Jahre, vor allem nach 1988 marktwirtschaftliche Reformen ein und erfüllte die Konditionen des IWF, zu denen es sich in mehreren „letters of intent" verpflichtete. Damit gab Mexiko seine traditionelle Politik binnenorientierter Importsubstitution auf. Die Verschlechterung der Lebensbedingungen vieler Mexikaner infolge der Rezession (u.a. Reallohnverluste von 30% (1982-86), Kaufman 1990: 102) zeigte sich im schlechten Wahlergebnis für die regierende PRI 1988, als Salinas Gortari nur knapp und mit vielfach vermuteter Wahlmanipulation gewann (Reding 1991: 275). Die sinkende innenpolitische Unterstützung führte zu einer Verschärfung marktwirtschaftlicher Reformen mit dem Ziel, mittelfristig einen Aufschwung zu erreichen. Dieser stellte sich Anfang der 90er Jahre ein und trug zum unbestrittenen Wahlsieg der PRI bei den Kommunalwahlen 1991 bei (Purcell 1992: 56). Durch die frühzeitige, radikale Liberalisierungs- und Sparpolitik und aufgrund der sicherheitspolitischen Bedeutung der Nachbarschaft zu den USA gelang es Mexiko, wesentlich günstigere Konditionen für eine Streckung bzw. Reduzierung seiner Schulden und für neue Kredite auszuhandeln als andere lateinamerikanische Schuldner.

Die Rolle Mexikos als „Musterschuldner" wurde bei der bevorzugten Behandlung des lateinamerikanischen Landes im Rahmen der beiden Schuldenlösungsstrategien der US-Finanzminister Baker (1985) und Brady (1989) deutlich. Sie boten den Schuldnerländern finanzielle und organisatorische Unterstützung an, wenn sie ihre Wirtschaftspolitik nach liberalen Spielregeln ausrichteten und somit die Zahlungsfähigkeit gegenüber den privaten Gläubigerbanken verbesserten. Hier zeigte sich die „soft power" der USA (vgl. Kap. 2.3.). Da Mexiko de facto der einzige (Baker) bzw. hauptsächliche (Brady) Nutznießer dieser Programme war, liegt die Schlussfolgerung nahe, dass die Maßnahmen vor allem zur Rettung stark engagierter US-Banken und zur Stabilisierung des für die USA ökonomisch und sicherheitspolitisch wichtigsten Schuldnerlandes geschaffen wurden.

Der *Baker-Plan* sah im Kern einen Ausweg aus der Krise über wiederbelebtes Wachstum – „growth-cum-debt" – vor, das den Schuldnern ermöglichen sollte, auf produktivem Wege den Schuldendienst für die Altkredite zu erwirtschaften. Dazu mussten sie strukturelle Reformen unter der Ägide des IWF durchführen, während private Banken neue Kredite bereitstellen sollten, wozu diese angesichts der desolaten Lage in den Schuldnerländern aber zunächst nicht bereit waren. Die Schwierigkeiten des Baker-Plans durch die anfängliche Verweigerung von Geldern von privater Seite sind ein Indiz für die relative Autonomie globaler Finanzmärkte gegenüber den Wünschen selbst der mächtigsten nationalen Regierung, derjenigen der USA. Nur im Fall Mexikos gelang es der US-Regierung, hunderte von privaten Gläubigern dazu zu bringen, einen milliardenschweren Kredit zu vergeben. Die exportorientierte „growth-cum-debt“ Strategie bedeutete eine verstärkte Ausrichtung der mexikanischen Wirtschaft auf globale Wettbewerbsfähigkeit und somit eine Anpassung vieler Firmen an die Erfordernisse des Weltmarktes. Damit übertrug sich die Zwangslage infolge der Integration des Landes in globale Finanzmärkte auf den realwirtschaftlichen Bereich: Den finanziellen Zwängen folgten Anpassungen im produzierenden Sektor. Die Integration in globale Finanzmärkte führte zur Aufgabe der Binnenorientierung im Güterbereich.

Mit der Gewährung besonderer Konditionen verhinderten Washington, der IWF und die Gläubigerbanken aber auch ein kollektives Vorgehen der in der „Group of Eight“ zusammengeschlossenen lateinamerikanischen Schuldnerländer. Ein gemeinsames Handeln in Form eines Schuldner-Kartells hätte diesen Staaten möglicherweise Verhandlungsmacht verliehen, die sie einzeln nicht besaßen. In Anbetracht der Vorteile einer Kooperation mit den Banken entschied sich Mexiko gegen eine Konfrontation durch ein Schuldner-Kartell. Im Vergleich zu den anderen hochverschuldeten Ländern Lateinamerikas – wie Brasilien, Venezuela und Argentinien – erreichte Mexiko infolge liberaler Reformen, der Verringerung der Schuldenbelastung und der handelspolitischen Kooperation mit den USA früher als andere einen Weg aus der „verlorenen Dekade“ zu neuem Wachstum, nämlich bereits zu Beginn der 90er Jahre. 1990 wurde Mexiko von der Wirtschaftspresse in Anlehnung an die asiatischen „Tiger“ als „Jaguar mit neuer Kraft“ (Wirtschaftswoche 30.11.1990: 58) gefeiert. Das Ende der Schulden*krise* und der ökonomische Erfolg gelangen Mexiko aber nur, indem es sich von den traditionellen Maximen seiner Wirtschaftspolitik abwandte und nach den Spielregeln der transnationalen Banken, des vorgeschalteten IWF sowie der US-Regierung agierte.

Die 1982 mit negativen Wachstumsraten, Massenarbeitslosigkeit, Reallohnsenkungen und mit einer Verelendung der einkommensschwachen Bevölkerungsmehrheit einsetzende Rezession hatte derart gravierende Ausmaße angenommen, dass auch der Lebensstandard der mexikanischen Oberschicht und das politische Überleben der PRI bedroht schien. Angesichts dieser Kosten bildete sich ein Konsens hinsichtlich des Scheiterns der traditionellen Strategie heraus (Lustig 1992: 231ff). Eine stärkere Konzentration auf wettbewerbsfähige Exporte und eine damit erforderliche Liberalisierung schien unumgänglich, um Wachstum zu erreichen. Das durch die Verschuldungskrise ausgelöste Scheitern der binnenorientierten Strategie und die Anreize (der Druck) der Gläubigerbanken zu marktwirtschaftlichen Reformen führten dazu, dass sich während der Amtszeit von Präsident de la Madrid (1982-88) die Befürworter eines liberalen Kurses durchsetzten und nach 1988 die Wirtschaftspolitik dominierten. Die Vorstellungen dieser bis Mitte der 80er Jahre im innerparteilichen Machtkampf unterlegenen Gruppe entsprachen den Forderungen des IWF, der US-Regierung und der Gläubigerbanken.

Maßgebliche Reformer wie der damalige Wirtschafts- und Budgetminister und spätere Präsident Salinas Gortari (1988-94) und der damalige hohe Beamte des Finanzministeriums und spätere Finanzminister Aspe Armella waren in den USA ausgebildet worden. Salinas Gortari promovierte an der JFK School of Government der Harvard University, Aspe Armella am MIT (Massachusetts Institute of Technology). Diese neue Generation mexikanischer Politiker beherrschte wirtschaftsliberale Strategien, glaubte an ihre Richtigkeit und teilte nicht die Ressentiments des traditionellen politischen Establishments Mexikos gegenüber dem großen Nachbarn. Die Bedeutung dieser „kulturellen Globalisierung" für die Ausrichtung der durch die Krise stimulierten Reformen ist zwar nicht messbar, wird jedoch nach Aussagen führender Vertreter aus Regierung, PRI und Wissenschaft für sehr relevant gehalten (vgl. „soft power" in Kap. 2.3.2.). Eine Konsequenz der liberalen Überzeugungen der mexikanischen Regierung war, dass sie die Forderungen der Banken und des IWF nicht nur erfüllte, sondern sogar übertraf, und dass die entscheidenden Schritte zur Öffnung gegenüber der Weltwirtschaft ebenso vom lateinamerikanischen Land kamen wie der Vorschlag zur Nordamerikanischen Freihandelszone (NAFTA). Die Vertiefung des liberalen Kurses durch Salinas Gortari umfasste folgende Maßnahmen (vgl. Banco de México 1992; SHCP 1992, Presidencia de México 1991):

- Öffnung der Wirtschaft nach außen und Förderung von Exporten durch Abbau der Importzölle zur Steigerung der globalen Konkurrenzfähigkeit.
- Privatisierung von Staatsbetrieben zur Verringerung des Staatsdefizits und zur Erhöhung der Produktivität.
- Senkung des Budgetdefizits durch Streichung von Subventionen.
- Privatisierung der landwirtschaftlichen *ejido*-Betriebe (Kooperativen) zur Stärkung der Produktivität im Agrarbereich.

- Erleichterungen für Direktinvestitionen zur Anziehung von Auslandskapital. Steuervergünstigungen, Schutz vor Enteignungen und die Möglichkeit, Mehrheitsanteile an joint-ventures zu halten, verringerten die Hindernisse für Investitionen, mit denen Mexiko seinen früheren nationalistischen Kurs flankiert hatte.

Die Abkehr von früheren Leitlinien erforderte innenpolitisch eine programmatische Begründung, da die Legitimität der PRI-Herrschaft ihre traditionellen Stützen sowohl im ökonomischen Erfolg als auch in ideologischen Prinzipien fand. Die Regierung re-definierte revolutionäre Grundprinzipien wie „Nationalismus“ und „Souveränität“: Während bis Anfang der 80er Jahre unter diesen Begriffen Autonomie von den USA und ein binnenorientiertes Entwicklungsmodell verstanden wurde (Meyer 1992: 8), erklärte die Regierung nunmehr, dass die mexikanische Souveränität am besten durch „nationale Stärke“ gesichert werde, die durch effiziente Weltmarktintegration gewährleistet sei. Um den Anforderungen globaler Märkte zu genügen, müsse Mexiko auf eine effiziente Nutzung seiner Ressourcen achten.

Präsident Salinas erklärte (1989: 8): „Die moderne Ausübung der Souveränität erfordert ein effizientes Einfügen in die internationalen Märkte, das den Handlungsspielraum durch den Zugang zu neuen technologischen, kommerziellen und finanziellen Möglichkeiten zu unserem Vorteil erweitert.“

Der Staatssekretär im Außenministerium, Javier Valero, erklärte zur Wahrnehmung des durch globale Märkte veränderten Spielraumes (1990: 6): „Jeder Versuch des Isolationismus ist zweifelsohne zum Scheitern verurteilt. Es ist notwendig zu verstehen, dass die Lebensfähigkeit (viabilidad) der Nationen in dieser neuen Ära im Wissen und der Fähigkeit liegt, sich selbständig zu bewegen und die Regeln des globalen Spiels zu beachten.“

Die innenpolitische Durchsetzung der neuen Politik wurde durch zwei Faktoren erleichtert: Die traditionellen Vorstellungen wurden wegen der Krise von der Bevölkerungsmehrheit als gescheitert angesehen, und das halbautoritäre politische System schützte die Regierung teilweise vor einer anwachsenden Opposition. Das Herrschaftssystem bot der Regierung bei der Umsetzung des Paradigmenwechsels einen doppelten Vorteil. Zum einen befanden sich potentielle Oppositionelle, d.h. die Anhänger des früheren binnenorientierten Autonomie-Projekts, teilweise innerhalb des PRI-

Apparates. Sie hatten jahrzehntelang von der Zugehörigkeit zur politischen Elite (zur „revolutionären Familie") und von der traditionellen Herrschaftsstrategie der PRI profitiert, Andersdenkende durch Kooptation und Privilegien ruhig zu stellen. Zum anderen waren wichtige gesellschaftliche Gruppen über die korporatistische Organisation des politischen Systems an den Staat gebunden und von ihm finanziell abhängig. In Anbetracht der sozialen Umwälzungen durch liberale Reformen war die Unterstützung des Gewerkschaftsdachverbandes CTM für den neuen Kurs besonders relevant – die Arbeitnehmerorganisation definierte frühere Positionen ebenfalls neu.

Nachdem die Integration Mexikos in globale Finanzmärkte durch die Verschuldung entscheidend zur *Krise* der binnenorientierten Importsubstitutionspolitik beigetragen und das Land zu marktwirtschaftlichen Reformen wie exportorientierter Wettbewerbsfähigkeit geführt hatte, wuchs die Präferenz von Interessengruppen für eine ökonomisch effiziente und politisch verträgliche Umsetzung dieser neuen Maximen. Im „Nationalen Entwicklungsplan" von 1989 wurde angesichts ökonomischer „Globalisierung" regionale Kooperation aus wirtschaftlichen und geographischen Gründen (Nähe zum US-Markt) zum primären Ziel erklärt (SRE 1989: 17). Für Präsident Salinas war die NAFTA das Kernelement seiner marktwirtschaftlichen Strategie (SECOFI 1992; Driscoll/Gambrill 1992; Poitras/Robinson 1994: 6f). Mit der NAFTA sollte globales Investitionskapital angezogen werden (1) durch die Möglichkeit, über Investitionen in Mexiko den US-Markt zu bedienen, (2) durch die mit der Freihandelszone erhoffte größere wirtschaftspolitische Stabilität Mexikos und (3) durch die multilateral abgesicherten Investitionsbedingungen (vgl. auch Kap. 2.2.2.). In den 80er Jahren hatten sich transnationale Investoren über Rechtsunsicherheit der Investitionsbedingungen beklagt und abgesicherte Konditionen gefordert. Zur Anziehung von Investoren war daher die „lock in"-Funktion der NAFTA von zentraler Bedeutung: Mit dem Abkommen verpflichtete sich das Land auch multilateral zu investitionsfreundlichen Regelungen.

Innenpolitisch lässt sich seit dem Beginn der 90er Jahre ein weitgehender Konsens über die marktwirtschaftlichen Reformen und die engere Bindung an die USA auch außerhalb der PRI beobachten (vgl. Kap. 4.2.2.). Deutlichstes Indiz sind Äußerungen des Führers der Oppositionspartei PRD, Cuauhtémoc Cardenas, der im Wahlkampf 1988 die Wirtschaftsreformen und die Annäherung an die USA noch scharf kritisiert hatte, während er 1993 die nunmehr noch stärkere Bindung im Rahmen der NAFTA befürwortete, und im Falle eines Wahlsiegs nur einige „Verbesserungen" erreichen wollte. Bei der liberalen Ausrichtung der Reformen konnte sich die Regierung auch auf eine Verschiebung von *Interessenlagen* bei den mexikanischen Unternehmern stützen. Während große Teile der Privatwirtschaft bis zum Anfang der 80er Jahre zu den Nutznießern des durch Zollschranken vor Konkurrenz geschützten Modells gehört hatten, machte das Ausmaß der Rezession infolge der Verschuldungskrise das Scheitern der traditionellen Strategie deutlich und stärkte marktwirtschaftlich orientierte Unternehmer. Außerdem hatte die Verringerung des Zuflusses ausländischer Kredite die *Instrumente* des Staates geschwächt, den binnenorientierten Sektor zu finanzieren, während auf den Export ausgerichtete Firmen an Gewicht gewannen, weil sie Gewinne im Ausland erzielen konnten und direkten Zugang zu externen Kreditquellen hatten. Das politische Gewicht des Exportsektors war gewachsen, da er anders als die Importsubstitutionsindustrie durch Ausfuhren zur Erwirtschaftung der Devisen für den Schuldendienst beitragen konnte. Quantitativ hatte sich die Bedeutung des Exportsektors verdoppelt – sein Anteil am BSP stieg von 7% (1980) auf 14% (1990) (The Economist 5.7.1997: 17).

Die Übernahme liberaler Vorstellungen durch den privaten Sektor in den 80er Jahren wurde auch von transnationalen Gruppen unterstützt, in denen mexikanische und US-amerikanische Unternehmer Mitglied waren. Außerdem hatten sich mexikanische Unternehmen in den 80er Jahren infolge der „export-led-growth"-Strategie der Regierung, des Zusammenbruchs der Binnennachfrage und der Liberalisierungen nach Ausbruch der Verschuldungskrise zunehmend auf weltmarktkompatible Produktion zur Ausfuhr konzentriert. Insofern hatte die Integration in globale Finanzmärkte über die Wirkungen der Verschuldungskrise zur Verschiebung der strategischen Ausrichtung vieler Firmen beigetragen und viele Unternehmer zu Verfechtern einer Weltmarktorientierung gemacht (zur NAFTA vgl. Kap. 4.2.).

3.1.7. Fazit: Krisen, Interessen und Instrumente

Vorweg sei daran erinnert, dass globale Märkte nur eine Determinante für nationale Ökonomie und Wirtschaftspolitik unter mehreren sind, wenn auch eine mit zunehmender Bedeutung seit den 70er Jahren. Nationale Wirtschaftspolitik, Aspekte des politischen Systems, der Kultur und Mentalität, der Ausstattung mit natürlichen Ressourcen, des Bildungsniveaus, der nationalen Institutionen und der geographischen Lage formen ebenfalls die politische wie wirtschaftliche Entwicklung. Die vorausgegangenen Kapitel haben gezeigt, wie globale Märkte auf den drei Ebenen Krisen, Interessen und Instrumente auf Staaten einwirken. Dabei ist zu berücksichtigen, dass diese drei Faktoren eng miteinander verwoben sind, sich gegenseitig verstärken und nicht unbedingt als gleichwertig zu betrachten sind. So trägt die Einschränkung von Instrumenten zur binnenorientierten Wirtschaftssteuerung zur Krise eines solchen Modells ebenso bei, wie wachsender Einfluss liberal ausgerichteter Gruppen. Die drei Faktoren können auch eigenständig auftreten: Die Krisenerscheinungen können aufgrund der Wirkungen globaler Märkte (etwa Entzug von Kapital und Produktion) auch eintreten, ohne dass nationale Interessengruppen auf Reformen drängen.

[1] *Krisen.* Mit einem steigenden transnational-globalen Anteil an der Wirtschaftsleistung und dem Abbau von staatlichen Kontrollen wächst die Empfänglichkeit einer Volkswirtschaft für externe Einflüsse. Verschlechtern sich aus der Sicht transnational tätiger (oder interessierter) Kapitalanleger, Investoren und Produzenten die Rahmenbedingungen für ihr Engagement oder verbessern sich die Bedingungen an einem anderen Standort, so ist mit einem Kapitalabfluss bzw. einem Produktionsrückgang zu rechnen, die die ökonomische Lage eines Landes negativ beeinflussen. Will eine Regierung an der Wachstumsdynamik globalen Wirtschaftens teilhaben, so unterliegt sie (durch den Integrationsgrad in globale Märkte beeinflusst) einer Beurteilung ihrer Aktivitäten durch global mobile Akteure. Insofern können globale Märkte die gesamtwirtschaftliche Situation eines Landes verschlechtern, indem die gewachsene Mobilität es immer mehr Akteuren ermöglicht, ihr Engagement zu verlagern, wenn aus ihrer Sicht „schlechte Politik" betrieben wird. Aus diesem Grund ist es durch globale Märkte teurer geworden, binnenorientiert-dirigistische Politik zu betreiben, da die Opportunitätskosten proportional zum Wachstum des transnationalen Sektors zugenommen haben. Wenn kein transnational-global ausgerichteter Sektor vorhanden wäre, entstünden Opportunitätskosten aus der Nicht-Teilnahme an globalen Märkten.

[2] *Interessen.* Es kann davon ausgegangen werden, dass eine Zunahme global-transnationalen Wirtschaftens (inklusive des Exportanteils) an der volkswirtschaftlichen Gesamtleistung zum Wachstum von Interessengruppen führt, die diejenigen wirtschaftspolitischen Rahmenbedingungen bevorzugen, die gute Wettbewerbschancen auf dem Weltmarkt ermöglichen. Dazu gehören etwa Skaleneffekte durch größere Märkte, Liberalisierungen durch Deregulierung, günstigerer Zugang zu Vorprodukten und Komponenten aus dem Ausland durch Zollsenkungen, ein stabiles monetä-

res Umfeld, niedrige Steuern. Die wachsende Bedeutung dieser Interessengruppen infolge des Wachstums globaler Märkte ergibt sich aber nicht nur aus ihrer quantitativen Zunahme (als Teil des BSP), sondern auch aus ihrem Drohpotential: Anders als lokale bzw. nationale Sektoren können sie glaubwürdiger mit „exit" drohen und politischen Einfluss („voice") gewinnen als Firmen, die nicht für den Weltmarkt produzieren bzw. nicht über Auslandsengagement und -erfahrungen verfügen. Abgesehen von diesen Unterschieden erleichtern die Entwicklung globaler Märkte und die mit ihr verbundenen Liberalisierungen *grundsätzlich* transnationale Aktivitäten: Nicht nur bereits transnational tätigen Akteuren, sondern auch *potentiell* transnationalen Akteuren müssen daher günstige Bedingungen geboten werden, um sie im Land zu halten bzw. anzuziehen. Für die erstgenannte Gruppe gilt dies allerdings in stärkerem Ausmaß.

[3] *Instrumente.* Die Wirksamkeit staatlicher Instrumente wird hauptsächlich durch die größere Mobilität von Kapital, Produktion und Investition, aber auch durch globalisierende Arbeitsteilung und transnationale Vernetzung eingeschränkt. Kapitalverkehrskontrollen wie Unternehmensbesteuerung greifen nicht mehr im früheren Ausmaß, staatliche Ausgaben beeinflussen die Konjunktur nicht mehr wie früher, Nachfragestimulierung fließt durch Importe ins Ausland ab etc.. Zusammen mit den Anreizen zu Liberalisierung kann die verringerte Effizienz einiger Maßnahmen zu ihrem weiteren Abbau durch Regierungen führen. Die Verbindung der sinkenden Wirksamkeit einiger Instrumente staatlicher Regulierung mit zunehmendem Wettbewerb und Problemen in der Außenwirtschaftsbilanz verändert die Kosten-Nutzen-Relation keynesianischer oder importsubstituierender Wirtschaftspolitik und macht eine marktliberalisierende Wettbewerbspolitik attraktiv.

> Insofern modifizieren globale Märkte auf mehreren Wegen die Handlungsoptionen von Regierungen und vergrößern sowohl die Anreize einer auf globale Wettbewerbsfähigkeit gerichteten Politik, wie auch die Kosten einer eher binnenorientiert-dirigistischen Strategie.

Die skizzierte Verringerung der Wirksamkeit staatlicher Instrumente und Erhöhung der Kosten derjenigen Maßnahmen, die dem Wettbewerbsdruck von globalen Märkten nicht Rechnung tragen, sind aber keine von Staaten autonom ablaufende Prozesse. Im Gegenteil: Wie bei den Ursachen der Entstehung globaler Märkte deutlich wurde, sind Regierungen maßgebliche Betreiber dieser Entwicklungen gewesen. Somit ist „der Staat" nicht einer externen Kraft ausgesetzt, auf die er keinen Einfluss ausübt, sondern selber Mitverursacher von globaler Mobilität, Standortkonkurrenz etc. Boyers und Draches Titel „States Against Markets" (1996) ist insofern irreführend, als er einen Antagonismus suggeriert, der zwar hinsichtlich unterschiedlicher Aufgaben, Funktionsweisen und territorialer Ausdehnung beider Kräfte zutrifft, aber unterschlägt, dass Märkte nur durch staatliche Maßnahmen die Verselbständigung erfahren haben, die zu ihrer globalen Ausdehnung führte. Staaten haben entscheidend dazu beigetragen, ihre eigenen Handlungsoptionen seit den 70er Jahren zu verändern und einen Prozess zu ermöglichen, der nunmehr *auch* „von außen" auf sie einwirkt. Das Entscheidungsumfeld für nationale Politik hat sich insofern geändert, als Wachstum und „Wohlfahrt" stärker an globale Konkurrenzfähigkeit gekoppelt sind.

Arbeitsfragen zu Kapitel 3.1.:

- Welche wirtschaftspolitischen Instrumente werden durch globale Märkte geschwächt?
- Warum wächst die Bedeutung transnationaler Interessengruppen durch globale Märkte?
- Wie und warum haben Staaten globale Finanzmärkte und den Welthandel gefördert?
- Welche Ursachen hatte die Aufgabe des „sozialistischen Experiments" in Frankreich?
- Warum trug die Auslandsverschuldung Mexikos zur Liberalisierung seiner Politik bei?

Literatur zu Kapitel 3.1.:

Albert, Michel/Ball, James 1983: Wege für einen dauerhaften Aufschwung der Europäischen Wirtschaft in den achtziger Jahren, Bericht für das Europäische Parlament, Brüssel 31.8.1983.

Altvater, Elmar 1994: Operationsfeld Weltmarkt oder: Vom souveränen Nationalstaat zum nationalen Wettbewerbsstaat, in: Prokla 24: 4, 517-547.

Aspe Armella, Pedro 1988: Mexiko: Growth with Structural Change in the Presence of External Shocks, in: Bradshaw, Thornton F. et.al. (Hrsg.): Americas New Competitors. The Challenge of the Newly Industrializing Countries, Cambridge Mass., 31-45.

Banco de México: The Mexican Economy 1992, México D.F. 1992

Bank for International Settlements BIS: Triennial Central Bank Survey 2002: Foreign exchange and derivatives market activity in 2001, March 2002, http://www.bis.org/publ/rpfx02t.pdf.

Beck, Ulrich 1997: Was ist Globalisierung? Irrtümer des Globalismus – Antworten auf Globalisierung, Frankfurt a. M..

Beisheim, Marianne/Walter, Gregor 1997: „Globalisierung“ – Kinderkrankheiten eines Konzepts, in: Zeitschrift für Internationale Beziehungen 4, Heft 1, 153-180.

Boyer, Robert/Drache, Daniel (Hrsg.): States Against Markets. The Limits of Globalization. London: 1996.

Brock, Lothar/Albert, Mathias 1995: Entgrenzung der Staatenwelt. Zur Analyse weltgesellschaftlicher Entwicklungstendenzen, in: Zeitschrift für Internationale Beziehungen 2: 2, 259-285.

Busch, Marc L./Milner, Helen V. 1994: The Future of the International Trading System: International Firms, Regionalism, and Domestic Politics, in: Richard Stubbs/Geoffrey R. D. Underhill (Hrsg.), Political Economy and the Changing Global Order, New York, 259-276.

Cable, Vincent 1996: The Diminished Nation-State: A Study in the Loss of Economic Power, in: Daedalus 124, 23-53.

Cohen, Benjamin J. 1996: Phoenix Risen. The Resurrection of Global Finance, in: World Politics, 48 (January 1996): 2, 271-279.

Deubner, Christian 1989: Frankreichs Europapolitik und der europäische Binnenmarkt, in: Deutsch-Französisches Institut (Hrsg.): Frankreich Jahrbuch, Opladen: 81-94.

Dombrowski, Peter 1996: Policy Responses to the Globalization of American Banking, Pittsburgh.

Driscoll de Alvarado, Barbara/Gambrill, Monica C. (Hrsg.): El Tratado de Libre Comercio: Entre el Viejo y el Nuevo Orden, UNAM, Mexico D.F. 1992.

Economic Report of the President 2003, http://w3.access.gpo.gov/usbudget/fy2004/pdf/2003_erp.pdf.

Economic Report of the President 1993: aus Milner, Helen V./Keohane, Robert O.: Internationalization and Domestic Politics: An Introduction, in: Keohane, Robert O./Milner, Helen V. (Ed.): Internationalization and Domestic Politics, Cambridge 1996: 13.

Epstein, Gerald 1996: International Capital Mobility and the Scope for National Economic Management, in: Boyer, Robert/Drache, Daniel (Hrsg.), States Against Markets. The Limits of Globalization, London, 211-224.

Frieden, Jeffry A./Rogowski, Ronald 1996: The Impact of the International Economy on National Policy: An Analytical Overview, in: Keohane, Robert O./Milner, Helen V. (Hrsg.): Internationalization and Domestic Politics, Cambridge, 25-47.

Gereffi, Gary 1995: Global Production Systems and Third World Development, in: Stallings, Barbara (Hrsg.): Global Change, Regional Response. The New International Context of Development, Cambridge, 100-142.

Gilpin, Robert 1987: The Political Economy of International Relations, Princeton NJ .

Goodman, John B. 1989: Monetary Politics in France, Italy, and Germany: 1973-85, in: Guerrieri, Paolo/Padoan, Pier Carlo (Hrsg.): The Political Economy of European Integration. States, Markets, and Institutions, New York: 171-201.

Hall, Peter A. 1987: The Evolution of Economic Policy under Mitterrand, in: Ross, George/Hoffmann, Stanley/Malzacher, Sylvia (Hrsg.): The Mitterrand Experiment. Continuity and Change in Modern France, Cambridge, 54-72.

Helleiner, Eric 1994: States and the Reemergence of Global Finance. From Bretton Woods to the 1990s, Cornell UP: Ithaca NY.

Hirschmann, Albert O., 1978: Exit, Voice, and the State, in: World Politics 31: 1, 90-107.

Hirst, Paul/Thompson, Grahame 1996: Globalization in Question. The International Economy and the Possibilities of Governance, Cambridge.

International Monetary Fund IMF 1997: World Economic Outlook WEO May 1997, Washington, D.C..

International Monetary Fund IMF 1997: World Economic Outlook WEO October 1997, Washington, D.C..

International Monetary Fund IMF 2001: International Capital Markets: Developments, Prospects, and Key Policy Issues, in: World Economic and Financial Surveys, August 2001, http://www.imf.org/external/pubs/ft/icm/2001/01/eng/index.htm.

International Monetary Fund IMF 2003: World Economic Outlook (WEO) Database April 2003, http://www.imf.org/external/pubs/ft/weo/2003/01/data/index.htm.

Kahler, Miles 1995: International Institutions and the Political Economy of Integration, Brookings Institution, Washington D.C. 1995.

Kaufman, Robert R. 1990: Stabilization and Adjustment in Argentina, Brazil, and Mexico, in: Nelson, Joan M. (Hrsg.): Economic Crisis and Policy Choice. The Politics of Adjustment in the Third World, Princeton NJ, 63-111.

Kohler-Koch, Beate 1996: Politische Unverträglichkeiten von Globalisierung, in: Steger, Ulrich (Hrsg.): Globalisierung der Wirtschaft: Konsequenzen für Arbeit, Technik und Umwelt, 83-114.

Lerda, Juan Carlos 1996: Globalization and Loss of Autonomy by the Fiscal, Banking and Monetary Authorities, in: CEPAL Review 58, 65-78.

Lustig, Nora 1992: Equity and Growth in Mexico, in: Simon Teitel (Hrsg.): Towards a New Development Strategy for Latin America, IDB, Washington D.C.: 219-258.

Mahnkopf, Birgit, 1998: Probleme der Demokratie unter den Bedingungen ökonomischer Globalisierung und ökologischer Restriktionen, in: Greven, Michael (Hrsg.): Demokratie – eine Kultur des Westens?, Opladen, 55-79.

Meyer, Lorenzo 1992: México-EU: de Fracaso a Virtud, in: El Financiero-Zona Abierta, 1 (23.10.1992): 5, México D.F.: 8.

Milner, Helen V./Keohane, Robert O., 1996: Internationalization and Domestic Politics: An Introduction, in: Keohane, Robert O./Milner, Helen V. (Ed.): Internationalization and Domestic Politics, Cambridge: 3-24.
Ohmae, Kenichi, 1995: The End of the Nation State, New York.
Organization for Economic Cooperation and Development OECD 1988: Why Economic Policies Change Course. Eleven Case Studies, Paris, 59.
Organization for Economic Cooperation and Development OECD 1990: National Accounts, Volume II 1976-1988, Paris 1990, 227.
Organization for Economic Cooperation and Development OECD 2003: statistics, http://www.oecd.org/statsportal/.
Poitras, Guy/Robinson, Raymond 1994: The Politics of NAFTA in Mexico, in: Journal of Inter-American Studies and World Affairs 36/1: 1-35.
Presidencia de México 1991: Agenda de México, México D.F. Juli 91.
Purcell, Susan Kaufman 1992: Mexico's New Economic Vitality, in: Current History 91/562: 54-58.
Reding, Andrew 1991: Mexico: The Crumbling of the „Perfect Dictatorship“, in: World Policy Journal, 8/2, 255-284.
Reich, Robert B. 1990: Who Is Us? in: Harvard Business Review 68: 1, 53-64.
Rojas, Raul 1988: Fünf Jahre Verschuldungskrise, in: Altvater, Elmar et.al. (Hrsg.): Die Armut der Nationen, 2. Aufl., Berlin: 204-219.
Ruggie, John G. 1982: International Regimes, Transactions, and Change: Embedded Liberalism in the Postwar Economic Order, in: International Organization 36: 2, 379-415.
Salinas de Gortari, Carlos 1989: El reto de la soberania, Textos de Politica Exterior Nr. 1, Secretaria de Relaciones Exteriores, México D.F..
Scharpf, Fritz W. 1987: Sozialdemokratische Krisenpolitik in Europa, Frankfurt a. M..
Schirm, Stefan A. 1994: Macht und Wandel. Die Beziehungen der USA zu Mexiko und Brasilien, Opladen.
Schirm, Stefan. A. 2001: Globale Märkte, nationale Politik und regionale Kooperation in Europa und den Amerikas, Baden-Baden (2. Aufl.).
Schmidt, Vivien A. 1995: The New World Order, Incorporated: The Rise of Business and the Decline of the Nation-State, in: Daedalus 124/2: 75-106.
Schröder, Wolfgang 1988: Die Globalisierung der Finanzmärkte – Folgen für die Geldpolitik, in: Wirtschaftsdienst 68: 7, 378-384.
Schubert, Alexander 1985: Die internationale Verschuldung. Die Dritte Welt und das transnationale Bankensystem, Frankfurt/M.
Secretaria de Comercio y Formento Industrial (SECOFI) 1992: Tratado de Libre Comercio entre México, Canada y Estatos Unidos, Mexico D.F.
Secretaria de Hacienda y Credito Publico (SHCP) 1992: El Nuevo Perfil de la Economia Mexicana, México D.F. August 92.

Secretaria de Relaciones Exteriores (SRE) 1989: Objetivos de la acción internacional de México en el Plan Nacional de Desarrollo 1989-1994, Textos de Politica Exterior Nr. 5, México D.F..

Strange, Susan 1996: The Retreat of the State. The Diffusion of Power in the World Economy, Cambridge.

The Economist 1997: The NAFTA Effect, in: The Economist 5.7.1997, 17

The Economist 1997: Schools Brief – Worldbeater, Inc, in: The Economist 22.11.1997, 108.

The World Bank 1992: World Development Report 1992, Oxford UP, New York.

The World Bank 2003: World Development Indicators WDI, Data Query, http://devdata.worldbank.org/data-query/.

United Nations Centre on Transnational Corporations UNCTC 1988: Transnational Corporations in World Development. Trends and Prospects, New York.

United Nations Conference on Trade and Development UNCTAD 1997: World Investment Report 1997, New York.

United Nations Conference on Trade and Development UNCTAD 2002: World Investment Report Transnational Corporations and Export Competitiveness, New York/Geneva.

United Nations Conference on Trade and Development UNCTAD 1997: Handbook of International Trade and Development Statistics 1995, New York, (UNCTAD 1997b).

United Nations Conference on Trade and Development UNCTAD 2003: Handbook of International Trade and Development Statistics 2003, http://www.unctad.org/Templates/Page.asp?intItemID=1890&lang=1.

Valero, Javier B. 1990: México – Estados Unidos: seguridad nacional y cooperación, Textos de Politica Exterior Nr. 54, Secretaria de Relaciones Exteriores, México D.F..

Védrine, Hubert 1996: Les Mondes de François Mitterrand. À l'Élysée 1981-1995, Paris.

Walter, Norbert 1996: Globalisierung – Ende nationaler Wirtschaftspolitik?, Akademiegespräche im Landtag, München 18.7.1996.

Weintraub, Sidney 1990: A Marriage of Convenience. Relations Between Mexico and the United States, New York.

World Trade Organization WTO 2003: International Trade Statistics 2003, Genf.

3.2. Interessen und Strategien in der aktuellen Globalisierungsdebatte

Dieses Kapitel beschäftigt sich mit der aktuellen Diskussion über die Vor- und Nachteile von Globalisierung und mit der Frage, welche Strategien der Politik für die Gestaltung von Globalisierung zur Verfügung stehen (vgl. Schirm 2003). Mythen der Globalisierungs-Diskussion werden hinterfragt und Wege zur Nutzung von Globalisierung aufgezeigt. Leitfragen sind dabei: Hat Globalisierung positive oder negative Auswirkungen auf wirtschaftlichen Wohlstand? Wie sind verschiedene Interessengruppen von Globalisierung betroffen? Welche Folgen haben die unterschiedlichen staatlichen Strategien gegenüber Globalisierung? In der öffentlichen Debatte gehen die Ansichten zu diesen Fragen weit auseinander. Auch im Abschlußbericht der Enquete-Kommission des Bundestages zum Thema „Globalisierung der Weltwirtschaft" konnte wenig Gemeinsamkeit erreicht werden. Die Antworten blieben parteipolitisch geprägt, dem Mehrheitsvotum stehen mehrere Minderheitenvoten gegenüber: Auf der einen Seite wird vor der Macht großer Konzerne gewarnt, die den Spielraum von Staaten einengen würde. Auf der anderen Seite werden wachsender Wohlstand, stärkerer Wettbewerb und die Schaffung neuer Arbeitsplätze mit Globalisierung verbunden (Deutscher Bundestag 2002; Süddeutsche Zeitung 28.6.2002: 21). Der Respekt vor der Arbeit der Parlamentarier geht daher einher mit dem Eindruck, dass der Bericht oftmals detailliert Auskunft über die parteipolitischen Differenzen zum Thema gibt. Dies ist ebenso legitim wie der Versuch von Gewerkschaften und Unternehmerverbänden, das Thema „Globalisierung" im Interesse ihrer jeweiligen Klientel zu instrumentalisieren. Der Erkenntnisgewinn über den Charakter von Globalisierung bleibt aber um den Einfluss von Einzelinteressen auf die jeweilige Antwort geschmälert.

In der politikwissenschaftlichen Diskussion stehen sich oft zwei Positionen gegenüber. Eine Gruppe von Autoren argumentiert, dass der Staat durch Globalisierung geschwächt sei, da seine Handlungsfähigkeit territorial beschränkt ist, während sich die Akteure der Globalisierung grenzüberschreitend bewegen und sich somit dem Zugriff des Staates heute leichter entziehen könnten. Susan Strange etwa konstatiert einen „Retreat of the State" und spricht transnationalen Unternehmen die Fähigkeit zu, in wachsendem Ausmaß eine „parallel authority alongside governments in matters of economic management" auszuüben (vgl. Kap. 2.3.1.). Ohmae geht mit seinem Titel „The End of the Nation State" noch weiter und proklamiert die Selbstauflösung des Staates durch die Entwicklung regionaler Ökonomien. Zürn zufolge ist der Staat aufgrund der „De-Nationalisierung" von Wirtschaft und Gesellschaft in seiner Zielerreichung defizitär geworden; Regieren sei „jenseits des Nationalstaates" nötig. Veränderungen in der Wirtschaftspolitik werden von Birgit Mahnkopf als Instrumentalisierung des Staates durch globale Marktkräfte interpretiert, die sich als „Entbündeln von Staatsaufgaben auch als Selbstentmachtung der Politik beschreiben" ließe (Strange 1996: 65; Ohmae 1995; Zürn 1998: 91; Mahnkopf 1998: 66).

Allerdings halten eine Reihe von Autoren diese Thesen über die Wirkungen von Globalisierung für übertrieben und sehen den Staat nach wie vor politisch gestaltungsfähig. Robert Wade widerspricht dem Argument von der De-Nationalisierung der Ökonomie und schreibt: „reports of the death of the national economy are greatly exaggerated". Der „Economist" untermauert seine Beobachtung „Big Government is Still in Charge" mit einer Fülle von Belegen über staatliche Regulierungsfähigkeit und den ungeschmälerten Staatsanteil am Sozialprodukt, die keineswegs auf ein Ende des Nationalstaates deuten. Autoren wie Mosley sehen den Staat zwar durch globale Finanzmärkte unter Druck gesetzt, stabilitäts- und weltmarktorientierte Politik zu betreiben, beobachten aber Autonomie in anderen Bereichen wie der parteipolitischen Ausrichtung der Regierung oder der Verwendung des Budgets. Linda Weiss schlussfolgert nach der Untersuchung einer Reihe von Fallstudien, dass Globalisierung staatliches Engagement für gesellschaftlichen Wandel wichtiger gemacht und nationale Institutionen gestärkt habe (Wade 1996; The Economist Survey 20.9.1997; Mosley 2000; Weiss 1998). Insgesamt betrachtet, ist die Art der Veränderung nationaler Politik im Forschungsstand umstritten, nicht aber die wachsende Integration nationaler Ökonomien in globale Märkte.

Empirisch stellt Globalisierung insofern eine neue Herausforderung an den Staat dar, als sie nationale Regierungen unter Druck setzt, ihre Politik den Gewinnerwartungen globaler Märkte anzupassen, um mobile Ressourcen im Land zu halten bzw. neue anzuziehen (vgl. Kapitel 3.1. und Schirm 2001: 49-73). Damit verändert Globalisierung als wachsender Anteil grenzüberschreitender Aktivitäten an der gesamten Wirtschaftsleistung zunächst einmal nur die Rahmenbedingungen für staatliches Handeln und für private Interessen: Aufgrund der gestiegenen Mobilität von Kapital und Produktion sind Staaten und Unternehmen einem stärkeren Wettbewerb um Standortvorteile und Absatzmärkte ausgesetzt. Dies bedeutet aber nicht eine Schwächung des Staates *per se*: Selbst wenn der Staat Einfluss auf transnationale Akteure verliert, dann muss dies keineswegs eine Schwächung des Staates in Hinblick auf grundlegende Staatsfunktionen wie der Sicherung ökonomischen Gemeinwohls bedeuten. Für das Gemeinschaftsinteresse an ökonomischer Prosperität bedeutet Globalisierung einen Wandel der Handlungsbedingungen für Regierungen durch eine Veränderung der Kosten und der Anreize für bestimmte wirtschaftspolitische Strategien. Der zum Machterhalt wichtige ökonomische Erfolg einer Regierung ist zunehmend auch von der Beteiligung des Landes an der Dynamik globalen Wirtschaftens abhängig. Binnenorientierte und interventionistische Politik erzielt hier suboptimale Resultate im Vergleich zu weltmarktorientierten Ansätzen, da sie den gestiegenen globalen Wettbewerb nicht berücksichtigt (vgl. 3.1.1.). Grundlegend zeigt sich dieser Zusammenhang darin, dass diejenigen Länder, die am stärksten in die Weltwirtschaft integriert sind, auch die wohlhabendsten sind – die Industrieländer. Im Gegenzug weist diejenige Staatengruppe geringes Wachstum und weniger Wohlstand auf, die sich nur wenig dem Welthandel geöffnet hat (The Economist, Globalisation and its Critics – A Survey of Globalisation, 29.9.2001: 10-15). Wohlstand und Wachstum korrelieren positiv mit Offenheit gegenüber dem Weltmarkt (Frankel 2000). Aus diesem Grund ist die verbreitete Opposition gegen Liberalisierungen besonders erklärungsbedürftig.

Welchen Einfluss hat Globalisierung auf staatliche Handlungsoptionen? Wie kann die Politik Globalisierung gestalten und nutzen? Das Kernargument dieses Kapitels ist, dass der Staat durch Globalisierung nicht geschwächt ist, sondern veränderten privaten Interessenlagen und politischen Rahmenbedingungen gegenübersteht, die bestimmte wirtschaftspolitische Optionen erleichtern und andere erschweren. Grundsätzlich wird hier argumentiert, dass Globalisierung eine Chance auf Innovation und Wachstum bietet. Diese kann von Staat und Gesellschaft durch Liberalisierung genutzt werden und sollte auf nationaler Ebene durch Unterstützung für diejenigen begleitet werden, die sich dem Strukturwandel anpassen müssen.

3.2.1. Politische Antworten: Konvergenz oder Divergenz?

Wie in Kapitel 3.1. geschildert, übt Globalisierung Wettbewerbs-Druck auf Firmen und auf Staaten aus: Erstens müssen sich Firmen dem globalen Wettbewerb anpassen, wenn sie auf dem Weltmarkt konkurrieren wollen, in den ihre Heimatmärkte in wachsendem Ausmaß integriert sind. Zweitens konkurrieren aber auch Staaten zunehmend gegeneinander als Standorte für Investition und Produktion. Da Globalisierung den grenzüberschreitenden Abzug und Zufluss von Ressourcen erleichtert, steigen die Anreize für Regierungen, ihre Wirtschaftspolitik den Erwartungen globaler Märkte anzupassen, um an der Wachstumsdynamik globalen Wirtschaftens zu partizipieren. Seit den 70er Jahren konkurrieren Staaten zunehmend auf dem Weltmarkt der Standortvorteile. Die Frage ist nun, inwieweit der Wettbewerbsdruck der Globalisierung zu einer Angleichung wirtschaftspolitischer Prämissen führt. Denn aus den in Kap. 3.1. skizzierten Wirkungen von Globalisierung folgt konsequenterweise die Konvergenz-These: Um die Wettbewerbsanreize des Weltmarktes zu nutzen, führen Regierungen marktliberale Reformen durch und nähern damit ihre Wirtschaftspolitiken auf ein ähnliches Muster hin an (Drezner 2001). Tatsächlich lässt sich in vielen Industrieländern, aber auch in Schwellenländern eine Tendenz zu mehr Marktwirtschaft und zu einer Schwächung interventionistischer Politik beobachten. In Europa leiteten Margaret Thatcher und François Mitterrand eine Abkehr von keynesianischen Rezepten ein, die von New Labour in Großbritannien und der Sozialistischen Partei Frankreichs (vgl. Kap. 3.1.5) fortgesetzt wurden. In Lateinamerika war Mexiko der Vorreiter einer liberalen Reform der früheren Industrialisierung zur Substitution von Importen (vgl. Kap. 3.1.6). Bei diesen Liberalisierungen erfüllt regionale Kooperation eine wichtige Rolle: Der Europäische Binnenmarkt wie das Nordamerikanische Freihandelsabkommen fördern die ökonomische Effizienz und die politische Stabilität von Reformen durch multilaterale Absicherung und Selbstbindung der Regierungen (Schirm 2001: 22-41).

Gleichzeitig scheint aber innerhalb der Tendenz zur Konvergenz um eine marktliberale Neuausrichtung von Politik auch ein erheblicher Spielraum für Divergenz zu bestehen (Busch 2004: 90). Vergleicht man etwa die Staaten Westeuropas, so lassen sich unschwer deutliche Unterschiede in der Arbeitsmarkt-, Steuer-, wie Wohlfahrtspolitik ausmachen: Während Großbritannien liberal-wettbewerbsorientiert ist und die Niederlande wie Dänemark ihre Wohlfahrtssysteme grundlegend umbauten, entschied sich die Bundesrepublik bisher im Wesentlichen für eine Beibehaltung ihres wirtschafts- und sozialpolitischen Kurses. Ein Vergleich der US-amerikanischen Politik mit derjenigen kontinentaleuropäischer Staaten verdeutlicht ebenfalls den anhaltenden nationalen Handlungsspielraum im Zeitalter der Globalisierung (Soskice 1999). Auch die Handelsbarrieren in Europa (etwa in der Landwirtschaft) wie in den USA (etwa bei Stahl) zeigen, dass der Druck von Lobby-Gruppen immer noch stärker sein kann, als die Liberalisierungs-Anreize der Globalisierung (vgl. Kap. 2.2.2.). Staaten müssen sich der Globalisierung also nicht anpassen, wenn sie nicht wollen.

Allerdings hat „divergierende" Politik einen Preis, wie die geringen Auslandsinvestitionen und die hohe Arbeitslosigkeit in Deutschland zeigen. Der Preis für die nach wie vor bestehende Möglichkeit des Protektionismus besteht darin, dass alle Konsumenten höhere Kosten, d.h. einen Kaufkraftverlust hinnehmen, damit ein Sektor ohne Konkurrenz produzieren kann. Insgesamt verdeutlicht die fortdauernde Divergenz wichtiger Politikbereiche den Handlungsspielraum nationaler Regierungen in Zeiten der Globalisierung.

Ursächlich für die nach wie vor großen Unterschiede in der Wirtschafts- und Sozialpolitik und in der Art der Antworten auf Globalisierung sind ganz entscheidend die Prägungen nationaler Gesellschaften. Besonders relevant scheinen hier sozioökonomische Institutionen und Normen zu sein (vgl. Kap. 3.3. und 2.4.). Wenn beispielsweise Gewerkschaften und Unternehmerverbände über einen politisch institutionalisierten Einfluss auf Regierungsentscheidungen verfügen, dann setzt sich eher das Interesse dieser Organisationen an einer Besitzstandswahrung durch, als das Interesse etwa von Arbeitslosen an einer Reform. Gesellschaftliche Normen haben ebenfalls einen starken Einfluss auf die Art der Antwort auf Globalisierung: Wenn etwa „Solidarität" über „Leistung" rangiert, dann können notleidende Firmen eher mit Subventionen rechnen als mit dem Druck, sich neuen Gegebenheiten anzupassen. Interessant ist hier, dass Dänemark und die Niederlande einschneidende Reformen etwa des Arbeitsmarktes mit einer Neu-Definition der Norm „Solidarität" durch Hinzufügung der Norm „Gegenseitigkeit" erreicht haben: Die Empfänger gesellschaftlicher Solidarität, d.h. finanzieller Hilfen, sind heute stärker zur Solidarität mit der Gesellschaft in Form von Sozialarbeit, Mobilität und geringeren Ansprüchen verpflichtet. Die Unterschiede gesellschaftlicher Normen und Institutionen können nationale Divergenz gegenüber weltwirtschaftlicher Globalisierung entscheidend miterklären.

3.2.2 Schwächung des Staates?

Ein häufiges Argument in der Globalisierungsdebatte sieht den Staat in seiner Funktionsfähigkeit geschwächt. Durch den stärkeren Wettbewerbsdruck müsse der Staat erstens Steuern und somit Leistungen im Wohlfahrtssystem verringern und zweitens Sozial- und Umweltstandards abbauen. Beide Thesen lassen sich mittlerweile empirisch entkräften. Hinsichtlich des Zugriffs auf die finanziellen Ressourcen der Gesellschaft hat sich der Anteil des Staates in den letzten Jahrzehnten oftmals nicht verringert, teilweise sogar erhöht: Unter den Staaten der G 7 fiel der Staatsanteil am Bruttosozialprodukt zwischen 1990 und 2000 nur in Japan, während er in allen anderen Staaten anstieg (The Economist – A Survey of Globalisation, 29.9.2001: 16). Neueste Zahlen deuten auf ein Absinken der öffentlichen Ausgaben als Anteil am BSP unter anderem und auf hohem Niveau in den Wohlfahrtsstaaten Skandinaviens, aber auf einen Anstieg in Deutschland und Japan (The Economist 20.3.2004: 114). Gegen die These einer Verringerung von Steuern und Staatsanteil als Folge außenwirtschaftlicher Offenheit spricht ebenfalls, dass in Europa gerade diejenigen Staaten mit der größten Offenheit auch diejenigen mit den höchsten Steuern und dem nach wie vor höchsten Staatsanteil am BSP waren. Dänemark und Schweden sind die herausragenden Beispiele. Sie weisen sowohl einen hohen Außenhandelsanteil als auch einen hohen Staatsanteil am BSP auf. Grundsätzlich reagieren globale (Finanz-) Märkte nicht negativ auf die Höhe der Staatseinnahmen am Sozialprodukt, sondern auf Haushalts*defizite*, da diese inflationsfördernd wirken können (Garrett 1998). Inflation wiederum verringert den realen Wert des Geldes und damit auch finanzieller Anlagen.

Entscheidend für die Wettbewerbsfähigkeit eines Standortes scheint nicht in erster Linie der Umfang staatlicher Einnahmen und Ausgaben zu sein, sondern deren Qualität. Es geht nicht um die Frage nach „mehr" oder „weniger" Staat, sondern um einen „anderen" Staat. Die Reformen der Wohlfahrtssysteme in Schweden, den Niederlanden und Dänemark sind Beispiele dafür, wie Wohlfahrt und Wettbewerbsfähigkeit in Einklang zu bringen sind (vgl. The Economist – A Survey of the Netherlands, 4.5.2002). In Deutschland scheint dagegen bisher die Überzeugung vorzuherrschen, dass Wettbewerbsfähigkeit und Wohlfahrtsstaat sich gegenseitig ausschließen (vgl. Kap. 3.3.4.). Außerdem wird hierzulande teilweise mehr über den Umfang des Wohlfahrtsstaates diskutiert, als über seine qualitative Neuausrichtung. Die Offenheit für den Außenhandel steht jedenfalls einer hohen Staatsquote nicht grundsätzlich entgegen. Allerdings führt die größere Mobilität von Kapital dazu, dass sich die Besteuerung zunehmend auf weniger bewegliche Faktoren wie Arbeit konzentriert. Dies wirft ein Gerechtigkeitsproblem auf, das zumindest innerhalb der Europäischen Union durch multilaterale Regelungen zur Besteuerung mobilen Kapitals gelöst werden sollte.

Der zweite Teil der These vom geschwächten Staat lässt sich ebenfalls empirisch nicht bestätigen: Infolge zunehmender Außenhandelsverflechtung kam es nicht zu einem Abbau von Umwelt- und Sozialstandards in

Industrieländern (Rajan/Bird 2001: 12; The Economist Survey 29.9.2001: 24; The Economist 8.4.2000: 96). Ein „race to the bottom" infolge des gestiegenen Wettbewerbs mit Ländern, die niedrigere Standards aufweisen, lässt sich nicht beobachten. Im Gegenteil liegen eine Reihe von Beispielen für eine Verschärfung solcher Standards vor – nicht zuletzt die Ökosteuer in Deutschland. Seit Seattle ist eine multilaterale Verankerung solcher Standards auch eines der zentralen Themen bei den WTO-Verhandlungen (vgl. Kap. 5.2.2. und Ruloff 2002). In regionalen Abkommen wie der Europäischen Union und der NAFTA sind Umwelt- und Sozialstandards bereits verankert worden und bewirkten eine Anhebung in den weniger entwickelten Mitgliedsländern. Sowohl Mexiko im Fall der NAFTA wie auch Portugal, Spanien und Griechenland im Fall der EU weisen heute höhere Umwelt- und Sozialstandards auf, als vor ihrer wirtschaftlichen Öffnung.

Der Staat ist demnach nicht per se geschwächt. Vielmehr verändert Globalisierung die Rahmenbedingungen für wirtschaftspolitische Optionen, indem sie über den stärkeren Wettbewerb um mobile Ressourcen die Anreize für marktliberale Reformen und die Kosten für interventionistische Politik erhöht. Insofern wird die Autonomie von Regierungen eingeschränkt, eine Politik zu verfolgen, die die Erwartungen globaler Märkte ignoriert. Dies ist allerdings nicht gleichbedeutend mit der Schwächung grundlegender Staatsfunktionen, wie der Gewährleistung von Wachstum und Wohlstand. Nur wenn man den Staat ausschließlich als intenventionistischen, etwa keynesianischen Staat definiert, ist die These von der Schwächung aufrecht zu erhalten: Grenzüberschreitende Mobilität schränkt in der Tat die Wirksamkeit von *deficit spending* ein und erhöht die Standortnachteile von Intervention und strenger Regulierung (Garrett 1998, 2000; Schirm 2001; Frankel 2000). Definiert man dagegen den Staat als Verantwortlichen für die politischen Rahmenbedingungen für ökonomische Prosperität, dann kann er mit der Nutzung der Wachstumsdynamik von Globalisierung durch soziale Marktwirtschaft seine Verantwortung sogar besser wahrnehmen.

Trotz gegenteiliger Indizien ist das Argument, Globalisierung „zwinge" den Staat zu Reformschritten auch bei Regierungen beliebt. Außenwirtschaftlicher Druck als Begründung für politische Maßnahmen taucht nicht nur bei Schritten auf, mit denen die Anreize von Globalisierung besser genutzt werden sollen. Vielmehr ist diese Argumentation auch bei der Begründung von Reformnotwendigkeiten populär, die nicht auf Globalisierung zurückzuführen sind. In Deutschland wäre etwa eine Verringerung der Subventionen für die „Sunset-Sektoren“ Werften und Kohle sowie für die Landwirtschaft auch ohne Globalisierung im Interesse der Gesellschaft. Gleiches gilt für eine Umstellung der Rentenversicherung. Der Druck zur allgemeinen Verringerung von Steuern entsteht möglicherweise auch nicht vornehmlich durch Globalisierung wie die skandinavischen Länder zeigen, sondern scheint oftmals eher auf einen Wandel des Wählerwillens in europäischen Wohlfahrtsstaaten – „weniger Staat, mehr individuelle Freiräume“ – zurückzugehen (Wolf 2001: 188). Teile des Wohlfahrtstaates scheinen auch unabhängig von Globalisierung nicht mehr im bisherigen Ausmaß finanzierbar zu sein (etwa Rentenversicherung, Gesundheitssystem, Subventionen).

Wenn die Politik gegenüber denjenigen, die ihre Privilegien (staatliche Leistungen oder Schutz) durch Reformen geschmälert sehen, mit externen Zwängen argumentiert, dann gewinnt sie kurzfristig eine „Entschuldigung“. Allerdings kommt diese Befreiung von Schuld als politischer Bumerang wieder zurück, weil sie außenwirtschaftliche Öffnung als negativ darstellt und es künftig für Regierungen schwer macht, die Vorteile von Globalisierung glaubwürdig zu präsentieren. Wenn Regierungen verbal ihre Verantwortung auf – als nachdrücklich unerwünscht bezeichnete – außenwirtschaftliche Faktoren transferieren, dann können sie später nur unter erschwerten Umständen Globalisierung als Chance darstellen und entsprechend Reformen begründen. Das Spiel mit der Rechtfertigung umstrittener Maßnahmen durch externen Druck findet sich in Europa auch im Hinweis auf die Zwänge aus „Brüssel“ und in vielen Entwicklungsländern im Verweis auf den Internationalen Währungsfonds als Verantwortliche für langfristig zwar positive, kurzfristig aber für einige Gruppen negative Maßnahmen.

In der Handelspolitik ist diese Vorgehensweise für die gesamtgesellschaftlichen Interessen besonders problematisch. Importe werden oft als schädlich hingestellt, wenn sie billiger sind als einheimische Waren. Dabei wird meist unterschlagen, dass solche Importe als Konsumgüter den Lebensstandard erhöhen bzw. als Vorprodukte die Wettbewerbsfähigkeit des eigenen Standortes stärken können. Die Anfang März 2002 von den USA eingeführten Importbeschränkungen für Stahl verteuerten die Produktion etwa für PKW und verhinderten Effizienzsteigerungen der heimischen Stahlindustrie. Die kurzfristige Sicherung von Stahlarbeitsplätzen in den USA ging dabei auf Kosten der US-Konsumenten und bedrohte Jobs beispielsweise in der Automobilindustrie. Auf immer stärker werdenden nationalen sowie internationalen Druck und eine Klage der EU bei der WTO reagierte die US-Regierung im Dezember 2003 mit der Aufhebung der Importbeschränkungen für Stahl. Die WTO hatte in ihrem Urteil der Europäischen Union Gegenmaßnahmen erlaubt, wie etwa die Erhebung von Zöllen auf amerikanische Produkte (s.u.).

3.2.3. Die Rolle von Interessengruppen

Eine wichtige Ursache für die Kontroversen über die Interpretation von Globalisierung liegt in der unterschiedlichen Betroffenheit einzelner gesellschaftlicher Gruppen. Wie bei jeder neuen wirtschaftlichen Entwicklung bewirkt Globalisierung ökonomischen Strukturwandel und erzeugt damit „Gewinner" und „Verlierer". Die Frage ist daher: Wer ist wie von der Entwicklung globaler Märkte betroffen? Mit der Zunahme des Außenhandelsanteils an der gesamten Wirtschaftsleistung steigt auch der Anteil derjenigen Arbeitnehmer und Kapitalgeber, deren Jobs bzw. Gewinne von der Wettbewerbsfähigkeit auf dem Weltmarkt abhängen. In Deutschland wurden 2001 rund ein Drittel des BSP im Export erwirtschaftet, in den Niederlanden zwei Drittel und in den USA rund 11% (The World Bank: WDI 2003: Exports of Goods and Services).

Das Interesse dieser in die Herstellung wettbewerbsfähiger Güter involvierten Gruppe orientiert sich an der Konkurrenzfähigkeit ihrer Produkte auf dem Weltmarkt und favorisiert daher prinzipiell weltmarktorientierte Politik und Liberalisierungen. Für diese Gruppe ist beispielsweise sowohl die Einfuhr von Vorprodukten besonders wichtig als auch die Offenheit der Zielmärkte, die gefährdet wäre, wenn die eigene Regierung Handelsschranken erhöhen würde. Gleichzeitig liegt es im Interesse dieser Produzenten, durch weitere Handelserleichterungen etwa über WTO-Verhandlungen ihre Wettbewerbsfähigkeit auf Zielmärkten zu erhöhen. Die Relevanz dieser Gruppe ist aber nicht nur mit ihrem wachsenden Anteil am BSP gestiegen, sondern auch mit der durch Globalisierung erleichterten Möglichkeit, ihre Aktivitäten ins Ausland zu verlagern. Diese „exit option" und der Zwang, auf dem Weltmarkt konkurrieren zu müssen, verleiht transnationalen Akteuren politisches Drohpotential (Schirm 2001: 64; Milner/Keohane 1996: 244).

Anders gelagert ist dagegen das Interesse der Gruppe der Hersteller nicht international konkurrenzfähiger Produkte. Diese Gruppe ist beruflich an Handelsliberalisierungen entweder desinteressiert, weil ihre Produkte nicht grenzüberschreitend gehandelt werden wie etwa die Dienstleistung des Schusters um die Ecke. Oder sie empfindet Importe als Bedrohung, wenn ihre Produkte nicht wettbewerbsfähig sind, wie weite Teile der deutschen Landwirtschaft. Daher sieht sich jede Regierung bei Verhandlungen über allgemeine Handelserleichterungen entgegengesetztem Druck nationaler Lobbygruppen ausgesetzt. Globalisierung löst hier zum Teil den klassischen Gegensatz zwischen Kapitalgebern und Arbeitnehmern auf, da beide Seiten zunehmend ähnliche Interessen haben – je nach Zugehörigkeit zum wettbewerbsfähigen oder zum nicht wettbewerbsfähigen Sektor. Für die entsprechenden korporativen Organisationen bedeutet diese Entwicklung eine neue Herausforderung, da beispielsweise die IG Metall sowohl das Interesse der exportorientierten Automobilbauer an Liberalisierungen vertreten muss, als auch das Interesse der Stahlarbeiter an Protektion durch Importbeschränkungen.

Die genauere Betrachtung des Einflusses von Globalisierung auf Interessengruppen führt teilweise zu einer Neubewertung des Arbeitgeber-Arbeitnehmer Gegensatzes und zeigt, dass es eigentlich keine „internationalen" Handelskonflikte gibt. Was oftmals nach zwischenstaatlichen Meinungsunterschieden aussieht, sind tatsächlich innenpolitische Interessenkonflikte. Nicht nationale Interessen im Sinne gesamtgesellschaftlicher Interessen stoßen aufeinander, sondern Einzelinteressen, die das Gehör der jeweiligen Regierung finden. Die Verlierer liberalisierungsbedingten Strukturwandels versuchen ihre Anpassungskosten zu verringern, indem sie außenwirtschaftlichen Schutz fordern (vgl. Kap. 2.2.2). Transatlantische Handelskonflikte zwischen den USA und der EU entstehen dann, wenn sich auf der einen Seite protektionistische Lobbys durchsetzen und damit die Interessen liberalisierungs-freundlicher Gruppen auf der anderen Seite schädigen. Handelspolitiker haben dies inzwischen erkannt und versuchen Lobbygruppen in anderen Ländern zu instrumentalisieren: Die angedrohten Strafmaßnahmen der EU gegen den Stahlprotektionismus der USA richteten sich gegen Produkte, die in Stimmbezirken bzw. Bundesstaaten hergestellt werden, die für die Wiederwahl von Kongressabgeordneten bzw. des Präsidenten wichtig waren.

„Im Streit um die Schutzzölle der USA für ihre Stahlkonzerne, entschied das Schiedsgericht der WTO, dass die EU als Strafe für den regelwidrigen US-Protektionismus Strafzölle in Höhe von 900 Mio Euro erheben dürfe. Die EU setzte dieses Instrument politisch ein und drohte mit Strafzöllen gegen so unterschiedliche US-Produkte wie Yachten, Fotokopierer, Zitrusfrüchte, Lederkleidung, Spielzeug und Sonnenbrillen. Diese Güter verband, dass sie für den Export Floridas, Kaliforniens und Pennsylvanias wichtig waren und dass ausgerechnet in diesen Bundesstaaten die Mehrheit für die Wiederwahl von Präsident Bush gefährdet war" (Der Spiegel 17.11.2003: 105).

3.2.4. Anpassung an Freihandel und Institutionen

Eines der Kernthemen der Globalisierungsdebatte ist die Frage nach den Vor- und Nachteilen wirtschaftlicher Liberalisierung, vor allem des Freihandels. Gesamtwirtschaftlich wirkt Freihandel positiv, da er über Wettbewerb, Mobilität und Innovation einen effizienteren Einsatz von Ressourcen ermöglicht und somit die Produktion dort erlaubt, wo sie am günstigsten ist (Siebert 2002). Spätestens seit David Ricardo ist bekannt, dass die Nutzung komparativer Kostenvorteile durch Freihandel gesamtgesellschaftlichen Wohlstand vergrößert. Dabei geht es in erster Linie um Kostenvorteile im Vergleich zwischen Produkten (erst in zweiter Linie zwischen Ländern) und um die Spezialisierung auf diejenigen Produkte, die am jeweiligen Standort am günstigsten hergestellt werden können (vgl. Kap. 2.2.1.). Was die Handelstheorie seit langem postuliert, kann als positive Korrelation zwischen außenwirtschaftlicher Offenheit und Wohlstandsmehrung in vielen empirischen Beispielen beobachtet werden. Trotz enormer Entwicklungsunterschiede führte etwa die Öffnung der damaligen EG zur iberischen Halbinsel weder zu einer Verarmung Portugals und Spaniens, noch zu sinkendem Wohlstand in den höher industrialisierten Mitgliedsländern. Dies liegt nur zum Teil an den so genannten statischen Gewinnen durch Freihandel, die durch effizientere Ressourcenallokation und Spezialisierung entstehen. Hinzu kommen die langfristig wichtigeren dynamischen Gewinne durch Wettbewerb und Herstellung in größeren Stückzahlen, die über Massenproduktion niedrigere Preise und damit höhere Kaufkraft ermöglicht.

Diese positiven Wirkungen von Freihandel treten bei regionaler Wirtschaftsintegration und bei globaler Liberalisierung auf. Allerdings machen sich die positiven Folgen nur langfristig und gesamtwirtschaftlich bemerkbar, während die Anpassungskosten kurzfristig und sektorspezifisch zu spüren sind. Daher ist der Widerstand derjenigen, die Anpassungskosten zu tragen haben schneller und präziser, als die Unterstützung der Allgemeinheit für Liberalisierungen. Dies ist ein Kerndilemma der aktuellen Wirtschaftspolitik in vielen Industrieländern. Um kurzfristige Lobbyinteressen aus wahltaktischen Erwägungen zu befriedigen, greifen Regierungen immer wieder auf protektionistische Maßnahmen und Subventionen zurück, anstatt langfristig sinnvolle Liberalisierung zu fördern. Die Auflösung dieses Dilemmas liegt in der Feinabstimmung zwischen Liberalisierung und Wohlfahrtsstaat, die sich nicht nur nicht widersprechen, sondern auch befördern können. Wenn wohlfahrtsstaatliche Leistungen gezielt und für Empfänger verpflichtend auf eine Abfederung von Anpassungskosten etwa durch Umschulung und Mobilität ausgerichtet werden, dann kann Handelsliberalisierung auch für Beschäftigte nicht-wettbewerbsfähiger Firmen mittelfristig eine Chance sein (Gundlach 2000). Wie bei jedem Strukturwandel hat der Wohlfahrtsstaat auch bei Liberalisierung eine wichtige Funktion: Die „Entschädigung" der kurzfristig „Geschädigten" drückt gesellschaftliche Solidarität aus und verringert Opposition. Diese Kompensation muss aber auf Hilfe bei der Wiedereingliederung in zukunftsfähige Berufe gerichtet sein, um Wirkung zu entfalten. Dies bedeutet erstens, dass nicht einfach Transferzahlungen, sondern beispielsweise finanzielle Unterstützung bei Umschulungen und/oder befristete Lohnzuschüsse bei neuen Arbeitsstellen geleistet werden. Zweitens sollte von den Empfängern staatlicher Unterstützung auch Solidarität mit der Gesellschaft in Form geographischer und professioneller Mobilität erwartet werden. Politischem Widerstand gegen Liberalisierungen kann außerdem durch einen offenen Diskurs über die gesamtwirtschaftlichen Vorteile von Freihandel und Wettbewerb begegnet werden.

Bei der Diskussion der Interessen einzelner gesellschaftlicher Gruppen ist deutlich geworden, dass sich aufgrund der stärkeren Integration nationaler Ökonomien in die Weltwirtschaft und dem daraus folgenden Wettbewerb interne Interessenlagen verschieben, und dass die Anreize für Regierungen steigen, ihre Wirtschaftspolitik auf den Weltmarkt auszurichten. Dabei macht es wie gezeigt Sinn, sich auf die jeweiligen komparativen Kostenvorteile durch handelspolitische Öffnung zu spezialisieren und die „Verlierer" des Strukturwandels mit Anpassungshilfen zu kompensieren. Komparative Vorteile bzw. Nachteile eines Standortes liegen aber nicht nur in unveränderbaren Ressourcen (Rohstoffe, geographische Lage etc.) und gewachsenen ökonomischen Strukturen (Industrie, Landwirtschaft etc.), sondern sind auch Ergebnisse der jeweiligen politischen Rahmenbedingungen. Diese institutionelle Dimension reicht von politischer Stabilität und Rechtssicherheit über die Organisation des Beziehungsdreiecks zwischen Staat, Gewerkschaften und Arbeitgebern bis hin zu Ausbildung und Transferzahlungen im Wohlfahrtssystem (vgl. Kap. 2.4.).

Beispielsweise können die duale Ausbildung (Lehre), die niedrige Streikhäufigkeit und das staatliche Kreditwesen (etwa Landesbanken) komparative institutionelle Vorteile für Deutschland sein. Im Fall Großbritanniens und der USA liegen institutionelle Vorteile etwa in der Fähigkeit von Firmen, durch Zugang zu *venture capital* (Risikokapital) und durch die Flexibilität des Arbeitsmarktes sowohl Innovation wie Marktanpassung schneller zu bewerkstelligen. In Bezug auf die Industrieländer haben Hall und Soskice (2001: 1-68) gezeigt, dass beide institutionellen Muster, die „coordinated markets economies“ und die „liberal market economies“, in den letzten Jahrzehnten breiten Wohlstand erreichen konnten (The Economist 5.10.2002: 86). In beiden Modellen ist aber auch innenpolitischer Widerstand bei der Anpassung an Globalisierung zu beobachten, wie der neue US-amerikanische Protektionismus unter George W. Bush und die Probleme bei der Reform des Wohlfahrtsstaates in Deutschland verdeutlichen. Als Beispiele für einen gelungenen qualitativen Umbau von „coordinated market economies“ können die Niederlande und Dänemark gelten. Bezüglich der wirtschaftspolitischen Integration eines Landes in den Weltmarkt sollten sowohl die Anreize von Globalisierung durch stärkere Außenöffnung genutzt als auch die Effizienz der jeweiligen institutionellen Vorteile verbessert werden. Die Aufgabe für die Politik besteht darin, diejenigen institutionellen Rahmenbedingungen zu identifizieren und zu verbessern, die dem eigenen Land einen Vorteil im globalen Wettbewerb erlauben. Wenn etwa Deutschland im Vergleich zu den USA einen stärkeren Vorteil (bzw. einen weniger starken Nachteil) beispielsweise im Bereich Bildung hat als bei der Lohnhöhe, dann sollte es sich auf die Verbesserung des Bildungswesens spezialisieren und nicht den Versuch unternehmen, mit den USA durch niedrigere Löhne zu konkurrieren. Ökonomisch wie gesellschaftspolitisch unsinnig ist es dagegen, beispielsweise dem Kohle- und Agrarsektor Erhaltungssubventionen zu zahlen und Bildungsmängel festzustellen, ohne Investitionen in deutsche Universitäten vorzunehmen.

Die Relevanz politischer Rahmenbedingungen für globale Wettbewerbsfähigkeit impliziert aber nicht, dass diese unveränderbar sein sollten. Vielmehr müssen diejenigen Bedingungen verbessert werden, die tatsächlich komparativen Vorteilen entsprechen und jene reformiert werden, die einer Mehrung gesamtgesellschaftlichen Wohlstandes entgegenstehen. Dabei ist die kontinentaleuropäische Konsenskultur nur dann im Interesse der Bevölkerung, wenn sie die Gestaltung von Strukturwandel ermöglicht und nicht blockiert. Mit den Worten von Ralf Dahrendorf (2002: 36): „Es könnte sein, dass der Konsens heute nicht mehr der richtige Weg ist und dass ein Politiker auch mal ein Zeichen setzen muss. Er muss auch einmal etwas entscheiden, ohne sich nach allen Seiten abzusichern“. Diese Aufgabe für die Politik wurde durch Globalisierung dringender, da ökonomische Prosperität in zunehmendem Ausmaß von der Wettbewerbsfähigkeit auf dem Weltmarkt abhängt.

3.2.5. Fazit

Globalisierung schwächt den Staat nicht per se, erlaubt divergierende Strategien als Antworten auf grenzüberschreitenden Wettbewerb, betrifft Interessengruppen sehr unterschiedlich, bietet die Chance auf Wohlstandsgewinne und führt Staaten in Konkurrenz auf dem Weltmarkt der Standortvorteile. Für die Handlungsoptionen der Regierungen bedeuten die höhere Mobilität und das größere Volumen grenzüberschreitender ökonomischer Aktivitäten sowohl größere Anreize für Liberalisierung als auch höhere Kosten für eine Politik, die die Anforderungen des Weltmarkts ignoriert. Mit dem steigenden Anteil grenzüberschreitenden Wirtschaftens am Bruttosozialprodukt verstärken sich transnationale Interessen, die wohlgemerkt nicht nur extern sind, sondern diejenigen internen Sektoren einschließen, deren Existenz vom Weltmarkt abhängt. Eine merkantilistische Bevorzugung „nationaler" Produzenten wird in dem Ausmaß absurd, in dem durch Handel und globale Arbeitsteilung die Unterscheidung zwischen „intern" und „extern" verschwimmt.

Das Dilemma für nationale Wirtschaftspolitik besteht in der Möglichkeit, kurzfristig Sympathien einzelner Wählergruppen durch Protektionismus oder Subventionen zu gewinnen, damit aber das langfristige gesamtwirtschaftliche Interesse an globaler Wettbewerbsfähigkeit zu schädigen. Aus diesem Dilemma können sich Regierungen auf drei Wegen befreien: Erstens können sie die Bevölkerung vom Sinn außenwirtschaftlicher Offenheit überzeugen. Zweitens können sie die Träger der Anpassungskosten des Strukturwandels entschädigen bzw. mit gezielten Investitionen in komparativ wie institutionell leistungsfähige Bereiche integrieren. Drittens können Regierungen sich durch Selbstbindung an multilaterale Abkommen etwa in der EU und der WTO dem politischen Zugriff von Lobbygruppen entziehen („tied-hands"). Wenn die Regierung nicht mehr auf Protektionismus zurückgreifen kann, dann ist Einzelinteressen der Anspruch auf Änderung der Politik entzogen. Multilaterale Selbstbindung sollte aber ohne die verbale Übertragung der politischen Verantwortung auf internationale Organisationen oder Globalisierung geschehen, da sie ansonsten dem erst genannten Weg, der Überzeugungsarbeit, zuwiderläuft. Schließlich sollten sich die heutigen Regierungen daran erinnern, warum ihre Vorgänger Handelsliberalisierungen und damit auch nationalen Strukturwandel in den letzten Jahrzehnten vorangetrieben haben: Um nationalen wie weltwirtschaftlichen Wohlstand zu stimulieren. Mit Erfolg übrigens.

Arbeitsfragen zu Kapitel 3.2.:

- Welche Indizien sprechen gegen eine Schwächung des Staates durch Globalisierung?
- Warum sind Interessengruppen unterschiedlich von Globalisierung betroffen?
- Wie können politische Institutionen im globalen Wettbewerb von Vorteil sein?

Literatur zu Kapitel 3.2.:

Busch, Andreas 2004: The Resilience of National Institutions: The Case of Banking Regulation, in: Schirm, Stefan A. (Ed.): New Rules for Global Markets, Houndmills: 87-107.

Cox, Robert H. 2001: The Social Construction of an Imperative: Why Welfare Reform Happened in Denmark and the Netherlands but Not in Germany, in: World Politics 53/ 3: 463-498.

Dahrendorf, Ralf 2002: Gulliver muss entfesselt werden, in: Der Spiegel vom 21.9.2002: 36.

Deutscher Bundestag (Hrsg.) 2002: Schlussbericht der Enquete-Kommission „Globalisierung der Weltwirtschaft“, Bundeszentrale für politische Bildung, Opladen.

Drezner, Daniel W. 2001: Globalization and Policy Convergence, in: International Studies Review 3/1: 53-78.

Frankel, Jeffrey 2000: Globalization of the Economy, in: Joseph S. Nye/John D. Donahue (Hrsg.), Governance in a Globalizing World, Washington D.C.: 45-71.

Garrett, Geoffrey 1998: Global Markets and National Politics: Collision Course or Virtuous Circle?, in: International Organization 52/4: 787-824.

Garrett, Geoffrey 2000: The Causes of Globalization, in: Comparative Political Studies 33/6-7: 941-991.

Gundlach, Erich 2000: Globalization: Economic Challenges and the Political Response, in: Intereconomics 35/3: 114-118.

Hall, Peter A./Soskice, David 2001: An Introduction to Varieties of Capitalism, in: Peter A. Hall/David Soskice (Hrsg.): Varieties of Capitalism. The Institutional Foundations of Comparative Advantage, Oxford: 1-68.

Heuwagen, Marianne 2002: Kommission warnt vor Macht großer Konzerne, in: Süddeutsche Zeitung vom 28.6.2002, 21.

Mahnkopf, Birgit 1998: Probleme der Demokratie unter den Bedingungen ökonomischer Globalisierung und ökologischer Restriktionen, in: Michael Greven (Hrsg.): Demokratie – eine Kultur des Westens?, Opladen: 55-79

Milner, Helen V. / Keohane, Robert O. 1996: Internationalization and Domestic Politics: A Conclusion, in: Keohane, Robert O. / Milner, Helen V. (Ed.): Internationalization and Domestic Politics, Cambridge: 243-258.

Mosley, Layna 2000: Room to Move. International Financial Markets and National Welfare States, in: International Organization 54/4: 737-773.

Ohmae, Kenichi 1995: The End of the Nation State. New York.

Rajan, Ramkishen S. /Bird, Graham 2001: Economic Globalisation. How Far and How Much Further?, in: World Economics 2/3: 12.

Ruloff, Dieter 2002: Wie „grün" ist die WTO? Umweltschutz als Anliegen des Welthandels, in: Internationale Politik 57/6: 37-42.

Schirm, Stefan A. 2001: Globale Märkte, nationale Politik und regionale Kooperation in Europa und den Amerikas, Baden-Baden (2. Aufl.).

Schirm, Stefan A. 2002: The Power of Institutions and Norms in Shaping National Answers to Globalization: German Economic Policy after Unification, in: German Politics, 11/3: 217-236.

Schirm, Stefan A. 2003: Politische Optionen für die Nutzung von Globalisierung, in: Aus Politik und Zeitgeschichte B 5: 7-16.

Siebert, Horst 2002: Die Angst vor der internationalen Arbeitsteilung – Eine Auseinandersetzung mit den Globalisierungsgegnern, in: Außenwirtschaft 57/: 1, 7-31.

Soskice, David 1999: Globalisierung und institutionelle Divergenz: Die USA und Deutschland im Vergleich, in: Geschichte und Gesellschaft 25, 201-225.

Strange, Susan 1996: The Retreat of the State. The Diffusion of Power in the World Economy, Cambridge.

The Economist 1997: The Invisible Hand. Big Government is Still in Charge – A Survey of the World Economy, 20.9.1997.

The Economist 2000: One True Model? The World is not Converging on a Single Kind of Capitalism, 8.4.2000: 96.

The Economist 2001: Globalisation and its Critics – A Survey of Globalisation, 29.9.2001.

The Economist 2002: Economics Focus: Roots of Development, 5.10.2002: 86.

The World Bank 2003: World Development Indicators WDI, Data Query, http://devdata.worldbank.org/data-query/.

Wade, Robert 1996: Globalization and its Limits. Reports of the Death of the National Economy are Greatly Exaggerated, in: Suzanne Berger/Ronald Dore (Hrsg.), National Diversity and Global Capitalism, Ithaca NY, 60-97.

Weiss, Linda 1998: The Myth of the Powerless State, Ithaca NY.

Wolf, Martin 2001: Will the Nation-State Survive Globalization? In: Foreign Affairs 80/1: 178-190.

Zürn, Michael 1998: Gesellschaftliche De-Nationalisierung und Regieren in der OECD-Welt, in: Kohler-Koch, Beate (Hrsg.), Regieren in entgrenzten Räumen, Opladen: 91-120.

3.3. Theorie und Empirie der Antworten auf Globalisierung: Deutschland

Im Folgenden wird die Frage nach der Form nationaler Antworten auf die in den vorangegangenen Kapiteln behandelten Wirkungen von Globalisierung genauer untersucht. Dazu sollen anhand zweier Hypothesen zentrale Aspekte der deutschen Wirtschaftspolitik analysiert werden. Deutschland dient dabei als Fallbeispiel für die Beantwortung der Frage: Warum divergieren nationale Antworten auf Globalisierung? Dieses Kapitel baut auf den Kapiteln 3.1. und 3.2. auf und vertieft diese sowohl theoretisch in Form einer von Hypothesen geleiteten Analyse als auch empirisch mit der historischen wie aktuellen Untersuchung des Fallbeispiels Deutschland.

Globalisierung sei auch hier definiert als die Zunahme des Anteils grenzüberschreitender Aktivitäten an der gesamten Wirtschaftstätigkeit, der die Unterscheidung zwischen „internen" und „externen" wirtschaftlichen Prozessen in den Hintergrund treten lässt. Die wichtigste Auswirkung dieser Entwicklung ist stärkerer globaler Wettbewerb. Dieser erzeugt in erster Linie Druck auf private Wirtschaftsakteure, die zunehmend auf dem Weltmarkt konkurrieren. Aber auch Staaten treten in Konkurrenz zueinander als Standorte für mobiles Kapital, Investitionen, Technologie und Produktion. Staaten, die die Gewinnerwartungen mobiler Ressourcen ignorieren, werden im Prinzip stärker „bestraft" durch einen Abfluss bzw. ein Ausbleiben von Ressourcen, während Staaten, die gewinnträchtigere Bedingungen bieten, in höherem Ausmaß in den Genuss von mobilen Ressourcen kommen, als dies in den Dekaden vor der Globalisierung der Fall war. Daher führt Globalisierung tendenziell zu einer wirtschaftspolitischen Konvergenz um ein marktliberales, weltmarktorientiertes Paradigma.

Eine zunehmende Annäherung der Wirtschaftspolitiken wichtiger OECD-Länder kann seit den 1980er Jahren beobachtet werden. In Europa schwächte sich der keynesianische Konsens der Nachkriegsdekaden ab und wurde in Ländern wie Großbritannien, Frankreich und der Bundesrepublik durch eine neue wirtschaftspolitische Tendenz ersetzt, die den Prinzipien monetärer Stabilität und globaler Wettbewerbsfähigkeit größere Bedeutung einräumte. Innerhalb dieses generellen Trends sind aber deutliche Unterschiede sowohl zwischen Europa und den USA, wie auch zwischen europäischen Staaten zu beobachten. Heute können drei Gruppen unterschieden werden: In der ersten Gruppe befinden sich Großbritannien und die USA mit einem Model deregulierter, freier Marktwirtschaft. In der zweiten Gruppe gelang es kleineren europäischen Ländern wie den Niederlanden und Dänemark, ihre konsensorientierte, korporatistische Wirtschaftspolitik zu reformieren und an die Anforderungen weltwirtschaftlicher Globalisierung anzupassen. Die dritte Gruppe besteht aus Frankreich und der Bundesrepublik Deutschland, die moderate Reformen ihres wirtschaftspolitischen Models unternommen haben, ohne Korporatismus und staatliche Regulierung wesentlich zu reduzieren. Frankreich änderte seinen Kurs nach dem gescheiterten „sozialistischen Experiment" zu Beginn der 1980er Jahre, folgte seitdem dem Ziel monetärer Stabilität und führte vorsichtige Liberalisierungen durch – ohne aber grundlegenden Wandel zu erreichen (vgl. Kap. 3.1.5).

Deutschland befindet sich in einer ähnlichen Situation, da die Regierung Kohl zwar vorsichtige Liberalisierungen, Erleichterungen für die Industrie sowie Privatisierungen brachte, aber nicht die versprochenen marktliberalen Reformen. Nach der Wiedervereinigung griff die Wirtschaftspolitik teilweise zurück auf keynesianische Rezepte und basierte nach wie vor auf korporatistischen Strukturen. Auch die Reformen der Regierung Schröder blieben bisher Flickwerk. Kohls Strategie des „Aussitzens" schien lange Zeit durch Schröders „Politik der ruhigen Hand" ersetzt worden zu sein. Eine Konsequenz des Reformstaus ist, dass Deutschland heute die Standortdebatte überwiegend mit den selben Argumenten führt, die bereits zu Beginn der 1980er Jahre relevant waren und damals zum Ende der sozialliberalen Koalition beigetragen haben. Die Unterschiede zwischen den Wirtschaftspolitiken europäischer Länder sind ein Beleg für die relative Autonomie nationaler Politik gegenüber dem Druck weltwirtschaftlicher Globalisierung: Reformen erfolgen durchaus, aber mit unterschiedlicher Intensität und in verschiedener Form. Daher lässt sich festhalten, dass innerhalb des Trends zu marktliberaler Konvergenz in OECD-Ländern erheblicher Spielraum für divergierende Antworten auf Globalisierung besteht. Diese Beobachtung führt zur zentralen Fragestellung: Warum unterscheiden sich Wirtschaftspolitiken vom Konvergenzdruck der Globalisierung?

Um diese Frage zu beantworten, wird im Folgenden keine vergleichende Untersuchung mehrerer Länder unternommen, sondern nur die Entwicklung in der Bundesrepublik Deutschland analysiert. Der hier zu erklärende Unterschied besteht daher nicht zwischen Ländern, sondern in der beobachteten Divergenz bundesdeutscher Politik vom Wettbewerbs- und Liberalisierungsdruck der Globalisierung. Die spezifische Frage lautet daher: Warum weicht die Wirtschaftspolitik Deutschlands teilweise von dem marktliberalen und weltmarktorientierten Modell ab, das über klare Kosten und Anreize durch Globalisierung stimuliert wird? Die zwei forschungsleitenden Hypothesen basieren auf der Annahme, dass nationale Antworten auf Globalisierung nicht nur von globalem Wettbewerbsdruck bestimmt werden, sondern auch von spezifischen nationalen Institutionen und Normen.

Die erste Hypothese betrifft die Rolle derjenigen institutionellen Strukturen, die maßgeblich für die Vermittlung zwischen Staat und Gesellschaft im sozioökonomischen Bereich sind. Dies betrifft in Deutschland die korporatistische Verfassung des Dreiecks „Staat – Arbeitnehmer – Arbeitgeber". Korporatismus schafft Veto-Möglichkeiten für die beteiligten Gruppen, begünstigt abweichende Antworten auf globalen Wettbewerbsdruck und erhöht das Gewicht von Einzelinteressen bei der Gestaltung der Wirtschaftspolitik. Wenn korporatistische Institutionen Reformen behindern und nicht überstimmt werden können, dann wird die Regierung eine unvollständige Anpassung an Globalisierungsdruck unternehmen.[1] Die zweite Hypothese fokussiert auf die Rolle soziökonomischer Normen und Werte, die das Resultat langfristiger Sozialisierungsprozesse sind und spezifische Elemente gesellschaftlicher Identität beinhalten. Daher sind sie nicht schnell wandelbar und stimulieren pfadabhängige Antworten auf neue Herausforderungen wie Globalisierung. Wenn Normen und Werte wirtschaftspolitische Entscheidungen beeinflussen und nicht schnell auf neue Herausforderungen reagieren, dann kann eine Anpassung an neue Herausforderungen nur durch eine Einbettung in existierende Normen oder eine Re-definition der Normen erfolgen.

Dieses Kapitel ist folgendermaßen strukturiert: Punkt 3.3.1. wiederholt kurz die Ausführungen aus 3.1.1. über die Wirkungen von Globalisierung (These marktliberaler Konvergenz). In Punkt 3.3.2. werden dann die beiden Hypothesen zu den Ursachen wirtschaftspolitischer Divergenz weiter ausgeführt und operationalisiert. Punkt 3.3.3. führt kurz in das deutsche Model der „sozialen Marktwirtschaft" ein. In 3.3.4. und 3.3.5. werden die Hypothesen anhand der Standortdebatte in den 1990ern und der wirtschaftspolitischen Aspekte der Wiedervereinigung überprüft.

1 Zur Konzeption und Begründung von Strategien für eine Stärkung der Autonomie nationaler Regierungen (durch Anpassung an Globalisierung) gegenüber innenpolitischen Interessengruppen vgl. Schirm 2001. Diese Strategien umfassen den Transfer wirtschaftspolitischer Entscheidungen jenseits des Zugriffs korporatistischer Gruppen (1) auf unabhängige Regulierungsbehörden und (2) auf die multilaterale Ebene regionaler Kooperation.

3.3.1. Wirkungen von Globalisierung

Zentrales Charakteristikum der Entwicklung globaler Märkte ist die transnationale Verflechtung von Volkswirtschaften und die erleichterte Möglichkeit zum grenzüberschreitenden Transfer von Ressourcen für private Akteure. Als Folge können wirtschaftspolitische Maßnahmen, die den Erwartungen globaler Märkte entsprechen, stärker „belohnt" werden als früher, während nicht-weltmarktorientierte Politik stärker „bestraft" werden kann durch einen Abzug bzw. ein Zurückhalten von Ressourcen. Wenn Regierungen die Erwartungen globaler Märkte ignorieren, so ist anzunehmen, dass das jeweilige Land stärker als in den sechziger Jahren etwa eine Schwächung der Währung (Inflationsdruck) und einen Abfluss bzw. ein Ausbleiben von Investitionen (weniger Produktion und Arbeitsplätze) verzeichnen wird. Außerdem erschweren transnationale Aktivitäten die Finanzierung von Staatsaktivitäten, da mobile Akteure sich der Besteuerung wirkungsvoller entziehen können als immobile Akteure. Insgesamt steigen die Kosten für binnenorientierten Interventionismus keynesianischer Prägung und die Anreize für weltmarktorientierte Reformen. Dieser Druck wird verstärkt durch die potenziell globalen Allokationsmöglichkeiten für transnationale Akteure, die Staaten in Konkurrenz als Standorte für mobile Produktion und Investition bringt. Transnationale Akteure erhalten ein größeres Drohpotential gegenüber Regierungen, da sie – glaubhafter als rein binnenorientierte Produzenten – mit der Verlagerung ihrer Aktivitäten („exit") drohen können, wenn der Staat ihnen keine günstigeren Bedingungen bietet. Wichtige Standortfaktoren sind wohlgemerkt nicht nur das Steuer- und Lohnniveau, sondern auch soziale Stabilität und gute Ausbildung.

Dies bedeutet, dass staatliche Handlungsfähigkeit nicht per se eingeschränkt ist, sondern dass sich vielmehr die Kosten bestimmter politischer Optionen und die Anreize für andere Maßnahmen erhöhen. Je stärker eine Ökonomie in globale Märkte integriert ist (etwa durch Handel, Investitionen, Verschuldung), desto höher sind die direkten Kosten einer Politik, die die Gewinnerwartungen und den Wettbewerbsdruck transnationaler Akteure nicht berücksichtigt. Indirekte Kosten entstehen unabhängig vom Grad der Integration in globale Märkte als Opportunitätskosten (ausbleibende Beteiligung an mobilen Ressourcen). Wichtig für die Konzeption der Wirkungen von Globalisierung ist, dass transnationale Akteure nicht (nur) „extern" sind, sondern auch diejenigen inländischen Firmen (und Arbeitsplätze) einschließen, die auf den Weltmarkt ausgerichtet sind. Damit verläuft die Konfliktlinie divergierender Interessen gegenüber Globalisierung auch nicht primär zwischen Kapitalgebern und Arbeitnehmern, sondern zwischen weltmarktorientierten Firmen (Unternehmer wie Arbeitnehmer) einerseits und nicht global wettbewerbsfähigen oder ausgerichteten Sektoren auf den anderen Seite. Aus den dargelegten Zusammenhängen können drei Ebenen abgeleitet werden, auf denen Globalisierung wirkt und im Ergebnis weltmarktorientiert-marktliberale Reformen stimuliert (vgl. Kap. 3.1.1.):

Krisen. Globale Märkte reagieren auf die Standortnachteile binnenorientiert-interventionistischer Steuerung mit dem Entzug von Kapital und Produktion und können damit die ökonomische Entwicklung eines Landes nachteilig beeinflussen.

Interessen. Die zunehmende Einbeziehung von Wirtschaftssektoren in globale Märkte und wachsender Wettbewerb schwächen die Orientierung der Privatwirtschaft am Binnenraum und stärken eine Ausrichtung auf die Konkurrenzerfordernisse transnationalen Wirtschaftens. Weltmarktorientierte, marktliberale Interessen gewinnen an Relevanz.

Instrumente. Durch die Integration nationaler Ökonomien dürfte die Wirksamkeit einer allein auf den Binnenmarkt ausgerichteten Politik geschmälert sein, da sich transnationale Aktivitäten dem Zugriff des Staates leichter entziehen können als rein nationale Aktivitäten.

3.3.2. Normen und Institutionen

Während der Wettbewerbsdruck der Globalisierung auf alle Staaten ähnlich wirkt, können nationale Besonderheiten die jeweiligen Antworten auf Globalisierung variieren lassen. In der Einleitung habe ich zwei Variablen identifiziert, die ein Abweichen nationaler Antworten von marktliberaler Konvergenz verursachen können: Institutionen und Normen. Garretts (1998) Hypothese zum Einfluss verschiedener Parteienkonstellationen wird hier nicht gefolgt, da sie bisher nur schwach auf den Fall Deutschland zutrifft. In Deutschland weisen die SPD und die CDU/CSU nur geringfügige Unterschiede in Bezug auf die Aufrechterhaltung des Wohlfahrtstaates und die Antworten auf Globalisierung auf. Dies zeigte sich in ähnlich geringer Bereitschaft bzw. Fähigkeit der Regierungen Kohl wie Schröder, strukturelle Reformen durchzuführen. Daher wird sich die Analyse auf die Hypothesen zu Institutionen und Normen konzentrieren.

Institutionen. Relevant für die Beeinflussung der Wirtschaftspolitik sind diejenigen Institutionen, die zwischen der Regierung und der Gesellschaft vermitteln, d.h. die Form der Organisation wirtschaftlicher Interessen und ihre Beteiligung an der Setzung wirtschaftspolitischer Rahmenbedingungen: Wie ist das Verhältnis zwischen Regierung, Arbeitnehmern und Arbeitgebern in einem Land organisiert? In dieser Hinsicht kann zwischen zwei Länder-Typen unterschieden werden. Auf der einen Seite stehen korporatistische Länder, die Gewerkschaften und Arbeitgeberverbänden eine starke und autonome Beteiligung an der Steuerung der ökonomischen Entwicklung einräumen. Dies trifft beispielsweise auf die meisten kontinentaleuropäischen Staaten wie Frankreich, Deutschland, Dänemark und die Niederlande zu. Auf der anderen Seite stehen Länder wie die Vereinigten Staaten und Großbritannien (seit Thatchers Reformen in den 80er Jahren), in denen wirtschaftspolitische Steuerung fast ausschließlich von der Regierung beeinflußt wird und in denen der institutionalisierte Einfluss organisierter Interessen nur eine marginale Bedeutung aufweist.

Regierungen in korporatistischen Ländern wie in Deutschland müssen ihre Entscheidungsfindung in enger Konsultation mit organisierten Interessengruppen vornehmen und sehen ihren Einfluss auf die Wirtschaftsentwicklung stärker eingeschränkt, da organisierte Interessen über Autonomie verfügen (Heinisch 2000). Da die Regierung für die Akzeptanz und die Umsetzung von Reformen von organisierten Interessen abhängig ist, müssen Reformen in diesen Ländern von korporatistischen Gruppen unterstützt werden, um erfolgreich zu sein. Wenn die Regierungspolitik und die wirtschaftspolitischen Rahmenbedingungen von korporatistischen Gruppen abhängig sind, dann wird die Form der Anpassung an Globalisierung auch von den spezifischen Interessen dieser Gruppen beeinflusst sein. Die Alternative wäre, dass diese Gruppen ihre Haltung verändern und Wandel unterstützen wie in den Niederlanden und Dänemark. In diesen beiden Ländern wandelte sich der traditionelle Korporatismus zu „Angebotskorporatismus“ (Weßels 2000: 21). Um den Einfluss von korporatistischen Institutionen plausibel zu machen, muss nachgewiesen werden, dass die genannten Gruppen über Macht und Autonomie bei der Gestaltung der wirtschaftspolitischen Rahmenbedingungen eines Landes verfügen.

Normen. Dominante Normen sind diejenigen Ideen über die Zielsetzungen und die Verfasstheit einer Gesellschaft, die sowohl Kommonalität (werden sie von den Bürgern geteilt?) wie auch Spezifizität (ist ihre Bedeutung für alle präzis?) erreichen und daher handlungsleitende Bedeutung für die Politik erlangen (Boekle et.al. 2001: 109-110). Gesellschaftliche Normen entwickeln sich in langfristigen Sozialisationsprozessen und spiegeln die kollektiven Erfahrungen von Gesellschaften wieder. Daher können sich Normen auch nicht so schnell verändern wie materielle Handlungsbedingungen und stimulieren insofern pfadabhängige Politik, die langfristigen Prägungen eher folgt als kurzfristigen materiellen Entwicklungen. Um Akzeptanz bei den Wählern zu erreichen, muss eine Wirtschaftspolitik in die dominanten Normen einer Gesellschaft eingebettet sein. Für den sozioökonomischen Bereich beobachtbare Normen sind vor allem diejenigen der Solidarität und der konsensualen Politikgestaltung. In den sogenannten konsensorientierten Ländern wie Deutschland und den Niederlanden versuchen Regierungen traditionell alle relevanten gesellschaftlichen Interessen in ihre Entscheidungsfindung einzubinden, um Akzeptanz für ihre Politik zu erreichen. In wettbewerbsorientierten Ländern wie in Großbritannien wird dagegen eher akzeptiert, wenn die Regierung wichtige Gruppen übergeht. Im Ergebnis stärken konsensorientierte Gesellschaften den institutionellen Einfluss von korporatistischen Gruppen durch die Norm konsensualer Entscheidungsfindung. Die Norm der Solidarität bezieht sich auf die Vorstellung, dass die Gesellschaft – vertreten durch die Regierung – diejenigen unterstützen sollte, die sozial oder ökonomisch unterprivilegiert sind. Insofern wird der Staat dafür verantwortlich gemacht, ein soziales „Sicherheitsnetz“ durch Arbeitslosenunterstützung, Gesundheits- und Rentenversorgung zu gewährleisten. Die Solidaritätsnorm ist besonders relevant in Skandinavien, Deutschland, Frankreich und den Niederlanden. In den öffentlichen Debatten dieser Länder über den wirtschaftspolitischen Kurs wird das marktliberale, angloamerikanische Model klar zurückgewiesen – auch um den Preis einer schwächeren Fähigkeit, neue Arbeitsplätze zu schaffen.

Da der Wettbewerbsdruck der Globalisierung wirtschaftspolitische Liberalisierungen und Deregulierungen stimuliert, erzeugt er im Ergebnis auch „Verlierer“ in Ländern, die zuvor einen binnenorientierten, tendenziell interventionistischen Kurs verfolgt haben. Besonders diejenigen Gruppen werden negativ betroffen sein, die vom früheren ökonomischen Model privilegiert worden waren. Ihr legitimer Widerstand gegen liberalisierende Reformen würde Regierungen in wettbewerbsorientierten Ländern möglicherweise nicht entscheidend daran hindern, Reformen durchzuführen, wohl aber Regierungen in konsensorientierten Staaten. Die Solidaritäts-Norm könnte liberalisierende Reformen ebenfalls erschweren, da der Staat für das Wohlergehen aller Bürger verantwortlich gemacht wird und Globalisierung die Kosten für die Unterstützung der „Verlierer“ der Reformen erhöht. In den betreffenden Staaten werden die Antworten auf Globalisierung daher vermutlich von Normen beeinflusst, die Liberalisierungen entgegenlaufen. Eine Möglichkeit zur ökonomisch effizienten Anpassung an Globalisierung für Länder, die von den Normen der konsensualen Entscheidungsfindung und der Solidarität geprägt sind, scheint daher eine Redefinition der Normen durch eine Synthese zwischen den pfadabhängigen Normelementen und den mit der neuen Herausforderung einhergehenden Prinzipien der Wettbewerbsfähigkeit und der Liberalisierung. Um den Einfluss von Normen plausibel zu machen, muss nachgewiesen werden, dass wirtschaftspolitische Entscheidungen auf der Grundlage der Norm sozialer (Solidarität) und politischer Einbeziehung (konsensuale Entscheidungsfindung) getroffen wurden.

3.3.3. Soziale Marktwirtschaft

Das deutsche Wirtschaftsmodel der Nachkriegszeit, die „soziale Marktwirtschaft", zielt darauf, ökonomische Wettbewerbsfähigkeit und politische Stabilität simultan zu erreichen (Hartwich 1998: 33-126, Heinisch 2000; Schmidt 2001, Story 1997). Dies wurde bewerkstelligt durch eine Kombination aus staatlicher Regulierung, Marktwettbewerb und starker Beteiligung korporatistischer Gruppen an der Gestaltung der Wirtschaftspolitik.

> „Capital tolerated intervention by the state and social institutions to create more equitable distribution of national income. In return, state and social actors provided the economic infrastructure and ever-rising skill levels among the labor force necessary for German firms to compete in high-quality, high value-added sectors of international markets" (Leslie 1999: 63).

Mit diesem organisierten Liberalismus wurde politische Stabilität durch sozioökonomische Inklusion in Form eines weitreichenden sozialen Sicherungssystems und durch politische Inklusion in Form einer intensiven Beteiligung von Arbeitgebern und Gewerkschaften an der Steuerung der Ökonomie erreicht. Letztere fusst erstens auf Konsultationsmechanismen wie der „konzertierten Aktion" und dem „Bündnis für Arbeit". Diese Gesprächskreise schlossen die Regierung, Arbeitgeberverbände wie Gewerkschaften ein und legten Richtwerte für akzeptable Lohnerhöhungen, für die Schaffung von Arbeitsplätzen und staatliche Subventionen wie Transferleistungen fest. Zweitens basiert die intensive Beteiligung korporatistischer Interessen auf der Autonomie und dem Einfluss dieser Gruppen hinsichtlich der Gestaltung der Arbeitsbedingungen (inklusive der Löhne) im Rahmen der Tarifautonomie.

Der Einfluss der Arbeitnehmer gründet sich auch auf ihre Mitwirkungsmöglichkeiten als Aufsichtsratsmitglieder von Aktiengesellschaften. 50% der Mitglieder des Aufsichtsrates sind Arbeitnehmervertreter, zwei Drittel davon werden von den Arbeitnehmern gewählt und ein Drittel wird von der Gewerkschaft ernannt. Der Vorsitzende des Aufsichtsrates ist immer ein Arbeitgebervertreter und besitzt die entscheidende Stimme bei Stimmengleichheit. Zusätzlich besitzen Betriebsräte institutionellen Einfluss auf Arbeitsbedingungen durch die „Mitbestimmung". Diese Mechanismen sind gesetzlich geregelt und exemplarisch für die Idee der *konsensualen* Entscheidungsfindung. Tarifverträge zwischen Arbeitgeberverbänden und Gewerkschaften erlangen meist bindende Wirkung für den betreffenden Wirtschaftssektor, d.h. auch für diejenigen Arbeitgeber und Arbeitnehmer, die nicht Mitglied der betreffenden Vereinigungen sind. Ein weiteres wesentliches Element des deutschen Models ist die strikte Regulierung des Arbeitsmarktes, die auf politische Stabilität zielt, eine Folge des starken Einflusses der Gewerkschaften ist und zu erheblichen Beschränkungen für Arbeitgeber bei der Einstellung und Entlassung von Arbeitnehmern führte. Dieser institutionalisierte Einfluss der Arbeitnehmer auf das Schicksal eines Betriebes basiert politisch auf der Sozialverpflichtung des Eigentums, die im Grundgesetz verankert ist: Artikel 14, Absatz 2 des Grundgesetzes lautet: „Eigentum verpflichtet. Sein Gebrauch soll zugleich dem Wohle der Allgemeinheit dienen". Die Verpflichtung der Nutzung von Eigentum auch zum Wohle der Allgemeinheit kann als Kodifizierung der gesellschaftlichen Norm materieller *Solidarität* gelten.

Dieses Wirtschaftsmodel und die in den Nachkriegsdekaden dominanten keynesianischen Rezepte gerieten mit der Entwicklung globaler Märkte seit den 70er Jahren zunehmend unter Druck: Die Wettbewerbsfähigkeit Deutschlands hinkte hinter derjenigen wichtiger Konkurrenten aufgrund hoher Produktionskosten wie Regulierung hinterher und die steigenden globalen Zinssätze erhöhten die Opportunitätskosten für Unternehmer ebenso wie die Kosten des *deficit spendings* der Regierung Schmidt (Schirm 2002: 73-83). Dieser Druck trug zum Ende der sozial-liberalen Koalition 1982 und zu den moderaten Reformen der christlich-liberalen Administration 1982-1998 bei. Der Wechsel der Koalitionspartner durch die FDP war wesentlich eine Folge der wachsenden Unvereinbarkeit der Interessen der wichtigsten Klientelgruppen der SPD und der FDP. Die Wirkungen globaler Märkte hatten entscheidend zum Auseinanderdriften der Interessen der Gruppen beigetragen. Wie Scharpf (1987: 194-198) erklärt, basierte die sozial-liberale Koalition auf dem gleichgerichteten Interesse beider „Lager" am Wachstum des Gütersektors. Vereinfacht formuliert, wurden die Gewinne der (durch die FDP vertretene) Kapitalgeberseite durch die Nachfragepolitik stimuliert (Verkauf von Waren), während die (durch die SPD vertretene) Arbeitnehmerseite reale Kaufkraftzuwächse durch über der Inflationsrate liegende Lohnabschlüsse und expandierende Staatsausgaben realisieren konnte.

Diese Interessenkonvergenz brach 1979-1982 auseinander: Wachsende Lohnstückkosten verringerten die Profitmargen unternehmerischer Tätigkeit, während gleichzeitig infolge der globalisierten Hochzinswelle alternative Gewinnmöglichkeiten (transnationale Kapitalanlage) attraktiver wurden. Während bei niedrigen (langfristig 1975: 2,3%) oder negativen Realzinsen Mitte der 70er Jahre fast jedes profitable Unternehmensprojekt investitionswürdig war, musste Produktion jetzt mit Realzinsen von bis zu 5,9% (BRD 1981) auf den Kapitalmärkten konkurrieren. Diese Gewinnchancen auf globalen Finanzmärkten waren von nationalen Wachstums- und Beschäftigungsraten völlig unabhängig. Zur Nutzung dieser Zinsgewinne war aber eine Erhöhung des frei verfügbaren Kapitals – eine Umverteilung etwa durch Steuersenkungen – wichtiger, als eine höhere gesamtwirtschaftliche Nachfrage, d.h. Wachstum.

> Scharpf (1987: 195) schlussfolgert: „Während also zuvor Kapitalinteressen und Arbeitnehmerinteressen trotz allfälliger Verteilungskonflikte nur gemeinsam gewinnen konnten, war jetzt die Wachstumspolitik für die FDP-Klientel weniger wichtig geworden als die Verteilungs- und Steuerpolitik – von der es schließlich abhing, wieviel man von den erzielten Kapitaleinkommen behalten konnte."

Im Ergebnis unternahm die neue Regierung Kohl aber keine umfassende Deregulierung und Liberalisierung wie sie etwa Premierministerin Thatcher in Großbritannien nach 1979 umgesetzt hat. Stattdessen führte Kohl die Politik der Hauhaltskonsolidierung und der vorsichtigen „Einschnitte in das soziale Netz" fort, die Schmidt 1981 begonnen hatte. Hinzu kamen Steuererleichterungen für Unternehmer, vereinzelte Deregulierung und Maßnahmen zur Reduzierung der Inflation. Der moderate Charakter der Reformen ist wesentlich auf die korporatistische Verfasstheit der (damals noch) westdeutschen Gesellschaft und Wirtschaft zurückzuführen und war durch die knappe Mehrheit der Regierungskoalition im Bundestag bedingt, die eine Verärgerung auch kleiner Interessengruppen erschwerte, wenn diese gut organisiert waren. Lobbygruppen in dringend Reformbedürftigen Sektoren, wie Landwirtschaft, den „sunset" Branchen (Kohle, Werften, Textil, Stahl), Gewerkschaften und Teile der Arbeitgeber verhinderten oftmals eine stärkere Orientierung der Wirtschaftspolitik an globalem Wettbewerb (Giersch et.al. 1992: 235). Wichtige Impulse für wirtschaftspolitische Liberalisierungen und deren politische Akzeptanz kamen von Fortschritten in der Europäischen Integration nach 1986: Durch die Vollendung des Europäischen Binnenmarktes und die Stabilitätskriterien der Währungsunion ging die deutsche Regierung eine Selbstbindung ein, die sie zu Liberalisierungen verpflichtete und die Akzeptanz dieser Reformen durch die Verlagerung politischer Verantwortung auf die europäische Ebene erhöhte (Schirm 2002: 73-83).

Zum Zeitpunkt der Wiedervereinigung 1990 war Deutschland einerseits stärker globalen Märkten durch grenzüberschreitende ökonomische Integration ausgesetzt und zu einem größeren Ausmaß in eine europäische Ökonomie eingebettet, die ihren Charakter durch das Binnenmarktprojekt in Richtung eines marktliberalen Models geändert hatte. Andererseits prägten die grundlegenden Charakteristiken der „sozialen Marktwirtschaft" sowie Korporatismus und strikte Regulierung des Arbeitsmarktes nach wie vor das deutsche Wirtschaftsmodel – trotz der moderaten Reformen der 80er Jahre. Warum divergierte nun die deutsche Wirtschaftspolitik vom Konvergenz-Druck der Globalisierung in den 90er Jahren? Inwiefern haben Institutionen und Normen die politischen Antworten Deutschlands auf Globalisierung beeinflusst? Die Entwicklung der Wirtschaftspolitik und der mögliche Einfluss von Institutionen und Normen soll im Folgenden anhand zweier Beispiele untersucht werden: Erstens wird der Frage nach grundlegenden Reformen und globaler Wettbewerbsfähigkeit anhand der „Standortdebatte" nachgegangen. Zweitens werden Kernelemente der ökonomischen Integration der neuen Bundesländer untersucht: das Verhältnis von Löhnen zur Produktivität und die Transferzahlungen von West nach Ost.

3.3.4. Politische Antworten I: Die „Standortdebatte"

Ein zentrales Hindernis für eine grundlegende Veränderung des deutschen Wirtschaftsmodells ist die gegensätzliche Interpretation der Notwendigkeit von Reformen durch Entscheidungsträger aus Politik wie korporatistischen Gruppen. Diese unterschiedliche Interpretation führte zu einer Gegenüberstellung der Ziele „Wettbewerbsfähigkeit" und „Wohlfahrtsstaat" sowie zu gegensätzlichen Haltungen korporatistischer Gruppen mit institutionalisiertem Einfluss und Autonomie. Auf der einen Seite der Standortdebatte argumentieren Gewerkschaften, einige Ökonomen und weite Teile der SPD, dass die Bedingungen für Produktion und Investition gut seien und verweisen auf die erfolgreiche Exportbilanz deutscher Unternehmen als Beleg. Der Deutsche Gewerkschaftsbund (DGB) sieht den Standort Deutschland „in solider Position“ und zitiert Zahlen der Welthandelsorganisation (WTO) und des Sachverständigenrates, nach denen Deutschland 1999 „Exportweltmeister“ war und per capita 6598 US Dollar exportierte im Vergleich zu 3299 USD für Japan und 2546 USD für die USA (DGB 2001: 2). 2002 exportierte Deutschland per capita bereits 7431 USD im Vergleich zu 3277 USD für Japan und 2406 USD für die USA (WTO 2003 und The World Bank: WDI 2003). Bei diesem Zahlenvergleich muss beachtet werden, dass Wechselkursschwankungen die Aussagen etwas verzerren (so titelt die Süddeutsche Zeitung vom 16.10.2003: „Titel ohne Wert: Der starke Euro lässt auf kuriose Weise den deutschen Exportstrom anschwellen“).

Aufgrund dieser Interpretation sehen die Gewerkschaften, große Teile der SPD und der Wählerschaft keine Notwendigkeit für grundlegende Reformen, lehnen eine Transformation des Wohlfahrtsstaates ab und fordern Lohnerhöhungen über der Teuerungsrate. Wirtschaftswissenschaftler, die in derselben Richtung argumentieren, verweisen auch auf Umfragen unter Unternehmern, die zeigen, dass zunehmende Investitionen deutscher Firmen im Ausland wesentlich durch das Ziel des Marktzugangs motiviert sind und nicht durch mangelhafte Investitionsbedingungen im Inland (Heise 1995: 695).

Rainer Bliesener (2003), DGB-Landesvorsitzender in Baden-Württemberg erklärt zur Standortdebatte:

„ (…) Deutschland wird 2003 wahrscheinlich Exportweltmeister. Erstmals seit der Wiedervereinigung haben nach neuesten Berichten die deutschen Ausfuhren die der sehr viel größeren USA überholt. Damit ist nicht erst jetzt bewiesen, dass unser Problem nicht die fehlende Wettbewerbsfähigkeit ist, sondern die viel zu schwache inländische Nachfrage. Die Kürzungen bei der Bezugsdauer des Arbeitslosengeldes und die Zusammenführung von Arbeitslosen- und Sozialhilfe auf dem Niveau der Sozialhilfe führen zu gravierenden Einkommenseinbußen bei den Arbeitslosenhaushalten und verschärfen das ohnehin schon hohe Armutsrisiko der Betroffenen. Einkommenskürzungen, in welcher Form auch immer, sind keine Medizin, sondern Gift für die Konjunktur. Sie bewirken weitere Nachfrageausfälle und sind deshalb kontraproduktiv. (…)“

Nach dem Wahlsieg der SPD 1998 wurden auf Druck der Gewerkschaften einige Reformen der Regierung Kohl zurückgenommen (etwa Lohnfortzahlung im Krankheitsfall) und der Einfluss der Gewerkschaften in den Unternehmen gestärkt (Betriebsverfassungsgesetz). Beides sind ebenso Indizien für den starken Einfluss korporatistischer Gruppen auf die Regierungspolitik wie es die Steuererleichterungen für Firmen während der Regierung Kohl waren. Schröder setzte aber weitgehend die Politik der Vorgängerregierung fort, indem er dem Muster der *Divergenz innerhalb der Konvergenz* in den politischen Antworten auf Globalisierung folgte: Einerseits unternahm die Regierung keine grundlegenden Reformen und verringerte sogar die Attraktivität des Standortes Deutschland für Unternehmer mit der Stärkung der Gewerkschaften und strengeren Arbeitsmarktregulierungen (Verbot der „Scheinselbständigkeit"). Andererseits versuchte die Regierung Schröder aber auch, die Wettbewerbsfähigkeit mit Steuererleichterungen für Verkäufe von Unternehmensbeteiligungen, mit konsequenter Sparpolitik und einer Verringerung der Lohnnebenkosten durch die Ökosteuer zu verbessern. Die Sparpolitik der ersten Regierung Schröder (1998-02) wurde allerdings auch von den Stabilitätskriterien des Euro stimuliert, die das Budgetdefizit auf 3% des BSP begrenzten.

Teilweise lagen die Maßnahmen der Regierung Schröder und der korporatistische Einfluss quer zum Druck weltwirtschaftlicher Globalisierung und belegen damit eine relative Autonomie gegenüber globaler Konvergenz. Der Regierungswechsel gab den Gewerkschaften den direkteren Einfluss, den die Unternehmerseite während der Regierung Kohl in den 80er Jahren genossen hatte. Beide Gruppen hatten aber unter beiden Regierungen Einfluss aufgrund ihrer institutionalisierten Autonomie und Mitwirkungsmöglichkeiten. Ein Indiz für einen von der jeweiligen Regierungskoalition unabhängigen Einfluss war die Fähigkeit der Gewerkschaften, die Umsetzung eines Bundesgesetzes (Lohnfortzahlung im Krankheitsfall) während der Regierung Kohl durch Verhandlungen mit der Arbeitgeberseite zu verhindern (Scharpf 1997: 23).

Auf der anderen Seite der Standortdebatte argumentieren der Bundesverband der Deutschen Industrie (BDI), die Bundesvereinigung der Deutschen Arbeitgeberverbände (BDA) sowie liberale Ökonomen, dass die Exporterfolge allein kein Indikator für eine gute Standortqualität seien, weil sie bei näherer Betrachtung mit niedrigeren Gewinnmargen erkauft worden seien, das technologische Niveau der Produkte abgenommen und Deutschland Marktanteile im Ausland an seine Konkurrenten verloren habe (Kroker 1995: 706). Daher müssten die Produktionsbedingungen in

Deutschland grundlegend durch eine Reduzierung von Kosten verbessert werden, die höhere Forschungs- und Entwicklungsausgaben sowie höhere Wettbewerbsfähigkeit und Gewinne ermöglichen würden, die wiederum Investition und Arbeitsplatzschaffung attraktiver machen könnten. Diesem Gedankengang zufolge soll die Verringerung von Produktionskosten wesentlich durch niedrigere Lohnnebenkosten erreicht werden, d.h. durch weniger Sozialabgaben (Arbeitslosen-, Renten- und Krankenversicherung), die gesetzlich geregelt von Arbeitnehmern wie Arbeitgebern finanziert werden. Zusätzlich soll die im internationalen Vergleich strikte Regulierung des Arbeitsmarktes liberalisiert werden, um den Unternehmern die Entlassung/Einstellung von Arbeitnehmern nach Marktsituation zu ermöglichen. Eine Flexibilisierung der Arbeitszeiten und eine Verringerung der Steuern werden ebenfalls als wichtig zur Verbesserung des „Standortes Deutschland" angesehen. Im Ergebnis würden die geforderten Liberalisierungen das deutsche Wirtschaftsmodell wie auch sein Wohlfahrtssystem grundlegend ändern.

Michael Rogowski (2003), Präsident des Bundesverbandes der Deutschen Industrie erklärte zur Verlagerung von Arbeitsplätzen und Produktionsstätten ins Ausland:

„(...) Dabei geht es aber längst nicht mehr nur um lohnintensive Fertigung, sondern es geht manchmal auch um Funktionen, wie Verwaltung, Informatik, Forschung und Entwicklung – sogar der Sitz der Unternehmensführung steht auf dem Prüfstand. Motive für die Verlagerung? Das Übliche: hohe Steuer- und Abgabenlast, hohe Arbeitskosten, das starre deutsche Arbeitsrecht und überbordende Bürokratie; Behinderungen von Innovationsprozessen und Firmengründungen. Die Politik muss erkennen: Unternehmen haben gar keine andere Chance, als so zu reagieren – oder eben pleite zu gehen; und wer will das schon. Es ist doch geradezu ein Hilferuf an die Politik nach glaubwürdigen und konsequenten Reformen! (...) Dazu brauchen wir ehrgeizige Zielmarken – qualitative und quantitative. Das ist hart, aber machbar. Um es zu schaffen, müssen wir unser Land grundlegend modernisieren. Wir brauchen einen auf seine Kernaufgaben konzentrierten Staat – schlank, und deshalb stark. Wir brauchen ein international wettbewerbsfähiges Steuersystem: niedrigere Sätze, einfacher, mit nur wenigen Ausnahmen. (...) Wir brauchen eine soziale Sicherung, die Solidarität auf Eigenverantwortung gründet. Wir brauchen einen flexibleren Arbeitsmarkt mit mehr betrieblichen Gestaltungsspielräumen bei Lohn- und Gehaltsfragen sowie bei Arbeitszeitfragen."

Diese kurze und vereinfachte Skizze zeigt, dass Deutschland hinsichtlich der Notwendigkeit einer Reform seines sozio-ökonomischen Modells geteilt ist. Zusammen mit institutionalisiertem Einfluss wie Autonomie der Arbeitgeber und der Gewerkschaften, sowie der institutionalisierten Norm der politischen Stabilität durch Wohlfahrtsleistungen blockiert diese Teilung wirtschaftspolitischen Wandel. Konsens besteht lediglich hinsichtlich der Notwendigkeit – aber nicht der Strategie – einer Verringerung der Arbeitslosigkeit, nachdem sie seit den 1990er Jahren um die 10% schwankte. Während die zuerst geschilderte Argumentationsrichtung dieses Problem ohne eine Reform des Wohlfahrtsstaates lösen möchte, hält die andere eine Reform des Wohlfahrtsstaates für ebenso notwendig wie höhere individuelle Selbstverantwortung, um Arbeitsplätze zu schaffen bzw. deren Verlagerung ins Ausland zu verhindern. Als Konsequenz dieser unterschiedlichen Positionen scheiterten diverse „Runde Tische" der Regierung Kohl wie das „Bündnis für Arbeit" der Regierung Schröder an den entgegen gesetzten Haltungen der beteiligten korporatistischen Gruppen (wie DGB, BDA und BDI) und an der Unfähigkeit bzw. dem Unwillen der Regierungen, die Interessen dieser Gruppen zu übergehen.

Unter den meisten Ökonomen besteht allerdings Einigkeit darüber, dass globale Wettbewerbsfähigkeit und Wohlfahrtssysteme sich nicht *per se* widersprechen, und dass beispielsweise niedrigere Löhne im Prinzip genauso wenig mit der Wettbewerbsfähigkeit eines hochentwickelten Industrielandes zu tun haben wie Liberalisierungen mit einem Ende des Wohlfahrtsstaates – es kommt auf die Definition von „Wohlfahrt" an (Müller/Kornmeier 2001; Trabold 2000). Während Globalisierung die Kosten und Anreize für bestimmte wirtschaftspolitische Instrumente verändert, stehen wohlfahrtsstaatliche Transferzahlungen der Regierung globaler Wettbewerbsfähigkeit nicht *per se* entgegen, wenn sie nicht durch ein Budgetdefizit finanziert werden.

In einem Vergleich zwischen Deutschland, den Niederlanden und Dänemark zeigt Cox (2001), dass trotz ähnlicher normativer Grundlagen die beiden kleineren Länder strukturelle Reformen durchführten, während sich die deutsche Wirtschaftspolitik in den 1990er Jahren kaum gewandelt hat. Cox zufolge erreichten die Niederlande und Dänemark den Wandel durch eine Re-Definition bestehender Normen: Die Wohlfahrts-Norm wurde ergänzt durch „Reziprozität" und „Fairness", d.h. durch die Verpflichtung zur Solidarität der „Empfänger" der Unterstützung mit den „Gebern". Zusätzlich zur Solidarität der Gesellschaft mit den Empfängern von Hilfe, müssen diese nun ihre Solidarität etwa mit der Ausübung sozialer Arbeit und mit der Akzeptanz eines wesentlich niedrigeren Lebensstandards zeigen, wenn sie beispielsweise Arbeitslosenunterstützung erhalten. Diese Re-Definition zielt auf mehr Wettbewerb, individuelle Verantwortung bei der Arbeitssuche und auf die Vermeidung von „moral hazard" Problemen, d.h. der Entmutigung der Arbeitsaufnahme durch eine vergleichbare Höhe von Lohn und Unterstützung. In Dänemark und den Niederlanden wurde außerdem die Dichotomie zwischen „Wohlfahrtsstaat" und „Wettbewerbsfähigkeit" durch eine Integration beider aufgehoben: Während wohlfahrtsstaatliche Leistungen (Umschulungen, Auffangnetz für Reform-„Opfer") nunmehr als Voraussetzungen für eine erfolgreiche Anpassung an globalen Wettbewerb gesehen werden, wird Konkurrenzfähigkeit als Voraussetzung für die Aufbringung der zur Finanzierung des Wohlfahrtsstaates nötigen Ressourcen (Wachstum, Steuern) gesehen.

Zusammenfassend zeigt die deutsche Standortdebatte die Relevanz von Normen und korporatistischen Institutionen bei der Blockade grundlegender Reformen durch die Gegenüberstellung von „Wohlfahrt" und „Wettbewerbsfähigkeit". Interessant ist, dass deutsche Politiker und die deutsche Öffentlichkeit die Idee der politischen Einbindung aller und den korporativen Einfluss auch in Fällen noch unterstützen, in denen ein Scheitern offenbar war: Während die „Runden Tische" von Regierung, Gewerkschaften und Arbeitgeberverbänden („Bündnis für Arbeit") keinerlei Ergebnis gebracht hatten, wurden sie von 72% der Bevölkerung als gute Einrichtungen gesehen (Der Spiegel 5/2001: 20). Der Einfluss von Normen – konsensuale Entscheidungsfindung – scheint auch dann noch Unterstützung zu sichern, wenn die entsprechende Politik ihre Ziele nicht erreicht. Ein gutes Beispiel für die Pfadabhängigkeit von Normen als institutionellem Umfeld (vgl. Kap. 2.4.1.).

3.3.5. Politische Antworten II: Wiedervereinigung

Die Wiedervereinigung 1990 erfolgte in ökonomischer Hinsicht durch eine vollständige Übertragung des bis dahin westdeutschen Wirtschaftsmodells auf Ostdeutschland. Daher können die Kernelemente der Wiedervereinigung Auskunft über die Relevanz von Institutionen und Normen für wirtschaftspolitische Entscheidungsfindung geben. Vorweg sind aber zwei Anmerkungen wichtig: Zum einen waren die ökonomischen Aspekte der Wiedervereinigung – wie alle anderen – durch den Zeitdruck des historischen „window of opportunity" geprägt, als das die Zustimmung der Sowjetunion zur Wiedervereinigung damals gesehen wurde. Zum anderen gewannen wahltaktische Erwägungen das Übergewicht über eine ökonomisch durchdachte Politik. Die Folge waren gravierende wirtschaftspolitische Fehler, die in der Literatur ausgiebig behandelt wurden (Sinn 1994, Siebert et.al. 1991, Welfens 1996). Hartwich (1998: 135) kommt sogar zu der Schlussfolgerung, dass dem politischen Establishment jedwede ökonomische Rationalität bei der Wiedervereinigung gefehlt habe: „Es gab offenbar unter den maßgeblichen Akteuren nicht die politische Überzeugung, dass der wirtschaftliche Vereinigungsprozeß einer rationalen Steuerung bedurfte". Der Einfluss korporatistischer Institutionen und gesellschaftlicher Normen wird im Folgenden anhand von Beispielen aus der betrieblichen Mikro-Ebene (Löhne/Produktivität) und der gesamtwirtschaftlichen Makro-Ebene (Transferzahlungen) untersucht.

Löhne und Produktivität. Die ostdeutsche Arbeitsproduktivität belief sich 1990 auf 30-50% der westdeutschen Produktivität. In den folgenden Jahren nahm die ostdeutsche Produktivität nur langsam zu, während die Löhne schnell (annähernd) auf das West-Niveau stiegen (Sinn 1994: 151-152). Obwohl das Lohn-Niveau in der sozialen Marktwirtschaft Westdeutschlands stark an die Produktivität gekoppelt war, wurde dieser Konnex nur teilweise auf den Osten übertragen. Stattdessen folgte die ostdeutsche Lohnentwicklung nach 1990 einer anderen Logik: Westdeutsche Gewerkschaften und Arbeitgeberverbände expandierten in den Osten und hatten beide ein Interesse an einer schnellen Angleichung des Lohnniveaus zwischen Ost und West. Die Gewerkschaften wollten einen Druck durch Niedriglöhne auf die westdeutschen Löhne vermeiden sowie ostdeutsche Arbeiter zur Mitgliedschaft motivieren. Die Arbeitgeberverbände waren daran interessiert, einen Wettbewerbsvorteil ostdeutscher Betriebe durch Niedriglöhne zu verhindern. Die Durchschnittsproduktivität in Ostdeutschland stieg nach 1990 hauptsächlich dadurch an, dass die Arbeitsplätze mit der geringsten Produktivität als erste verschwanden. Insofern trug das Wachstum der Arbeitslosigkeit im Osten zum Anstieg der Durchschnittsproduktivität bei. Im Ergebnis erfolge eine Entkoppelung des Lohnniveaus von der Produktivität, die Investitionen in den Neuen Bundesländern unattraktiv machte. Anstatt Marktmechanismen auf den Osten zu übertragen, prägten korporatistischer Einfluss und Autonomie ökonomische Verhältnisse, die als sozial-korporatistische Marktwirtschaft charakterisiert werden können.

Sinn (1994: 140) schlussfolgert: „Schließlich hat auch der westdeutsche Korporatismus mit seinem Anspruch, den neuen Bundesländern westdeutsche Löhne, Verordnungen und Normen überstülpen zu dürfen, um die eigenen Positionen zu sichern, wenig mit einem fairen und freien Marktspiel gemeinsam gehabt".

Hohe Löhne im Vergleich zur Produktivität machten die Produktion in den Neuen Ländern ohne staatliche Unterstützung oft zu teuer und trugen damit zur hohen Arbeitslosigkeit im Osten und zum Zusammenbruch der vormals für die DDR wichtigen osteuropäischen Absatzmärkte bei. Ein weiterer wichtiger Grund für den Wegfall der Exportmöglichkeiten in Osteuropa war der politisch festgelegte Umtausch von Ost-Markt in DM zum Kurs von 1:1. Der tatsächliche Marktkurs belief sich auf 1 DM zu 4 Ost-Mark. Durch die Entkoppelung von Löhnen und Produktivität wurden komparative Vorteile Ostdeutschlands – wie niedrigere Löhne und Lebenshaltungskosten – eliminiert und Produktion oft erst dann attraktiv, wenn sie durch Subventionen, Steuererleichterungen und andere staatliche Anreize gefördert wurde.

Dies erhöhte die Kosten der Wiedervereinigung für den westdeutschen Steuerzahler erheblich und trug zum steigenden Haushaltsdefizit des Bundes bei. Entscheidend für die Gestaltung der Lohnpolitik in Ostdeutschland war die institutionalisierte Autonomie der Tarifparteien bei der Festlegung der Löhne (Tarifautonomie). Insofern war diese Form der fehlenden Berücksichtigung des Wettbewerbsdrucks globaler Märkte erst durch die institutionellen Charakteristiken des deutschen Korporatismus ermöglicht worden. Ohne die Autonomie und den Einfluss von Gewerkschaften und Unternehmerverbänden wären die Löhne möglicherweise proportional zum Wachstum der Produktivität angestiegen. Ein Indiz für dieses alternative Szenario ist die im Vergleich zum Westen geringere Mitgliederquote beider Gruppen und die Weigerung einiger Firmen, den Flächentarifvertrag umzusetzen. Letzteres trug zu Konflikten zwischen „unabhängigen" Arbeitgebern wie Arbeitnehmern und „organisierten" bei. Während der im Osten besonders wichtige Arbeitgeber „öffentlicher Sektor" Löhne und Gehälter nach dem Flächentarifvertrag zahlt, tun dies nur 50% der privaten Firmen (Schmidt 2001: 9).

Transferzahlungen. Die finanzielle Unterstützung des Westens für den ökonomischen Wiederaufbau und den Lebensstandard des Ostens erreichte *jährlich* zwischen 4 bis 6% des westdeutschen Bruttoinlandsprodukts (BIP) in den 1990er Jahren (Zohlnhöfer 2001: 1549). Die Transferzahlungen erfolgten in Form von Subventionen, Investitionen in Infrastruktur, Arbeitslosenunterstützung und Zuschüssen zu den Haushalten von Gemeinden und Ländern, deren Steueraufkommen zu gering war, um öffentliche Dienstleistungen auf West-Niveau zu bezahlen. West-Ost-Zahlungen wurden finanziert durch *deficit-spending* (d.h. wachsende Haushaltsdefizite des Bundes) und durch den Solidaritätszuschlag auf die Einkommenssteuer. Da das Einkommensteueraufkommen im Osten gering war, betraf der Solidaritätszuschlag im Wesentlichen den Westen Deutschlands. Der Anteil öffentlicher Ausgaben am BSP stieg mit der Wiedervereinigung von 45,8% (1989) auf 50,6% (1993) (Schmidt 2001: 8).

Der Solidaritätszuschlag unterstreicht die gesellschaftliche Bedeutung der Norm „Solidarität". Auch hier wird deutlich, dass „Solidarität" nicht als auf Gegenseitigkeit gründend gesehen wurde: Ostdeutsche Empfänger müssen keine „Gegenleistung" für die finanziellen Leistungen der Westdeutschen erbringen, z.B. in Form von Sozialarbeit oder einer längeren Zeitspanne bis zum Erreichen westdeutscher Lohn- und Lebensstandards. Wie in der Standortdebatte wurde die Solidaritäts-Norm nicht re-definiert in Richtung auf höhere individuelle Eigenverantwortung, auf Gegenseitigkeit der Solidarität und auf eine Synthese zwischen Wettbewerb und Wohlfahrt – wie es die Dänen und Niederländer getan haben. In Deutschland scheint „Solidarität" sogar über „Gleichheit" zu rangieren, da die Lebenshaltungskosten im Osten niedriger als im Westen sind und ostdeutsche Kommunen heute teilweise besser ausgestattet sind als einige Gemeinden im Westen. Statt die Umwälzungen der Wiedervereinigung zu nutzen, um sich dem Konvergenz-Druck der Globalisierung anzupassen, führte der Einfluss korporatistischer Gruppen zu einer oftmals wenig wettbewerbsfähigen Standortqualität im Osten. Korporatismus und der Einfluss von Normen trugen zu einem Einkommensniveau bei, das von marktwirtschaftlichen Prozessen entfernt ist und führten zu höheren Steuern, die wiederum die Kaufkraft im Westen verringerten. Die Pfadabhängigkeit von Normen und die beharrenden Kräfte der Institution „Korporatismus" haben zu einer weitgehenden Beibehaltung des traditionellen Modells beigetragen.

3.3.6. Fazit

Die Untersuchung zeigt, dass die wirtschaftspolitischen Rahmenbedingungen in Deutschland stark von der Institutionalisierung korporatistischen

Einflusses und von gesellschaftlichen Normen geprägt waren. Die Divergenz deutscher Wirtschaftspolitik gegenüber dem Konvergenz-Druck der Globalisierung kann in zentralen Fällen mit den Variablen „Institutionen" und „Normen" erklärt werden. Die institutionellen Rahmenbedingungen verliehen korporatistischen Gruppen Macht und Autonomie zur Beeinflussung der Wirtschaftspolitik und –entwicklung im Interesse ihrer Mitglieder. Dies führte zu einer Blockade hinsichtlich struktureller Reformen, da die Regierung sich nicht in der Lage sah, die gegensätzlichen Positionen in der Standortdebatte zu ignorieren oder zu integrieren. Außerdem musste die Regierung die korporatistische Lohnfestsetzung in Ostdeutschland tolerieren, die eine enge Anbindung an die Produktivität verhinderte, Wettbewerbsfähigkeit unterminierte und die Kosten der Wiedervereinigung stark ansteigen ließ, die wiederum der westdeutschen Konkurrenzfähigkeit über Budgetdefizite und Zinserhöhungen entgegenlief.

Die Normen „konsensuale Entscheidungsfindung" und „Solidarität" trugen ebenfalls zu divergierenden Antworten auf Globalisierung bei, da die erstgenannte Norm Reformen von der Akzeptanz durch alle relevanten Gruppen abhängig machte und weil die spezifische Definition der zweiten Norm stärkere individuelle Eigenverantwortung ebenso verhinderte wie eine Transformation des Wohlfahrtsstaates und einen marktwirtschaftlichen Zugang zum „Aufbau Ost". Im Gegensatz zu den Niederlanden und Dänemark wurden diese Normen in Deutschland nicht re-definiert. Vielmehr setzte sich die sozial konstruierte Dichotomie zwischen „Wettbewerbsfähigkeit" und „Wohlfahrtsstaat" fort.

Institutionen und Normen prägten damit die politischen Antworten auf die Wirkungen von Globalisierung, die in den Kapitel 3.1.1. und 3.3.1. unter den Ebenen der „Krisen", „Interessen" und „Instrumente" dargelegt worden waren:

Krisen. Die Frage nach einer Wettbewerbskrise und der Ursachen für die hohe Arbeitslosigkeit sowie der Angemessenheit potentieller Antworten war sehr umstritten zwischen korporatistischen Gruppen und führte zu entgegen gesetzten Interpretationen über das tatsächliche Vorhandensein einer Krise und der Notwendigkeit von strukturellen Reformen. Auch in den Fällen, in denen Einigkeit über die Diagnose „Krise" bestand (Arbeitslosigkeit), kam es zu Kontroversen über die Notwendigkeit von Reformen und die Akzeptanz von Kosten (Transformation des Wohlfahrtsstaates und Arbeitsmarktes).

Interessen. Während Globalisierung das Interesse einiger Gruppen an besseren Wettbewerbsbedingungen für den Weltmarkt offenbar gestärkt hat, verringerte sie nicht den institutionalisierten Einfluss derjenigen Gruppen, die die Interessen ihrer Mitglieder von ökonomischer Liberalisierung bedroht sahen. Diese Gruppen waren aufgrund der institutionellen (korporatistische Autonomie) und normativen (Konsens) Rahmenbedingungen in der Lage, ihre Interessen zu schützen und grundlegende Reformen zu verhindern.

Instrumente. Die Schwächung der Effizienz und die Erhöhung der Kosten interventionistischer Instrumente durch Globalisierung trug zu konvergierenden Teilantworten bei, ermöglichte aber auch Divergenz. Während Unternehmenssteuern und staatlich beeinflussbare Produktionskosten (Lohnnebenkosten) von den Regierungen Kohl bzw. Schröder verringert wurden, erfolge gleichzeitig eine Verschärfung der Regulierung des Arbeitsmarktes und eine Finanzierung der Wiedervereinigung durch neue Steuern und *deficit spending*, das zu erheblichen Kosten in Form steigender Verschuldung wie Zinssätze und damit zu einer Verschlechterung der Investitionsbedingungen führte.

Die Fallstudie zu den deutschen Antworten auf den Konvergenz-Druck der Globalisierung zeigt deutlich, dass Staaten nach wie vor über Autonomie bei der Gestaltung ihrer Wirtschaftspolitik verfügen. Das zentrale Ergebnis dieser Untersuchung ist die Konzeptionalisierung und die empirische Begründung der Relevanz interner politischer Institutionen und gesellschaftlicher Normen für die Gestaltung wirtschaftpolitischer Antworten auf Globalisierung. Die Institutionalisierung des Einflusses derjenigen Gruppen, die zwischen Regierung und Gesellschaft vermitteln sowie gesellschaftliche Normen zu sozioökonomischen Prinzipien beeinflussen die wirtschaftspolitischen Rahmenbedingungen auch im Zeitalter der Globalisierung.

Arbeitsfragen zu Kapitel 3.3.:

- Wie äußert sich die Norm der Solidarität in der deutschen sozialen Marktwirtschaft?
- Welche Rolle spielte der institutionalisierte Korporatismus in der Standortdebatte?
- Wie können Normen und Institutionen nationale Antworten auf Globalisierung prägen?

Literatur zu Kapitel 3.3.

Bliesener, Rainer 2003: Menschlich modernisieren und gerecht gestalten, Rede gehalten in Heilbronn 28.10.03, aus: http://www.dgb-bw.de/

Boekle, Henning/Rittberger, Volker/Wagner, Wolfgang 2001: Constructivist foreign policy theory, in: Rittberger, Volker (ed.): German foreign policy since unification. Theories and case studies. Manchester: 105-137.

Cox, Robert Henry 2001: The Social Construction of an Imperative: Why Welfare Reform Happened in Denmark and the Netherlands but Not in Germany, in: World Politics 53/3: 463-498.

Deutscher Gewerkschaftsbund (DGB) 2001: Standort 2001: Deutschland in solider Position, Berlin.

Drezner, Daniel W. 2001: Globalization and Policy Convergence, in: International Studies Review 3/1: 53-78.

Garrett, Geoffrey 1998: Partisan Politics in the Global Economy, Cambridge.

Giersch, Herbert/Paque, Karl-Heinz/Schmieding, Holger 1992: The Fading Miracle. Four Decades of Market Economy in Germany, Cambridge

Hartwich, Hans-Hermann 1998: Die Europäisierung des deutschen Wirtschaftssystems. Alte Fundamente, neue Realitäten, Zukunftsperspektiven, Opladen.

Heinisch, Reinhard 2000: Coping with Economic Integration: Corporatist Strategies in Germany and Austria in the 1990s, in: West European Politics 23/3: 67-96.

Heise, Arne 1995: Der Standort Deutschland im globalen Wettbewerb, in: WSI-Mitteilungen 48: 11, 691-711.

Heise, Arne 1999: Sind Effizienz und Gleichheit ökonomisch unverträglich?, in: Berliner Debatte INITIAL 10: 3, 115-125.

Hirst, Paul/Thompson, Grahame 1996: Globalization in Question. The International Economy and the Possibilities of Governance, Cambridge.

Kroker, Rolf 1995: Deutschland – Angeschlagene Standortqualität, in: WSI-Mitteilungen 48/11: 705-711.

Leslie, John 1999: The Politics of *Standort*: Germany's Debate About Competitiveness, in: Mattox, Gale A./ Oliver, Geoffrey D./Tucker, Jonathan B. (ed.): Germany in Transition. A Unified Nation's Search For Identity, Boulder Colo: 61-83.

Mosley, Layna 2000: Room to Move: International Financial Markets and National Welfare States, in: International Organization 54/4: 737-773.

Müller, Stefan/Kornmeier, Martin 2001: Globalisierung als Herausforderung für den Standort Deutschland, in: Aus Politik und Zeitgeschichte B 9: 6-14.

Pies, Ingo 1994: Normative Institutionenökonomik: Programm, Methode und Anwendungen auf den europäischen Einigungsprozeß, in: Leschke, Martin (ed.): Probleme der deutschen und der europäischen Integration: Institutionenökonomische Analysen, Münster/Hamburg: 1-33.

Rogowski, Michael: Für ein attraktives Deutschland – Bausteine eines Reformprozesses, Rede gehalten vor dem Hessischen Kreis, Frankfurt 27.11.2003, aus: http://www.bdi-online.de/

Ruggie, John G. 1982: Territoriality and Beyond: Problematizing Modernity in International Realtions, in: International Organization 47/1: 139-174.

Scharpf, Fritz W. 1987: Sozialdemokratische Krisenpolitik in Europa, Frankfurt/M.

Scharpf, Fritz W. 1997: Globalisierung als Beschränkung der Handlungsmöglichkeiten nationalstaatlicher Politik, Max-Planck-Institut für Gesellschaftsforschung, MPIfG Discussion Paper 97:1, Köln.

Schirm, Stefan A. 2001: Wie Globalisierung nationale Regierungen stärkt. Zur politischen Ökonomie staatlicher Antworten auf Globalisierung, in: Landfried, Christine (Hrsg.): Politik in einer entgrenzten Welt. 21. Wissenschaftlicher Kongress der DVPW, Köln: 133-150.

Schirm, Stefan A. 2002: Globalization and the New Regionalism. Global Markets, Domestic Politics and Regional Cooperation, Cambridge: Polity Press.

Schmidt, Manfred G. 2001: Still on the Middle Way? Germany's Political Economy at the Beginning of the Twenty-First Century, in: German Politics 10/3: 1-12.

Siebert, Horst/Schmieding, Holger/Nunnenkamp, Peter 1991: The Transformation of a Socialist Economy. Lessons of German Unification, Kiel Working Paper No. 469, Kiel

Sinn, Gerlinde 1994: Politikversagen bei der wirtschaftlichen Vereinigung Deutschland, in: Leschke, Martin (ed.): Probleme der deutschen und der europäischen Integration: Institutionenökonomische Analysen, Münster/Hamburg: LIT: 139-157.

Soskice, David 1999: Globalisierung und institutionelle Divergenz: Die USA und Deutschland im Vergleich, in: Geschichte und Gesellschaft 25: 201-225.

Story, Jonathan 1997: Globalisation, the European Union and German Financial Reform: The Political Economy of „Finanzplatz Deutschland", in: Underhill, Geoffrey R. D. (ed.): The New World Order in International Finance, Houndmills: 245-273.

Süddeutsche Zeitung 16.10.2003: Titel ohne Wert: Der starke Euro lässt auf kuriose Weise den deutschen Exportstrom anschwellen, http://www.sueddeutsche.de/wirtschaft/artikel/689/19670/

The Economist 2000: One true model? The world is not converging on a single kind of capitalism, in: The Economist 8.4.2000: 96.

The World Bank 2003: World Development Indicators WDI, Data Query, http://devdata.worldbank.org/data-query/.

Trabold, Harald 2000: Zum Verhältnis von Globalisierung und Sozialstaat, in: Aus Politik und Zeitgeschichte B 48: 23-30.

Weiss, Linda 1998: The Myth of the Powerless State, Ithaca NY: Cornell UP.

Welfens, Paul J. J. 1996: German Economic Unification and European Integration: Prosperity without Stability? In: Welfens, Paul J. J. (ed.): Economic Aspects of German Unification. Expectations, Transition Dynamics and International Perspectives, second revised and enlarged edition, Berlin: Springer: 359-408.

Weßels, Bernhard 2000: Die Entwicklung des deutschen Korporatismus, in: Aus Politik und Zeitgeschichte B 26-27: 16-21.

World Trade Organization WTO 2003: International Trade Statistics 2003, http://www.wto.org/english/res_e/statis_e/its2003_e/appendix_e/a04.xls.

Zohlnhöfer, Reimut 2001: Deutschland im finanzpolitischen Konflikt zwischen Wiedervereinigung und europäischer Integration, in: Zeitschrift für Politikwissenschaft 11/4: 1547-1571.

3.4. Globalisierung und Entwicklungsländer

Während die Modernisierungstheorie die Globalisierung der Weltwirtschaft als Chance für Entwicklungsländer begreift, die sie durch Liberalisierung nutzen können, interpretiert die Dependenciatheorie den Weltmarkt als ein Abhängigkeitsverhältnis, in dem Entwicklung für die abhängigen Länder nicht möglich sei (vgl. Kap. 2.1.2.). Das folgende Kapitel untersucht die empirischen Befunde zur Frage, ob die Entwicklungsländer Verlierer oder Gewinner im Prozess der Globalisierung sind.

Auf den ersten Blick scheint Globalisierung an den Entwicklungsproblemen der früheren „Dritten Welt“ vorbeizugehen: Armut und Unterentwicklung haben nicht an Schrecken verloren, mehr als 50 Länder sind im letzten Jahrzehnt noch ärmer geworden (UNDP: HDR 2003: V). Vor allem weite Teile Afrikas und Südasiens sind nach wie vor von Unterernährung, Analphabetismus und mangelnder Gesundheitsversorgung geprägt. Während Unterentwicklung auch in Zeiten der Globalisierung anhält, sind die Wohlstandsunterschiede zwischen Arm und Reich gewachsen. Historisch gesehen vergrößerte sich das Gefälle zwischen dem Durchschnittseinkommen im reichsten Land der Erde und demjenigen im ärmsten Land von 9 zu 1 am Ende des 19. Jahrhunderts auf 60 zu 1 am Ende des 20. Jahrhunderts: Das durchschnittliche Familieneinkommen ist in den USA 60 mal größer als in Äthiopien (Birdsall 1998: 76). Nach anderen Berechnungen ist das Pro-Kopf-Einkommen in den USA heute immerhin noch 42 Mal so hoch wie in Äthiopien (UNDP: HDR 2003: Statistics: Indicators, table 4.2.2).

Allerdings konnten die Entwicklungsländer als Gruppe in den letzten zwei Dekaden, also in den Zeiten forcierter Globalisierung, ihren Anteil an der weltweiten Wirtschaftsleistung vergrößern und wuchsen stärker als die Industrieländer: Während das Bruttosozialprodukt (BSP) der Entwicklungsländer zwischen 1979 und 2003 um durchschnittlich rund 5% wuchs, stieg es in den Industrieländern nur um rund 3% ; selbst im Krisenjahr 2001 wuchs das BSP der Entwicklungsländer um rund 4%, während es in den Industrieländern nur um rund 1% anstieg (Berechnungen nach Zahlen des IMF April 2003: WEO Database: real gross domestic product und IMF October 1997: 147).

Wie können diese offenbar widersprüchlichen Entwicklungen erklärt werden? Ein zweiter Blick scheint angebracht, der differenzierter auf die Entwicklungsländer schaut, denn anscheinend haben sie sich in den letzten Jahrzehnten sehr verschieden entwickelt: Ähnlich den Industrieländern gehören einige Entwicklungsländer zu den Globalisierungsgewinnern, andere zu den -verlierern. Und ebenso wie in den Industrieländern sind die Globalisierungsgewinne auch *innerhalb* der Entwicklungsländer unterschiedlich verteilt.

3.4.1. Gewinner und Verlierer

Insgesamt gesehen, gehört die Gruppe der Entwicklungsländer zu den Gewinnern der stärkeren weltweiten Integration von Handel, Produktion und Kapital. Sie konnten ihren Anteil am Welthandel deutlich erhöhen, erhielten 1996 sechsmal soviel Auslandsinvestitionen wie durchschnittlich zwischen 1983 und 1989 und konnten ihr reales Pro-Kopf-Einkommen zwischen 1965 und 1995 verdoppeln (IMF May 1997: 72-73).

Anteil der Entwicklungsländer am Welthandel			
	1985	1995	2001
Anteil am Welthandel (%)	23% (IWF)	29% (IWF) 25% (WTO)	29% (WTO)

IMF May 1997: 72f; WTO-Zahlen aus Süddeutsche Zeitung 11.10.2002: 20

Allerdings sind die Entwicklungsländer durch eine stärkere Einbindung in den Weltmarkt auch stärker von weltweiten Krisen betroffen. So sank das Wachstum des Exportvolumens aufgrund der weltweiten Rezession 2000/2001 von 14% im Jahr 2000 auf 1% im Jahr 2001, am meisten betroffen waren die Staaten, die vorher durch hohe Exporte Gewinner der Globalisierung waren, beispielsweise Taiwan, Korea und Hong Kong. Allerdings erholten sich die meisten asiatischen Länder schon wieder Ende 2001. Der Kapitalfluss blieb nach der Asienkrise 1997 (vgl. Kap. 5.1.1.) weiterhin auf einem niedrigen Level und wurde nach dem 11. September 2001 durch steigende Unsicherheit über die lokalen Finanzsysteme noch geringer. Die Direktinvestitionen in die Entwicklungsländer hingegen zeigten keinen Rückgang (UNCTAD 2002: TDR: Overview II-IV). Auch das erwähnte stärkere Wachstum in Entwicklungsländern gegenüber demjenigen in Industrieländern spricht für die Gewinner-These. Allerdings profitierten einige mehr, andere gar nicht vom weltwirtschaftlichen Austausch.

Zu den langfristigen Gewinnern gehören vor allem die „Tiger-Staaten" Ostasiens (trotz der Krise 1997/98), China und die „Jaguar-Staaten" Lateinamerikas (Chile, Mexiko). Gerade diejenigen Staaten konnten die größten Entwicklungserfolge verbuchen, die sich am stärksten in die Weltwirtschaft integriert haben. Herausragend sind dabei die „Newly Industrializing Countries" (NICs) in Asien. Während die Entwicklungsländer als Gruppe ihr reales Pro-Kopf-Einkommen zwischen 1965 und 1995 verdoppeln konnten, vervierfachte es sich in Malaysia und verzehnfachte es sich in Südkorea. Mit ihrer Strategie des „Export-Led-Growth", d.h. des Wachstums durch Produktion wettbewerbsfähiger Güter für den Weltmarkt, erreichten diese Staaten (wie auch Taiwan und Thailand) erhebliche Vorteile aus der globalen Ausrichtung ihrer Wirtschaft. Vor allem in Taiwan und Südkorea profitierte auch die Mehrheit der Bevölkerung von diesem Prozess. Als Resultat entstand eine breite Mittelschicht. Hohe Investitionen in Bildung, sowie eine Landreform trugen ebenfalls dazu bei, dass die Globalisierungsgewinne nicht in der Hand einer kleinen Oberschicht verblieben.

Die zweite Gruppe der Globalisierungsgewinner umfasst diejenigen Staaten Lateinamerikas, die sich mit marktwirtschaftlichen Reformen und einer Öffnung zum Weltmarkt aus der „verlorenen Dekade" der 80er Jahre befreien konnten. Hauptsächlich wegen der Verschuldungskrise (vgl. Kap. 3.1.6.) waren die 80er Jahre weitgehend ein Jahrzehnt ohne Wachstum und gingen deshalb als „verlorene Dekade" in die Geschichte des Subkontinents ein. Vor allem Chile, Argentinien, Brasilien und Mexiko liberalisierten in den 90er Jahren ihre vormals protektionistisch abgeschotteten Volkswirtschaften und können nach anfänglichen Anpassungsproblemen an globalen Wettbewerb inzwischen Erfolge verbuchen: Handel, Investitionen und Wachstum stiegen erheblich. Zwischen 1990 und 1995 wuchs das BSP um 7,3% in Chile, um 5,7% in Argentinien, um 2,7% in Brasilien und um 1,1% in Mexiko. Die Argentinien-Krise ab 2000 warf ihren Schatten allerdings auf die Wachstumsraten zu Beginn des neuen Milleniums: Wachstumszahlen für 2002 lauten (Weltbank, WDI 2003): Chile 2%, Argentinien –11%, Brasilien 2% und Mexiko 1%.

Aufgrund mangelnder Ausgaben für Bildung, halbherziger Wirtschaftsreformen und der unzureichenden Agrarreform in Brasilien fallen Wachstumserfolge dort nicht so groß aus wie andernfalls möglich. Ursache für Mexikos relativ geringes Wachstum in den 1990er Jahren war u.a. die Peso-Krise 1994/95 (vgl. Kap. 3.1.6., 4.2.2. und 5.1.1.). Trotz einer leicht verbesserten internen Verteilungsgerechtigkeit in Lateinamerika (auch als Folge der Demokratisierung in den 80er Jahren) verblieb gesamtwirtschaftliches Wachstum aber überwiegend in der Hand weniger. Als Trend lässt sich wie für Ostasien auch für Lateinamerika festhalten, dass die

Volkswirtschaften gerade derjenigen Staaten wuchsen, die sich am stärksten in die Weltwirtschaft integrierten. Bei der empirischen Prüfung der Frage nach den Auswirkungen von Globalisierung auf Entwicklungsländer ist es interessant, nicht nur Länder hinsichtlich ihres Wachstums zu vergleichen, sondern die Bevölkerungszahl hinzuzuziehen: Während die Zahl der Länder (Asiens, Lateinamerikas) die von Globalisierung profitiert haben, der Zahl derjenigen Länder (Afrikas, Lateinamerikas) möglicherweise ähnelt, die nicht profitiert haben, ergibt sich ein anderes Bild, wenn die Einwohnerzahlen berücksichtigt werden: Den meisten Menschen in Entwicklungsländern geht es heute besser als 1980. Dies liegt daran, dass in denjenigen Ländern, die sich in den letzten zwei Dekaden erfolgreich entwickelt haben wesentlich mehr Menschen leben als in vielen „Verlierern". Vor allem die Verbesserung des Lebensstandards in China und Indien erklärt diese Daten (The Economist: Special report on global economic inequality, 13.3.2004: 73-75). Auch diese Länder hatten sich in den letzten Dekaden verstärkt grenzüberschreitendem Handel und Auslandsinvestitionen geöffnet.

Damit wird auch deutlich, wer zu den Globalisierungs-Verlierern gehört: Meist sind es diejenigen Staaten, die keine marktwirtschaftliche Politik betreiben, nach außen abgeschottet bleiben und relativ wenig in weltwirtschaftliche Zusammenhänge eingebunden sind. Dies betrifft vor allem Länder Afrikas und des Mittleren Ostens. Bis auf erdölexportierende Staaten und Ausnahmefälle, sank der Anteil dieser Regionen am Welthandel, fielen Investitionen und Wachstum unterdurchschnittlich aus.

Anteil Afrikas und des Mittleren Ostens am Weltexport (%)			
	1990	1995	2000
Afrika	3,1%	2,2%	2,3%
Mittlerer Osten	4,1%	3%	4,3%

WTO 2003: International Trade Statistics, table III.1.

Im Vergleich zu Afrika konnten asiatische Entwicklungsländer 1990-96 fast doppelt soviel private Kapitalzuflüsse (als Prozentsatz ihres BSP) verbuchen. Private Kapitalzuflüsse bergen zwar Risiken für die Empfänger-Länder (vgl. Kap. 3.4.3.), können aber ihre Entwicklung auch fördern. Während die NICs Asiens mit ihrem Pro-Kopf-Einkommen (PKE) zu den Industrieländern (IL) aufschließen konnten (1965: 18% des PKE der IL, 1995: 66%), vergrößerte sich der Abstand Afrikas zur „Ersten Welt" – das durchschnittliche PKE fiel von 14% (1965) des IL-Durchschnitts auf 7% (1995) (Zahlen aus IMF May 1997: 73, 77). Neuere Zahlen für 2003 (UNDP: HDR Indicators 2003) ergeben nur eine geringfügige Änderung des afrikanischen PKE als Prozentsatz des IL-Durchschnitts nach oben (7,8%).

Diese Zahlen machen deutlich, dass die oftmals von Inkompetenz, Korruption, staatlichem Interventionismus und autoritären Regimen geprägte Wirtschaftspolitik der Länder Afrikas und des Nahen Ostens (aber auch einiger Staaten Lateinamerikas) entwicklungspolitisch katastrophale Folgen hatte. Selbst Privilegien etwa in Form eines bevorzugten Zugangs zum Europäischen Markt („Lomé-Abkommen") und eine besondere finanzielle Förderung aus den Industrieländern (Entwicklungshilfe, Weltbankprojekte) konnte die entwicklungspolitisch negativen Folgen der Politik dieser Länder nicht ausgleichen. Nach 25-jähriger Laufzeit ist das Lomé-Abkommen 2000 ausgelaufen und durch ein neues Abkommen ersetzt, dass in Cotonou unterzeichnet wurde, eine Laufzeit von 20 Jahren hat und 77 Entwicklungsländer einschließt. Korruption, Vetternwirtschaft und Interventionismus existieren auch in anderen Weltregionen und trugen z.B. zur Asien-Krise bei (vgl. unten und Kap. 5.1.1.).

Die Ursachen für diese Polarisierung zwischen erfolgreichen und erfolglosen Entwicklungsländern in den letzten Dekaden liegen wesentlich in den unterschiedlichen Politiken dieser Staaten, deren Wirkungen aber von Globalisierung verstärkt wurden. Denn in dem Maß, in dem Kapital und Produktion global mobil wurden, vergrößerten sich die Anreize für eine „gute Politik" in Form von Zuflüssen globaler Ressourcen, aber auch die Kosten für eine „schlechte Politik". Zu den Kosten gehören dabei nicht nur der Abzug etwa von Investitionen, sondern auch Opportunitätskosten, d.h. ausgebliebene Zuflüsse: Bei einer anderen Politik hätten nicht nur einige asiatische und lateinamerikanische NICs von „Globalisierung" profitiert, sondern auch afrikanische und südasiatische Länder. Zeitweise Ausnahmen wie Uganda und Ghana bestätigen, dass *potentiell* jedes Land die Chancen des Weltmarktes nutzen kann – wenn es die „richtige" Politik betreibt. Diese potentielle Nutzung von Globalisierung geschieht natürlich vor dem Hintergrund unterschiedlicher materieller (Rohstoffe, Fruchtbarkeit des Bodens, Bevölkerungsentwicklung etc.) und politischer (Prägungen durch die Kolonialzeit, Stammesfehden etc.) Hintergründe und oftmals wenig hilfreicher Politik der Industrieländer (etwa: Agrarprotektionismus).

3.4.2. Strategien für eine erfolgreiche Nutzung von Globalisierung

Vergleicht man den langfristigen Kurs derjenigen Entwicklungsländer, die in den letzten Jahren ökonomisch erfolgreich waren, mit der Politik der wenig erfolgreichen, so ergibt sich ein eindeutiges Bild: Entwicklungsfortschritte machten Staaten, die auf Stabilität setzten, die weitgehende außenwirtschaftliche Offenheit praktizierten, wenig Staatsinterventionismus ausübten, Rechtssicherheit aufwiesen, rent-seeker zurückdrängen konnten und in Ausbildung investierten (IMF May 1997: 80-89; Nunnenkamp 2003; Gundlach/Nunnenkamp 1998). Empirisch lässt sich festhalten, dass diejenigen Entwicklungsländer, die diese Faktoren berücksichtigten und sich am stärksten am Welthandel beteiligt haben, auch diejenigen waren, die am stärksten gewachsen sind. (Bhagwati 2002: 25-27; Dollar/Kraay 2001). Dabei ist wichtig, dass einer der genannten Faktoren für sich genommen nicht ausreicht, um Wachstum zu erreichen: Positive Wirkungen ergaben sich nur, wenn alle Maßnahmen dieser „good governance" zusammen kommen. Ebenfalls ist zu berücksichtigen, dass Entwicklungsfortschritte gemessen an gesamtwirtschaftlichem Wachstum oder dem durchschnittlichen Pro-Kopf-Einkommen (PKE) noch nichts über die interne Verteilung dieser „Erfolge" aussagen. Aufgrund der oftmals sehr ungleichen Verteilungsstrukturen in Entwicklungsländern kann die Bevölkerungsmehrheit selbst dann in Armut verbleiben, wenn das PKE insgesamt zunimmt. Wie sehen die Erfahrungen bei der Nutzung der Chancen der Globalisierung im Einzelnen aus?

- *Stabilität.* Niedrige Inflation stimuliert in- und ausländische Investitionen, die Sparquote und das Vertrauen in langfristige Planung. Eine Verringerung des Budgetdefizits des Staates kann zwar Wachstum kurzfristig verlangsamen, trägt aber zu niedrigen Zinsen bei und fördert damit private Ausgaben (Konsum, Investition). Empirisch gesehen verbuchten die Entwicklungsländer mit dem stärksten Wachstum durchschnittlich eine niedrigere Inflationsrate und ein niedrigeres Staatsdefizit als die Gruppe der am schwächsten wachsenden Entwicklungsländer.
- *Offenheit.* Niedrige Handelsbarrieren (Zölle, nicht-tarifäre Hemmnisse) zwingen die Unternehmen dazu, sich den Wettbewerbserfordernissen auf dem Weltmarkt anzupassen. Dies kann kurzfristig zur Schrumpfung vormals geschützter Betriebe führen, wenn sie der Konkurrenz nicht standhalten können. Langfristig sorgt Offenheit im Außenhandel aber für niedrige Preise und für einen effizienteren Einsatz von Ressourcen

(Rohstoffe, Bildung, Kapital etc.), die die Exportchancen auf dem Weltmarkt verbessern. Diejenigen Entwicklungsländer, die den höchsten Anteil des Außenhandels (Exporte & Importe) am BSP aufwiesen, waren meist auch die am stärksten wachsenden Länder. Vormals protektionistische Länder, die ihren Außenhandel liberalisiert haben, konnten Zuwächse im Im- und Export und beim Einkommensniveau verbuchen (z.B. Argentinien, Brasilien, Indonesien, Philippinen, Uganda). Offenheit für Investitionen ist selbstredend die Voraussetzung zur Teilhabe an globalisierten Kapitalströmen.

- *Schlanker Staat.* Staatliche Regulierungen und Kontrollen verringern den Wettbewerb, private Investitionen sowie eine effiziente Nutzung von Ressourcen und können daher Wirtschaftswachstum behindern. Staatsunternehmen in Entwicklungsländern (oft Transport-, Erdöl- und Rüstungsfirmen) sind wie in Industrieländern (Beispiel: die frühere Bundesbahn) meist defizitär und verschlingen gesellschaftliche Mittel (Steuern), die anderweitig sinnvoller zu nutzen wären. Entwicklungsfördernd sind daher marktwirtschaftliche Reformen, Privatisierung von Staatsbetrieben und die Konzentration staatlicher Aktivitäten auf öffentliche Güter, die der Markt nicht bereitstellt (Gesundheit, Bildung, Infrastruktur, Sicherheit).
- *Rechtssicherheit und Demokratie.* Korruption sowie fehlende Transparenz und mangelhafte Rechenschaftspflicht von Regierungen hemmen private Unternehmertätigkeit, verzerren Preise und behindern marktwirtschaftliche Produktivität. Fehlende Rechtssicherheit (etwa bei Patentschutz und Schutz vor Enteignungen) hält nationale wie transnationale Unternehmen davon ab, Kapital und Technologie an einen Standort zu transferieren. Rechtssicherheit, eine effiziente Verwaltung und Institutionen, die Wettbewerb (Kartellamt) und Innovation (Technologieförderung) unterstützen, sind dagegen Elemente der institutionellen Konkurrenzfähigkeit eines Landes. Ein demokratisches System schließlich, fördert eine breite Beteiligung der Bevölkerung an ökonomischem Wachstum und die Transparenz politischer Entscheidungen, die für Konsumenten wie Produzenten langfristig wichtig ist. „Entwicklungsdiktaturen" von links (wie Peru in den 70er Jahren) und rechts (etwa Brasilien in den 60er und 70er Jahren) hatten oft keine andauernden Entwicklungserfolge für die Bevölkerungsmehrheit vorzuweisen. Ausnahmen wie Chile in den 80er Jahren und China bestätigen diese Regel bzw. bezahlen ökonomische Stabilität und Wachstum mit einem repressiven Polizeistaat.

- *Rent-Seeker.* Weit verbreitet in Entwicklungsländern sind rent-seeker, d.h. Betriebe, die ihre Gewinne weniger der Herstellung wettbewerbsfähiger Güter, sondern vielmehr staatlichen Privilegien („Renten") wie Monopolen, Zollschutz, Subventionen etc. verdanken. Für rent-seeker stellt eine Öffnung zum Weltmarkt eine existentielle Bedrohung dar, da sie mit ihren meist veralteten und überteuerten Produkten in der Konkurrenz nicht bestehen können. Daher ist die Verringerung der politischen und wirtschaftlichen Rolle der rent-seeker durch liberale Reformen (z.B. Abschaffung von Monopolen, Zollsenkungen) eine Voraussetzung für eine erfolgreiche Teilnahme an der Weltwirtschaft.
- *Bildung.* Empirisch lässt sich eine klare Verbindung zwischen öffentlichen Ausgaben für Bildung (als Prozentsatz des BSP) und Wachstum zeigen. Bildung fördert die Produktivität, die technologische Entwicklung, die Qualität der hergestellten Güter und damit auch die Wettbewerbsfähigkeit auf dem Weltmarkt. Die zwei erfolgreichsten asiatischen NICs (Südkorea und Taiwan) sind Paradebeispiele dafür, wie sich die Investition in Ausbildung („human capital") in Form eines höheren Lebensstandards der Bevölkerungsmehrheit ausdrückt.
- *Bevölkerungswachstum.* Wichtig in diesem Zusammenhang ist die Beobachtung, dass ein hohes Bevölkerungswachstum nicht nur negative Auswirkungen auf das Pro-Kopf-Einkommen hat, sondern auch Fortschritte in Bildung und Gesundheit unterminieren kann. Gesellschaftliche Liberalisierung, bessere Frauenbildung und stärkere Geburtenkontrolle können das Bevölkerungswachstum eindämmen und scheinen daher gerade in Afrika und dem Nahen Osten mehr als notwendig.

Diese Erfahrungswerte bei der Nutzung der Chancen der Globalisierung sind keine Strategie mit Erfolgsgarantie, sondern vielmehr das Ergebnis der Beobachtung der Politik derjenigen Entwicklungsländer, die in den letzten zehn Jahren erfolgreich waren. Selbstverständlich hängt die Entwicklung eines Landes auch von anderen Faktoren ab, etwa von der Ausstattung mit natürlichen Ressourcen (fruchtbare Böden, Erdöl etc.) oder von der politischen Lage (militärische Konflikte etc.). Auch sollte der „Erfolg" einiger Länder nicht überbewertet werden: Auch Südkorea oder Argentinien kämpfen noch mit Entwicklungsproblemen – allerdings auf einem völlig anderen Niveau als etwa Somalia oder Haiti.

3.4.3. Gefahren der Globalisierung

Entwicklungsländer können von Freihandel und Investitionen profitieren, gehen aber ein erhebliches Risiko ein, wenn sie sich in globale Finanzmärkte integrieren (vgl. Kap. 5.1.1.). Wie die Krisen in Mexiko 1994/95, in Asien 1997/98 und in Argentinien 2000/2001 zeigten, kann global mobiles Kapital sehr schnell abgezogen werden, wenn die Anleger mit der Wirtschaftspolitik eines Landes unzufrieden sind. Eine überbewertete Währung, Vetternwirtschaft oder wachsende Budgetdefizite haben auch in erfolgreichen Ländern wie Mexiko und Thailand zu einem massiven Abzug ausländischen und inländischen Kapitals geführt und schwere Wirtschaftskrisen ausgelöst. Dieses Risiko betrifft spekulatives Börsen-Kapital und „falsche" Wirtschaftspolitik. Es kann verringert werden (1) durch stabile, transparente und marktwirtschaftliche Politik, (2) durch eine Spekulationssteuer („Tobin Tax") mit der dann allerdings insgesamt weniger Kapital angezogen wird und (3) durch Konzentration auf die Anziehung von Direktinvestitionen. Letztere sind zwar schwerer zu erhalten, da langfristig rentable und berechenbare Bedingungen nötig sind, aber auch entwicklungspolitisch sinnvoller: Direktinvestitionen etwa transnationaler Unternehmen fließen in die Produktion, schaffen Arbeitsplätze, sorgen für technologische Entwicklung und können in Form von Fabrikgebäuden und Maschinen auch im Zeitalter von „e-commerce" und Cyberspace nicht so schnell den Standort wechseln wie Börsen-Kapital. Die Regierung sollte aber dafür sorgen, dass die Gewinne transnationaler Firmen überwiegend im Lande bleiben, und dass diese Unternehmen nicht zu rent-seeker werden wie im Fall des Oligopols ausländischer Autofirmen in Brasilien in den 60-80er Jahren.

In den Nord-Süd-Beziehungen würde ein Ausbau der Anpassungshilfen etwa der Weltbank weitere Liberalisierung in Entwicklungsländern fördern (vgl. Kap. 2.4.2.). Allerdings muss diese Unterstützung an *good governance*-Konditionen für eine konsistente Politik der sozialen Marktwirtschaft und für Demokratie gekoppelt werden, damit Wachstum und finanzielle Unterstützung nicht in der Privilegierung einzelner Gruppen verpufft. Während Freihandel gesamtwirtschaftlichen Wohlstand mehren kann, ist dessen Verteilung im Wesentlichen eine Funktion nationaler politischer Systeme und Strukturen. Wenn die innenpolitischen Machtverhältnisse in Entwicklungsländern autoritär oder oligarchisch verfasst sind, kann auch durch Globalisierung stimuliertes Wachstum an der Bevölkerungsmehrheit vorbei in den Händen weniger landen.

Globalisierung bietet nur dann eine Chance für Industrie- wie Entwicklungsländer, wenn sie sich im Prinzip nach den oben genannten Erfahrungswerten marktwirtschaftlich verhalten. Dies bedeutet nicht, dass der Staat funktionslos wird. Im Gegenteil muss er zu attraktiven Investitionsbedingungen mit öffentlichen Gütern wie Gesundheit, Bildung, sozialer Stabilität und Sicherheit beitragen. Außerdem muss die Regierung ihr Land vor den Risiken der Globalisierung (etwa vor Spekulationskapital) schützen und die Öffnung zum Weltmarkt schrittweise vornehmen, um nationalen Betrieben eine Überlebenschance zu sichern. Insofern ist staatliches Handeln nach wie vor zentral. Allerdings sieht sich der Staat in Nord und Süd in seinem Handlungsspielraum eingeschränkt: Planwirtschaftliche und interventionistische Modelle werden ebenso wie inflationstreibende Politik verstärkt „bestraft" durch die Ausgrenzung solcher Länder aus der Dynamik globalen Wirtschaftens.

Dieser größere Zwang zu marktwirtschaftlicher Stabilität ist für viele Entwicklungsländer aber an sich schon eine Chance. Schließlich hatten staatsinterventionistische Modelle links-autoritärer (z.B. Peru) und rechtsautoritärer (z.B. Brasilien) Prägung in den 60er und 70er Jahren keine dauerhafte Verbesserung des Lebensstandards für die Bevölkerungsmehrheit zur Folge gehabt. Durch die Globalisierung der Finanzmärkte ausgelöste Krisen wie die Verschuldungskrise Lateinamerikas in den 80er Jahren waren zwar kurzfristig negativ für wirtschaftliches Wachstum, trugen aber langfristig zu zwei positiven Entwicklungen bei: Die Krisen führten zu marktwirtschaftlichen Reformen, die mittlerweile oft Erfolge zeitigen und stimulierten die Demokratisierung in diesen Ländern, die eine bessere Beteiligung der Bevölkerung am politischen und wirtschaftlichen Leben ermöglicht.

Arbeitsfragen zu Kapitel 3.4.:

- Sind Entwicklungsländer Gewinner oder Verlierer im Globalisierungsprozess?
- Welche Maßnahmen tragen zur Nutzung von Globalisierung durch Entwicklungsländer bei?
- Welche Risiken stellt Globalisierung für Entwicklungsländer dar?
- Wie interpretieren Modernisierungs- und Dependenciatheorie (2.1.2.) die Globalisierung?

Literatur zu Kapitel 3.4.

Bhagwati, Jagdish 2002: Trading for Development – The Poor's Best Hope, in: The Economist 22.6.2002, 25-27.

Birdsall, Nancy 1998: Life is Unfair: Inequality in the World, in: Foreign Policy 111 Summer 1998, 76-93.

Dollar, David/ Kraay, Aart 2001: Trade, Growth, and Poverty, The World Bank, Washington D.C. Juni 2001, http://econ.worldbank.org/files/2207 wps2615.pdf.

Gundlach, Erich/Nunnenkamp, Peter 1996: Falling Behind or Catching Up? Developing Countries in the Era of Globalization, Institut für Weltwirtschaft Paper Nr. 263, Kiel.

Gundlach, Erich/Nunnenkamp, Peter 1998: Some Consequences of Globalization for Developing Countries, in: Dunning, J.H.: Globalization, Trade and Foreign Direct Investment, Oxford, 153-174.

Hauchler, Ingomar/Messner, Dirk/Nuscheler, Franz 2003: Globale Trends 2004/ 2005, Bonn.

International Monetary Fund IMF 2003: World Economic Outlook WEO, Washington D.C., April 2003, in: http://www.imf.org/external/pubs/ft/weo/2003/01/data/ index.htm.

International Monetary Fund IMF 2003: World Economic Outlook WEO Washington D.C., September 2003, in: http://www.imf.org/external/pubs/ft/weo/2003/02/ data/index.htm#countryinfo.

International Monetary Fund IMF 1997: Globalization and the Opportunities for Developing Countries, in: IMF, World Economic Outlook, Washington D.C., Mai 1997, 72-92.

International Monetary Fund IMF 2002: World Economic Outlook, Washington D.C., September 2002, 132-133.

Mildner, Stormy 2002: Welthandel und Entwicklungsländer. Chancen der Doha-Runde für die Dritte Welt?, in: Internationale Politik 57/6: 29-36.

Nunnenkamp, Peter 2003: Wachstumsdivergenz zwischen Entwicklungsländern: Hat die Entwicklungsökonomie versagt? März 2003, Institut für Weltwirtschaft, Kiel.

Nunnenkamp, Peter 2002: To What Extent can Foreign Direct Investment Help Achieve International Development Goals? Institut für Weltwirtschaft, AP 1128, Kiel.

Nunnenkamp, Peter/Spatz, Julius 2002: Determinants of FDI in developing countries: has globalization changed the rules of the game? in: Transnational Corporations 11/2: 1-34.

Nuscheler, Franz/ Klingebiel, Stephan 1994: Internationale Entwicklungspolitik, in: Nohlen, D. (Hrsg.): Lexikon der Politik, Bd 6: Internationale Beziehungen. München: 108-126.

Schäfer, Hans-Bernd (Hrsg.) 1996: Die Entwicklungsländer im Zeitalter der Globalisierung, Schriftenreihe des Vereins für Socialpolitik Bd. 245, Berlin.

Siebert, Horst 2002: Die Angst vor der internationalen Arbeitsteilung – eine Auseinandersetzung mit den Globalisierungsgegnern, in: Aussenwirtschaft 57/1: 7-28.
Stiglitz, Joseph 2002: Die Schatten der Globalisierung, Bonn.
The Economist: Special report on global economic inequality, 13.3.2004: 73-75
The World Bank 2003: World Development Indicators, Data Query, http://devdata.worldbank.org/data-query/.
Thiel, Reinhold E. 2001: Zur Neubewertung der Entwicklungstheorie. In: Thiel, Reinhold E. (Hrsg.): Neue Ansätze zur Entwicklungstheorie. Bonn: Deutsche Stiftung für internationale Entwicklung (DSE): 9-34.
United Nations Conference on Trade and Development UNCTAD 2002: Trade and Development Report TDR 2002, New York, http://www.unctad.org/en/docs//tdr2002_en.pdf.
United Nations Development Programme UNDP 2003: Human Development Report HDR 2003, New York, www.unpd.org/hdr2003/.
United Nations Development Programme UNDP 2003: Human Development Report HDR 2003, Statistics, Indicators, http://www.undp.org/hdr2003/indicator/.
World Trade Organization WTO 2003: International Trade Statistics 2003, http://www.wto.org/english/res_e/statis_e/its2003_e/its03_bysubject_e.htm#regional_trade.

4. Regionale Wirtschaftskooperation

4.1 Regionale Kooperation als Antwort auf Globalisierung

Regionale Wirtschaftskooperation ist ein zentrales Strukturelement der Internationalen Politischen Ökonomie und gewann mit neuen Abkommen seit dem Ende der 80er Jahre zusätzlich an Relevanz. Mit dem Binnenmarkt und dem Vertrag von Maastricht wurde die Integration Europas wieder belebt. Das Nordamerikanische Freihandelsabkommen (NAFTA) verankert die zweitgrößte Wirtschaftszone der Welt. Der Gemeinsame Markt des Südens (MERCOSUR) symbolisiert die Überwindung traditioneller Rivalität und die neue Attraktivität marktwirtschaftlicher Politik in Südamerika. Andere Initiativen wie die ASEAN Free Trade Association (AFTA) befinden sich noch in den Kinderschuhen. Diese ökonomischen Ordnungskonzepte beeinflussen das Handeln staatlicher und privater Akteure in wachsendem Ausmaß und strukturieren die internationale Politik. Sowohl von Seiten politischer Entscheidungsträger wie auch aus politikwissenschaftlicher Perspektive wird davon ausgegangen, dass sich Politik und Wirtschaft auch weiterhin zunehmend im regionalen Rahmen organisieren werden (Schirm 2001: 11). Aber warum schränken Staaten ihren Handlungsspielraum gegenüber anderen Staaten durch regionale Verträge ein?

Die Ursachen neuer regionaler Wirtschaftskooperation sind vor allem erklärungsbedürftig, weil die Initiativen der 90er Jahre in zweifacher Hinsicht Veränderungen verkörpern. Zum einen steht der neue Regionalismus im Zeichen weltmarkt- und wettbewerbsorientierter Liberalisierung. Wachstum soll durch die Deregulierung der Ökonomie und den Einsatz von Produktion und Kapital nach den Gesetzen des Marktes erzielt werden. Damit lösen sich viele Mitgliedsländer von früher auf der nationalen wie der regionalen Ebene verfolgten Strategien staatlicher Steuerung – in Form etwa von Varianten des Keynesianismus in Europa und der Industrialisierung zur Substitution von Importen (ISI) in Lateinamerika. Zum anderen ließen Vorgeschichte und Rahmenbedingungen nicht auf eine Renaissance regionaler Integration schließen: Bisherige Kooperationsansätze waren in den 80er Jahren entweder gescheitert (Lateinamerika, Afrika) oder zum Stillstand gekommen („Eurosklerosis"). Das Ende des Ost-West-

Konflikts hätte eine Zersplitterung der Staatenwelt, Nationalismus und Konflikte auch in Westeuropa erwarten lassen. Außerdem hatte die Globalisierung von Ökonomie und Kommunikation eher weltweite Ordnungsstrukturen nahegelegt („global village"). Warum kam es zur neuen Dynamik regionaler Zusammenarbeit von Staaten? Welche Faktoren führten zur Präferenz von Regierungen für marktliberale regionale Kooperation?

Das folgende Kapitel 4.1.1. führt in die traditionellen Theorien regionaler Integration und in einen neuen, ergänzenden Ansatz ein. In Kapitel 4.1.2.-4.1.4. werden dann die Zielsetzungen und Regelungen des Europäischen Binnenmarktes, des MERCOSUR und der NAFTA in Hinblick auf ihre Weltmarktorientierung präsentiert (zur ASEAN vgl. Nabers 2004).

4.1.1. Theoretische Erklärungsansätze zu regionaler Kooperation

Politikwissenschaftliche Integrationstheorien befassen sich nur teilweise mit den Ursachen von Kooperation und beschäftigen sich hauptsächlich mit der Frage, wie (Entscheidungsfindung, Institutionalisierung etc.) diese funktioniert bzw. welchen Charakter (supranational, intergouvernemental, Regime etc.) sie besitzt (Anderson 1995, Rosamond 1995, Risse-Kappen 1996). Außerdem beziehen sich Integrationstheorien fast ausschließlich auf den europäischen Fall. Im Folgenden werden die beiden theoretischen Großfamilien, der neofunktionalistische Institutionalismus und der neorealistisch-liberale Intergouvernementalismus sowie der ergänzende Globale-Märkte-Ansatz kurz eingeführt.

Neofunktionalistischer Institutionalismus Bis zum Abbruch der theoretischen Debatte über regionale Integration in den 70er Jahren bildete der Funktionalismus bzw. Neofunktionalismus das vorherrschende Paradigma: Zusammenarbeit finde aus Gründen funktionaler Effizienz statt, d.h. wenn bestimmte Staatsfunktionen durch regionale Kooperation effizienter zu bewältigen sind als im nationalen Alleingang (Haas 1958, Lindberg/Scheingold 1971). Alle Ausformungen des Funktionalismus konzentrieren sich darauf, die Weiterentwicklung einmal begonnener Integration durch dem Kooperationsprozess eigene Faktoren zu erklären. Bezüglich der Ursachen wird vermutet, dass Zusammenarbeit in technisch-ökonomischen Bereichen notwendigerweise (Funktionalismus) bzw. wahrscheinlich (Neofunktionalismus) durch *spill-over*-Effekte Kooperation auf neuen politischen Ebenen bedingt. Nachdem die verschiedenen Formen des Funktionalismus die tatsächliche Entwicklung der EG auch durch eine Inflationierung von Variablen (Nye 1971) nicht befriedigend erklären konnten, verkündete einer ihrer intellektuellen „Väter", Ernst B. Haas, 1975 die „Obsolescence of Regional Integration Theory". Die nach wie vor entscheidende Rolle der Nationalstaaten für die *stops and gos* der Integration und nicht die funktionale Überwindung derselben hatten die EG geprägt und die Erklärungskraft funktionalistischer Annahmen geschwächt.

Neuere Arbeiten zum Funktionalismus verdeutlichen aber seine Relevanz für die Begründung der Bedeutung der nicht-nationalstaatlichen, regionalen Dynamik für die Prägung des Charakters der Integration und ihrer Weiterentwicklung: Gemeinschaftlich geregelte Aufgaben, supranationale Institutionen (Kommission, Europäischer Gerichtshof, Europäisches Parlament) und regional ausgerichtete Interessenverbände werden als Triebkräfte für die jüngsten Entwicklungen identifiziert (Zellentin 1992). Auch der „Neue Institutionalismus" steht in der funktionalistischen Tradition, gemeinsamen Institutionen eine maßgebliche Rolle bei der Ausformung des Kooperationsprozesses einzuräumen. Institutionen beeinflussen die Erwartungen und Haltungen von Mitgliedern und verfügen über einen – gegenüber den Nationalstaaten autonomen – Handlungsspielraum (Pierson 1996). Dieses Argument begründet europäische Integration vor allem mit dem Einfluss des Europäischen Gerichtshofes und der Kommission. Letztere ist hier ein supranationaler *Entrepreneur*, der in relativer Autonomie von den Mitgliedsstaaten im eigenen (gemeinschaftlichen) Interesse regionale Ordnungspolitik betreiben kann.

Zum Verständnis der Ursachen regionaler Kooperation in den 1990er Jahren ist diese Argumentationslinie aus mehreren Gründen unzureichend. Vor allem kann sie die Gestaltungskraft der Nationalstaaten nicht erklären: Während bei der Schaffung des Binnenmarktes und des Vertrags von Maastricht z.B. die EU-Kommission eine wichtige Rolle gespielt haben kann, können die NAFTA und der MERCOSUR nicht auf Aktivitäten gemeinsamer Institutionen zurückgeführt werden, da diese hier nicht existierten. Im europäischen Fall scheint die Kommission eher von katalytischer als von ursächlicher Relevanz gewesen zu sein. Auch erklärt neofunktionalistischer Institutionalismus nicht, warum die EU-Kommission Mitte der 80er Jahre die Integration möglicherweise antreiben konnte, während sie dazu in den Jahrzehnten zuvor nicht in der Lage war, und warum dies mit einer liberalen Strategie geschah. Schließlich bietet die These von der funktionalen Effizienz als Kooperationsursache nur einen theoretischen Rahmen ohne für den Einzelfall diejenigen Kräfte zu spezifizieren, die funktionale Effizienz nötig oder möglich machen könnten: Welche Entwicklungen ließen marktliberale regionale Kooperation in den 80er Jahren „funktional effizient" erscheinen?

Neorealistisch-liberaler Intergouvernementalismus. Kritik an den Annahmen der funktionalistisch-institutionellen Richtung kam bereits in den 60er Jahren von der neorealistischen Schule (vgl. den Exkurs 6.). Hieraus entwickelte sich die zweite Argumentationslinie zum Thema regionale Integration. Hervorgehoben wurde die durch die Krise der EG in den 60er Jahren offensichtlich gewordene Dominanz der Nationalstaaten, die nach wie vor die prägenden Kräfte der Zusammenarbeit seien. Die Konvergenz oder Divergenz nationaler Interessen sei maßgeblich für den Fortschritt bzw. Stillstand regionaler Kooperation verantwortlich. Gemäß dem neorealistischen Paradigma ist der Staat die entscheidende *driving force* internationaler Beziehungen und handelt machtorientiert nach seinen nationalen Interessen in einem prinzipiell anarchischen internationalen System, in dem nicht-staatliche Akteure, innenpolitische Entwicklungen, internationale Organisationen und ökonomische Prozesse eine zweitrangige Rolle einnehmen: Souveräne Nationalstaaten entschließen sich zu regionaler Kooperation, wenn ihre nationalen Interessen in kompatible Richtungen weisen.

Diese Konzeptualisierung der Rolle von Staaten in der Weltpolitik wurde in den 70er Jahren ergänzt durch die Dimension der „Interdependenz", d.h. durch die Begründung nicht-staatlicher Akteure und internationaler Verflechtung als relevante Faktoren der internationalen Beziehungen. Interdependenz von Staaten, gekoppelt mit der Annahme grundsätzlicher – funktionaler – Kooperationswilligkeit von Staaten, bilden auch die Ausgangsbasis für die Konzeption internationaler Regime zur Ordnung bestimmter Politikfelder. Übertragen auf regionale Kooperation wird die Ursache der Zusammenarbeit in Managementerfordernissen zwischen Staaten gesehen: Regionalismus sei ein „intergovernmental regime designed to manage economic interdependence" (Moravcsik 1993: 474). Das „nationale Interesse" von Staaten wurde meist als Streben nach Macht, Sicherheit und Wohlstand definiert, oft als gegeben angenommen und in seiner Entstehung nicht weiter problematisiert.

Neuere Erklärungsansätze sind in dieser Hinsicht differenzierter. In den Arbeiten etwa von Moravcsik (1993) werden innenpolitische Faktoren (gesellschaftliche Koalitionen, politisches System) für das außenpolitische Handeln von Regierungen berücksichtigt. Es wird u.a. angenommen, dass regionale Kooperation eine Folge des Bestrebens der beteiligten Regierungen ist, eine Stärkung ihrer Handlungsfähigkeit nach innen, d.h. gegenüber nationalen Interessengruppen zu erreichen. Außenpolitisches Verhalten von Regierungen wird – innenpolitischen Druck abwehrend oder ihm folgend – auch als Reflex gesellschaftlicher Einflüsse gesehen (vgl. Kap. 6.1.). Die auf diese Weise geformten nationalen Interessen werden auf regionaler Ebene in intergouvernementale Verhandlungen eingebracht, die sich gemäß neorealistischer Annahmen nach der Verteilung jeweils nationaler Machtfülle gestalten. Staatliche Souveränität ist nicht geschwächt, sondern wird zur regionalen Steuerung gemeinsam ausgeübt, es erfolge ein „pooling of sovereignty" (Keohane/Hoffmann 1990: 277).

Dieser um die innenpolitisch-gesellschaftliche Dimension erweiterte und daher „liberal"-intergouvernementale Ansatz gilt heute vielen als vorherrschendes Interpretationsmodell in der EU-Forschung (Rosamond 1995: 396). Dennoch wäre eine alleinige Übernahme auch dieser Denkrichtung problematisch, da sie die empirische Entwicklung nicht überzeugend erklären kann: Warum haben innenpolitische Koalitionen und nationale Regierungen Kooperation in den 80er Jahren favorisiert und nicht zuvor? Außerdem bleibt offen, warum mit den neuen Initiativen ein Kurswechsel zu marktwirtschaftlicher Wettbewerbsorientierung vollzogen wurde. Die Bildung „nationaler Interessen" erfolgt in einem analytischen Vakuum, es wird erklärt *wie* sich Interessen artikulieren und außenpolitisches Verhalten beeinflussen, aber nicht *welche* Interessen *warum* entstehen. Exemplarisch dafür ist Moravcsik (1991: 42, 67), der zwar die „convergence of the economic policy prescriptions" in den großen EG-Ländern für eine „essential precondition" des Binnenmarktprojektes hält, aber nicht erforscht, ob es für diese simultane Übereinstimmung nationaler Präferenzen, d.h. für die gleiche marktliberale Ausrichtung interner Interessen-Koalitionen und das „Versagen" (Moravcsik 1991: 73) neokeynesianischer Modelle einen gemeinsamen Erklärungsfaktor gibt. Der häufig anzutreffende Hinweis auf „Interdependenz" (auch bei Moravcsik 1993: 474) als Kooperationsursache beschreibt meist einen Ist-Zustand, ohne kausale Wirkungsweisen aufzuzeigen. Es wird kein Erklärungsfaktor für die – für regionale Kooperation nötige – simultane Präferenz für Zusammenarbeit bei mehreren Staaten formuliert: Wenn die Präferenzen von Regierungen durch innenpolitische Interessenformation geprägt werden, was hat dann dazu geführt, dass innenpolitische Interessen sich auf eine Weise entwickelten, die die Regierungen dazu brachte, marktliberalisierende regionale Kooperation in den 80er Jahren zu favorisieren?

Forschungslücke. Als Ergebnis der Untersuchung des theoretischen Forschungsstandes lässt sich festhalten, dass bestehende Theorien überzeugend erklären können, wie sich konvergierende Interessenlagen in regionale Kooperation umsetzen – aufgrund von „funktionaler Effizienz", „institutioneller Eigendynamik", „innenpolitischer Koalitionen" und in „intergouvernementalen Verhandlungen". Unbefriedigend ist dagegen die explanative Kraft der Theorien hinsichtlich der Ursachen der Konvergenz: Welches sind die spezifischen *driving forces* für die Wahrnehmung regionaler Kooperation als erstrebenswerte Option „funktionaler Effizienz" oder „nationaler Interessenbildung"?

Der Globale-Märkte-Ansatz. In Anbetracht der Defizite der diskutierten Theorien bezüglich der zu erklärenden neuen Kooperationsinitiativen soll im Folgenden ein ergänzender Ansatz entworfen werden. Zunächst wird in Übereinstimmung mit den diskutierten Theorien von folgenden Annahmen ausgegangen: Regionale Kooperation ist die Folge von neuen Anforderungen, denen Regierungen mit neuen regionalen Regelungen besser nachzukommen glauben als mit bisheriger nationaler (oder bisheriger regionaler) Politik. Neue Anforderungen lassen regionale Kooperation „funktional effizient" und im „nationalen Interesse" liegend erscheinen. Mit neuer regionaler Kooperation schaffen oder stärken Staaten eine Regelungsebene, mit der sie zusätzliche Handlungsinstrumente gegenüber spezifischen Akteuren, Situationen und Prozessen erhalten können. Die Attraktivität gemeinsamer, regionaler Handlungsfähigkeit ist demnach darauf zurückzuführen, dass einzelstaatliches Vorgehen gegenüber *neuen Anforderungen* weniger adäquat ist bzw. als weniger adäquat wahrgenommen wird als gegenüber früheren Anforderungen.

Hypothese I: Wirkungen globaler Märkte auf Staaten. Anforderungen, die diesen Kriterien genügen, müssen *simultan* auf eine Gruppe von Staaten wirken, da es die zeitgleiche Präferenz mehrerer Staaten für regionale Zusammenarbeit zu erklären gilt. Zusätzlich müssen sie mit einzelstaatlicher Politik weniger adäquat zu bewältigen sein als mit regionaler oder sich Instrumenten einzelstaatlichen Vorgehens tendenziell entziehen bzw. diese schwächen. Entwicklungen, die diese Eigenschaften aufweisen, sind zum einen solche, die über nationale Strukturen hinausgehen, ganze Staatengruppen betreffen und mehrere Kontinente (Europa, Nord- und Südamerika) gleichzeitig beeinflussen. Dieses Kriterium erfüllen globale Prozesse. Im Hinblick auf die zu erklärende Wirtschaftskooperation ist eine Fokussierung auf globale Wirtschaftsprozesse sinnvoll. Sie sollen hier unter dem Begriff „globale Märkte" subsumiert werden. Der Begriff „globale Märkte" ist in der Sache präziser als Globalisierung, weil er sich auf die ökonomische Dimension beschränkt. Er liefert die zur theoretischen

Konzeptualisierung notwendige definitorische Abgrenzung zwischen „Markt“ und „Staat“: Globale Märkte funktionieren nach der gewinnmaximierenden Logik privater, transnationaler und potentiell global operierender Akteure (vgl. Kap. 3.1.1.).

Grundsätzlich kann vermutet werden, dass sich Regierungen in dem Maß einem Anpassungsdruck an die Logik globalen Wirtschaftens ausgesetzt sehen, in dem die Verflechtung zwischen globalen Märkten und nationaler Ökonomie zunimmt: Je stärker eine nationale Ökonomie in globale Märkte integriert ist (etwa durch Handel, Kredite oder Investitionen), desto höher sind die direkten Kosten einer Regierungspolitik, die sich nicht an den Gewinnerwartungen transnationaler Wirtschaftsakteure orientiert. Umgekehrt impliziert die Mobilität und potentielle Globalität der Aktivitäten auch einen erhöhten Anreiz in Form von möglichen Zuflüssen von Ressourcen für Standorte, die attraktive Bedingungen bieten. Eine im Sinne der Logik globaler Märkte attraktive Politik von Regierungen müsste dem Kriterium der Mobilität durch binnen- und außenwirtschaftliche Liberalisierungen und dem Kriterium der potentiell globalen Allokation durch eine Verbesserung der Gewinnaussichten etwa durch marktwirtschaftliche Spielregeln und eine angebotsorientierte, tendenziell unternehmerfreundliche Politik Rechnung tragen.

In Anbetracht der an binnenwirtschaftlichen Zielen orientierten und auch mit dirigistischen Mitteln verfolgten Wirtschaftspolitik in Lateinamerika (Importsubstitution) und Europa (Keynesianismus) in den Dekaden vor den marktliberalisierenden regionalen Abkommen können folgende Wirkungen globaler Märkte vermutet werden: Erstens ist eine *Krise* binnenorientierter Wirtschaftsmodelle zu vermuten, da sie sich nicht an den relevanter gewordenen Erwartungen und Mechanismen globalen Wirtschaftens ausrichten. Außerdem basieren solche Modelle auf der Fähigkeit des Staates, nationale Ökonomie zu steuern – eine Fähigkeit, die durch die De-Nationalisierung der Ökonomie geschmälert werden dürfte. Zweitens kann eine Veränderung der *Interessenlagen* innenpolitisch relevanter Gruppen vermutet werden, da eine wachsende Einbeziehung von Wirtschaftssektoren in globale Märkte ihre Orientierung am nationalen Binnenraum schwächen und eine Ausrichtung an den Konkurrenzerfordernissen transnationalen Wirtschaftens stärken dürfte. Drittens ist zu vermuten, dass die mit einer Verflechtung zwischen nationalen und globalen Ökonomien einhergehende De-Nationalisierung wirtschaftlicher Tätigkeit die Wirksamkeit staatlicher *Instrumente* einschränkt, da sich transnationale Aktivitäten dem Zugriff des Staates leichter entziehen können als rein nationale Aktivitäten (vgl. 3.1.1.). Zusammengenommen ist daher zu vermuten, dass Regierungen durch die Wirkungen globaler Märkte eine Präferenz für weltmarktorientierte Liberalisierungen entwickeln.

Hypothese II: Attraktivität regionaler Kooperation als Antwort auf die Wirkungen globaler Märkte. Warum kann marktliberale regionale Kooperation ein adäquates Mittel darstellen, um den ausgeführten Wirkungen globaler Märkte zu begegnen? Da regionale ökonomische Kooperation in den Bereich der Wirtschaftspolitik fällt, kann davon ausgegangen werden, dass hier die Staatsaufgabe „Wohlfahrt" betroffen ist (und weniger „Sicherheit"). Unterstützung durch die Wählermehrheit und damit der Machterhalt einer Regierung sind entscheidend von ihrer Leistungsfähigkeit in Hinblick auf Wachstum und Wohlstand abhängig. Ist die Leistungsfähigkeit der Regierung hinsichtlich des Bereichs „Wohlfahrt" durch globale Märkte negativ betroffen, dann werden Instrumente attraktiv, die eine Anpassung gegenüber diesen negativen Effekten ermöglichen. Anders gesagt: Wenn eine wachsende Verflechtung nationaler Ökonomie mit globalen Märkten eine binnenorientiert-dirigistische Verfolgung von „Wohlfahrt" erschwert (d.h. mit Kosten belegt) und marktliberale Reformen stimuliert, dann werden Instrumente attraktiv mit denen diese Reformen wirkungsvoll durchgeführt werden können.

Es kann vermutet werden, dass liberale regionale Kooperation sowohl auf der ökonomischen wie auf der politischen Ebene als eine dem nationalen Alleingang überlegene Option von den Regierungen wahrgenommen wird: *Ökonomische Effizienz:* Die wirtschaftlichen Wirkungen marktliberaler Reformen können gesteigert werden durch die Skalen-, Spezialisierungs- und Wettbewerbseffekte eines gemeinsamen Marktes bzw. einer Freihandelszone. *Politische Verträglichkeit:* Die innenpolitische Verträglichkeit der marktliberalen Reformen wird gefördert durch ihre Verankerung in einem regionalen Abkommen. Gegenüber innenpolitischer Opposition zu den Reformen gewinnen Regierungen eine zusätzliche Begründungsmöglichkeit, da ihre Politik nun nicht mehr allein in nationaler Verantwortung liegt, sondern eine multilaterale Verpflichtung darstellt. Durch die Einbettung von Reformen in ein regionales Abkommen kann die Legitimität von Politik somit erhöht und der Zugriff von Lobby-Gruppen auf die Reformen verringert werden („tied hands"-Argument). Zusammengenommen kann daher vermutet werden, dass regionale Kooperation ein attraktives Instrumentarium bietet, weil mit ihr auf den Druck globaler Märkte ökonomisch effizienter und politisch verträglicher reagiert werden kann als mit einzelstaatlichen Mitteln (zum Globale Märkte Ansatz vgl. ausführlich Schirm 2001: 22-41).

Arbeitsfragen zu Kapitel 4.1.1.:

- Welches ist die Hauptantriebskraft für regionale Kooperation im Funktionalismus?
- Welche Bedeutung misst der liberale Intergovernementalismus den Interessengruppen zu?
- Welches sind die beiden Kernhypothesen des Globale-Märkte-Ansatzes?

Literatur zu Kapitel 4.1.1.:

Anderson, Jeffrey J. 1995: The State of the (European) Union. From the Single Market to Maastricht, from Singular Events to General Theories, in: World Politics 47/3: 441-465

Haas, Ernst B. 1975: The Obsolescence of Regional Integration Theory (IIS/UC Berkeley Research Series Nr. 25), Berkeley Cal.

Haas, Ernst B. 1958: The Uniting of Europe, Stanford Cal.

Keohane, Robert O./Hoffmann, Stanley 1990: Conclusions: Community Politics and Institutional Change, in: Wallace, William (Ed.): The Dynamics of European Integration, London: 276-300.

Lindberg, Leon/Scheingold, Stuart A. 1971: Regional Integration: Theory and Research, Cambridge Mass.

Moravcsik, Andrew 1991: Negotiating the Single European Act: National Interests and Conventional Statecraft in the European Community, in: International Organization 45/1: 651-688

Moravcsik, Andrew 1993: Preferences and Power in the European Community: A Liberal-Intergovernmental Approach, in: Journal of Common Market Studies 31/4: 473-524.

Moravcsik, Andrew 1998: The Choice for Europe. Social Purpose and State Power from Messina to Maastricht, Ithaca NY.

Nabers, Dirk 2004: ASEAN+3: The Failure of Global Governance and the Construction of Regional Institutions, in: Schirm, Stefan A. (Ed.): New Rules for Global Markets, Houndmills: 215-234.

Nye, Joseph 1971: Peace in Parts. Integration and Conflict in Regional Organization, UPA Reprint (1987) der Originalausgabe, Lanham.

Pierson, Paul 1996: The Path to European Integration: A Historical Institutionalist Analysis, in: Comparative Political Studies 29/2: 123-163.

Risse-Kappen, Thomas 1996: Exploring the Nature of the Beast: International Relations Theory and Comparative Policy Analysis Meet the European Union, in: Journal of Common Market Studies 34/1: 53-80

Rosamond, Ben 1995: Mapping the European Condition: The Theory of Integration and the Integration of Theory, in: European Journal of International Relations 1/3: 391-408

Schirm, Stefan A. 2001: Globale Märkte, nationale Politik und regionale Kooperation in Europa und den Amerikas, Baden-Baden (2. Aufl.).

Young, Jong Choi/Caporaso, James A. 2003: Comparative Regional Integration, in: Carlsnaes/Risse/Simmons (Ed.): Handbook of International Relations, London: 480-499.

Zellentin, Gerda 1992: Der Funktionalismus -eine Strategie gesamteuropäischer Integration?, in: Kreile, Michael (Hrsg.): Die Integration Europas, (PVS-SH 23), Opladen: 62-77.

4.1.2. Europäische Integration: Fallbeispiel Binnenmarktprojekt „1992“

Die Verwirklichung eines Binnenmarktes in der Europäischen Gemeinschaft war ein Kernelement der Römischen Verträge von 1957. Die freie Mobilität von Waren, Dienstleistungen, Personen und Kapital konnte in den folgenden drei Jahrzehnten aber nur ansatzweise umgesetzt werden. Dies lag vor allem (1) am Festhalten an nationalen Regelungen, die nur teilweise und sehr zeitraubend harmonisiert werden konnten, (2) am verbreiteten Bestreben von Regierungen, durch weiterhin relativ abgeschlossene Binnenmärkte nationale Branchen zu schützen, (3) am Wunsch nach größtmöglicher Autonomie bei der Steuerung der eigenen Volkswirtschaft (Wallace 1994: 58-86; Tsoukalis 1992: 14-147). Diese Motive nationaler Regierungen gegen die für einen Binnenmarkt notwendigen europaweiten Liberalisierungen entsprachen der in den 60er-70er Jahren vorherrschenden keynesianischen Wirtschaftspolitik in den meisten Mitgliedsstaaten der EG. Der Schutz nationaler Sektoren gegenüber dem Ausland, keynesianische Nachfragesteuerung der Wirtschaft und die Effizienz ihrer Instrumente erforderten ein Ausmaß an staatlichen Eingriffen, an Kontrolle über die eigene Wirtschaft, das einer europaweiten freien Mobilität von Produktionsfaktoren entgegenstand.

Obwohl bis Mitte der 80er Jahre erhebliche Zollsenkungen erreicht und eine Reihe von Normen harmonisiert wurden, blieb der europäische „Binnenmarkt“ unvollständig. Insofern verkörperte das Projekt der Einheitlichen Europäischen Akte (EEA, 1986) zur Vollendung des Binnenmarktes bis 1992 eine deutliche Veränderung sowohl europäisch-integrativer wie auch nationaler wirtschaftspolitischer Strategien. Im Kern gaben die Mitglieder der EG damit die bis Ende der 70er Jahre (mancherorts bis in die 80er Jahre) dominante keynesianische Wirtschaftspolitik auf und verankerten einen Kurswechsel hin zur deregulierenden Öffnung ihrer Volkswirtschaften im regionalen – und damit auch im nationalen – Rahmen. Das Ersetzen der Harmonisierungsstrategie durch die gegenseitige Anerkennung von Standards bedeutete eine fundamentale Veränderung des Integrationsprozesses. Auf der technischen Ebene sollten nicht mehr staatliche Detailkompromisse verhandelt werden, sondern unterschiedliche Regeln miteinander konkurrieren. Damit verkörperte die Liberalisierungs-Strategie des Binnenmarktes weniger eine Fortsetzung früherer Integrationsmethoden, sondern vielmehr einen neuen Ansatz. Sandholtz und Zysman (1989: 95) bewerten das Binnenmarktprojekt „1992“ wie folgt: „This initiative is a disjunction, a dramatic new start, rather than the fulfillment of the original effort to construct Europe."

Grundlagen des Binnenmarktes sind die Römischen Verträge (Art. 2, 3a, 3c EWGV) und die Vertragsergänzungen durch die Einheitliche Europäische Akte von 1986 (1987 in Kraft getreten) über die Vollendung des Binnenmarktes bis zum 31.12.1992 (Art. 8a-c EWGV). Wichtigstes Ziel der EEA war die Verwirklichung der *vier Freiheiten*, d.h. der freie Verkehr von Waren, Dienstleistungen, Personen und Kapital (Herrmann et.al 1990: 5-21; Thiel 1992: 60-91). Zentrales Instrument zur Umsetzung dieses Zieles ist das Prinzip der *gegenseitigen Anerkennung* von Normen und Standards und damit die Verringerung der alternativen Strategie der Harmonisierung (Rechtsangleichung) auf ein Mindestmaß. Harmonisierung hatte bis dahin die Regel gebildet und war eine der Hauptursachen für die mangelhafte Umsetzung der „vier Freiheiten" in den Dekaden nach Unterzeichnung der Römischen Verträge gewesen (Moravcsik 1991: 41): Während direkte Zölle weitestgehend reduziert worden waren, konnten nicht-tarifäre Handelshemmnisse wie Normen nur unzureichend beseitigt werden. Dieses Instrument wurde mit dem Prinzip der gegenseitigen Anerkennung größtenteils aufgegeben: Grundlage für „1992" war nunmehr die automatische Zulassung von Produkten auf dem eigenen Markt, wenn sie im (EG-) Ursprungsland nach *dessen* Bestimmungen legal hergestellt wurden.

Insgesamt legte die Kommission dem Rat 282 Maßnahmen über den Abbau von materiellen, technischen und steuerlichen Schranken zur Verabschiedung vor, die für die Verwirklichung des Binnenmarktes als notwendig angesehen wurden. Die Regelungen des Binnenmarktes folgten einer Strategie der „negativen Integration", d.h. der Integration durch den *Abbau* von nationalstaatlichen Beschränkungen und Regelungskompetenzen. Anders als etwa durch die vorhergehende Harmonisierungs-Strategie sollte Integration überwiegend nicht durch neue gemeinschaftliche Regeln erreicht werden, sondern durch die Konkurrenz der (gegenseitig anerkannten) nationalen Bestimmungen. Obwohl Ausnahmen von der Deregulierung (wie im Agrar-, Kohle- und Stahlbereich) und die mit jeder regionalen Kooperation einhergehende Diskriminierung Dritter einige protektionistisch ausgerichtete Sektoren bevorzugten, ist die liberalisierende Wettbewerbsorientierung als dominantes Charakteristikum des Binnenmarktprojektes anzusehen.

Bis auf Mindeststandards (etwa im Bereich des Umwelt-, Gesundheits- und Verbraucherschutzes) werden mit der gegenseitigen Anerkennung nicht-tarifäre Handelshemmnisse beseitigt und der innereuropäische Wettbewerb stimuliert. Die Ausnahmen von der „gegenseitigen Anerkennung" wurden auf ein Mindestmaß reduziert und dürfen nicht diskriminierend, d.h. zum Schutz inländischer Produzenten angewandt werden. Beispielsweise musste die Bundesrepublik den Import von EG-Bier zulassen, das nicht nach dem Reinheitsgebot gebraut ist. Für deutsche Brauereien konnte das Reinheitsgebot beibehalten werden.

Zusätzliche Maßnahmen zur Vollendung des Binnenmarktes waren u.a.:

- Freier Transfer von Investitions- und Anlagekapital
- Schnellere Entscheidungsfindung durch Abstimmung nach qualifizierter Mehrheit.
- Öffnung der öffentlichen Beschaffungsmärkte für Anbieter aus anderen Mitgliedsländern.
- Liberalisierung bei Finanzen (Banken und Versicherungen) und Verkehr (Luftfahrt).
- Mobilität durch gegenseitige Anerkennung von Ausbildungs- und Hochschulabschlüssen.
- Angleichung von Steuern zur Beseitigung von Wettbewerbsverzerrungen.

Übergeordnete Zielsetzung des Binnenmarktes war die Stimulierung des Wirtschaftswachstums. Dieses Ziel sollte erreicht werden über die Freisetzung von Marktkräften durch Liberalisierung sowie die Erlangung von Skaleneffekten durch Markterweiterung und von Effizienz- und Spezialisierungsvorteilen infolge des stärkeren Wettbewerbs (Jacquemin/Sapir 1991: 29-48). Damit verfolgte der Binnenmarkt eine angebotsorientierte Wirtschaftspolitik und brach mit dem nationalen keynesianischen Nachfragemanagement der 60er-70er Jahre: Über verbesserte Bedingungen für europäische Unternehmen auf dem europäischen Markt und niedrigere Produktionskosten durch den größeren Markt, vermehrten Wettbewerb, Abbau von Transportkosten wie Normschranken sollte das Preisniveau gesenkt und die Produktion ausgeweitet werden. Dadurch sollte die Wettbewerbsfähigkeit europäischer Anbieter auf dem eigenen Markt und auf dem Weltmarkt verbessert werden. In der Folge zielte man auf die Steigerung des europäischen Bruttosozialproduktes und die Verringerung der Arbeitslosigkeit in der EG (Commission of the European Communities 1995: 387-441; Pinder 1988: 35-54). Der Checchini-Bericht einer von der EG-Kommission eingesetzten

Arbeitsgruppe gibt exemplarisch die Wirtschaftsstrategie und die Erwartungen wieder, die mit dem Binnenmarktprojekt verfolgt wurden:

> „The release of these constraints will trigger a supply-side shock to the Community economy as a whole. The name of the shock is European market integration. Costs will come down. Prices will follow as business, under pressure of new rivals on previously protected markets, is forced to develop fresh responses to a novel and permanently changing situation. Ever-present competition will ensure the completion of a self-sustaining virtuous circle. The downward pressure on prices will in turn stimulate demand, giving companies the opportunity to increase output, to exploit resources better and to scale them up for European, and global competition." (Checchini 1988: xix.)

Zentrales Anliegen war demnach die Verbesserung der globalen Wettbewerbsfähigkeit europäischer Unternehmen: „At present in many key sectors, companies are operating without the specialization and size necessary to compete globally" (Checchini 1988: 21). Mit dem Übergang von der bisherigen Harmonisierungsstrategie zur gegenseitigen Anerkennung zielte man auf die Stärkung von Marktkräften, da nunmehr – über freien Produkt- und Standortwettbewerb – die nationalen Regelungswerke miteinander konkurrierten (Winters 1993: 220). Somit verpflichteten sich die Regierungen der Mitgliedsländer dazu, ihre nationalen Bestimmungen auf eine Weise zu gestalten, die ihren Unternehmen keine Wettbewerbsnachteile im europäischen Raum brachte. Auch bereits starke und global tätige nationale Anbieter („National Champions") sollten durch den Binnenmarkt eine Positionsverbesserung als „European Champions" auf dem Regional- wie Weltmarkt erreichen. Die Ausrichtung an der externen Wettbewerbsfähigkeit wurde zur Maxime – zu Lasten binnenorientierter Steuerung. Der Binnenmarkt veränderte auch den Einfluss von Regierungen auf den europäischen und nationalen Ordnungsrahmen. Der Ersatz der früheren Harmonisierungsprozeduren durch die gegenseitige Anerkennung sollte auch den Einfluss von Interessengruppen verringern, die durch Konkurrenz möglicherweise negativ betroffen und an staatlicher Protektion interessiert waren: „Another advantage is that harmonization is not undertaken ex ante at the political bargaining table under the influence of interest groups, but it follows from an anonymous market process in which the power of interest groups evaporates" (Siebert 1989: 6).

Die Zielsetzung, Marktkräfte zu stärken, um Wachstum und Wettbewerbsfähigkeit zu stimulieren, ging einher mit der Schwächung des Einflusses des Staates und von Interessengruppen auf den Wirtschaftsprozess. Dadurch verringern sich die Möglichkeiten zum politischen Schutz nationaler Sektoren und somit zum *rent-seeking*, d.h. zur Erzielung von Gewinnen aus staatlicher Protektion, statt durch die Herstellung wettbewerbsfähiger Güter. Zielsetzung des Binnenmarktes war daher auch die Nutzung der europäischen Ebene zur Durchsetzung eines Strukturwandels in den Volkswirtschaften der Mitgliedsländer: Verstärkte Konkurrenz bei gleichzeitig vertraglich beschnittener Fähigkeit der Regierungen, regulativen Schutz vor Marktkräften zu gewähren, zielte auf einen wirtschaftlichen Anpassungsprozeß, der weniger politischen Einflüssen unterliegen sollte, als dies zuvor im nationalen Rahmen gegeben war (Clement 1988: 228-232). Da abzusehen war, dass die Kosten der Anpassung an schärferen Wettbewerb (Arbeitsplatzverluste, Betriebsstillegungen etc.) in den weniger entwickelten Regionen Westeuropas verstärkt anfallen würden, erfolgte im Rahmen der EEA auch eine Erklärung zu Art. 130d EWGV über eine Aufstockung der Transferzahlungen in diese Gebiete (etwa via Strukturfonds). Mit diesen *side-payments* stellten die Industrieländer in der EG die Zustimmung etwa Griechenlands, Portugals und Spaniens zur EEA sicher.

- Nach Berechnungen der Europäischen Kommission (2003: 3) zum zehnjährigen Bestehen des Binnenmarktes lag 2002 das BIP der EU-15 um 1,8 Prozent oder 164,5 Milliarden Euro höher als dieses ohne den Binnenmarkt der Fall gewesen wäre.
- Durch die Einrichtung des Binnenmarktes wurden 1992 bis 2002 2,5 Mio. zusätzliche Arbeitsplätze geschaffen (Europäische Kommission 2003: 3).
- Die Inflationsrate der EU-15 ist von 5,2% im Jahre 1991 auf 2,1% im Jahre 2002 gefallen (Eurostat 2003: Inflation rate).
- Der Anteil der EU an den ausländischen Direktinvestitionen war nach 1992 gestiegen (Eurostat 2001: Anteil der EU an den weltweiten Direktinvestitionen; Schirm 2001: 79).
- Die Exporte in Drittstaaten als Indiz für globale Wettbewerbsfähigkeit stiegen von 6,9% des EU-BIP 1992 auf 11,2% 2001 (Europäische Kommission 2003: 3).

Nach diesen Zahlen kann ein erheblicher Beitrag des Binnenmarktprojektes zur wirtschaftlichen Entwicklung Westeuropas festgehalten werden. Der gestiegene Anteil Europas an weltweiten Direktinvestitionen dürfte nicht nur auf attraktivere Bedingungen und größeres Wirtschaftswachstum zurückzuführen sein, sondern auch auf das Bestreben von Firmen aus Drittstaaten, durch Produktion „vor Ort" in den Genuss derselben Wettbewerbskonditionen zu gelangen, die europäischen Konkurrenten durch den Binnenmarkt ermöglicht wurden. Neben den quantitativ fassbaren makroökonomischen Größen gehört zu den Ergebnissen von „1992" auch die multilaterale vertragliche wie politische Verankerung einer tendenziell wettbewerbsorientiert-liberalen Wirtschaftspolitik und damit die Fortführung der Abkehr von regulativ-binnenorientierten nationalen Politiken der 60er und 70er Jahre.

> „In truth, this 1992 project is an adventure in deregulation: that is why Britain likes the sound of it. That curiously, is why the French and the West Germans go along with it. Deregulation is the economic treatment of the decade – a fashionable medicine which European countries know they should swallow like good patients, even if they dislike its taste." (The Economist 1988: 12)

4.1.3. Das Nordamerikanische Freihandelsabkommen (NAFTA)

Das North American Free Trade Agreement (Tratado de Libre Comercio) stellt im Wesentlichen eine Veränderung der wirtschaftlichen und politischen Position Mexikos dar und weniger einen Wandel US-amerikanischer Präferenzen (vgl. Kap. 3.1.6. und Schirm 2001: 162-204). Einer intensiven ökonomischen Zusammenarbeit mit den USA standen ein entgegengesetztes Wirtschaftsmodell und eine klare politische Distanz zum großen Nachbarn gegenüber. In Anbetracht der konfliktgeladenen Geschichte der US-mexikanischen Beziehungen symbolisiert der *mexikanische* Vorschlag von 1990 zur Bildung der NAFTA eine deutliche Wende in der Haltung des Landes, denn seit dem Verlust der Hälfte seines Territoriums an die USA 1848 war Mexiko um Autonomie gegenüber den Vereinigten Staaten bemüht gewesen. Die damalige militärische Niederlage und die traditionell starke ökonomische Abhängigkeit von den USA hatten zur anti-amerikanischen Ausrichtung der 1910 einsetzenden Revolution beigetragen. Mit ihr begann eine Phase politischer Differenzen in den bilateralen Beziehungen, die bis in die 1980er Jahre andauerte. Nach der Revolution gehörten die Ablehnung der Lateinamerikapolitik Washingtons und die Unterstützung revolutionärer Bewegungen auf dem Subkontinent zu den Grundpfeilern der mexikanischen Außenpolitik, mit der die weiterhin starken wirtschaftlichen Bindungen kaschiert werden sollten. Noch 1980 hatte der damalige Präsident Lopez Portillo eine vom Präsidentschaftskandidaten Ronald Reagan vorgeschlagene Freihandelszone als unvereinbar mit der mexikanischen Souveränität abgelehnt.

Mit der NAFTA wird daher politisch ein neues Kapitel in den US-mexikanischen Beziehungen gefestigt. Wirtschaftlich hatte sich das lateinamerikanische Land seit langem kontinuierlich in den US-amerikanischen Wirtschaftsraum integriert. Diese politisch nicht geregelte „silent integration" manifestierte sich vor allem in engen Handelsbeziehungen: Mexiko wickelte seit Jahrzehnten den überwiegenden Teil seines Außenhandels mit den USA ab. Die Verflechtung umfasste auch eine Dominanz der USA bei Direktinvestitionen in Mexiko und bei den *Maquiladoras*. Letztere produzieren auf der Grundlage niedriger mexikanischer Löhne arbeitsintensive Herstellungsschritte von Waren, die meist vorgefertigt aus den USA kommen und zur Endfertigung wieder über die Grenze nach Norden gehen. Aber auch eine gesellschaftliche Verschmelzung, die Entstehung von *Mexamerica* beiderseits der Grenze durch Migration und kulturellen Austausch, gehört zur Integration beider Länder vor der Schaffung der NAFTA. Intensive ökonomische und kulturelle Vernetzung hatte ebenfalls die US-kanadischen Beziehungen lange vor der vertraglichen Bindung im US-Canada Free Trade Agreement (CUSFTA) im Jahr 1988 ausgezeichnet. Mit der NAFTA wurde die CUSFTA auf Mexiko ausgedehnt sowie vertraglich erweitert und vertieft.

Die NAFTA verkörpert aber nicht nur den erwähnten außenpolitischen Kurswechsel Mexikos gegenüber den USA, sondern auch eine deutliche Änderung der wirtschaftspolitischen Ausrichtung des Landes. Bis in die 80er Jahre hatte die regierende Partei der Institutionalisierten Revolution (PRI) ein Entwicklungsmodell der Industrialisierung zur Substitution von Importen (ISI) betrieben (vgl. Kap. 3.1.6.). Ähnlich wie in Brasilien und in vielen anderen Entwicklungsländern hatte man seit den 50er Jahren den Aufbau eigener Industrie unter hohem Zollschutz forciert und wegen des fehlenden Wettbewerbs an der globalen Technologieentwicklung kaum partizipiert. Kernelement der mexikanischen Wirtschaftspolitik war die interventionistische Allokation von Ressourcen, eine hohe Staatsquote, eine stark regulierte Ökonomie und eine binnenorientierte Wirtschaftspolitik. In den 80er Jahren wurden marktwirtschaftliche Reformen eingeleitet und das frühere Entwicklungsmodell aufgegeben. Mit dem NAFTA-Abkommen öffnete sich Mexiko weiter nach außen und verpflichtete sich, die wettbewerbsorientierte liberale Politik fortzusetzen.

Regelungen. Vertraglich vereinbarte Ziele des North American Free Trade Agreements sind die Schaffung einer Freihandelszone, die Beseitigung von Zollschranken, die Förderung fairer Wettbewerbsbedingungen und die Steigerung der Investitionsmöglichkeiten. Zu den wichtigsten Bestimmungen im Einzelnen (Schirm 2001; 1997: 50-56):

- Zölle und Marktzugang: Die Vertragsparteien gewähren einander Inländerbehandlung für Waren. Die Zollschranken werden entweder sofort beseitigt oder innerhalb von fünf bzw. zehn Jahren sukzessiv abgebaut. Für bestimmte Güter wurde eine Übergangszeit von 15 Jahren festgelegt. Hiervon betroffen sind vor allem landwirtschaftliche Produkte.
- Ursprungsregeln: Um sich für zollfreien Handel zu qualifizieren, müssen Produkte innerhalb des NAFTA-Raumes hergestellt worden sein. Beim besonders sensiblen Automobilsektor wurde ein „local content" von 62,5% festgelegt. Dies bedeutet, dass nur Kraftfahrzeuge unter die NAFTA-Regelungen fallen, die zu 62,5% in den drei beteiligten Staaten produziert wurden.
- Investitionen: Auch bezüglich der Behandlung von Investitionen wird den Vertragspartnern Inländerstatus gewährt und damit der innerregionale Investitionsfluss liberalisiert. Regeln gegen Enteignungen und Wettbewerbsverzerrungen sowie über den Schutz des geistigen Eigentums bieten zusätzliche Sicherheiten.
- Dienstleistungen: Auch im tertiären Sektor soll Inländerbehandlung erreicht werden. Dies bedeutete vor allem eine Öffnung des bisher weitgehend verschlossenen mexikanischen Marktes für US-amerikanische und kanadische Banken und Versicherungen.
- Staatsaufträge: Bei der Vergabe von Staatsaufträgen werden Firmen aus NAFTA-Ländern wie einheimische Bewerber behandelt.
- Energie: Im staatlichen Erdölsektor, dem Symbol mexikanischer Autonomie, konnte Mexiko eine Liberalisierung verhindern, d.h. er bleibt im Wesentlichen unter der Kontrolle des Staates.
- Schlichtungsverfahren: Zur Streitbeilegung wurden Verfahren und entsprechende Gremien geschaffen. Dazu gehören eine Handelskommission und ein Sekretariat, die die Einhaltung der Vereinbarungen überprüfen und über Verstöße entscheiden.
- Standardisierung von Normen: Zur Erleichterung von Handel und Investitionen werden Regelungen über technische und sanitäre Standards getroffen.

- Marktwirtschaftliche Spielregeln: Die Parteien verpflichten sich zur Einhaltung bzw. Schaffung von Regeln für einen freien Wettbewerb innerhalb und zwischen den Mitgliedern.

Während die Freizügigkeit von Waren, Dienstleistungen und Kapital im NAFTA-Vertrag vereinbart wurden, blieb der Bereich „Arbeit" ebenso ausgeschlossen wie ein direkter Finanztransfer zur Unterstützung von Anpassungsmaßnahmen in Mexiko. Ein gemeinsamer Außenzoll und gemeinsame Institutionen sind nicht Bestandteil des Vertragswerkes. Damit unterscheidet sich die NAFTA deutlich vom Europäischen Binnenmarkt, zu dessen Grundelementen – „Vier Freiheiten" – auch die Mobilität von Personen (Faktor Arbeit) gehört. Außerdem nimmt die Europäische Integration im Gegensatz zur NAFTA einen Finanztransfer in anpassungsbedürftige Mitgliedsstaaten (Struktur- und Kohäsionsfonds) vor und verankerte einen gemeinsamen Außenzoll. Aufgrund der Kritik von Umweltschutzgruppen und Gewerkschaften in den USA an dem im August 1992 vorgestellten Vertragswerk sah sich der damalige Präsidentschaftskandidat Clinton veranlasst, Nachbesserungen zu fordern, die er nach seiner Wahl in Parallelabkommen zu Arbeits- und Umweltfragen umsetzte. Die Kritik US-amerikanischer Interessengruppen richtete sich vor allem gegen ein befürchtetes Umwelt- und Sozialdumping infolge geringerer mexikanischer Auflagen für Betriebe in diesen Bereichen. Die Parallelabkommen verankern gemeinsame „nordamerikanische" Standards.

Zielsetzungen. Ähnlich dem Europäischen Binnenmarktprojekt und dem MERCOSUR war das vorrangige Ziel der NAFTA die Förderung des Wirtschaftswachstums durch Liberalisierung. Zollsenkungen sollten den Warenverkehr stimulieren, vermehrter Wettbewerb über Spezialisierungs- und Effizienzeffekte die Ressourcenallokation verbessern und Skalenvorteile die Produktion verbilligen, die Investitionstätigkeit steigern und die globale Konkurrenzfähigkeit der Güter aus den Mitgliedsstaaten erhöhen (Zoellick 1992: 1-6; Malpass 1992; Haggard 1995: 93f). Neben der Bevorzugung von Gütern aus den Mitgliedsländern innerhalb der NAFTA zielte das Abkommen damit auch auf die Verbesserung der Wettbewerbsfähigkeit der Mitglieder im globalen Rahmen als Standorte für Produktion und Investitionen. Die Anziehung von Investitionen aus Drittländern war vor allem für Mexiko ein zentrales Ziel, da es sich aufgrund der NAFTA als Produktionsstätte mit freiem Zugang zum größten nationalen Markt der Welt (USA) qualifizierte. Die Präambel des Abkommens macht die beiden zentralen Zielsetzungen deutlich:

„Die Präambel [...] betont die Verpflichtung der drei Länder, Arbeit und Wirtschaftswachstum in jedem Land zu fördern durch die Ausweitung von Handels- und Investitionsmöglichkeiten im Freihandelsgebiet und durch die Verbesserung der Wettbewerbsfähigkeit kanadischer, mexikanischer und US-amerikanischer Firmen auf den globalen Märkten [...]. Die Ziele des Abkommens sind die Abschaffung von Handelsbeschränkungen, die Förderung von Bedingungen für fairen Wettbewerb, die Steigerung von Investitionsmöglichkeiten [...].“ (Governments of Canada, the United Mexican States, the United States of America 1992: 1).

Eine erste Bilanz der NAFTA zeigt klare Erfolge (vgl. auch Kap. 4.2.) Der Außenhandel zwischen den USA und Mexiko stieg von 102 Mrd. USD (1994) auf 250 (2002); Mexikos Exporte in die USA von 51,8 Mrd. USD (1994) auf 143,5 (2002) (WTO 95: 46; IMF 96: 47f, 139, 211f; Economist 2004: 16; Banco Informacion Economica 03). Der Zustrom von Direktinvestitionen nach Mexiko erhöhte sich von 2,6 Mrd. USD (Jahresdurchschnitt 1985-90) über 4,4 Mrd. USD (1992) auf 10,9 Mrd. USD (1994). Wegen der Peso-Krise verringerte sich der Zufluss von FDI 1995 auf 6,9 Mrd. USD (UNCTAD 1997: 305). 1994-2002 beliefen sich die US-Direktinvestitionen in Mexiko auf 58 Mrd. USD (The Economist 2004: 14).

4.1.4. Der Gemeinsame Markt des Südens (MERCOSUR)

Der Mercado Común del Sur (Mercado Comum do Sul, Portugiesisch) umfasst als Mitglieder Argentinien, Brasilien, Paraguay und Uruguay. Bolivien und Chile sind seit 1996 assoziiert. Die beiden initiierenden und tragenden Länder des MERCOSUR, Argentinien und Brasilien, hatten bis in die jüngste Vergangenheit um die Vorherrschaft in Südamerika rivalisiert. Erst mit den Industrialisierungserfolgen Brasiliens in den 60er und 70er Jahren und der ökonomischen Stagnation Argentiniens war Brasilien zur eindeutig relevanteren Regionalmacht geworden. Bis zum Ende der 80er Jahre war aber der ökonomische Austausch marginal geblieben. Hinsichtlich regionaler Wirtschaftskooperation hatten beide Staaten mehreren gesamtlateinamerikanischen Integrationsmechanismen der „ersten Generation“ angehört. Organisationen wie die 1960 gegründete Lateinamerikanische Freihandelsassoziation ALALC (1980 umbenannt in ALADI) und das Lateinamerikanische Wirtschaftssystem SELA (1975) waren im Rahmen der von der UN-Wirtschaftskommission für Lateinamerika (CEPAL) propagierten Entwicklungsstrategie der Industrialisierung zur Substitution von Importen (ISI) entstanden. Diesem Modell entsprechend, diente Integration in den 60er-70er Jahren im Wesentlichen der Erweiterung protektionistisch abgeschotteter und staatlich gelenkter Binnenmärkte. Das Bestreben, ökonomische Prozesse staatlich zu steuern und nationale Produktion gegenüber externen Wettbewerbern zu schützen, führte oft zu geringer Effizienz, teuerer und technologisch veralteter sowie wenig wettbewerbsfähiger Produktion und trug entscheidend zum Scheitern der Integrationsversuche der „ersten Generation“ bei: Das Entwicklungsmodell lief dem Freihandelsgedanken diametral entgegen. Von Monopolen und Protektion abhängige *rent-seekers* sollten ihre Privilegien nicht durch Konkurrenz verlieren. Man setzte damals auf staatlich verordneten und „komplementären“ Handel, der jegliche Anpassung an Wettbewerb zu vermeiden suchte. Damit entgingen den beteiligten Staaten maßgebliche Vorteile des Freihandels, d.h. es kam nicht zur kompetitiven Steigerung von Produktivität und Spezialisierung, kaum zu economy-of-scale-Effekten und ebensowenig zu einer effizienteren Allokation von Ressourcen infolge regionaler Zusammenarbeit (vgl. Kap. 2.2.). Es erfolgte eine Regionalisierung der Unterentwicklung (Schirm 1997: 28-48).

Die Gründung des MERCOSUR 1991 verkörpert im Vergleich zu früheren Entwicklungen in mehrfacher Hinsicht einen Kurswechsel. Erstens beendet er die historische Rivalität zwischen Argentinien und Brasilien. Zweitens ist er Ausdruck der Abkehr beider Staaten von der traditionellen binnenorientierten Entwicklungsstrategie protektionistischer Importsubstitution. Drittens gehört der MERCOSUR zusammen mit der NAFTA zu den Kooperationsabkommen der „zweiten Generation“: Ihr Anliegen ist die Unterstützung marktwirtschaftlicher nationaler Reformen, die Erzielung von Effizienzgewinnen und die Steigerung der Wettbewerbsfähigkeit der Mitglieder auf dem Weltmarkt für Güter und Kapital. Diese wirtschaftspolitische Orientierung kennzeichnet den Kooperationsprozess aber seit 1990. Erst im Zuge ökonomischer Strukturreformen auf nationaler Ebene wurde auch die regionale Dimension marktwirtschaftlich ausgerichtet: Grundlegende Reformen setzten in Argentinien 1988 (Brasilien 1989) ein und gewannen 1989 (1990) an Momentum.

Regelungen. Grundlage des MERCOSUR sind der Vertrag von Asunción (1991), das ergänzende Protokoll von Ouro Preto (1994) und mehrere Zusatzabkommen sowie Ausführungsbestimmungen. Das Projekt umfasst drei Dimensionen wirtschaftlicher Zusammenarbeit: Erstens sollte eine Freihandelszone errichtet werden, d.h. der freie Austausch von Gütern, Dienstleistungen und Kapital durch Abschaffung von tarifären und nichttarifären Handelshemmnissen gewährleistet werden. Die Mobilität des Faktors „Arbeit“ blieb ausgeklammert. Zweitens sollte eine Zollunion mit der Schaffung eines gemeinsamen Außenzolls und einer gemeinsamen Außenhandelspolitik gegenüber Dritten sowie einer Koordinierung der Positionen in internationalen Wirtschaftsforen etabliert werden. Drittens war ein Gemeinsamer Markt vorgesehen mit der Harmonisierung der Wirtschaftspolitik der Mitgliedsländer in den Bereichen Außenhandel, Landwirtschaft, Industrie, Kapital, Fiskalpolitik, Geldpolitik, Wechselkurspolitik, Zolldienste, Transport und Kommunikation. Hauptinstrumente zur Umsetzung dieser Beschlüsse waren eine generelle, d.h. im Unterschied zu früheren Kooperationsversuchen auf *alle* Produkte anzuwendende Zollsenkung. Außerdem sollte mit der Einrichtung eines gemeinsamen Außenzolls gegenüber Dritten gewährleistet werden, dass Güter aus Nicht-Mitgliedsländern nicht über jenes Mitgliedsland eingeführt werden, das die niedrigsten Zollschranken aufweist. Im Spezifischen umfassen die beabsichtigten und bis dato (2004) nicht vollständig umgesetzten Regelungen u.a. folgende Elemente (COMISEC 1995: 33-38; Figueiras 1994: 15-82; Gratius 2001 und Preusse 2002):

- Abbau von Zöllen innerhalb des MERCOSUR. Der Abbau vieler Zölle und nicht-tarifärer Handelshemmnisse steht noch bevor.
- Ausnahmeregelungen. Jedes Mitgliedsland hat allerdings das Recht, besonders „sensible“, d.h. durch Konkurrenz in ihrer Existenz bedrohte, Produktionszweige für eine Übergangsphase zu schützen, indem es deren Güter auf eine Ausnahmeliste setzt.
- Etablierung eines Gemeinsamen Außenzolls (Common External Tariff CET) gegenüber Nicht-Mitgliedern zwischen 0 und 20%.
- Im Prinzip werden Auslandskapital aus MERCOSUR-Staaten und Investitionen aus Nicht-Mitgliedern nationalen Investitionen gleichgestellt, vor Enteignungen geschützt.
- Aufgrund des noch nicht vollständig erreichten Gemeinsamen Außenzolls (CET) mussten Ursprungsregeln für Waren festgelegt werden, die nicht vom CET erfasst werden. Es wurde ein Mindestanteil lokaler Herstellung (local content) vereinbart, der sich auf mindestens 60% beläuft.
- Gleiche Wettbewerbsbedingungen sollen künftig auch für den Dienstleistungsbereich gelten. Für wichtige Sparten wie Banken und Versicherungen wurden sie nicht erreicht.

Die Regelungen des MERCOSUR lassen eine marktliberale Grundtendenz erkennen, aber wegen der Ausnahmeregelungen auch auf nach wie vor vorhandenen Einfluss protektionistischer Sektoren schließen. In seiner institutionellen Struktur lehnt sich der MERCOSUR leicht an den Aufbau der Europäischen Union an, bleibt aber im intergouvernementalen Bereich. Ein Transfer nationaler Kompetenzen auf einen gemeinschaftlichen Akteur erfolgte nicht. Wichtigste Institutionen sind der Rat, die Gruppe und das Sekretariat des MERCOSUR. Der Rat ist das höchste gemeinsame Organ und bestimmt die Politik des MERCOSUR über Entscheidungen, die für die Mitgliedstaaten bindend sind und von ihnen in nationales Recht umgesetzt werden müssen. Er trifft Entscheidungen im Konsens. Die Gruppe des gemeinsamen Marktes setzt sich aus Vertretern nationaler Ministerien zusammen. Sie ist das Exekutivorgan, übersetzt die Grundsatzentscheidungen des Rates in operationale Beschlüsse und vertritt den MERCOSUR in Verhandlungen mit Dritten (besitzt aber kein unabhängiges Mandat). Das Sekretariat dient als Dokumentations- und Organisationsamt. Damit fehlt dem MERCOSUR eine administrative Behörde, wie sie die Europäische Integration mit der Kommission geschaffen hat.

Zielsetzungen. Wie im Fall des EG-Binnenmarktes war die übergeordnete Zielsetzung des MERCOSUR die Förderung des Wirtschaftswachstums. Dies soll erreicht werden über vermehrten Wettbewerb (Spezialisierungs- und Effizienzeffekte) und die Produktion in größeren Stückzahlen (economy of scale), in deren Folge die Konkurrenzfähigkeit von MERCOSUR-Produkten auf dem Weltmarkt verbessert und vermehrte Direktinvestitionen aus dem Ausland angezogen werden sollen (Republica Argentina et.al. in: Figueiras 1994: 87-91; Manzetti 1993/94: 112-116). Durch diese Wirkungen erwartete man sich selbsttragendes Wachstum, sinkende Preise, bessere Produktqualität, Technologietransfer aus dem Ausland und Innovation zur Anpassung an die Konkurrenzerfordernisse des Weltmarktes. Durch verbesserte Bedingungen für Unternehmen auf dem regionalen Markt zielte man auf eine bessere Wettbewerbsfähigkeit der jeweils eigenen Wirtschaft auf dem Weltmarkt. Insofern manifestierte sich auf regionaler Ebene die Abkehr von Dekaden einer dominanten staatlichen Reglementierung. Ziel war es, Wachstumsimpulse dort zu erhalten, wo es einheimischen oder ausländischen privatwirtschaftlichen Akteuren am profitabelsten erscheint.

Einer der argentinischen Unterhändler des Vertrages von Asunción und damalige Unterstaatsekretär im Außenministerium, Felix Peña, zu den Zielsetzungen des MERCOSUR: „Der MERCOSUR wurde als Instrument konzipiert zur leichteren Konsolidierung der Demokratie, zur produktiven Transformation und zur kompetitiven Eingliederung seiner Mitgliedsländer in die internationale Ökonomie. [...] Darüber hinaus ist der MERCOSUR ein integraler Bestandteil der nationalen Strategien mit dem Ziel, jedes der Länder wettbewerbsfähiger auf allen Märkten zu machen, d.h. auf den eigenen Binnenmärkten, auf denen des MERCOSUR und denjenigen [Märkten, S.A.S] der Welt" (Peña 1992: 1).

Der brasilianische Unterhändler des Asunción-Vertrages und Leiter der Abteilung Lateinamerikanische Integration im Außenministerium (Itamaraty), Renato L. R. Marques, betont, dass der MERCOSUR im Rahmen des Ziels einer „offenen Ökonomie und kompetitiven Eingliederung in den internationalen Markt" geschaffen wurde. Der MERCOSUR diene in erster Linie der Anziehung von Direktinvestitionen, die nur zunehmen würden bei einem erweiterten Markt und bei makroökonomischer Stabilität (Marques 1994: 12,15). Aus den Regelungen und deklarierten Zielsetzungen wird deutlich, dass mit dem regionalen Kooperationsabkommen eine liberalisierende Strategie auf nationaler Ebene durch einen multilateralen Vertrag abgesichert wurde. Eine Rückkehr zur früheren Strategie im nationalen Alleingang wird durch die vertraglichen Bindungen erschwert. Die MERCOSUR-Expertin des renommiertesten brasilianischen Instituts für Wirtschaftsforschung Fundaçao Getúlio Vargas (FGV), Lia Valls Pereira, betont die mögliche disziplinierende Wirkung („marco disciplinatório") des MERCOSUR in Richtung auf eine Wirtschaftspolitik der Mitgliedsländer, „die auf die Herausforderungen des neuen globalen Szenarios antwortet" (Pereira 1993: 40). Diese Herausforderungen lägen vor allem in der stärkeren Konkurrenz um Produktivität, Technologie und Investitionskapital – Bereiche, in denen die Mitgliedsländer ihren relativen Rückstand durch wettbewerbsorientierten Regionalismus verringern können (Pereira 1993: 29, 39f).

Obwohl der MERCOSUR hinsichtlich seiner wirtschaftspolitischen Tendenz wie der EG-Binnenmarkt wettbewerbsorientiert und marktwirtschaftlich verfasst ist, haben die Parallelen zwischen beiden Abkommen Grenzen: Der MERCOSUR ist erheblich weniger konsistent geplant, seine Zielsetzungen sind weniger klar, seine Verbindlichkeit weniger deutlich verfasst. Außerdem ist die wirtschaftspolitische Kompetenz und Umsetzungsfähigkeit der Regierungen seiner Mitgliedsländer wesentlich weniger ausgeprägt als diejenige westeuropäischer Regierungen. Stärker als in Industrieländern dienen lateinamerikanische Staaten der Befriedigung der Partikularinteressen von Eliten und folgen weniger gesamtgesellschaftlichen Erwägungen. Dies bedeutet nicht, dass europäische Regierungen keinen Partikularinteressen folgen. Der Unterschied ist gradueller Natur. Entscheidend ist hier aber allein die liberalisierende Strategie und Zielsetzung des MERCOSUR, die – wie das EG-Binnenmarktprojekt – einen weltmarktorientierten Abschied von früheren tendenziell etatistisch-binnenorientierten Ansätzen verkörpert.

Dies wird in der Präambel des MERCOSUR-Vertrags von 1991 bekräftigt: „[...] in Anbetracht der internationalen Ereignisse, besonders der Konsolidierung großer ökonomischer Räume und der Relevanz, eine adäquate internationale Eingliederung seiner Länder zu erreichen, unterstreichen [die Signatarstaaten, S.A.S], dass dieser Integrationsprozess eine adäquate Antwort auf diese Ereignisse konstituiert." (Tratado de Assunçao: Präambel, in: Figueiras 1994: 87).

Eine erste Bilanz zeigt positive Resultate der wirtschaftlichen Zusammenarbeit: 1991 betrug der Handel zwischen den Mercosur-Staaten 8,9% des gesamten Warenaustausches; im Jahr 2000 lag dieser Anteil bei 27% (Gratius 2001: 44). Gleichzeitig wuchs der prozentuale Anteil des MERCOSUR an den gesamten Importen der Mitgliedsländer nur von 15,1% (1990), 18,8% (1995) auf 20% (1999) (Gratius 2001: 48), während sich der Anteil Europas an den gesamten Importen des MERCOSUR von 23,3% (1990) auf 28,5% (1995) erhöhte (1999 auch 28,5%) (Devlin 1996: 3; Gratius 2001: 48). Dies ist ein Indiz dafür, dass die Handelsumleitung durch Diskriminierung Dritter möglicherweise gering blieb, und der MERCOSUR im Gegenteil vorwiegend handelsschaffend wirkte sowie tatsächlich eine Öffnungsstrategie gegenüber dem Weltmarkt umsetzte. Seit 1997 stagniert der MERCOSUR hinsichtlich der politischen Vertiefung der Kooperation und teilweise auch hinsichtlich der ökonomischen Integration. Dies liegt zum Teil an der mangelnden Bereitschaft der Mitgliedsländer – vor allem Brasiliens – ihre Handlungsautonomie durch weitere Verträge einzuschränken. Zentrale Ursache für die Probleme des MECOSUR sind aber die ökonomischen Probleme Argentiniens und die mangelnde Bereitschaft Brasiliens, sich auf marktwirtschaftliche Spielregeln für den MERCOSUR einzulassen (Lateinamerika Analysen 2002).

Arbeitsfragen zu Kapitel 4.1.2.-4.1.4.:

- Inwiefern verfolgen EG-Binnenmarkt, NAFTA und MERCOSUR neue Strategien?
- Womit wurden EG-Binnenmarkt, NAFTA und MERCOSUR politisch begründet?
- Welche Regelungen sind EG-Binnenmarkt, NAFTA und MERCOSUR gemeinsam?

Literatur zu Kapitel 4.1.2.-4.1.4.:

Banco de Informaci n Economica 2003: Balanza Comercial por Zonas Geoecon - micas y Principales Pa ses, http://dgcnesyp.inegi.gob.mx/cgi-win/bdi.exe, am 9.1.2004.

Bouzas, Roberto 1995: Mercosur and Preferential Trade Liberalization in South America. Record, Issues, and Prospects, FLACSO Buenos Aires.

Checchini, Paolo 1988: The European Challenge 1992. The Benefits of a Single Market, Commission of the European Communities, Official Facts and Figures, Aldershot.

Clement, Rainer 1988: Liberalization of the Internal Market: Efficiency Advantages and Requirements, in: Intereconomics, 23, 5: 228-232.

Comisión Sectorial para el Mercosur (COMISEC) 1995: El MERCOSUR después de la reunión de Ouro Preto, in: Enfoques MERCOSUR, 1 (1995) 3: 33-38

Commission of the European Communities 1995: Completing the Internal Market. White Paper from the Commission to the European Council (Milan, 28-29 June 1985) COM (85) 310 final, Brüssel 14.6.1995, abgedruckt in: Bieber, Roland et.al. (Hrsg.) 1992: One European Market? A Critical Analysis of the Commission's Internal Market Strategy, EPU/EUI, Baden-Baden 1988: 387-441.

Devlin, Robert 1996: In defense of Mercosur, in: The IDB (Interamerican Development Bank), Washington D.C.: 3.

Europäische Kommission 2003: 10 Jahre Binnenmarkt: Mehr Wachstum, mehr Jobs, mehr Wohlstand, in: EU Direkt (Europäische Kommission Österreich) Nr. 1/03: 3-5.

Eurostat 2001: Anteil der EU an den weltweiten Direktinvestitionen der Jahre 1995-1999, abgefragt am 10.1.2004: http://europa.eu.int/comm/eurostat/Public/datashop/print-product/DE?catalogue=Eurostat&product=KS-NJ-01-030-__-I-DE&mode=download

Eurostat 2003: Inflation rate, Annual average rate of change in Harmonized Indices of Consumer Prices (HICPs), http://europa.eu.int/comm/eurostat/newcronos queen/display.do?screen=detail&language=en&product=YES&root=YES/strind

_copy_534324399920/ecobac_copy_212135226208/
eb040_copy_786362857792, am 15.1.2004.

Figueiras, Marcos S. 1994: O MERCOSUL no Contexto Latino-Americano, Sao Paulo.

Governments of Canada, United Mexican States, United States of America 1992: Description of the Proposed North American Free Trade Agreement, Washington D.C.

Gratius, Susanne 2001: Zehn Jahre Mercosur: Der Anfang vom Ende einer Erfolgsgeschichte?, in: Brennpunkt Lateinamerika, Nr. 4: 41-52 http://www.rrz.uni-hamburg.de/IIK/brennpkt/bpk0104.pdf, am 15.1.2004.

Haggard, Stephan 1995: Developing Nations and the Politics of Global Integration, Brookings Institution, Washington D.C.

Herrmann, Anneliese et.al. 1990: Bundesrepublik und Binnenmarkt `92. Perspektiven für Wirtschaft und Wirtschaftspolitik, Berlin.

Hirst, Monica 1993: La Dimensión Politica del MERCOSUR: Especificidades Nacionales, Aspectos Institucionales y Actores Sociales, FLACSO-Documentos e Informes de Investigación Nr. 148, Buenos Aires.

Hornbeck, J.F. 1995: United States-Mexico Economic Relations: Has NAFTA Made a Difference?, Congressional Research Service CRS, Washington D.C. 15.3.1995

Hufbauer, Gary/Schott, Jeffrey 1992: North American Free Trade. Issues and Recommendations, IIE, Washington.

IMF 1996: Direction of Trade Statistics Quaterly, Washington D.C. June: 47f, 139, 211f.

Jacquemin, Alexis/Sapir, André 1991: The Internal and External Opening-Up of the Single Community Market: Efficiency Gains, Adjustment Costs and New Community Instruments, in: The International Spectator 26/3: 29-48.

Kommission der Europäischen Gemeinschaften 1993: Vermerk der Kommission der Europäischen Gemeinschaften KOM 188, Inhalt des Nordamerikanischen Freihandelsabkommens (NAFTA), in: Europa Archiv, (1994) 2: D 58-61.

Lateinamerika Analysen 2002: Themenschwerpunkt: Krise des Mercosur, in: Lateinamerika Analysen 1/1: 115-182.

Malpass, David R. 1992: Statement of Deputy Assistant Secretary of State for Inter-American Affairs before the Joint Economic Committee, U.S. Congress 1992, Hearing on the Role of Trade in US-Latin American Economic Relations, Washington D.C. 2.4.1992

Manzetti, Luigi 1993/94: The Political Economy of MERCOSUR, in: Journal of Interamerican Studies and World Affairs 35/4: 112-116.

Marques, Renato L. R. 1994: O MERCOSUL Real, in: Boletím de Integraçao Latino-Americana, Nr. 14, Juli-September 1994: 12-15

Peña, Felix 1992: MERCOSUR y la Inserción Competitiva de Sus Paises Miembros en la Economia Internacional, Manuskript, Konferenz „Latin America's Future in World Trade", Friedrich-Ebert-Stiftung, Frankfurt/M 24.-25.3.92.

Pereira, Lia Valls 1993: O Projeto Mercosul: Uma resposta aos desafios do novo quadro mundial?, in: Departamento de Estudos Sócio-Econômicos e Políticos/ Instituto Cajamar (Hrsg.): MERCOSUL. Integraçao na América Latina e Relaçoes com a Comunidade Européia, Sao Paulo: 11-40.

Pinder, John 1988: Enhancing the Community's Economic and Political Capacity: Some Consequences of Completing the Common Market, in: Bieber, Roland et.al. (Hrsg.) 1992: One European Market? A Critical Analysis of the Commission's Internal Market Strategy, EPU/EUI, Baden-Baden: 35-54.

Porter, Tony 1997: NAFTA, North American Financial Integration and Regulatory Cooperation in Banking and Securities, in: Underhill, Geoffrey R.D. (Hrsg.): The New World Order in International Finance, Houndmills: 177-180.

Preusse, Heinz Gerd 2002: Warum stagniert der Mercosur? Wirtschaftliche Faktoren, in: Lateinamerika Analysen 1 (2002) 1: 119-136.

Republica Argentina/Republica Federativa do Brasil/Republica do Paraguai/Republica Oriental do Uruguai 1994a: Tratado de Assunçao, Abgedruckt in: Figueiras, Marcos Simao: O MERCOSUL no Contexto Latino-Americano, Sao Paulo: 87-91.

Sandholtz, Wayne/Zysman, John 1989: 1992 – Recasting the European Bargain, in: World Politics, 42/1: 95-128.

Schirm, Stefan A. 1997: Kooperation in den Amerikas. NAFTA, MERCOSUR und die neue Dynamik regionaler Zusammenarbeit, Baden-Baden.

Schirm, Stefan A. 2001: Globale Märkte, regionale Kooperation und nationale Politik in Europa und den Amerikas, Baden-Baden (2. Aufl.)

Secretaría de Comercio y Formento Industrial (SECOFI) 1992: Tratado de Libre Comercio en América del Norte, México D.F., tomo I/II.

Siebert, Horst 1989: The Single European Market – A Schumpeterian Event?, Institut für Weltwirtschaft Kiel Discussion Paper 157, Kiel November 1989.

The Economist 1988: Survey: Europe's Internal Market, 9.7.1988.

The Economist 2004: Ten years of NAFTA, 3.1.2004: 13-16

Thiel, Elke1992: Die Europäische Gemeinschaft, 4. Aufl., München.

Tsoukalis, Lukas 1992: The New European Economy. The Politics and Economics of Integration, 2. Aufl., Oxford UP.

United Nations Conference on Trade and Development UNCTAD 1997: World Investment Report 1997, New York.

Wallace, William 1994: Regional Integration: The West European Experience, Brookings Institution, Washington D.C.

Winters, L. Alan 1993: The European Community: A case of Successful Integration?, in: de Melo, Jaime/Panagariya, Arvind (Hrsg.): New Dimensions in Regional Integration, CEPR, Cambridge 1993 (paperback 1995): 202-228.

World Bank: World Development Report 1996, New York 1996.

WTO 1995: International Trade, Genf.

Zoellick, Robert B. 1992: The North American FTA: The New World Order Takes Shape in the Western Hemisphere, Rede vor einer Konferenz des Columbia Institute, in: U.S. Department of State: Dispatch, 3: 15.

4.2. Entwicklung durch Freihandel? Fallbeispiel NAFTA

Internationale Wirtschaftskooperation wirft die Frage nach der Verteilung der Vorteile politischer Zusammenarbeit gleich zweifach auf: Wie werden mögliche ökonomische und politische Gewinne [1] zwischen den Partnerstaaten und [2] innerhalb der Länder verteilt? Während das regionale Integrationsabkommen die Verteilung auf der zwischenstaatlichen Ebene entscheidend beeinflussen kann, ist die Teilhabe gesellschaftlicher Gruppen auf der nationalen Ebene wesentlich ein Ergebnis des politischen Systems der einzelnen Länder. Dies ist natürlich eine analytische Trennung. So ging der NAFTA eine Wirtschaftsreform in Mexiko voraus, die durch das regionale Abkommen gestärkt wurde und von einer Demokratisierung des politischen Systems begleitet wurde. Die nationale und die regionale Ebene sind wiederum stark beeinflusst von der globalen Ebene, da marktliberale regionale Kooperation ebenso wie nationale Reformen entscheidend durch die Wirkungen globaler Märkte verursacht wurden (vgl. Kap. 3.1.6., 4.1. und Schirm 2001: 162-204). Dieses Kapitel untersucht Motive, Entwicklung und Perspektiven der ökonomischen Integration Mexikos in die USA sowohl in Hinblick auf mögliche Erfolge und Defizite der Kooperation, als auch auf die Frage nach innerregionalen und binnengesellschaftlichen Auswirkungen (Schirm 2003).

Das Nordamerikanische Freihandelsabkommen ist ein Novum regionaler Wirtschaftskooperation: Erstmals schließen sich die USA substanziell bindend mit einem lateinamerikanischen Land zusammen und erstmals geht ein hochentwickeltes Industrieland eine integrative Verbindung mit einem halbindustrialisierten Entwicklungs- und Schwellenland ein. Die NAFTA ist allerdings genau genommen nur eine geringfügige Arrondierung des US-amerikanischen Wirtschaftsraumes. Neben den Größendifferenzen prägen erhebliche Gegensätze im Entwicklungsniveau die NAFTA: US-amerikanische Löhne sind im Durchschnitt sechsmal so hoch wie mexikanische; die Unterschiede beim technologischen Niveau und der Produktivität sind erheblich. Dabei ist Mexiko kein klassisches Entwicklungsland, sondern gilt seit den 70er Jahren als Newly Industrializing Country (NIC), da es im Rahmen einer Industrialisierung zur Substitution von Importen (ISI) zumindest ansatzweise einen Sekundärsektor aufbauen konnte. Aufgrund starken Protektionismus und staatlich gesteuerter Ressourcenallokation war die mexikanische Industrie bis in die 80er Jahre aber wenig wettbewerbsfähig. Mexiko weist demnach nicht nur eine wesentlich kleinere Wirtschaftsleistung und ein deutlich niedrigeres Entwicklungsniveau auf, sondern auch eine andere wirtschaftspolitische Tradition: Während die USA traditionell marktwirtschaftlich verfasst waren, prägten Dirigismus und relative Abschottung die mexikanische Wirtschaft bis zu den liberalen Reformen der 80er und 90er Jahre.

Diese Gegensätze und die regionale Kooperation zwischen den USA und Mexiko tragen zum Teil sehr spezifische Charakteristiken. Zum einen sind die USA als größte Volkswirtschaft der Welt ein besonderes Land des „Nordens", der industrialisiert-hochentwickelten Staaten. Zum anderen ist aber auch Mexiko als NIC kein typisches Land des „Südens", kein reines Entwicklungsland mehr. Auch die NAFTA besitzt besondere Eigenschaften als regionales Integrationsabkommen, da sie auf eine intensive Vernetzung der mexikanischen Wirtschaft mit derjenigen der USA aufbauen kann. Die vor der NAFTA erfolgte „silent integration" erstreckte sich nicht nur auf intensiven Warenverkehr, sondern umfasste auch andere ökonomische Bereiche wie Direktinvestitionen und Produktion (Maquiladoras, vgl. 4.1.3.), sowie die Entstehung von *Mexamerica* durch Migration und kulturellen Austausch. Dem vertraglichen Regelwerk ging eine de facto Integration voraus. Abgesehen von diesen Spezifika ist die NAFTA ein klarer Fall regionaler Nord-Süd-Kooperation – wegen der Größe und Bedeutung der USA sogar ein besonders akzentuierter Fall. Insofern ist die NAFTA ein Beispiel zur Untersuchung ökonomischer Nord-Süd-Beziehungen.

Gleichzeitig bietet der Nord-Süd-Charakter der Kooperation auch ein Mittel zur Einschätzung der NAFTA: Wie beeinflussen die genannten Asymmetrien regionale Zusammenarbeit? Wem nutzt die NAFTA? Dieser Fragestellung entsprechend diskutiert das Kapitel in einem ersten Schritt grundlegende Charakteristika und theoretische Ansätze ökonomischer Nord-Süd-Zusammenarbeit. Anschließend werden Entwicklung und erste Ergebnisse der NAFTA kurz skizziert, um im dritten Teil eine Zwischenbilanz der Auswirkungen der Kooperation auf Mexiko und die USA vorzunehmen.Grundsätzlich sei angemerkt, dass die NAFTA aufgrund ihres kurzzeitigen Bestehens nur vorläufig und anhand von Indizien eingeschätzt werden kann. Kanada wird hier nicht weitergehend berücksichtigt (zur Bedeutung der NAFTA für Kanada vgl. Dodds 1999: 27-64).

4.2.1. Theoretische Zugriffe: Wem nutzt ökonomische Nord-Süd-Kooperation?

Welche Vorteile kann ökonomische Kooperation im Allgemeinen und diejenige zwischen Nord und Süd im Besonderen bieten? Im Folgenden werden einige zentrale Aspekte diskutiert, um für die anschließende Analyse des Fallbeispiels NAFTA Kategorien und Parameter zu klären. Grundsätzlich geht die Wirtschaftswissenschaft davon aus, dass eine Senkung von Handelsbarrieren allen beteiligten Staaten zugute kommt: Freihandel stimuliert den effizienteren Einsatz von Ressourcen und die Produktion in größeren Stückzahlen (vgl. Kap. 2.2.). Diese Auswirkungen tragen über vermehrten Wettbewerb und Modernisierungs- wie Spezialisierungseffekte zu gesamtwirtschaftlichem Wohlstand bei. Freihandel führt zu Wachstumsimpulsen für wettbewerbsfähige Sektoren durch die Zunahme der Wirtschaftsleistung über eine Re-Allokation der bestehenden Ressourcen (Arbeit, Kapital, Technologie etc.). Dabei sind die Anpassungskosten des Freihandels (etwa Arbeitsplatzverluste) ursächlich vergleichbar mit denjenigen, die bei binnenwirtschaftlichen Anpassungsprozessen an neue Produktionsbedingungen (etwa neue Technologien) sowie bei vermehrtem Wettbewerb entstehen.

Die mögliche Verringerung von Arbeitsplätzen und Unternehmensgewinnen durch neue Konkurrenz lassen Widerstand gegen Freihandelsabkommen entstehen. Wenn eine Volkswirtschaft – wie in vielen Entwicklungsländern – von *rent-seekern* geprägt ist, d.h. von Firmen, die ihre Existenz weniger ihrer Wettbewerbsfähigkeit verdanken, als vielmehr staatlichen „Renten" (Monopole, Subventionen, Zollschranken), dann ist mit Widerstand gegen Liberalisierungen zu rechnen. Werden alternative Wirtschaftsstrategien aber als gescheitert angesehen (wie etwa die protektionistische Variante in den 90er Jahren) und verfügen die vom Freihandel negativ betroffenen Sektoren über kein alternatives Projekt, dann sind ihre Einwirkungsmöglichkeiten geschmälert. Eine Marktöffnung gegenüber wettbewerbsfähigeren Industrieländern kann aber zur teilweisen Vernichtung des – bislang geschützten – verarbeitenden Gewerbes in Entwicklungsländern führen. Regionale Abkommen können hier durch Übergangsfristen und Ausnahmen (wie bei der NAFTA) die Öffnung verträglicher gestalten: Regionalismus kann als „Sprungbrett zum Weltmarkt" dienen und gleichzeitig dazu beitragen, die Anpassungskosten zu dosieren.

Ein weiterer relevanter Aspekt für ökonomische Kooperation ist der Größenunterschied der Volkswirtschaften: Ein kleineres Land profitiert im Prinzip von einer Freihandelszone, Zollunion etc. stärker als der größere Partner. Die Skalen-Effekte sind größer, weil die Produktionsausweitung im kleineren Land für den nunmehr besser zugänglichen Markt größere Stückzahlen ermöglicht als umgekehrt. Das kleinere Land wird sich intensiver auf Bereiche spezialisieren, in denen es Kostenvorteile besitzt, als das größere; unproduktive Sparten werden stärker aufgegeben als im größeren Land (Pastor 1994: 161f). Dies bedeutet auch, dass der Gesamteffekt einer Integration ungleicher Volkswirtschaften für den größeren Partner geringer ausfällt, und dass das kleinere Land höhere Anpassungskosten zu tragen hat. Diese Konstellation trifft etwa auf die NAFTA (Mexiko – USA) und den MERCOSUR (Paraguay/Uruguay – Brasilien/Argentinien) zu. In diesen Fällen können die kleineren Volkswirtschaften auch profitieren, weil sie die weniger entwickelten sind: Durch die Kooperation mit technologisch fortgeschritteneren Staaten ist ein Modernisierungsschub möglich.

Für regionalen wie globalen Freihandel von zentraler Bedeutung ist das Prinzip des komparativen Kostenvorteils (vgl. Kap. 2.2.1.). Danach ist zur Verwirklichung optimaler Bedingungen für wirtschaftliches Handeln der Einsatz von Produktionsfaktoren an dem für sie kostengünstigsten Standort notwendig – unabhängig von nationalstaatlichen Grenzen. Dieses Ziel ist durch den Abbau von tarifären und nicht-tarifären Hemmnissen für den grenzüberschreitenden Transfer von Waren, Kapital, Arbeit etc. zu erreichen. Während einige Länder bzw. Firmen ihren komparativen Kostenvorteil in Form günstiger Löhne durch die Spezialisierung auf arbeitsintensive Produktion erlangen, reüssieren andere durch ihre technologische Kompetenz, ihre mineralischen Ressourcen, ihren hohen Bildungsstand etc. Im Gegensatz zu den dynamischen Gewinnen aus stärkerem Wettbewerb durch regionale Öffnung sind die Gewinne aus komparativen Vorteilen statischer Natur. Im Hinblick auf die Nord-Süd-Kooperation ergeben sich einige Spezifika: Durch Freihandel und die Produktion nach komparativen Kostenvorteilen verfestigen sich möglicherweise Entwicklungsunterschiede: Entwicklungsländer bleiben Exporteure von Primärgütern und arbeitsintensiven Produkten bei niedrigem Lohnniveau, können ihre technologische Kompetenz nicht wesentlich verbessern und importieren weiterhin Industriegüter. Dieses Risiko muss allerdings nicht eintreten: Folgt man der Produktzyklustheorie, so kann bei der Zusammenarbeit eines Entwicklungslandes mit einem Industrieland eine *flying geese*-Konstellation nach japanisch-ostasiatischem Muster entstehen, bei der alle gewinnen: Das weiterentwickelte Land transferiert diejenigen Produktionsprozesse, die technologisch nicht mehr dem letzten Stand entsprechen und/oder zu teuer geworden sind, da sich die Ertragslage relativ zu derjenigen in anderen Sparten oder in Entwicklungsländern verschlechtert hat. Die betroffenen Entwicklungsländer profitieren von der für sie neuen Technologie und durch neue Arbeitsplätze. Das Industrieland kann sich auf neue Produktionszyklen konzentrieren und erzielt aus der Weitergabe von – aus seiner

Sicht – weniger rentabler Herstellung Gewinne. Relativ zum jeweiligen Ausgangsniveau profitieren das Industrieland und das Entwicklungsland. Absolut können die Gewinne ungleich verteilt sein und kann sich der Abstand im Entwicklungsniveau auch halten oder vergrößern (Proff/Proff 1996; Hornbeck 1995: 2-4; Porter 1991).

Grundsätzlich sei angemerkt, dass Freihandel kein entwicklungspolitisches Konzept im Sinne eines Instruments zur ausgeglichenen, breitenwirksamen Verbesserung der Lebensbedingungen einer Gesellschaft ist. Freihandel dient ausschließlich der Stimulierung von Wirtschaftswachstum über Effizienz-, Modernisierungs- und Wettbewerbseffekte. *Wie* das vom Freihandel erwartete Wachstum innerhalb der einzelnen Länder verteilt wird, ist im Wesentlichen eine Funktion des politischen und wirtschaftlichen Systems der beteiligten Staaten. Bei einer sehr ungleichen Einkommensverteilung (wie etwa in Mexiko) muss die distributive Gerechtigkeit politisch verbessert werden – sonst können Wachstumserfolge durch Freihandel an der Mehrheit der Bevölkerung vorbeigehen. Wie in den Industrieländern fällt dem Staat die Aufgabe zu, die Marktwirtschaft sozial abzufedern und auf eine sozial verträgliche Verteilung von Wachstum zu achten.

Entwicklung der NAFTA. Insgesamt flossen während der Regierungszeit von Salinas Gortari (1989-1994) US$ 25,9 Mrd. als ausländische Direktinvestitionen und US$ 68,5 Mrd. Portfoliokapital nach Mexiko (Hornbeck 1995: 3). Da die Portfoliogelder als kurzfristige Anlagen an die Börse gingen, sind sie nicht als langfristig-produktive Investitionen zu bewerten und können mit sekundenschnellen Börsenbewegungen das Land verlassen, wie die Peso-Krise im Dezember 1994 zeigte. Die entwicklungspolitische und ökonomische Bedeutung von ausländischen Direktinvestitionen (ADI) ist daher erheblich größer, weil sie Arbeitsplätze und Produktion schaffen. Hinsichtlich der ADI kann die NAFTA deutlich als Erfolg bewertet werden: Jährliche ADI Zuflüsse stiegen von US$ 4,3 Mrd. (1993) auf US$ 10,9 Mrd. (1994) und erreichten 1998 und 1999 mit US$ 10,2 Mrd. und US$ 10,7 Mrd. dasselbe Niveau wie 1994 (Zahlen des mexikanischen Finanzministeriums aus: Gurria 2000: Table 1). Im Jahr 2000 betrugen die US-Direktinvestitionen in Mexiko 8,9 Milliarden $ (The White House 2001) und für den Zeitraum 1994-2002 insgesamt 58 Mrd. $ (The Economist 3.1.2004: 14). Infolge der Wirtschaftsreformen der Regierungen de la Madrid und Salinas Gortari in den 80er Jahren hatte sich die mexikanische Wirtschaft bereits stabilisiert, Zollschranken waren gesenkt worden und die Kompatibilität mit dem US-amerikanischen Wirtschaftsmodell war gestiegen. Dies drückte sich auch in niedrigen Zöllen aus: 1993 betrugen Mexikos Tarife auf US-Produkte im Durchschnitt nur noch 10%, während sich US-amerikanische Zölle auf mexikanische Erzeugnisse auf 4% beliefen. Das Ausgangsniveau für weitere Verringerungen tarifärer Handelshemmnisse im Rahmen der NAFTA war niedrig.

NAFTA: Aussenhandel zwischen Mexiko und den USA, Mrd. Dollar (USD)										
	1993	1994	1995	1996	1997	1998	1999	2000	2001	2002
Mexikos Exporte in die USA	38,6	48,6	61,7	74	85,8	93	109	134,7	130,5	134,1
US-Exporte nach Mexiko	40,2	49,1	44,8	54,6	71,3	75,4	81,4	100,4	90,5	86,1

U.S. ITC 1997: 31; Latin American Weekly Report, 2.6.1998: 246; U.S. ITC 2003: Table 1

Für diese Zahlen gilt, dass eine definitive Korrelation zwischen dem Freihandelsabkommen und Handelssteigerungen nicht nachzuweisen, sondern nur als wahrscheinlich anzunehmen ist. Andere Faktoren, wie Krisen und Wirtschaftswachstum, d.h. Erhöhung der Nachfrage, oder Währungsschwankungen beeinflussen den Außenhandel eines jeden Landes ebenso wie Zollschranken. Sektorspezifisch aufgeschlüsselt zeigt der Handel, dass Mexiko nicht Primärprodukte gegen Industriegüter handelte, sondern 90% (1998) verarbeitete Produkte an die USA lieferte – 1993 lag dieser Anteil noch bei 77% (Businessweek 21.12.1998, entnommen aus http://www.businessweek.com am 15.4.2000.) Im Jahr 2002 lag der Anteil der Primärgüter der Gesamtexporte Mexikos nur noch bei 12,2% (17,4 Mrd US-$) und die Exporte der verarbeiteten Industrie beliefen sich auf 143,2 Mrd. US-$ (Banco de Información Económica 2003: Sector Externo). Wenn auch ein großer Teil dieser verarbeiteten Güter in arbeitskraft- und nicht technologieintensiver Herstellung gefertigt wurde (über 40% in den Maquiladoras), so zeigen die Zahlen doch eindeutig, dass Mexiko nicht mehr die klassische Rolle eines Entwicklungslandes, d.h. als Primärgüterexporteur einnimmt (vgl. Kap. 2.1.2.). Da der Anteil verarbeiteter Güter am Export während der NAFTA-Mitgliedschaft zugenommen hat, kann davon ausgegangen werden, dass das Freihandelsabkommen Mexikos Industrialisierung im Sinne des ausgeführten „flying geese"-Modells gefördert hat.

4.2.2. Mexiko: Modernisierung für einige, Anpassung für alle?

In erster Linie verwirklicht Mexiko seine drei Hauptmotive für die Schaffung der NAFTA: Erstens wird der Zugang zum wichtigsten Exportmarkt sichergestellt. Dies ist nicht nur aufgrund der großen Abhängigkeit des Landes vom US-Markt wichtig, sondern war in Anbetracht protektionistischer Tendenzen in den USA und wiederholter US-Handelssanktionen in den 80er Jahren dringlich geworden. Mit der NAFTA vergrößerte Mexiko somit seine Autonomie von den USA, da es jetzt nicht mehr durch Handelsbeschränkungen politisch erpressbar ist, sondern einen vertraglich gesicherten freien Zugang zum wichtigsten Exportmarkt besitzt. Außerdem erlangte Mexiko eine privilegierte Position gegenüber Dritten beim Handel mit den Vereinigten Staaten, auch gegenüber den lateinamerikanischen Nachbarn. Die Höhe der Handelsumleitung von Dritten auf mexikanische Lieferanten ist allerdings schwer abzuschätzen. Betroffen sind vor allem lateinamerikanische Länder, deren Produktpalette derjenigen Mexikos ähnelt. Zweitens wurde Mexiko stärker und dauerhafter attraktiv für Investoren aus Nicht-NAFTA-Staaten, die die günstigen Produktionsbedingungen (Löhne) und marktwirtschaftliche Rahmenbedingungen mit dem unbeschränkten Zugang zum größten Konsumentenmarkt der Welt (USA) verbinden wollen. Eine Investitionsumlenkung von anderen Zielen – vor allem von lateinamerikanischen Staaten bzw. Entwicklungsländern allgemein – nach Mexiko ist bereits eingetreten und weiter zu erwarten. Eine Reihe von Unternehmen (wie IBM und GAP) haben bereits Produktionsstätten von Asien nach Mexiko verlagert. Aufgrund der genannten Motive wurden Investitionen (vor allem europäischer Firmen), die ohne NAFTA direkt in die USA geflossen wären, nunmehr teilweise in Mexiko getätigt.

Drittens wurde durch die NAFTA eine institutionelle Verankerung der marktliberalen Reformen Mexikos erreicht, da sich das Land im NAFTA-Vertrag zur Einhaltung marktwirtschaftlicher Regeln verpflichtet hat (vgl. Kap. 4.1.3.). Somit wird es zukünftigen Regierungen schwerer fallen, die Liberalisierungsschritte der 80er Jahre wieder rückgängig zu machen. Dies schafft für Investoren einen zusätzlichen Anreiz, Mexiko gegenüber anderen Ländern zu bevorzugen: Sie können nunmehr mit einer größeren Stabilität des liberalen Kurses rechnen, als sie im Falle eines größeren Gestaltungsspielraumes der jeweiligen mexikanischen Regierung in der Wirtschaftspolitik gegeben wäre. Selbst die Erschütterungen der Peso-Krise konnten die marktwirtschaftliche Orientierung nicht ändern. Für Mexiko schließt die höhere Stabilität und Attraktivität den Preis geringerer Autonomie bezüglich seiner ökonomischen Optionen ein: Mexiko hat sich gegenüber den NAFTA-Partnern auf die Einhaltung bestimmter Regeln festgelegt und integriert sich weiter in die US-Ökonomie.

Aufgrund des verstärkten Wettbewerbs sowie ausländischer Investitionen in den produktiven Bereich und des damit verbundenen Technologietransfers dürfte es mit der NAFTA gelingen, den Modernisierungsschub der letzten Jahre fortzusetzen. Durch Maßnahmen zur Inflationsbekämpfung (hohe Zinsen, überbewerteter Peso) schlug sich diese Entwicklung zeitweise nur in gemäßigten Wachstumszahlen nieder. 1995 und 1996 erlebte das Land aufgrund der Peso-Krise eine Rezession, von der es sich erst 1997 wieder erholte. 1998 erreichte Mexiko mit 4,8% Wachstum (USA: 3,9%) einen Spitzenwert in Lateinamerika zusammen mit den beiden anderen marktwirtschaftlichen Reformstaaten Argentinien und Chile. Trotz der Asien-Krise wuchs Mexiko 1999 um 3,6% (USA: 3,7%) und übertraf damit die anderen großen lateinamerikanischen Staaten (mexikanisches Finanzministerium aus: Gurria 2000: Table 2). Die Wachstumsraten betrugen für die USA im Jahr 2000 3,8%, 2001 0,3% und 2002 2,4% (Ministry of Economic Affairs 2002). In Mexiko lagen diese Werte im Jahr 2000 bei 6,6%, 2001 bei -0,3% und 2002 bei 0,9% (Instituto Naciónal de Estadísticas, Geografia e Informatica 2003). Dass Mexiko anders als etwa Argentinien und Brasilien von der Asien-Krise weitgehend verschont geblieben ist, kann auf die NAFTA und den freien Zugang zum US-Markt zurückgeführt werden, die das Vertrauen der Investoren und Exportwachstum sicherten (The Economist 1.4.2000: 51). Die NAFTA wirkte hier wie ein „Schutzschild" gegenüber weltwirtschaftlichen Krisen. Wenn allerdings die US-Wirtschaft in eine Krise gerät, so ist mit erheblich stärkeren Wirkungen auf Mexiko als auf Nicht-NAFTA-Mitglieder zu rechnen. Dem war so 2001, als die USA eine Rezession erlebten und in Mexikos Exportindustrien Arbeitsplätze verlorengingen. Die Exporte sanken aber nur von 134,5 Mrd. USD auf 130,5 Mrd. (siehe Tabelle oben).

Während einige Branchen und der Norden des Landes von der NAFTA profitieren, sind andere durch die verstärkte Konkurrenz mit US-Firmen in ihrer Existenz bedroht, vor allem kleinere und mittlere Betriebe und der Landwirtschaftssektor im Süden des Landes. In dieser Region erhöhte sich die Arbeitslosigkeit und daher auch das soziale Konfliktpotential. Eine weitere Verarmung der Bevölkerung im südlichen Mexiko gewinnt vor dem Hintergrund des Chiapas-Konflikts an besonderer Brisanz. Arbeitslosigkeit entsteht nicht nur durch Betriebsschließungen, sondern vor allem im Agrarsektor auch durch den Aufkauf von Firmen durch Unternehmen aus den USA und die folgende Rationalisierung. Ähnlich wie in der früheren DDR ist auch in vielen Sektoren Mexikos die Produktivität im Vergleich zum jeweiligen Nachbarland (USA/BRD) gering, sind Arbeitsplätze „mehrfach“ besetzt worden.

Der Anstieg der Arbeitslosigkeit erhöhte den Migrationsdruck in die USA. Für die Höhe der mexikanischen Löhne wird entscheidend sein, inwieweit die Schaffung von neuen Arbeitsplätzen im verarbeitenden Gewerbe und bei Dienstleistungen die Vernichtung im primären Sektor aufwiegen kann. Regional gehört vor allem der Norden des Landes zu den Gewinnern der NAFTA, da vor allem dort (aufgrund der geographischen Nähe zu den USA, der besseren Infrastruktur und des höheren Industrialisierungsgrades) durch die Erweiterung der Produktion für den US-Markt die Schaffung von Arbeitsplätzen erfolgt. Die nördlichen Städte Monterrey, Guadalajara und Tijuana erlebten in den letzten Jahren einen Boom nicht nur durch den Ausbau von Maquiladoras, sondern zunehmend mit dem Wachstum mexikanischer Export-Firmen im Elektronik- und Automobilsektor, aber auch im Bereich traditioneller Industrien wie der Möbelbranche. Um Tijuana ist ein „electronics belt“ entstanden; Software- und Kreditkartenfirmen, sowie Fluglinien verlegen ihre Datenverarbeitung und Progammentwicklung von Indien nach Mexiko. Aufgrund der Konzentration von Wachstumsimpulsen auf den Norden Mexikos ist davon auszugehen, dass die NAFTA die ohnehin schon zu beobachtende entwicklungspolitische Teilung des Landes verstärkt – in einen relativ modernen und industrialisierten Norden einerseits und eine südliche Region andererseits, die im Vergleich wirtschaftlich unterentwickelt ist und in der sich halbfeudale Eigentums- und Machtstrukturen bis heute stärker halten als anderswo.

Ohne die NAFTA wären nach Berechnungen der Weltbank Mexikos globale Exporte um 25% und der Zufluss an Direktinvestitionen um 40% geringer gewesen (The Worldbank 2003). Insgesamt schlussfolgern die meisten Expertisen, dass Mexiko von der NAFTA durch größere Stabilität des wirtschaftspolitischen Kurses, durch Investitionen, Wettbewerb, Technologietransfer und Handel langfristig profitiert, und dass gesamtgesellschaftlich die materiellen und sozialen Gewinne die Kosten übersteigen (The Economist 3.1.2004: Special Report: Ten Years of NAFTA: 13-15; Espinoza 1999: 104; Grassi 1996: 10). Diese Erwartungen werden inzwischen von früheren NAFTA-Gegnern geteilt: Auch die Politiker der Oppositionspartei PRD,die die NAFTA-Pläne 1990 noch als einen Ausverkauf des Landes abgelehnt hatten, stellen das Abkommen heute nicht mehr grundsätzlich in Frage und fordern nur noch Nachbesserungen. Die seit 2000 mit Präsident Fox regierende Partei der Nationalen Aktion (PAN) gehörte aufgrund ihrer konservativ-liberalen Orientierung immer zu den NAFTA-Befürwortern. Die Kritik von Experten am Vertragswerk richtet sich gegen eine relative Gleichstellung Mexikos mit den beiden Industrieländern: Es sei versäumt worden, dem großen Entwicklungsunterschied ausreichend Rechnung zu tragen.

Tatsächlich berücksichtigt der NAFTA-Vertrag zu wenig, dass Mexikos Wirtschaft bei weitem nicht so konkurrenzfähig ist, wie diejenige der USA. Eine Vernichtung mexikanischer Betriebe durch freien Wettbewerb mit US-Firmen ist aber nicht im befürchteten Ausmaß eingetreten: [1] Mexiko hat sich durch die unilateralen Zollsenkungen seit der Mitte der 80er Jahre bereits weitgehend der US-Konkurrenz *dosiert* ausgesetzt, so dass die Effekte zeitlich verteilt waren. [2] Für einzelne Sektoren wurden zudem Übergangsfristen von bis zu 15 Jahren vereinbart, um die Anpassung an freien Wettbewerb abzufedern. [3] Außerdem steht einer wettbewerbsbedingten Schließung von Unternehmen die Schaffung von Arbeitsplätzen durch das große Wachstum der Exporte in die USA, durch den wieder wachsenden Binnenmarkt, und durch die Verlagerung von Produktionsschritten aus den USA nach Mexiko gegenüber.

Eine Gefährdung der Erfolgsaussichten der NAFTA besteht in der mangelhaften Gerechtigkeit bei der Verteilung von Wachstum und Wohlstand auf einkommensschwache Bevölkerungsteile. Denn die Wachstums- und Modernisierungserfolge im Rahmen der NAFTA wurden nicht begleitet von einer politischen Verbesserung der Verteilungsgerechtigkeit (Pastor/Wise 1998). Dieses Problem wird verschärft durch die Vernachlässigung von Maßnahmen, mit denen die sozialen Kosten der liberalen Reformen und der Marktöffnung in Mexiko kompensiert werden könnten. Infolge der Ignoranz der wirtschaftliberalen Reformer gegenüber einem Ausgleich für die Anpassungskosten unterentwickelter – vor allem landwirtschaftlich geprägter – Regionen an neue Wettbewerbsbedingungen gefährden sie ihre eigene Strategie: Sie könnte (und sollte) dann politisch nicht mehr durchsetzbar sein, wenn diejenigen, die die Anpassungskosten marktliberaler Reformen zu tragten haben in Anzahl und Form zu einer entscheidenden Oppositionsgruppe werden. Um eine solche Entwicklung zu verhindern, wäre innermexikanisch eine stärkere Beteiligung der Unterprivilegierten am Volkseinkommen nötig und im Rahmen der NAFTA ein Struktur- und Kohäsionsfonds. Dieser könnte ähnlich funktionieren wie die entsprechenden Institutionen der EU zum Ausgleich von Anpassungskosten der weniger entwickelten Länder, die aus Mitteln der wohlhabenden Mitglieder gespeist werden. Mit dem NAFTA-Vertrag wurde zwar eine North American Development Bank NADB geschaffen. Bisher liegt ihre Aufgabenstellung aber hauptsächlich in der Unterstützung von Umweltprojekten an der US-mexikanischen Grenze.

Grundsätzlich ist anzumerken, dass das – trotz Demokratisierung – nach wie vor bevormundend und korporativ organisierte politische System Mexikos nicht nur gesellschaftliche Beteiligung im politischen Prozess einschränkt, sondern auch marktwirtschaftliche Reformen behindert. Vetternwirtschaft und die fehlende Transparenz der Entscheidungsprozesse in der Wirtschaftspolitik lässt das Vertrauen privatwirtschaftlicher Akteure in die Regierung schwanken – wie bei der Peso-Krise im Dezember 1994 und unter der Regierung Fox seit 2000 zu beobachten war. Hinzu kommt die oft politisch motivierte Vergabe von Exklusivverträgen und Konzessionen durch die Regierung, sogenannter *huesos* (Knochen), die den Wettbewerb einschränken und es für Unternehmer oftmals lukrativer machen, gute Kontakte zu pflegen, als gute Produkte herzustellen.

4.2.3. USA: Geringe ökonomische Wirkung und außenpolitischer Erfolg?

In Anbetracht der geringen Größe der mexikanischen Ökonomie im Vergleich zur US-amerikanischen fallen die Effekte der NAFTA in den USA relativ gering aus. Dies gilt umso mehr, als nur ein kleiner Teil der ca. 95 Mio. Einwohner Mexikos über die durchschnittliche Kaufkraft der US-Konsumenten verfügt – Exportsteigerungen blieben daher begrenzt. Die Vereinigten Staaten profitieren von vermehrter Spezialisierung auf Bereiche, in denen sie über Wettbewerbsvorteile verfügen, wie bei ausbildungs- und technologieintensiver Produktion. Hinzu kommen die dynamischen Gewinne durch economy-of-scale-Effekte und vermehrte Konkurrenz, die zu einer kostengünstigeren und global wettbewerbsfähigeren Herstellung führen. Allerdings können andere Faktoren wie Wechselkurse, Zinssätze und Wachstumsraten einen größeren Einfluss auf Handel und Wachstum haben als das NAFTA-Abkommen.

Sektoral gibt es ähnlich wie in Mexiko auch in den USA Verlierer und Gewinner der NAFTA. Aufgrund der geringen Löhne in Mexiko verliert ein Teil der wenig qualifizierten Arbeiter in den Vereinigten Staaten ihren Arbeitsplatz durch Verlagerung der Fertigung nach Mexiko. Jobverluste und Firmenschließungen traten auch aufgrund der stärkeren Konkurrenz durch mexikanische Anbieter dort ein, wo die USA wenig wettbewerbsfähig sind (Teile der Landwirtschaft, Fließbandarbeit etc.). Gleichzeitig ist davon auszugehen, dass die mit der NAFTA vereinfachte Option, Produktionsschritte ins Nachbarland zu transferieren, zu einer Absenkung der Löhne bei wenig qualifizierten, d.h. von mexikanischer Seite ersetzbaren, Arbeitern führen kann. In Anbetracht des Wirtschaftsbooms der 90er Jahre und damals statistischer Vollbeschäftigung in den USA fiel dieser Lohnsenkungsdruck aber nicht ins Gewicht. Dagegen spielte eine Verlagerung von Arbeitsplätzen im Wahlkampf des Krisenjahres 2004 eine prominente Rolle, da die Arbeitslosigkeit wieder gestiegen war.

Auf der anderen Seite erfolgt die Schaffung von neuen Arbeitsplätzen via NAFTA (vor allem für höher qualifizierte „white collar workers") durch eine Steigerung der globalen Wettbewerbsfähigkeit. Ähnlich wie die japanische Herstellung etwa auf den Philippinen, kann sich US-amerikanische Produktion in Mexiko für die USA positiv auswirken, da sie Lohnkosten sparen hilft und eine arbeitsteilige Spezialisierung fördert. Folgt man den Kostenvorteilen, dann bleiben technologie- und qualifikationsintensive Produktionsschritte in den USA, während arbeitskraftintensive Fertigung verstärkt in Mexiko stattfindet. Die US-Konsumenten profitieren durch eine Senkung des Preisniveaus via kostengünstigerer Herstellung im Nachbarland. Die Peso-Krise trug dazu bei, dass sich das Ziel der Schaffung neuer Arbeitsplätze durch Ausfuhren nach Mexiko nicht im erwarteten Ausmaß erreichen ließ: 1996 hingen nur 90.000-160.000 *neue* Jobs von Exporten nach Mexiko ab, die durch die NAFTA nach 1994 entstanden waren (U.S. to Report to Congress Nafta Benefits are Modest, in: New York Times 11.7.1997: D1/4; Baer 1997: 138-150.). Infolge des Wertverlustes des Peso wurden US-Produkte deutlich teurer und mexikanische Lieferungen in die Vereinigten Staaten erheblich günstiger. Neueren Schätzungen zufolge wurden 900.000 neue Jobs in den USA durch die Ausweitung der Exportindustrien geschaffen, deren Löhne 18% über dem amerikanischen Durchschnitt liegen (Elpasotimes 2003: A decade of NAFTA left losers, winners). Der Economist (3.1.2004: 14) schätzt die Arbeitsplatzverluste in den USA durch die NAFTA zwischen 1994 und 2000 auf 110.000 pro Jahr.

Zu den positiven Ergebnissen der NAFTA gehört aus US-Sicht auch, dass das Abkommen die Wiedereinführung von Zöllen gegen US-Produkte 1995 in der Peso-Krise verhindert hat (ITC 1997: 31). Aufgrund der NAFTA-Regelungen konnte die mexikanische Regierung nicht auf protektionistische Maßnahmen zurückgreifen, um negativ betroffene Sektoren zu schützen. Der Reformkurs war gegen Widerstände abgesichert – „locked-in", wie der Treasury Secretary Robert Rubin (1997: 29) feststellte. Hinsichtlich des Zieles der USA, mit der NAFTA ihre globale Wettbewerbsfähigkeit zu verbessern, ließen sich noch keine eindeutigen Ergebnisse feststellen. Dies lag zum Teil am kurzen Zeitraum seit dem Inkrafttreten und vor allem am methodisch schwierigen Nachweis: Die US-Wirtschaft ist unter Clinton stark gewachsen und global konkurrenzfähiger geworden – aber wie misst man den Anteil etwa in Mexiko günstiger getätigter Produktionsschritte? Außerdem ist zu berücksichtigen, dass die mexikanische Wirtschaft im Vergleich zur US-amerikanischen sehr klein ist. Spezialisierungs- und Skalen-Effekte dürften daher höchstens marginal aufgetreten sein, gesamtwirtschaftliche Daten der USA nur geringfügig beeinflusst haben. Während die U.S. International Trade Commission (ITC 1997: 29) die NAFTA-Effekte als „moderate positive" einschätzte, bewirkte die NAFTA dem Direktor des Institute for International Economics zufolge ein Wachstum von 4% für die US-Wirtschaft (Bergsten 1997: 28). Das Congressional Budget Office schätzt den Einfluss der NAFTA auf Exporte und Wachstum positiv aber gering ein („weniger als ein paar Milliarden US-Dollar oder nur ein paar Hunderstel Prozentpunkte" Congressional Budget Office 2003: The Effects of NAFTA).

Den Befürchtungen von Gewerkschaften und Umweltschutzgruppen, die NAFTA würde zu einer Absenkung von Standards und Löhnen führen, wurde mit regionalen „Parallelabkommen" über Arbeits- und Umweltstandards begegnet (Mayer 1998: 165-216). Gemeinsame Kommissionen sollen etwa Vorschriften zur Sicherheit am Arbeitsplatz und zum Umweltschutz sichern und angleichen. Um die sozialen Kosten der Arbeitsplatzverluste in den USA aufzufangen, schuf die US-Regierung ein Programm (Trade Adjustment Assistance), mit dem Ausgleichszahlungen an und Umschulungen von US-Arbeitern durchgeführt werden, die ihren Job durch die NAFTA verloren haben. 1994-1997 wurden 110.408 Arbeiter vom TAA aufgefangen – dieselbe Anzahl an Jobs wurde in den USA 1997 alle zwei Wochen neu geschaffen, wie der United States Trade Representative (USTR) anmerkt (USTR 1997: 36). Seit Beginn der NAFTA waren bis 2003 insgesamt 525.000 US-Amerikaner durch den TAA unterstützt worden (The Sun Herald 2003: N). Grundsätzlich muss der Arbeitsplatzverlust infolge der NAFTA allerdings relativiert werden, da arbeitsintensive Produktionsschritte, die keine Qualifikation erfordern, aufgrund des globalen Wettbewerbs vermutlich ohnehin in Länder mit niedrigerem Lohnniveau verlegt worden wären. Angesichts verstärkter Konkurrenz ergeben sich für die USA zwei Alternativen: Entweder sie nehmen Wohlfahrtsverluste in Kauf und schotten sich entgegen ihrer traditionellen Wirtschaftsphilosophie protektionistisch ab, oder sie folgen weiterhin dem Freihandelsgedanken einer Modernisierung durch Konkurrenz und nehmen Arbeitsplatzverluste in Bereichen hin, in denen sie global gesehen über keine komparativen Vorteile mehr verfügen und konzentrieren sich auf wettbewerbsfähige Sektoren.

Eine – nach der letztgenannten Option unvermeidbare – Verlagerung von Arbeitsplätzen ist politisch und volkswirtschaftlich sinnvoller, wenn sie in das Nachbarland Mexiko erfolgt als etwa nach China, da (1) das mexikanische Wachstum zu einem erheblichen Teil in Importe aus den USA fließt, (2) die USA großen Einfluss auf Mexiko ausüben und (3) politische Aspekte mit ökonomischer Kooperation verbunden werden können. Beziffert man die volkswirtschaftlichen Kosten einer protektionistischen Politik zur Erhaltung von nicht wettbewerbsfähigen Branchen und Arbeitsplätzen und stellt sie denjenigen Kosten gegenüber, die bei Umschulungs- und Beihilfemaßnahmen für Arbeitslosigkeit infolge von Freihandel entstehen, dann ergibt sich ein eindeutiges Bild: Die protektionstische Erhaltung von Jobs würde die USA erheblich mehr kosten, als sie jetzt für die Kompensation von NAFTA-Folgen ausgeben (Hornbeck 1995: 12) – abgesehen vom Verlust ökonomischer Dynamik durch Protektionismus.

Neben wirtschaftlichen Aspekten gehörte die Migrationsthematik zu den Motiven der USA für eine engere Zusammenarbeit mit Mexiko. Das State Department erklärte 1992: „Continued Mexican economic growth, enhanced free trade with the U.S., will increase job opportunities in Mexico, thereby reducing over time the pressures for illegal immigration to the US" (U.S. Department of State 1992: 2). Dieses Ziel wurde nicht erreicht: Die Zahl der illegalen Einwanderer hat durch die NAFTA zugenommen: 1994 beliefen sich die Schätzungen noch auf weniger als 1 Mio. Einwanderer pro Jahr, wohingegen angenommen wird, dass 2000 1,6 Mio. Mexikaner illegal die Grenze in die USA überschritten haben (Elpasotimes 2003: NAFTA lures immigrants north). Das Problem der illegalen mexikanischen Einwanderung dürfte von der NAFTA mittelfristig kaum gelöst werden. Kurzfristig hat sich der Migrationsdruck verschärft, da viele landwirtschaftliche Betriebe im Süden Mexikos zu den Verlierern regionaler Zusammenarbeit gehören. Die ihrer Jobs beraubten Bauern und Landarbeiter suchen zum Teil ihr Glück in den USA. Auch die Schaffung von neuen

Arbeitsplätzen im Industrie- und Dienstleistungssektor wird die Migration nicht zwangsläufig reduzieren, da bisher die meisten Auswanderer einen Arbeitsplatz in Mexiko hatten- Die Motivation zum Verlassen des eigenen Landes lag nicht nur in akuter Arbeitslosigkeit, sondern vor allem in der geringen Höhe der mexikanischen Löhne. Zur Verringerung der Migration wäre daher eine Angleichung des Verdienstniveaus an das der USA notwendig – eine Entwicklung, die höchstens langfristig zu erwarten ist.

In Anbetracht der relativ geringen positiven Auswirkungen der NAFTA auf die Vereinigten Staaten im wirtschaftlichen Bereich und bezüglich des Migrationsproblems gewinnen die außenpolitischen Interessen der USA an Bedeutung. Denn anders als Mexikos weitgehend ökonomische Motivation für die NAFTA, waren die Beweggründe der USA wesentlich außenpolitischer Natur (Krugman 1993: 13-19). Mit der NAFTA sollten die marktwirtschaftlichen Reformen in Mexiko und die seit den 1990ern dominant pro-amerikanische Haltung der politischen Führung Mexikos stabilisiert werden. Inwieweit diese außenpolitisch relevanten Ziele durch die NAFTA erreicht werden, ist nicht eindeutig abzuschätzen. Einerseits sprechen der weitgehende Konsens in Mexiko über die Annäherung an die USA und die rechtlichen Verpflichtungen der NAFTA für eine Fortsetzung des marktwirtschaftlichen Kurses und der freundschaftlichen Beziehungen und somit für die Erfüllung eines Teils der US-Zielsetzung. Andererseits scheint die Stabilisierung des Nachbarlandes noch lange nicht gelungen: Die Zapatisten (Chiapas), die politischen Morde und die Währungsturbulenzen weisen auf ungelöste, möglicherweise strukturelle Instabilitäten. Da diese Probleme ihre Ursachen größtenteils in Defiziten des politischen und sozialen Systems Mexikos haben, liegt in der innenpolitischen Entwicklung der wichtigste Schlüssel zur Stabilität des Landes. Dies bedeutet aber, dass die USA selbst mit massiver Wirtschaftshilfe ihr Nachbarland nicht stabilisieren können. Nötig sind eine Reform der Machtstrukturen sowie eine Verbesserung der Verteilungsgerechtigkeit innerhalb Mexikos.

4.2.4. Fazit

Eine erste Bilanz der NAFTA spiegelt die zu Beginn diskutierten Chancen und Risiken ökonomischer Nord-Süd-Kooperation wider. Seit 1994 wuchs der innerregionale Handel ebenso wie die Investitionen nach Mexiko erheblich an und lassen die NAFTA aus außenwirtschaftlicher Perspektive eindeutig zu einem großen Erfolg werden. Mexiko konnte mit der NAFTA außerdem die Peso-Krise glimpflich und die Asien-Krise fast unbeschadet überstehen. Für Mexiko deuten die Indizien sowohl auf erhebliche Anpassungskosten wie auch auf Gewinne durch das Abkommen. Die mexikanische Wirtschaft profitierte durch vermehrte Direktinvestitionen, durch weitere Verlagerung von Produktionsschritten aus den USA und durch eine vertraglich verankerte Stabilität des wirtschaftspolitischen Kurses. Das Schwellenland erhält mit der NAFTA die Chance auf eine abgesicherte Nutzung des US-Marktes sowie auf einen größeren Zustrom von Kapital. Mexiko ist jetzt nicht mehr durch die Androhung von Handelsbeschränkungen durch die USA erpressbar. Ebenfalls verbessert die NAFTA die Möglichkeiten zum Transfer derjenigen Technologien, deren Einsatz in Mexiko Investoren für die Produktion für den US-Markt effizient erscheint – ein verstärkter Maquiladora-Effekt. Dabei ergibt sich für Mexiko aber das Dilemma, dass es aufgrund seines niedrigeren Entwicklungsniveaus und seiner Kostenvorteile wesentlich für arbeitsintensive Produktion interessant ist – weniger aber für technologie- oder kapitalintensive Herstellung. Da es sich in dieser Situation aber auch vor der NAFTA befand, verschlechtert sich seine Lage nicht, sondern es weitet seine Exportproduktion aus.

Das Risiko einer Zementierung des Entwicklungsunterschieds *relativ* zu den USA bei gleichzeitigem Wachstum besteht nach wie vor. Allerdings wuchs der Anteil verarbeiteter Produkte an den mexikanischen Exporten in die USA auf heute 90%. Dies lässt auf Modernisierungserfolge schließen und verdeutlicht, dass Mexiko *absolut* zum Ausgangsniveau Entwicklungsfortschritte erzielen konnte. Zeitweise Handelsdefizite und Wettbewerbsprobleme weisen auf andere Risiken hin: Denn einem möglichen Produktionszuwachs für den US-Markt stehen Probleme binnenorientierter Sektoren gegenüber, die nicht mit der stärkeren US-Konkurrenz mithalten können. Da sich diese Entwicklung auch geographisch ausdrückt, verschärft sich die entwicklungspolitische Teilung des Landes in einen relativ dynamischen Norden und einen unterentwickelten Süden.

Die Vereinigten Staaten konnten vom besseren Marktzugang profitieren, der sich allerdings bereits zuvor infolge unilateraler Zollsenkungen Mexikos verbessert hatte. Moderate Wachstumsimpulse und eine leicht höhere globale Wettbewerbsfähigkeit können ebenfalls als Zwischenergebnis der NAFTA für die USA festgehalten werden. Wesentliches Dilemma auf US-Seite war die, der Schaffung von Jobs im Export gegenüberstehende Vernichtung von Arbeitsplätzen durch Verlagerung arbeitsintensiver Produktion nach Mexiko. Da diese ökonomischen Auswirkungen klein waren und die Verringerung der illegalen Migration eine Illusion bleiben dürfte, rücken außenpolitische Ziele der Kooperation in den Vordergrund. Hier zeigte sich, dass mit der NAFTA erfolgreich die Chance zur Stabilisierung des marktwirtschaftlichen Kurses in Mexiko und seiner US-freundlichen Führung wahrgenommen wurde. Das zentrale Problem für die USA ist allerdings, dass sie zwar den politischen Kurs des Nachbarlandes stabilisieren konnten, nicht aber dessen politische und wirtschaftliche Lage.

Insgesamt zeichnet die Entwicklung der NAFTA ein ambivalentes, überwiegend aber positives Bild. Sie lässt begründet auf Vorteile für beide Staaten schließen. Dies gilt vor allem gegenüber der Alternative einer binnenorientierten nicht-Kooperation, die zwar ineffiziente *rent-seeker* schützen könnte, aber nicht diejenigen Impulse für angebots- und nachfrageorientiertes Wachstum bietet, die ökonomische Öffnung stimulieren kann. Wettbewerbsorientierte Nord-Süd-Kooperation fördert demnach Produktivität, trägt zum Abbau gesamtwirtschaftlicher Ineffizienz bei und schafft somit den materiellen Spielraum für eine Verbesserung gesellschaftlicher Verteilungsgerechtigkeit etwa über Sozial- und Fiskalpolitik. Aber erst die Teilhabe der gesamten Bevölkerung an ökonomischer Entwicklung macht marktwirtschaftliche Effizienz auch entwicklungspolitisch sinnvoll. Hier besteht ein erheblicher Nachholbedarf sowohl hinsichtlich der Schaffung eines Strukturfonds innerhalb der NAFTA als auch bezüglich einer ausgeglichenen Verteilung von Wachstum und Wohlstand innerhalb Mexikos.

Arbeitsfragen für Kapitel 4.2.:

- Wie kann ein Entwicklungsland von Freihandel mit einem Industrieland profitieren?
- Warum gibt es in Mexiko Gewinner und Verlierer der NAFTA?
- Welche Rolle spielen Auslandsinvestitionen in der NAFTA und in der Entwicklung Mexikos?

Literatur für Kapitel 4.2.:

Baer, M. Delal 1997: Misreading Mexico, in: Foreign Policy Nr. 108: 138-150.

Banco de Informaci n Economica 2003: Resumen del Comercio Exterior Presentaci n Actual Exportaciones, http://dgcnesyp.inegi.gob.mx/cgi-win/bdi.exe, am 9.1.2004

Banco de Informaci n Econ mica 2003: Sector Externo, http://dgcnesyp.inegi.gob.mx/BDINE/J10/J100020.HTM, am 10.1.2004

Bergsten, C. Fred 1997: American Politics, Global Trade, in: The Economist 27.9.97: 23-28.

Congressional Budget Office 2003: The Effects of NAFTA, http://www.cbo.gov/showdoc.cfm?index=4247&sequence=4, am 10.1.2004

Dodds, C. Colin 1999: NAFTA and Canada, in: Coffey, Peter et.al. (Ed.): NAFTA – Past, Present and Future, Boston: 27-64.

Elpasotimes 2003: A decade of NAFTA left losers, winners, http://www.borderlandnews.com/NAFTA/20030622-127938.shtml, am 9.1.2004

Elpasotimes 2003 : NAFTA lures immigrants north, http://www.borderlandnews.com/NAFTA/20030623-128239.shtml, am 9.1.2004

Espinoza, Enrique Lazcano 1999: NAFTA in Mexico, in: Coffey, Peter et.al. (Ed.): NAFTA – Past, Present and Future, Boston: 65-112.

Grassi, Lucas 1996: El TLC: impactos desiguales. Evolución y perspectivas del mayor mercado del mundo, in: Desarrollo y Cooperacion, Nr. 4: 8-11.

Gurria, Jose Angel 2000 Mexico: Recent Developments, Structural Reforms, and Future Challenges, in: Finance & Development, Vol, 37 (March 2000) Nr. 1, entnommen aus: http://www.imf.org/external/pubs/ft/fandd/2000/03/gurria.htm am 15.4.2000. J. Angel Gurria war Finanzminister Mexikos.

Hornbeck, J. F. 1995: United States-Mexico Economic Relations: Has NAFTA Made a Difference?, Congressional Research Service CRS, Washington D.C.

Instituto Naci nal de Estad sticas, Geografia e Informatica 2003: Producto interno bruto trimestral por gran divisi n, http://www.inegi.gob.mx/est/contenidos/espanol/tematicos/coyuntura/coyuntura.asp?t=agr01&a=-1&c=469, am 8.1.2004

Krugman, Paul 1993: The Uncomfortable Truth about NAFTA. Its Foreign Policy, Stupid, in: Foreign Affairs 72/5: 13-19.

Mayer, Frederick W. 1998: Interpreting NAFTA. The Science and Art of Political Analysis, New York.

Ministry of Economic Affairs 2002: Invest in Taiwan, http://investintaiwan.nat.gov.tw/moea-web/Climate/EcoIndicators/GDPgrowth.htm, am 8.1.2004

OECD 2003: Economic Outlook, No. 70, http://www.oecd.org/dataoecd/17/10/2712737.xls, vom 8.1.2004

Pastor, Manuel/Wise, Carol 1998: Mexican-Style Neoliberalism. State Policy and Distributional Stress, in: Wise, Carol (Hrsg.): The Post-NAFTA Political Economy. Mexico and the Western Hemisphere, University Park, Pennsylvania: 41-81.

Pastor, Manuel 1994: Mexican Trade Liberalization and NAFTA, in: Latin American Research Review, 29/3: 153-173.

Porter, Michael E. 1991: Nationale Wettbewerbsvorteile. Erfolgreich konkurrieren auf dem Weltmarkt, München.

Proff, Heike/Proff, Harald V. 1996: Effects of World Market Oriented Regional Integration on Developing Countries, in: Intereceonomics 31/2: 84-94.

Rubin, Robert 1997: Statement of the Treasury Secretary on NAFTA Tree-Year Anniversary Report, in: U.S. Information & Texts, Washington D.C. 16.7.1997: 29.

Schirm, Stefan A. 1994: Macht und Wandel. Die Beziehungen der USA zu Mexiko und Brasilien, Opladen.

Schirm, Stefan A. 1997: Kooperation in den Amerikas. NAFTA, MERCOSUR und die neue Dynamik regionaler Zusammenarbeit, Baden-Baden.

Schirm, Stefan A. 2001: Globale Märkte, nationale Politik und regionale Kooperation in Europa und den Amerikas, Baden-Baden (2. Aufl.).

Schirm, Stefan A. 2003: Wem nutzt die NAFTA? In: Bodemer, Klaus/Gratius, Susanne (Hrsg.): Lateinamerika im internationalen System, Opladen: 25-48.

The Sun Herald 2003: NAFTA's effect on state hard to gauge, http://www.sunherald.com/mld/sunherald/news/7378448.htm, am 10.1.2004

The White House 2001: Fact Sheet on NAFTA, http://www.whitehouse.gov/news/releases/2001/09/20010904-8.html, vom 7.1.2004

The Worldbank 2003: Lessons from NAFTA for Latin America and the Carribean, http://wbln0018.worldbank.org/LAC/lacinfoclient.nsf/d29684951174975c85256735007fef12/3e557037145eeae385256dfe007d62c7/$FILE/Lessons%20from%20NAFTA_full.pdf, vom 8.1.2004

U.S. Department of State 1992: GIST: US-Mexico Relations, Washington D.C., 31.7.1992.

U.S. International Trade Commission (ITC) 1997: Executive Summary on Effects of NAFTA, in: U.S. Information & Texts, Washington D.C. 16.7.1997: 29-34.

U.S. Trade Representative (USTR) 1997: USTR's Ira Sharpio Testifies to House Panel on NAFTA, in: U.S. Information & Texts, Washington D.C. 12.3.1997: 33-38.

United States International Trade Commission 2003, http://www.usitc.gov/natrd.pdf, vom 7.1.2004

World Bank 1997: World Development Report 1997, New York.

World Trade Organization WTO 1995: International Trade. Trends and Statistics, Genf.

4.3. Handelspolitik und IB-Theorien: Die USA, Brasilien und die FTAA

Betrachtet man die US-amerikanische Außenhandelspolitik gegenüber Lateinamerika, insbesondere gegenüber Brasilien, so gewinnt man leicht den Eindruck, Washingtons Strategie sei durch mangelhafte Eindeutigkeit geprägt. Einerseits folgen die USA ihrer traditionellen Freihandelsrhetorik, initiieren Verhandlungen über eine Freihandelszone aller Staaten der Amerikas (Asociacion de Libre Comercio de las Americas ALCA, Free Trade Area of the Americas FTAA) und verlangen von anderen Ländern die schnelle Öffnung ihrer Märkte für Produkte aus den USA. Andererseits haben die Vereinigten Staaten seit den 80er Jahren zunehmend protektionistische Maßnahmen zum Schutz eigener Hersteller ergriffen. Angesicht dieser Widersprüche hält eine der renommiertesten Handelsexpertinnen (seit 2001 Chefökonomin des IWF), Anne O. Krueger (1995: 6), die US-Handelspolitik für „schizophren" und schreibt von einer „Tragedy in the Making".

Gegenüber Brasilien verkündet Washington einerseits, dass es das Land als Führungsmacht Südamerikas anerkenne, Zusammenarbeit im Sinne einer „Partnership in Leadership" für möglich hält und die Amerikas gegenüber anderen Regionen wie Europa stärker integrieren wolle (Harrington 2000: 1). Auf der anderen Seite beobachten die USA mit Misstrauen, dass Brasilien durch die Erweiterung des Mercosur und die Verfolgung eigener Positionen innerhalb der FTAA-Verhandlungen tatsächlich eine Regionalmachtsrolle einzunehmen versucht (Economist 18.10.2003: 52-53; Perry 2000: 412). Insgesamt scheint keine klare Strategie Washingtons gegenüber Brasilien erkennbar. Offene Rivalität zwischen dem amerikanischen Hegemon und dem aufstrebenden Regionalmachts-Aspiranten (Schirm 1990, 1998) erscheint für die Zukunft ebenso plausibel wie harte aber kooperative Verhandlungen über eine neue außenwirtschaftliche Architektur in den Amerikas. Als Ergebnis der mangelnden Eindeutigkeit in der amerikanischen Außenwirtschaftspolitik haben die USA ein internationales Glaubwürdigkeitsproblem und können nur eingeschränkt eine politische Führungsrolle ausüben.

Wie sind die Ambivalenzen in der US-amerikanischer Außenhandelspolitik gegenüber Brasilien zu erklären? Lassen sich im widersprüchlichen Gesamtbild Strategien und Strukturen in Einzelbereichen finden? Können wir die künftige Entwicklung US-amerikanischer Politik prognostizieren? Zur Beantwortung dieser Fragen werden im Folgenden drei große Theorierichtungen aus dem Bereich der Internationalen Beziehungen (IB) herangezogen, da es sich hier um *zwischenstaatliche* Beziehungen handelt (vgl. Exkurs 6). Der Zugriff auf die Empirie sowohl mit *machtzentrierten*, wie auch mit *interessen-* und *ideenorientierten* Interpretationsmodellen bietet die Chance, das ambivalente Gesamtbild US-amerikanischer Politik zu erklären und Prognosefähigkeit zu erlangen. Dieser dreifache Zugriff erscheint notwendig, weil ein Ansatz für sich genommen das ambivalente Bild bei näherer Betrachtung nicht zu erklären vermag. So können machtorientierte Argumente des Neorealismus die kooperativ-multilateralen Elemente amerikanischer Politik ebensowenig erfassen, wie den ambivalenten Charakter des Gesamtbildes der Politik. Der Fokus auf innenpolitische Interessengruppen wiederum scheint ergänzungsbedürftig, weil er Veränderungen des internationalen Systems wie die Beendigung des Ost-West-Konfliktes und die postulierte Konkurrenz gegenüber Europa und Ostasien außer Acht lässt. Die konstruktivistische Untersuchung außenpolitisch prägender Ideen erscheint insofern wichtig, als verbindende Wertemuster wie Demokratie und Marktwirtschaft in der letzten Dekade als Kern US-amerikanischer Politik gegenüber Lateinamerika verwendet wurden.

Die zentrale These dieses Kapitels ist auf das Gesamtbild der US-Brasilienpolitik und die drei Theorieansätze zugeschnitten: Wenn Außenwirtschaftspolitik widersprüchliche Elemente vereinigt, dann sind konkurrierende Motivationen zwischen oder innerhalb der „driving forces“ Macht, Interessen und Ideen für das Verhalten handlungsleitend. Die Einschätzung künftiger Entwicklungen muss daher auf der Evaluierung möglicher Gewichtsverlagerungen zwischen einzelnen Motivationselementen beruhen. Neben der Einschätzung empirischer Ursachen und Wirkungen US-amerikanischer Brasilienpolitik verfolgt dieses Kapitel das Ziel, die Relevanz der drei Theorien zu testen. Zwei grundlegende Vorbemerkungen zur Politik der USA gegenüber Brasilien scheinen wichtig. Erstens existiert keine spezifische Brasilienpolitik der USA. Die Beziehungen zu Brasilien sind vielmehr Teil der gesamten Außenpolitik bzw. Außenhandelspolitik, die nur hinsichtlich Lateinamerikas teilweise strategisch definiert sind (Schirm 1994, 1997, 2000, 2002). Zweitens konzentriert sich die Wahrnehmung Lateinamerikas aus US-Sicht im Wesentlichen auf Mexiko, das für die USA in wirtschaftlicher, kultureller und sicherheitspolitischer Hinsicht wichtiger ist als alle anderen lateinamerikanischen Staaten zusammen (vgl. Kap. 4.2.).

Die folgende Untersuchung gliedert sich in vier Schritte: Zunächst werden machtorientierte Argumente des Neorealismus präsentiert und anhand der empirischen Entwicklung US-Brasilianischer (bzw. US-Lateinamerikanischer) Beziehungen überprüft (4.3.1.). Anschließend soll mit Argumenten interessenorientierter Ansätze die Rolle innenpolitischer Faktoren für die Politik der USA evaluiert werden (4.3.2.). Im dritten Teil schließlich erfolgt die Betrachtung der empirischen Entwicklung aus konstruktivistischer Perspektive (4.3.3.). Der vierte und letzte Teil des Beitrags ist dem Fazit gewidmet und evaluiert die Politik der Administration von Präsident Bush jun. (4.3.4.)

4.3.1. Macht in den US-brasilianischen Beziehungen

Neorealistische Argumente konzentrieren sich auf die Machtverteilung zwischen Staaten und auf das internationale System (Keohane 1986; Legro/Moravcsik 1999; Link 1998). Die Interessen und Motivationen außenpolitischen Handelns sind hier extern gegeben und von der Struktur des internationalen Systems sowie der relativen Position des Landes in diesem System geprägt. Die Wahrnehmung anderer Staaten orientiert sich daher an deren relativer Macht und ihrem möglichen Bestreben, die internationale Machtverteilung zu verändern. Da Macht im internationalen System als Nullsummenspiel verteilt ist und dem Neorealismus zufolge per se Misstrauen über die Absichten anderer besteht, werden anti-status quo Staaten (wie zum Beispiel aufstrebende Regionalmächte) als Bedrohung wahrgenommen. Allianzen sind nur möglich, wenn einer gemeinsamen Bedrohung begegnet werden soll (balance of threat), der Einfluss eines Hegemons ausgeglichen werden soll (balance of power) oder wenn ein Hegemon die Kosten von Kollektivgütern wie Sicherheit und Freihandel übernimmt (hegemonic stability).

Entscheidender Erklärungsfaktor für die amerikanische Lateinamerikapolitik – wie für die US-Außenpolitik insgesamt – der letzten Dekade wäre demnach das Ende des Ost-West-Konflikts sowie die Stärkung bzw. Entstehung konkurrierender Wirtschaftsblöcke wie der Europäischen Union und des MERCOSUR. Empirisch lässt sich klar zeigen, dass diese Faktoren die Politik Washingtons beeinflusst haben. Die Angst vor „Fortress Europe" und Versuche einer Blockbildung in Südostasien (ASEAN Free Trade Agreement) können als Motivationen der USA für die Schaffung der NAFTA und die Initiierung des FTAA-Prozesses (wie ihres Vorläufers, der Enterprise for the Americas Initiative (EAI)) identifiziert werden, so der damalige Undersecretary of State for Economic Affairs, Robert B. Zoellick (1992: 1). In den Dekaden nach 1945 hatten die USA die Bildung regionaler Wirtschaftsblöcke zugunsten des Ziels weltweiten Freihandels für die eigene Region konsequent abgelehnt und nur in anderen Regionen als Teil des Ost-West-Konflikts unterstützt. Gleichzeitig zur Stärkung der Motivation für eine engere ökonomische Anbindung an Lateinamerika sank allerdings durch das Ende des Ost-West-Konflikts die sicherheitspolitische Bedeutung Lateinamerikas für die USA. Dies erklärt, warum die USA einerseits die FTAA initiiert haben, sich aber andererseits auf Mexiko konzentrieren und dem Rest Lateinamerikas nur zweitrangige Relevanz beimessen (eine Ausnahme von der sicherheitspolitisch sekundären Rolle Lateinamerikas ist wegen der Drogenproblematik Kolumbien). Insofern kann diese scheinbare Widersprüchlichkeit mit der Abnahme sicherheitspolitischer Machtkonflikte bei gleichzeitiger Zunahme ökonomischer Rivalitäten im internationalen System erklärt werden.

In den spezifischen Beziehungen zu Brasilien ist eine ähnliche Ambivalenz zu beobachten: Einerseits sehen die USA die Relevanz Südamerikas nach dem Ost-West-Konflikt als reduziert an und sind daher bereit, eine Regionalmachtsrolle Brasiliens zu akzeptieren oder sogar zu fördern, da Brasilien den USA die politischen und materiellen Kosten der Stabilisierung des Subkontinents abnehmen könnte (Hakim/Menezes 2001: 1, Harrington 2000, Buckley 2000: A20). Hier kann eine neue Tendenz ausgemacht werden, nach der ein starkes Engagement nur bei direkter Bedrohung gerechtfertigt scheint und in anderen Fällen regionale Stabilität auch entfernten Verbündeten überlassen werden kann. Diese Politik des delegativen „low profile“ oder der „shared responsibility“ ist aber nicht eindeutig, weil die brasilianischen Dominanzansprüche auf dem südamerikanischen Kontinent in Washington – und nach der neorealistischen Nullsummen-These – auf Kosten des US-Einflusses in der Region gehen (Perry 2000: 412, Nolte 2.1.2001). Da in Teilen des brasilianischen Establishments in den letzten Jahren wieder Elemente der Geopolitik-Schule mit dem Ziel aufleben, einen südamerikanischen „Gegenblock“ zu den USA zu bilden, ist davon auszugehen, dass diese Aspirationen in Washington mit Misstrauen wahrgenommen werden. Vor allem der Versuch Brasiliens, der geopolitischen Erweiterung des Mercosur um den Andenpakt den Vorzug vor einer ökonomisch sinnvolleren Vertiefung des Mercosur und vor der FTAA zu geben, deutet auf machtpolitische Motivationen Brasiliens hin (Schirm 1998: 88-92, Calcagnotto/Nolte 2000). Zusammen mit einer anti-amerikanischen Tendenz erzeugt dieser Teilbereich brasilianischer Politik Ablehnung in Washington.

Insofern sind die Vereinigten Staaten einerseits zufrieden darüber, dass Brasilien hier Führungsaufgaben abnimmt und sind andererseits besorgt darüber, dass Brasilien einen südamerikanischen Block gegen die USA bildet. Aus der Sicht Washingtons wäre diese Situation am besten geklärt, wenn Brasilien im Sinne einer „Partnership in Leadership“ Südamerika nach US-amerikanischen Vorstellungen dominieren würde – nicht aber mit divergierenden Zielsetzungen. Die Zunahme nationalistischer Töne in Brasilien zeigt möglicherweise eine neue Tendenz, da sich das Land Ende der 80er und Anfang der 90er Jahre sehr kooperativ gegenüber Washington verhalten hatte und mit der „Positiven Agenda“ von Präsident Collor eine aktive Beseitigung bilateraler Konflikte betrieben hatte (Schirm 1994: 171-175). Diese „pragmatische Unterordnung“ scheint im Zuge der Bewältigung der Verschuldungskrise seit einigen Jahren durch Autonomiewünsche eingeschränkt zu werden (zum Konzept der *indirekten Macht* der USA vgl. Kap. 2.3.3. und der *pragmatischen Unterordnung* Brasiliens vgl. Schirm 1994: 216-229). Die Regierung von Präsident Luis Ignacio Lula da Silva verfolgt seit 2003 einen explizit nationalistischen Kurs, setzt auf Süd-Süd-Kooperation und grenzt sich von den USA politisch ab (The Economist 7.2.2004: 52-53).

Allerdings ist die Besorgnis Washingtons über wiederauflebenden Nationalismus in Brasilien weit entfernt davon, in Aufregung umzuschlagen: Erstens gehört Brasilien weder politisch noch wirtschaftlich zu den besonders wichtigen Ländern (wie etwa Mexiko oder die EU und Russland) noch zu den wichtigen Ländern (wie etwa China oder Kuba), sondern erst zur dritten Kategorie in der Relevanzskala der USA. Zweitens werden die neuen nationalistischen Positionen nur von einem Teil des brasilianischen Establishments getragen, während andere Teile (etwa Wirtschaftsfachleute) nach wie vor auf kooperative Beziehungen setzen und primär auf die wirtschaftlichen Vorteile einer pragmatischen Zusammenarbeit mit Washington bauen. Drittens ist in Washington die Meinung verbreitet, dass Konflikte um Zollschranken, um die Bekämpfung des Drogenhandels und außenpolitische Positionen zur Normalität internationaler Beziehungen gehören (Larson 2000: 1-3) und beispielsweise auch Bestandteil der Beziehungen zur EU sind – ohne dass dies die positive Zusammenarbeit nachhaltig verschlechtern würde.

4.3.2. Interessen in den US-brasilianischen Beziehungen

Interessenorientierte Ansätze gehen von der These aus, dass außenpolitisches Handeln durch innenpolitische Einflüsse und ökonomische Interdependenz geprägt wird. Nationale Interessen sind also nicht wie im Neorealismus rein exogen durch das internationale System definiert, sondern auch endogen determiniert. Im Fokus stehen hier die Lobbyarbeit von Interessenverbänden, innenpolitische Koalitionen, die öffentliche Meinung und das politische System des jeweiligen Landes. Diese gesellschaftsorientierten Erklärungsansätze werden unter der Rubrik der Liberalen Theorie internationaler Beziehungen zusammengefasst (Moravcsik 1997; Kohler-Koch 1990 und Rosecrance 1986, vgl. 6.1.). Wie im Neorealismus werden Staaten auch hier als rationale Nutzenmaximierer gesehen. Sie folgen in der Liberalen Theorie aber in erster Linie dem Ziel, ökonomischen Wohlstand zu mehren und reagieren auch in der Außenpolitik auf Interessen gesellschaftlicher Gruppen.

Untersucht man die Außenpolitik der USA unter dem Aspekt ihrer Beeinflussung durch innenpolitische Interessenkonstellationen, so betrifft dies im Wesentlichen ökonomische Bereiche, da Sicherheitspolitik nur im Ausnahmefall gesellschaftliches Engagement hervorruft. Gerade bei der für die Wahrnehmung Brasiliens entscheidenden Handelspolitik können erhebliche Veränderungen in den letzten zehn Jahren festgestellt werden. Mit dem „Omnibus Trade and Competitiveness Act" von 1988 schwächten die USA ihre traditionelle Strategie des multilateral verfolgten „free trade" ab und betreiben seitdem zunehmend eine Außenhandelspolitik nach dem Prinzip des „fair trade": Zu Kernelementen der Außenhandelspolitik der 90er Jahre avancierten sowohl Strategien der Reziprozität (eigene Marktliberalisierung nur bei ebenbürtiger Liberalisierung auf Seiten der Partnerländer) wie auch der Öffnung von Zielmärkten durch Sanktionen. Beispiele für das neue Instrumentarium sind die Verschärfung der Section 301 zur Verhängung von Strafzöllen und die Nutzung der Klagemöglichkeiten vor der WTO gegen „unfaires Verhalten" anderer Staaten (Schirm 2000: 247-268).

Ursachen für diese Trendwende waren vor allem drei interne und transnational-gesellschaftliche Entwicklungen:

- Erstens wuchs die Lobbytätigkeit von Interessengruppen seit den 80er Jahren in dem Maß, in dem die US-Wirtschaft im Zuge wachsender Globalisierung Wettbewerbsprobleme im eigenen Land erfuhr (Schirm 2001: 183-189): Exporte plus Importe als Prozentsatz des Bruttoinlandsproduktes der USA stiegen von 12% (1970) über 21% (1980) auf 25% (1997) (UNCTAD 1997: 294; The Economist 30.1.1999: 67). So stellte die Konkurrenz mit ausländischen Wettbewerbern auf dem eigenen Markt noch in den 60er Jahren ein „marginales Phänomen" dar, bildete aber zwei Dekaden später bereits den Regelfall. Das Lobbying von Importen betroffener Sektoren für Schutz vor ausländischen Konkurrenten und von Exportbranchen für politische Öffnung von Zielmärkten blieb auch im Boom der 1990er konstant.

- Zweitens wurde die Rolle des Kongresses bei der Formulierung der Handelspolitik zu Lasten der Exekutive wichtiger. Dies ist sowohl Ergebnis zunehmender Lobbytätigkeit wie auch Resultat kongressinterner Veränderungen wie der Aufgabe des Senioritätsprinzips bei der Besetzung von Ausschüssen und dem Generationenwechsel bei den Abgeordneten. Jüngere, außenpolitisch unerfahrenere Politiker mit kurzfristiger Perspektive rückten oftmals an die Stelle erfahrener Kollegen, die früher kurzfristige Vorteile von „fair trade" zugunsten langfristiger Vorteile weltweiten Freihandels zurückgestellt hatten.
- Die dritte innenpolitisch motivierte Neuerung in der Handelspolitik ist der heute fast schon verpflichtende Einschluss von Umwelt- und Sozialstandards in Handelsverträge. Diese Konditionen sind das Ergebnis der Lobbytätigkeit von Unternehmen, Gewerkschaften und Umweltgruppen, die Sozialdumping aus Entwicklungs- und Schwellenländern befürchten und Arbeitsplätze, Gewinne wie Umweltschutz bedroht sehen. Die WTO-Runde in Seattle 1999 und das FTAA-Treffen in Quebec 2001 zeigten, dass Entwicklungs- und Schwellenländer solche Umwelt- und Sozialklauseln in Handelsverträgen als Wettbewerbshemmnisse ablehnen (vgl. Kap. 5.2.2.).

Brasilien wird in den USA als Problemfall wahrgenommen, da es sowohl hohe Durchschnittszölle aufweist (rd. 14% gegenüber 3% im Fall der USA, Ende der 1990er), als auch einigen Branchen erhebliche Exportsubventionen bezahlt. Die Handelskonflikte der 90er Jahre sowie die Verhängung von Strafzöllen gegen Brasilien (etwa für Stahl) sind bereits Legende (Barbosa 2000). Wichtig ist hier, dass diese Strafmaßnahmen von betroffenen Firmen in den USA durch eine Klage beim United States Trade Representative (USTR) initiiert werden und somit das direkte Ergebnis des Engagements von privatwirtschaftlichen Interessengruppen darstellen. Brasilien wird von den USA aber nicht nur aufgrund seiner hohen tarifären bzw. nicht-tarifären Handelshemmnisse und mangelnder Rechtssicherheit für geistiges Eigentum (Patente) als Problemfall angesehen. Vielmehr ist der brasilianische Versuch, seine Nachbarländer zu ähnlich hohen Handelsbarrieren zu überreden für die USA ein Fall von Regionalmachtspolitik gegen US-Interessen. Die brasilianischen Bestrebungen, das eigene ökonomische und diplomatische Gewicht zu nutzen, um etwa Argentinien und Chile dazu zu zwingen, ihre niedrigeren Zölle *heraufzusetzen*, lassen das südamerikanische Land für Washington als Blockierer einer Freihandelszone der Amerikas erscheinen (Nolte/Calcagnotto 2001; The Economist 21.4.2001: 19-22; Cason 2000: 30-35; Stausberg 2001; Nolte 2001). Allerdings ist auch hier die Aufregung auf brasilianischer Seite erheblich größer als auf US-amerikanischer, da Lateinamerika wie gesagt keinen prioritären Handelspartner im Vergleich zu Mexiko darstellt: Das Volumen des bilateralen Handels mit Brasilien beträgt nur rund ein Zehntel des Volumens des Handels mit Mexiko.

Für viele Gewerkschaften, Umweltschutzgruppen und vom Freihandel bedrohte Unternehmer sowie deren Vertreter im Kongress, gehört Brasilien zu den Gegenspielern, seit das Land sich zusammen mit Indien auf der WTO-Konferenz 1999 in Seattle als Sprecher der Opposition gegen Umwelt- und Arbeitsstandards profiliert hatte. Während von brasilianischer Seite hinter diesen Forderungen versteckter Protektionismus der USA vermutet wird, ist in Washington die Meinung verbreitet, Länder wie Brasilien wollten durch niedrige Sozialstandards und durch Umweltverschmutzung unlauteren Wettbewerb auf dem US-Markt betreiben (Handelmann 2001: 6). Die brasilianische Bevorzugung einer eher protektionistischen Südamerikanischen Freihandelszone (ALCSA) gegenüber einer FTAA wird von US-Gruppen daher als doppelte Gefahr gesehen: Der Zugang von US-Exporten zu südamerikanischen Märkten wäre erschwert, wenn Brasilien seine Nachbarländer auf relativ hohe Barrieren festlegen kann und Umwelt- wie Sozialdumping wäre stimuliert, wenn Brasilien seine Nachbarländer davon abhält, multilateralen Mindeststandards zuzustimmen. Für Washington verhindert eine Koalition aus „rent-seekern" und Nationalisten weitergehende wirtschaftspolitische Reformen und Freihandel in Brasilien. In Brasilien gehören dazu neben Staatsfirmen und nationalen Produzenten auch die ausländischen Konzerne der Automobilbranche. Handelsliberalisierungen und Wettbewerb stellen für „rent-seeker" in der Regel eine ökonomische Bedrohung dar, da sie ihre Privilegien gegenüber anderen Herstellern verlieren würden.

Allerdings sind auch positive Aspekte in den ökonomischen Beziehungen zwischen den USA und Brasilien hervorzuheben: So kann die Einschätzung Brasiliens durch US-amerikanische Firmen in Anbetracht von

35 Mrd. USD Investitionen im Jahr 2000 so schlecht nicht sein; auch der Außenhandel wuchs erheblich – auf rund 26 Mrd. USD – an (Harrington 26.1.2001). Gerade der Anstieg US-amerikanischer Direktinvestitionen verdeutlicht, dass das Argument vom „custo brasil", d.h. der Verweis auf ein hohes Steuer- und Regulierungsniveau sowie Korruption und Rechtsunsicherheit, zumindest teilweise von Gewinnerwartungen der privaten Investoren aufgewogen wird. Wie in Brasilien selber stehen sich auch in den USA zwei „Lager" innenpolitischer Interessengruppen gegenüber: Für weitere Kooperation etwa im Rahmen der FTAA engagieren sich die Exportindustrie, transnationale Investoren und diejenigen Gruppen, die Kenntnis von der wachstumsfördernden Wirkung von Handelsliberalisierungen haben. Gegen eine solche Öffnung wenden sich bisher durch tarifäre und nicht-tarifäre Hemmnisse geschützte Sektoren und die mit ihnen verbundenen Unternehmen wie Gewerkschaften sowie Umweltschutzgruppen. Diese gesellschaftliche Spaltung spiegelt sich in der Politik Washingtons und stimuliert das ambivalente Gesamtbild US-amerikanischer Außenwirtschaftspolitik gegenüber Brasilien.

4.3.3. Ideen in den US-brasilianischen Beziehungen

Mit der Betonung von Ideen im Sinne von politischen Wertvorstellungen und Identitäten in der internationalen Politik unterscheiden sich konstruktivistische Ansätze deutlich von den vorangegangenen Theorien, die außenpolitisches Handeln als eine von materiellen Umständen (Macht, Wohlstand etc.) abhängige Variable ansehen. Dem Konstruktivismus zufolge ist Realität sozial konstruiert und durch intersubjektiven Austausch, d.h. Lernprozesse wandelbar. Akteure der internationalen Beziehungen agieren ihrer jeweiligen Identität und erlernten Rollenmustern zufolge. Diese Rollenmuster folgen kulturellen Prägungen, historischen Legaten und ideellen Überzeugen stärker als materiellen Handlungsbedingungen und Gewinnerwartungen. Wie in der Liberalen IB-Theorie sind hier Motive außen(wirtschafts)politischen Handelns intern bestimmt, spiegeln allerdings Erwartungsmuster von außen wieder (Hopf 1998; Risse 1999; Wendt 1992).

Die amerikanische Politik gegenüber Lateinamerika – auch gegenüber Brasilien – wurde seit der Monroe-Doktrin („Amerika den Amerikanern") bis heute von zwei rivalisierenden Wertevorstellungen geprägt. „Hemispherism" betont die gemeinsamen historischen Erfahrungen der Länder Nord-, Mittel- und Südamerikas im Kampf um die Unabhängigkeit von den monarchistisch verfassten europäischen Kolonialmächten sowie gemeinsame Traditionen wie die republikanischen Verfassungen. „Anti-hemispherism" wurde erstmals unter Präsident Quincy Adams virulent und zielt auf die Unterschiede zwischen Nord- und Lateinamerika: Während der Norden politisch ein Ergebnis der Aufklärung ist, auf Bürgerrechten basiert und eine starke Kontrolle der Regierung durch die Gesellschaft ebenso vorsieht wie individuelle Freiheiten und marktwirtschaftliche Prinzipien, ist Lateinamerika traditionell von feudalen Gesellschaftsstrukturen, dem Obrigkeitsprinzip und staatlichem Interventionismus geprägt (Corrales/Feinberg 1999). Aus der Sicht des „anti-hemispherism" ist Lateinamerika aufgrund dieser divergierenden Traditionen sowie Korruption, Ineffizienz, Instabilität und mangelhafter sozialer Integration für eine engere Zusammenarbeit uninteressant. Diese „no-benefit"-Doktrin beeinflusste in jüngster Vergangenheit beispielsweise die 70er Jahre sowie die Argumentation der NAFTA-Gegner während der Ratifizierungsdebatte 1992/93 und der Peso-Krise 1994/95 und schwingt in der Debatte um eine Freihandelszone der Amerikas mit. Die „ideelle Distanz" zur NAFTA – trotz materieller Vorteile – in den USA beklagte auf deutliche Weise einer der stärksten Befürworter des Freihandels in der westlichen Hemisphäre, C. Fred Bergsten (1997: 28): „NAFTA has in fact become a dirty word in Washington".

Wie groß die „ideelle Distanz" zu Lateinamerika in den USA ist, wird in den häufigen Belehrungen US-amerikanischer Diplomaten über „good governance" gegenüber Lateinamerika deutlich. Beispielsweise erklärte der stellvertretende Außenminister Peter Romero (2001: 3) zu den Grundsätzen der Lateinamerikapolitik von George W. Bush: „[...] democracy is not just about elections [...] It's about the capacity to run a clean government and root out corruption [...]". Der Verweis auf „poverty and insufficient job creation" und darauf, dass „Latin America still has the most skewed distribution of income and wealth" (Romero 2001: 3) ist sachlich korrekt, verdeutlicht aus dem Munde eines Diplomaten aber auch das Gewicht der negativen Seiten des Lateinamerika-Bildes Washingtons.

Positiver „hemispherism" prägte dagegen die 50er und 60er Jahre und lebte in den 90er Jahren auf, als sich Lateinamerika nach Dekaden autoritärer Regime und staatlichem Interventionismus in Richtung Demokratie und Marktwirtschaft reformierte. Die neue Kompatibilität politischer und wirtschaftlicher Vorstellungen zwischen den USA und Lateinamerika war die Voraussetzung nicht nur für die NAFTA, sondern auch für die FTAA-Verhandlungen (Schirm 1997: 135-138). Brasilien wurde in den 1990er Jahren in der Wahrnehmung der US-Öffentlichkeit und des politischen Establishments in Washington als ein Land gesehen, das hinsichtlich marktwirtschaftlicher Reformen nicht so schnell ist wie Mexiko, mit Cardoso über einen kompetenten Präsidenten verfügte, der mit Clinton nach dem „Dritten Weg" suchte, aber intern nach wie vor von Massenarmut und Ineffizienz geprägt ist. Der Nationalismus von Präsident Lula da Silva verstärkt die Distanz zu den USA seit 2003. Trotz einiger problematischer Aspekte gehört Brasilien für die USA zu den ernst zunehmenden Ländern Lateinamerikas – weit entfernt vom dumpfen Populismus wie etwa in Venezuela unter Chavez und vom Drogensumpf Kolumbiens (Buckley 2000: A20, Perry 2000, Schirm 1994: 121-199; Harrington 26.1.2001).

Selbstverständlich können die positiven wie negativen Wahrnehmungen Lateinamerikas und Brasiliens in den USA sowie die damit verbundenen ideellen Muster auch vorgeschobene Argumentationslinien darstellen, die zugrundeliegende materielle Interessen (Protektionismus wie Freihandel) befördern sollen. Gleiches gilt natürlich auch für den Anti-Amerikanismus in vielen lateinamerikanischen Ländern. Das Ausmaß, in dem eine solche Argumentation in einer Gesellschaft relevant wird, zeugt aber wiederum von tatsächlich vorhandenen Rollenmustern und Werten und untermauert somit die Bedeutung ideeller Faktoren als Motivation außenpolitischer Entscheidungen der Regierungen.

4.3.4. Fazit und Perspektiven

Die US-amerikanische Politik gegenüber Brasilien ist facettenreich und ambivalent. Diese Ambivalenz spiegelt deutlich machtpolitische Konstellationen im internationalen System, den Einfluss materieller Interessen auf den Entscheidungsprozess in Washington, aber auch Gemeinsamkeiten wie Divergenzen hinsichtlich ordnungspolitischer Wertvorstellungen. Die drei theoretischen Zugriffe können das Gesamtbild der US-Politik erklären und verdeutlichen, dass hier keiner übergeordneten Strategie gefolgt wird, und dass Politik in einem demokratischen System vielfältigen Einflüssen und Motivationen unterliegen kann. Im Ergebnis zeigen sich ähnliche Ambivalenzen, wie sie die US-Politik etwa gegenüber Europa aufweist. Dies bedeutet, dass die US-brasilianischen Beziehungen offenbar ganz „normale" internationale Wirtschaftsbeziehungen zwischen einer industrialisierten, demokratischen Hegemonialmacht und einem zunehmend machtbewussten, sozial wie ökonomisch zerrissenen Schwellenland sind.

Für die FTAA-Verhandlungen ist aber insofern Skepsis angebracht, als die USA weder ein ungeteiltes machtpolitisches Interesse mitbringen, noch eine eindeutige innenpolitische Unterstützung und gewichtige ideelle Motive. Vor allem im Kongress, der jedem Außenwirtschaftsabkommen zustimmen muss, ist der Wunsch nach einer FTAA keineswegs dominant: „The principal obstacle to a hemispheric free-tarde area comes from Capitol Hill“ resümiert Perry (2000: 412). Zusammen mit der brasilianischen Verhinderungsstrategie lassen diese Bedingungsfaktoren der US-Politik nur eine wenig substanzielle FTAA für das geplante Ende der Verhandlungen 2005 erwarten.

Welche Prognosen können die drei Theorien für die künftige Brasilien-Politik der USA liefern?

- Im machtpolitischen Bereich, d.h. im internationalen System ist kein kurzfristiger Wandel erkennbar: Die USA dürften auf absehbare Zeit die einzige verbliebene Supermacht sowohl hinsichtlich ihrer militärischen Kapazitäten wie auch hinsichtlich ihre Wirtschaftskraft bleiben. Daher dürfte sich hier wenig an den genannten Ursachen für die außen(wirtschafts)politische Ambivalenz gegenüber Brasilien und Lateinamerika ändern. Nur eine Verschärfung der Handelsstreitigkeiten mit der EU, ein neuer Kalter Krieg etwa gegenüber China oder die Entwicklung Venezuelas zu einem sogenannten „Schurkenstaat“ à la Irak könnten hier eine Veränderung bewirken und neue sicherheitspolitische Allianzen oder wirtschaftpolitische Strategien bedingen. Da es keine Anzeichen für eine Reduzierung der ökonomischen Konkurrenz zwischen den Wirtschaftsblöcken gibt, ist aber auch davon auszugehen, dass die Motivation der USA bestehen bleibt, durch die Ausweitung „ihres“ Blockes in den Amerikas bessere Wettbewerbschancen innerhalb und außerhalb der westlichen Hemisphäre zu erlangen.
- Hinsichtlich interner Interessenlagen verloren Umweltschutzgruppen und Gewerkschaften seit Beginn der 2000er durch die gestärkten Republikaner im Kongress und den neuen Präsidenten an Einfluss, während „big business“ an Gewicht gewonnen haben. Dies legte bis zum 11. September 2001 einen stärkeren Aktivismus der Bush-Administration für eine zügige Beendigung der FTAA-Verhandlungen nahe, um den Interessen der Exportindustrie und großer Investoren zu genügen. Mit Robert Zoellick wurde außerdem ein strategischer Denker zum United States Trade Representative (USTR) berufen, der schon die NAFTA und die

Enterprise for the Americas Initiative (EAI) mitgestaltet hat. Ein Wahlsieg der Demokraten 2004 könnte den Gewerkschaften und Umweltgruppen wieder größeren Einfluss verschaffen und eine umfassende FTAA noch weiter erschweren.

- Aus der Perspektive politischer Werte müsste sich Bushs erklärte Affinität zu Lateinamerika positiv auf den FTAA-Prozess auswirken. Allerdings scheint sich herauszustellen, dass Bush in Wirklichkeit nur Mexiko und damit die NAFTA gemeint hat, nicht aber den Rest Lateinamerikas. Liest man seine Reden genauer, so bestehen präzisere Vorstellungen und Kenntnisse nur gegenüber Mexiko. Auch ist nicht zu erkennen, dass sich das Lateinamerikabild in den USA kurzfristig wesentlich verbessern und somit die Vertreter der „no-benefit"-Doktrin schwächen wird. Langfristig ist aber mit einer ideellen Annäherung der USA an Lateinamerika zu rechnen, da mit dem steigenden Latino-Anteil an der US-amerikanischen Bevölkerung und Wählerschaft eine Annäherung von Identität und Wertemustern denkbar ist.

Die letzten FTAA-Gipfel von Quebec 2001 bis Puebla 2004 brachten wenig mehr als schöne Worte. Konkrete Verhandlungsfortschritte waren oft schon im Vorfeld an unterschiedlichen Interessen gescheitert, vor allem an den USA und Brasilien. Die USA versuchten oft, Umwelt- und Sozialstandards sowie umfassenden Patentschutz durchzusetzen, den Abbau ihrer Agrarsubventionen zu verhindern und weniger Zugeständnisse bei Handelsliberalisierungen (nicht-tarifäre Hemmnisse und Subventionen) zu machen als sie von lateinamerikanischer Seite forderten. Die brasilianische Regierung sieht ihre Führungsrolle in Südamerika durch die FTAA gefährdet, setzt seit Präsident Lula verstärkt auf Süd-Süd-Kooperation und fürchtet um ihre staatlich geschützten und wenig wettbewerbsfähigen Industriesektoren (The Economist 7.2.2004: 52-53). Auch diese FTAA-Gipfel bestätigten damit die Erwartung, dass es bis 2005 intensive Verhandlungen um nationale Vorteile geben wird und danach nur eine wenig substanzielle FTAA. In Anbetracht der ebenfalls langwierigen Geschichte Europäischer Integration ist dies der Normalfall beim ökonomischen Zusammenschluss einer Staatengruppe. Berücksichtigt man die Wachstumsimpulse von Handelserleichterungen, so wären auch kleine Handelsliberalisierungen innerhalb einer FTAA ein Fortschritt. Diese Wohlfahrtsgewinne müssten aber innerhalb der lateinamerikanischen Gesellschaften besser verteilt werden als bisher, um nicht gesamtwirtschaftliches Wachstum am Großteil der Bevölkerung vorbei gehen zu lassen.

Arbeitsfragen zu Kapitel 4.3.:

- Warum lehnen einige Interessengruppen in den USA und Brasilien eine FTAA ab?
- Womit wird die Skepsis der „no-benefit"-Doktrin zur Kooperation mit Brasilien begründet?
- Welche Motive haben Befürworter einer Handelsliberalisierung in den USA und Brasilien?

Literatur zu Kapitel 4.3.:

Barbosa, Rubens A. 2000: U.S. Barriers on Brazilian Goods and Services, Beitrag des brasilianischen Botschafters in Washington, entnommen am 26.1.2001 aus: www.brasilemb.org/trade/trade_barriers.htm

Bergsten, C. Fred 1997: American Politics, Global Trade, in: The Economist 27.9.97: 23-28.

Buckley, Stephen 2000: Brazil Moves From Wings to Center Stage, in: The Washington Post 6.8.00, entnommen am 26.1.2001 aus: www.brasilemb.org/policy/artigo_post.htm

Calcagnotto, Gilberto/Nolte, Detlef 2000: Das Treffen der südamerikanischen Präsidenten in Brasilia: Markstein der Integration oder Show-Veranstaltung einer aufkommenden Regionalmacht?, in: Brennpunkt Lateinamerika, Nr. 17-00, Hamburg.

Cason, Jeffrey 2000: On the Road to Southern Cone Economic Integration, in: Journal of Interamerican Studies and World Affairs 42/1: 23-42.

Corrales, Javier/Feinberg, Richard E. 1999: Regimes of Cooperation in the Western Hemisphere: Power, Interests, and Intellectual Traditions, in: International Studies Quaterly 43: 1-36

Hakim, Peter/Menezes, Rachel 2001: Brazil – U.S.: Shared Regional Leadership?, Artikel des Präsidenten des Inter-American Dialogue Instituts (Washington, D.C.), Januar 2001, am 3.2.2001 entnommen aus: www.infobrazil.com

Handelman, Stephen 2001: Special Report: Summit of the Americas, in: TIME, Artikel verfasst am 19.4.01, entnommen am 30.5.2001 aus: www.time.com/time/world/article/0,8599,107006,00.html

Harrington, Anthony S. 2001: Brazil and the United States: A Shared Future in Free Trade, Rede des US-amerikanischen Botschafters vor dem Industrieverband und der Amerikanischen Handelskammer in Belo Horizonte am 26.1.01, entnommen am 3.2.2001 aus: www.embaixada-americana.org.br/beloe.htm

Harrington, Anthony S. 2000: Brazil and the United States: Leadership for a New Century, Rede des US-amerikanischen Botschafters in Brasilien vor der Ameri-

can Chamber of Commerce am 15.6.00 in Rio de Janeiro, am 3.2.2001 entnommen aus: www.embaixada-americana.org.br/amb2.htm
Hopf, Ted 1998: The Promise of Constructivism in International Relations Theory, in: International Security 23/1: 171-200
Keohane, Robert O. (Ed.) 1986: Neorealism and its Critics, New York.
Kohler-Koch, Beate 1990: „Interdependenz", in: Rittberger, Volker (Hrsg.): Theorien der Internationalen Beziehungen. Bestendsaufnahme und Forschungsperspektiven (PVS Sonderheft 21), Opladen: 110-129.
Krueger, Anne O. 1995: American Trade Policy. A Tragedy in the Making, Washington D.C.
Larson, Alan 2000: Challenges of Globalization: U.S.-Mercosul Business Relations, Remarks by the Unter Secretary of State addressing the American Chambers of Commerce in Latin America (AACCLA) on May 3, 2000, entnommen am 3.2.2001 aus: www.embaixada-americana.org.br/larson2.htm
Legro, Jeffrey W./Moravcsik, Andrew 1999: Is Anybody Still a Realist?, in: International Security 24/2: 5-55
Link, Werner 1998: Die Neuordnung der Weltpolitik. Grundprobleme globaler Politik an der Schwelle zum 21. Jahrhundert, München.
Moravcsik, Andrew 1997: Taking Preferences Seriously: A Liberal Theory of International Politics, in: International Organization 51/4: 513-553.
Nolte, Detlef/Calcagnotto, Gilberto 2001: Der III. „Gipfel der Amerikas" in Quebec. Viel Lärm um Nichts?, in: Brennpunkt Lateinamerika, Nr. 09-01, Hamburg.
Nolte, Detlef 2001: Bye-Bye Brazil, hello Uncle Sam? Südamerika zwischen MERCOSUR und ALCA, Brennpunkt Lateinamerika Kurzinfo VIII, Institut für Iberoamerika-Kunde, Hamburg 2.1.01
Perry, William 2000: Has the Future Arrived in Brazil? In: ORBIS 44/3: 399-415
Risse, Thomas 1999: Identitäten und Kommunikationsprozesse in der internationalen Politik – Sozialkonstruktivistische Perspektiven zum Wandel in der Außenpolitik, in: Medick-Krakau, Monika (Hrsg.): Außenpolitischer Wandel in theoretischer und vergleichender Perspektive: Die USA und die Bundesrepublik Deutschland, Baden-Baden: 33-57
Romero, Peter 2001: The Western Hemisphere in a New Administration, Remarks by the Assistant Secretary of State, 30.1.01, entnommen am 3.2.2001 aus: www.embaixada-americana.org.br/bushla.htm
Rosecrance, Richard 1986: The Rise of the Trading State. Commerce and Conquest in the Modern World, New York.
Schirm, Stefan A. 1990: Brasilien – Regionalmacht zwischen Autonomie und Dependenz. Außenpolitik, Wirtschaft und Sicherheit im internationalen und lateinamerikanischen Kontext, Institut für Iberoamerika-Kunde Bd. 32, Münster/Hamburg.
Schirm, Stefan A. 1994: Macht und Wandel. Die Beziehungen der USA zu Mexiko und Brasilien, Opladen.

Schirm, Stefan A. 1998: Brasiliens ambivalente Antworten auf neue internationale Herausforderungen, in: KAS Auslandsinformationen 14/6: 84-92

Schirm, Stefan A. 2001: Globale Märkte, nationale Politik und regionale Kooperation in Europa und den Amerikas, Baden-Baden (2. Aufl.).

Schirm, Stefan A. 1997: Kooperation in den Amerikas. NAFTA, MERCOSUR und die neue Dynamik regionaler Zusammenarbeit, Baden-Baden.

Schirm, Stefan A. 2000: Reziprozität und Marktöffnung. Multilaterale, bilaterale und regionale Strategien in der Außenhandelspolitik der USA, in: Rudolf, Peter/ Wilzewski, Jürgen (Hrsg.): Weltmacht ohne Gegner. Amerikanische Außenpolitik an der Schwelle zum 21. Jahrhundert, Baden-Baden: 247-268

Schirm, Stefan A. 2002: Macht, Interessen und Ideen in der US-Politik gegenüber Brasilien, in: Calcagnotto, Gilberto/Nolte, Detlef (Hrsg.): Südamerika zwischen US-amerikanischer Hegemonie und brasilianischem Führungsanspruch, Frankfurt/M: 245-259.

Stausberg, Hildegard 2001: Brasilien ist an der panamerikanischen Freihandelszone kaum interessiert, in: Die Welt 23.4.01, entnommen am 29.5.2001 aus: www.welt.de/daten/2001/04/23/0423wi249010.htx

The Economist 2001: A Cautious Yes to Pan-American Trade, 28.4.01: 57-58.

The Economist 2001: Trade in the Americas – All in the Familia, 21.4.01: 19-22.

United Nations Conference on Trade and Development (UNCTAD) 1997: Handbook of International Trade and Development Statistics 1995, New York.

Wendt, Alexander 1992: Anarchy is what States Make of it, in: International Organization 46/2: 391-425

Zoellick, Robert B. 1992: The North American FTA: The New World Order Takes Shape in the Western Hemisphere, in: U.S. Department of State Dispatch 3/15: 1-6.

5. Global Economic Governance

Mit Global Economic Governance (GEG) ist das multilaterale, regelgestützte Management der Weltwirtschaft gemeint. Insofern trägt GEG zur Entstehung von Globalisierung (etwa durch Handelsliberalisierungen) bei und befasst sich mit den Folgen von Globalisierung (etwa mit der Bewältigung von Finanzkrisen). Akteure der GEG sind aber nicht nur Nationalstaaten und internationale Organisationen wie der Internationale Währungsfonds (IWF), sondern auch nicht-staatliche Akteure, wie die Privatwirtschaft und Non-Governmental Organizations (NGOs) wie Umwelt- und Menschenrechtsgruppen. In diesem Teil des Studienbuches wird zunächst untersucht, welche neuen Regeln – „Governance“ – die Weltwirtschaft tatsächlich braucht (Kap. 5.1.). In diesem Kapitel werden die wichtigsten Strategien vorgestellt und bewertet. Außerdem wird am Beispiel der Positionen Deutschlands und der USA zur Reform des IWF untersucht, wie und warum sich nationale Vorschläge für GEG unterscheiden. Kapitel 5.2. präsentiert die Arbeit des IWF mit dem Fokus auf Verschuldungskrisen und die Arbeit der WTO mit der Frage nach den Gründen für Erfolg und Scheitern von multilateralen Verhandlungen über Handel. Kapitel 5.3. stellt „zivilgesellschaftliche“ NGOs und ihre Aktivitäten zur GEG ebenso vor wie die Rolle privatwirtschaftlicher Akteure.

5.1. Neue Regeln für globale Märkte?

Die Globalisierung der Weltwirtschaft seit den 1970er Jahren verbindet nationale Ökonomien miteinander und verwischt die Grenzen zwischen internen und externen wirtschaftlichen Entwicklungen (vgl. Kapitel 3.1.). Diese Entwicklung hat Wachstum und Wettbewerb gestärkt, wurde aber begleitet von Finanzkrisen wie in Asien und in Mexiko. Diese Finanzkrisen führten zur Rezession in den direkt betroffenen Staaten und hatten negative Wirkungen auch für die jeweiligen Regionen, für den Welthandel und für die Kapitalmärkte. Die Finanzkrisen zeigen, dass eine verbesserte Fähigkeit zum Management der Weltwirtschaft nötig ist, da bestehende Instrumente offenbar nicht ausreichen. Insofern ist Global Economic Governance (GEG) – definiert als multilaterales, regelgestütztes Management der Weltwirtschaft durch staatliche und private Akteure – sowohl Gegenstand empirischer Analyse, als auch normativ-präskriptiver Vorschlag zum politischen Management von Globalisierung (zu diesem Kapitel vgl. Schirm 2000, 2004).

Erstens können Strukturen und Akteure der Global Economic Governance empirisch analysiert werden. Diese „reale Welt" der GEG reicht von internationalen Organisationen wie dem Internationalen Währungsfonds (IWF) und der Welthandelsorganisation (WTO) über regionale Kooperation (EU, NAFTA etc.) bis hin zu informellen Mechanismen wie dem Financial Stability Forum und dem Global Compact. Letztere Initiative vereint Transnationale Unternehmen (TNU) ebenso wie Nicht-Regierungsorganisationen (NGOs) wie Umweltgruppen und Gewerkschaften unter dem Dach der Vereinten Nationen. Zweitens liegt die „vorgeschlagene Welt" der GEG in einer sehr lebendigen Debatte in den Medien, in der Wissenschaft und in der praktischen Politik. In diesen Debatten wird ein breites Spektrum von Vorschlägen diskutiert, die von einer besseren Aufsicht über Finanzströme und einer Reform internationaler Organisationen über die Stärkung des Einflusses von Entwicklungsländern bis hin zu einer strikten Regulierung der Weltwirtschaft reichen.

Der Hintergrund für die verstärkte Analyse und Debatte über Global Economic Governance in den letzten Jahren liegt im Eindruck, dass eine bessere Krisen-Vorbeugung bzw. Krisen-Bewältigung nötig ist, als sie in den Finanzkrisen der 1990er Jahre zu beobachten war. Die Peso-Krise in Mexiko 1994, die Asien-Krise 1997/98 und die Finanzkrisen in Russland, Argentinien, Brasilien und der Türkei zeigten ähnliche Grundmuster: Alle Krisen beschränkten sich nicht auf das Ursprungsland, sondern hatten regionale und weltweite Auswirkungen. Außerdem betrafen alle Krisen global mobiles nationales wie internationales Kapital und sind somit Folge und Ausdruck weltwirtschaftlicher Globalisierung. Da das Ausmaß und die Häufigkeit der Finanzkrisen als stärker wahrgenommen werden (als etwa in den 60er und 70er Jahren), nahm nicht nur die Debatte über GEG zu, sondern entstanden auch neue Instrumente. Neben den Finanzmärkten war der Welthandel Gegenstand der Debatte, da weitere Liberalisierungen im Rahmen der WTO vor allem zu den Themen Landwirtschaft sowie Umwelt- und Sozialstandards umstrittener und komplexer wurden (vgl. Kap. 5.2.2.).

Dieses Kapitel widmet sich den Fragen nach der Notwendigkeit neuer Global Governance, nach den Ursachen für unterschiedliche nationale Positionen zu GEG und nach der Evaluierung der vorgeschlagenen Strategien: Braucht die Weltwirtschaft ein besseres Management und bessere Regeln, und wenn ja, welche? Im nächsten Abschnitt wird der Hintergrund für GEG erläutert: Globalisierungkrisen und die Notwendigkeit neuer Steuerungsinstrumente für die Weltwirtschaft. 5.1.2. stellt die Debatte über GEG und die wichtigsten Vorschläge für eine neue Global Economic Governance vor. In 5.1.3. schlage ich drei Kriterien für die Bewertung dieser Strategien für eine neue GEG vor und führe eine kurze Evaluierung durch, um herauszufinden, welche Strategien den Kriterien der Problemlösungsfähigkeit, der Realisierbarkeit und der Legitimität genügen. Da die Vorschläge sich erheblich unterscheiden, analysiere ich im Abschnitt 5.1.4. die Ursachen für diese Divergenz in einer Fallstudie zu den Positionen der Regierungen der USA und Deutschlands für eine Reform des Internationalen Währungsfonds. Weil Erklärungsansätze, die „Macht“ in den Mittelpunkt ihrer Analyse stellen, hier nicht überzeugen, argumentiere ich, dass die Unterschiede der Positionen nationaler Regierungen zu GEG am besten mit dem Einfluss gesellschaftlicher Normen und Institutionen auf nationale Strategien für das Management der Weltwirtschaft erklärt werden können.

5.1.1. Globalisierungskrisen

Mit zunehmender Globalisierung seit den 70er Jahren überschatten Krisen globaler Finanzmärkte die Weltwirtschaft. Die Erscheinungsformen dieser Krisen zeigen sich in akuten Zahlungsproblemen von Staaten, massivem Kapitalabzug privater Anleger und rapidem Währungsverfall. Die Ursache lag meist in der Reaktion privater Anleger, Firmen und Banken auf wirtschaftspolitische Fehlentwicklungen in Schwellenländern. Die Konsequenzen für die direkt betroffenen Staaten waren gravierend: Den außenwirtschaftlichen Finanzproblemen folgten oftmals binnenwirtschaftliche Rezession, Verarmung breiter Bevölkerungsschichten, politische Unruhen und ein Stillstand jeglicher Investitionstätigkeit. Lateinamerika erlebte die 80er Jahre wegen der Verschuldungskrise als entwicklungspolitisch „verlorene Dekade“, in Mexiko war 1994 das marktwirtschaftliche Modell gefährdet und in Asien wurde 1997/98 der Mythos vom unaufhaltsamen Aufstieg der „Tiger“ entzaubert. In Indonesien kam es infolge der Krise zu einem Regimewechsel, anhaltende ethnische Konflikte brachen aus. Aufgrund der Turbulenzen in Brasilien erschien 1998 ein Rückschlag für die moderaten Reformen möglich, und die Finanzkrise Russlands im selben Jahr nährte Befürchtungen vor einer Radikalisierung der dortigen politischen Landschaft.

Diese Finanzkrisen hatten aber nicht nur einschneidende Auswirkungen auf die direkt betroffenen Staaten, sondern auch deutliche Konsequenzen für die Industrieländer: Aufgrund gewachsener Verflechtung globaler Kapital- und Gütermärkte brachen mit der Rezession auch wichtige Exportmärkte weg. Arbeitsplätze und Wirtschaftswachstum im Norden wurden negativ berührt. Die Verschuldungskrise Lateinamerikas in den 80er Jahren (vgl. Kap. 3.1.6.) führte US-amerikanische Großbanken und damit das Weltfinanzsystem an den Rand des Zusammenbruchs. Die Aufgabe für Politik und Analyse ist damit klar: Wie können Staaten durch multilaterale Kooperation präventiv Finanzkrisen verhindern? Neue und wirksame Antworten sind insofern dringend, als die Krisen in immer mehr Regionen und in immer kürzeren Abständen auftreten. Außerdem ist zu verhindern, dass durch eine falsche Strategie die positiven Wachstumsschübe weltwirtschaftlicher Globalisierung abgeblockt werden.

Die Verbindung zur Globalisierung ist zweifach gegeben: Erstens sind die Krisen auch eine Folge von Globalisierung, da das zunehmend globale Engagement von Kapitalanlegern und Kreditgebern die betroffenen Länder vernetzt und somit auch verwundbar gemacht hat – etwa durch einen Abzug von Kapital oder die Verweigerung neuer Kredite. Voraussetzung für die Integration etwa Asiens oder Lateinamerikas in die Globalisierung war die Entscheidung der dortigen Regierungen, durch die Anziehung von Auslandsinvestitionen und die Kreditaufnahme bei transnationalen Banken fehlende interne Ersparnis zu kompensieren. Der externe Entwicklungs-„Motor" war in diesem Ausmaß erst durch die transnationale Expansion privatwirtschaftlicher Aktivitäten seit den 70er Jahren zugänglich und nutzbar geworden (vgl. Kap. 3.1.2.). Die Krisen sind insofern auch Globalisierungskrisen, als viele Problemländer die Kapitalzuflüsse zwar begrüßten, aber nicht bereit waren, ihre Wirtschaftspolitik den Erwartungen globaler Akteure ausreichend anzupassen, etwa durch eine marktwirtschaftliche Stabilitätspolitik nach dem Muster der Industrieländer.

Die wirtschaftspolitischen „Fehler" vieler Entwicklungs- und Schwellenländer aus der Sicht privater Anleger und Spekulanten waren im Wesentlichen:

- Die oft ungenügende Fähigkeit, harte Währungen durch Exportüberschüsse bzw. Investitionen zu verdienen, ließ auf externe Zahlungsprobleme schließen.
- Überbewertete Währungen ließen Abwertungen und Wertverlust der Anlagen wahrscheinlich werden.
- Vetternwirtschaft und schlechtes Management im Banken- und Immobiliensektor führten zu makroökonomischer Instabilität und Bankrott.
- Staatlicher Interventionismus verzerrte Marktmechanismen (Angebot-Nachfrage).
- Hohe Verschuldung der öffentlichen Hand stimulierte Inflation.

Zusätzlich zu diesen internen Ursachen für viele Finanzkrisen der 1990er Jahre trugen „Herdenverhalten" und Spekulation privater Anleger entscheidend zum Ausmaß der Krisen bei. Die falsche Einschätzung der ökonomischen Lage mancher Länder und die teilweise unangemessenen Bedingungen für Finanzhilfen durch den IWF erschwerten die Vorbeugung der Krise und ein moderateres Verhalten privater Anleger (Blustein 2003).

Finanzkrisen waren aber nicht nur hinsichtlich ihrer Ursachen erst durch die Globalisierung von Finanzmärkten (und falscher nationaler Wirtschaftspolitik) möglich geworden, sondern sind auch hinsichtlich ihrer Auswirkungen ein Globalisierungs-Phänomen. Infolge des immer engmaschigeren Netzwerks transnationaler Finanz-, Produktions- und Handelsströme lassen sich die Krisen nicht (mehr) auf einzelne Länder oder Regionen begrenzen. Unmittelbar erfolgte oft eine „Ansteckung" („contagion") ganzer Regionen: So übertrug sich die Mexiko-Krise 1994/1995 durch den „Tequila-Effekt" auf viele Staaten Lateinamerikas, denen es eigentlich finanziell nicht schlecht ging, die aber aus der verengten Sicht mancher Finanzanleger mit Mexiko in einen „Topf" zu werfen waren. Ähnlich ging es vielen Staaten Ost- und Südostasiens 1998. Neben dieser häufigen Regionalisierung der Krisenwirkungen sind geographisch entlegene Märkte und Länder betroffen gewesen: Der Ausfall wichtiger Schuldner brachte auch Großbanken in den Industrieländern in Schwierigkeiten und Wirtschaftskrisen im „Süden" verursachten Verluste für Exporteure in der „ersten Welt" und gefährdeten dort Arbeitsplätze und Wachstum. Nicht nur Kapitalbewegungen, sondern auch Krisenwirkungen sind zunehmend globalisiert.

Wegen dieser Charakteristiken können Finanzkrisen auch nicht von einzelnen Staaten allein bewältigt werden, sondern erfordern ein gemeinsames multilaterales Engagement der Staatengemeinschaft. Internationale Organisationen sind daher mit ihrem Management befasst, allen voran der Internationale Währungsfonds (IWF). Der IWF hilft Staaten mit Zahlungsproblemen durch schnelle und umfangreiche Kapitalspritzen. Im Gegenzug verlangt er binnenwirtschaftliche Reformen, die darauf abzielen, das betreffende Land wieder zahlungsfähig zu machen und langfristig auf einen marktwirtschaftlichen Stabilitätskurs zu setzen (vgl. 5.2.1.). Unter Führung des IWF und der G-7-Industrieländer konnten bisher alle Krisen nach ihrem Ausbrechen entschärft und ein Zusammenbruch des Weltfinanzsystems verhindert werden. Die hohen sozialen und ökonomischen Kosten der Wirtschaftskrisen in den betroffenen Ländern, die wachsende Häufigkeit der Krisen sowie eine möglicherweise grundsätzlich zunehmende Instabilität der Weltwirtschaft deuten aber auf markante Defizite bisheriger Management-Strategien. Vor allem fehlen überzeugende Modelle zur Krisen-Prävention. Gefragt sind neue Regeln für private und staatliche Akteure, die den Ausbruch von Krisen verhindern bzw. deren Bewältigung verbessern. Die Debatte über eine neue Architektur für die Weltwirtschaft wird unter dem Schlagwort der „Global Governance" geführt. Global Governance meint dabei nicht eine „Weltregierung“, deren Realisierung utopisch und deren Problemlösungsfähigkeit und demokratische Legitimierung mit erheblichen Problemen behaftet wäre. Unter dem Aspekt der Global Governance werden vielmehr gemeinsame Regeln, verbindliche Verhaltensweisen, internationale „Regime“ und die Einbeziehung nichtstaatlicher Akteure in neue Regelwerke diskutiert.

5.1.2. Vorschläge für neue GEG Strategien

Im Lichte der Globalisierungskrisen wurden Vorschläge für neue Strategien von unterschiedlicher Seite gemacht: von Regierungen, internationalen Organisationen, Nicht-Regierungsorganisationen (NGOs), der Privatwirtschaft und aus der Wissenschaft (vgl. Griffith-Jones 2000; Rodrik 2000; Hopkinson 2000; Kreile 2000; Frenkel/Menkhoff 2002; Brett 2000; Sandholtz 1999; Nunnenkamp 2001, 2002; Time for a Redesign? A Survey on Global Finance, in: The Economist, 30.1.1999). Die Vorschläge basieren in der Regel auf der Analyse der gegenwärtigen Instrumente – etwa des IWF oder der UNO – und formulieren Reformstrategien. Etwas vereinfacht lassen sich vier verschiedene Argumentationsstränge unterscheiden: (1) Vorschläge, die freie Märkte und die Selbstverantwortung für Staaten wie Akteure favorisieren, (2) Vorschläge, die eine bessere Aufsicht und ein besseres Management von Märkten fordern, (3) Vorschläge für eine strenge Beschränkung und Regulierung von Märkten und (4) Forderungen nach einer Demokratisierung von GEG durch eine Stärkung von Entwicklungsländern und NGOs. Die Ansätze (1)-(3) überschneiden sich teilweise und können als verschiedene Punkte auf einem Kontinuum von wirtschaftspolitischen Einstellungen zur Rolle von Markt und Politik gesehen werden.

(1) Die erste Gruppe von Vorschlägen – die Gruppe *„freie Marktwirtschaft“* – argumentiert im Wesentlichen, dass jeder politische Eingriff in den Markt den Wettbewerb verzerrt und somit zu einer ineffizienten Verwendung von Ressourcen führe. Internationale Hilfestellungen bei Finanzkrisen – etwa durch Beistandskredite des IWF- würden zu einem „moral hazard“ („moralische Verführung“) beitragen, indem sie privaten Anlegern und Regierungen in Entwicklungsländern ein Sicherheitsnetz für risikoreiches und krisenhaftes Verhalten bieten. Hilfsleistungen und Sicherheitsgarantien stimulieren riskantes und auch ineffizientes Verhalten von Marktakteuren. Daher sollten die Aktivitäten des IWF beschränkt werden auf kurzfristige Notfallhilfen für Länder, die sich an die Regeln gehalten haben. Außerdem sollte die Finanzierung der IWF-Kredite nicht mehr

überwiegend durch die Mitgliedsländer erfolgen, sondern zunehmend durch die Aufnahme von Krediten auf den Kapitalmärkten. Solch eine „Teilprivatisierung" des IWF wird teilweise von der US-Regierung favorisiert und war eine zentrale Empfehlung der Meltzer-Kommission (2000), die internationale Finanzorganisationen im Auftrag des US-Kongresses untersucht hat. Eine Abschaffung des IWF wird dagegen nur von der äußerst konservativen Ecke des politischen Spektrums in den USA gefordert, die den IWF als konterproduktive Verschwendung der Gelder US-amerikanischer Steuerzahler sieht. Zusammengenommen fordert diese Gruppe „freie Marktwirtschaft" stärkere Eigenverantwortung für private transnationale Akteure ebenso wie für nationale Regierungen und sieht in multilateralem Management und finanziellen Hilfen eine Verzerrung von Markteffizienz, die nur in Zeiten akuter Systemkrise kurzfristig eingesetzt werden darf (Haggard 1998: 6, Frenkel/Menkhoff 2002: 242).

(2) Die zweite Argumentationslinie – die Gruppe „*verbesserte Aufsicht*" – schlägt eine kompetentere Beaufsichtigung wirtschaftlicher Bewegungen und Regeln vor und möchte Marktversagen besser managen. Diese auf einer Weiterentwicklung des bestehenden Status Quo basierende Idee schließt auch internationale Organisationen wie den IWF und die Weltbank ein. Favorisiert wird eine Neuschaffung und eine Reform internationaler Organisationen, um Verhaltensregeln für private wie staatliche Akteure zu überwachen, mehr Transparenz ökonomischer Ströme (etwa Finanzströme) herzustellen und eine Koordinierung privater und staatlicher Aktivitäten zu gewährleisten. Nach diesem Gedankengang wurde bereits das Financial Stability Forum (FSF) geschaffen, das die G 7 Regierungen, den IWF, die Weltbank, die Bank für Internationalen Zahlungsausgleich (BIZ), die OECD und nationale Aufsichtsbehörden für den Banken- und Versicherungssektor einschließt (Griffith-Jones 2000: 119). Andere Initiativen betreffen die G 20 bestehend aus den G 7 Staaten und Schwellenländern (wie Indien, Brasilien und China) sowie den Global Compact über Verhaltensregeln für transnationale Unternehmen unter dem Dach der UNO (vgl. Kap. 5.3.2.).

Diese neuen Gremien der Global Economic Governance verbleiben im Bereich nicht-bindender Konsultationen. Einen verbindlichen Charakter erlangte dagegen das Baseler Abkommen der BIZ über Mindeststandards für Banken. Außerdem werden Maßnahmen zur stärkeren Transparenz vorgeschlagen wie etwa die wöchentliche Veröffentlichung von Risikoanalysen, Währungsreserven und Zahlungsbilanzdaten zu Entwicklungs- wie Schwellenländern durch den IWF. Eine weitere zentrale Frage dieser zweiten Gruppe von Vorschlägen ist das sogenannte „bailing-in" privater Akteure: Wie können private Akteure wie Banken und Anleger an den Kosten von Rettungsaktionen für einzelne Krisenländer beteiligt werden? Transnationale Banken, Investoren und Spekulanten sollen nicht nur von den öffentlich finanzierten bzw. garantierten Hilfspaketen profitieren, sondern auch zu ihren Kosten beisteuern. Diese Idee wird auch von der Gruppe „freie Marktwirtschaft" geteilt. Die Vorschläge für Global Economic Governance durch bessere Aufsicht und besseres Management schließen auch neue Bedingungen für die Empfängerländer von Finanzspritzen ein: „Good Governance" Kriterien für eine konsistente wie transparente Wirtschaftspolitik, niedrige Rüstungsausgaben, Demokratisierung etc. werden als Bedingungen für finanzielle Hilfe angesehen. In einer milderen Form als die Gruppe „freie Marktwirtschaft" fordert auch diese zweite Argumentationslinie höhere Selbstverantwortung der Entwicklungsländer durch verlässliche und im Prinzip marktwirtschaftliche Politik als Voraussetzung für externe Unterstützung. Auf einem fiktiven Kontinuum zwischen vollkommen freien Märkten und einer Planwirtschaft können die meisten der diskutierten „Good Governance" Kriterien im Spektrum der Wirtschaftspolitik der OECD-Länder Westeuropas und Nordamerikas lokalisiert werden. Die Wirtschaftspolitik der Entwicklungsländer soll nicht nur stabil und marktwirtschaftlich ausgerichtet sein, sondern auch die Korrektur von Marktversagen, breitenwirksame Entwicklung, Armutsbekämpfung, soziale Sicherheit und Umweltschutz ermöglichen. Innovative Vorschläge wie das „bailing-in" der Privatwirtschaft, verbesserte Aufsicht und „Good Governance"-Bedingungen sollen in einer „Public-Private-Partnership" erreicht werden (Reinicke 1997: 133).

(3) *Interventionistische Reglementierung.* Die traditionelle Linke in den Industrieländern gehört zu den stärksten Befürwortern der interventionistischen Vorschläge für GEG: Globalisierung soll eingedämmt und zurückgedrängt werden beispielweise durch Kapitalverkehrskontrollen, nationale Subventions- und Industriepolitik sowie den Schutz nicht-wettbewerbsfähiger Branchen. Diese Gruppe fordert Governance durch Regierungsintervention in Wirtschaftsabläufe und befürchtet einen „Race to the Bottom", eine Absenkung von Arbeits- und Umweltstandards durch globalen Wettbewerb (vgl. Kap. 3.2.). Außerdem wird eine grundlegende Destabilisierung der Weltwirtschaft infolge der Liberalisierung der Finanzmärkte gesehen. Deshalb sollten Regierungen multilateral zusammenarbeiten, um weltweite Standards für Handel zu setzen, um transnationale Wirtschaftsbewegungen zu beschränken und um die Macht der Entwicklungsländer in

der Steuerung von GEG zu erhöhen (Naiman 2000, Helleiner, G. 2001). Gewerkschaften, die Jobs und Arbeitsstandards in den Industrieländern wegen der Konkurrenz aus Entwicklungsländern in Gefahr sehen, fordern eine Regulierung der Globalisierung, um „social dumping", d.h. den Wettbewerb mit niedrigeren Sozialstandards aus dem Süden zu verhindern. Diese Forderung von Gewerkschaften wird oft von Unternehmern geteilt, die ihre Gewinne durch „unfairen" Wettbewerb aus dem Ausland bedroht sehen. Die Forderungen nach multilateral verankerten Arbeits- und Sozialstandards wird von den meisten Schwellenländern abgelehnt, die um ihre Wettbewerbsfähigkeit fürchten und diese Forderungen als versteckten Protektionismus der Industrieländer kritisieren. Der Konflikt zwischen der Forderung nach Arbeits- und Sozialstandards durch einige Industrieländer (seit 1999 auch durch die USA) auf der einen Seite und Indiens wie Brasiliens Forderung nach einer Liberalisierung des Agrarmarktes in Industrieländern auf der anderen Seite waren eine zentrale Ursache für das Scheitern der WTO-Konferenzen in Seattle 1999 und in Cancún 2003 (vgl. Kap. 5.2.2.).

Ein kontrovers diskutierter Vorschlag ist die Besteuerung von Kapitalbewegungen („Tobin Tax", vgl. Dieter 2004), die als Teil der interventionistischen Vorschläge betrachtet werden kann, wenn sie internationale Finanzmärkte „austrocknen" soll. Sie kann aber auch als Teil der Vorschläge für Aufsicht und Management gesehen werden, wenn Kapitalbewegungen verlangsamt werden sollen, indem schnelle Transfers verteuert werden. Die Varianten der „Tobin Tax" entsprechen diesen beiden Positionen. Frankreich, Deutschland und Kanada gehören zu den Befürwortern einer gemäßigten Form zur Krisenprävention, die USA lehnen alle Versionen einer Besteuerung von Kapitalbewegungen als nachteilig für Wachstum und Effizienz ab und radikale Gruppen wie „Attac" fordern die strenge Regulierung. Vorschläge für eine Stabilisierung von Wechselkursen – von festen Wechselkursen über Zielzonen bis hin zu freiem „floating" – spiegeln das Kontinuum von strikter Regulierung zu freier Bewegung.

(4) *Demokratisierung*. Anders als die drei bisher dargestellten Argumentationslinien für neue Strategien einer Global Economic Governance, beschäftigt sich die vierte Gruppe nicht mit der wirtschaftspolitischen Richtung von Maßnahmen, sondern mit deren demokratischer Form. Die Vorschläge für eine Demokratisierung von GEG folgen zwei Gedankengängen: Zum einen wird argumentiert, dass die Regierungen der Krisenländer und diejenigen NGOs, die die „Zivilgesellschaft" dort vertreten, ein größeres Mitspracherecht erhalten sollten, weil sie – anders als die Industrieländer –

unmittelbar von den Krisen betroffen sind. Zweitens wird argumentiert, dass GEG sich dem Abstimmungsprinzip der Generalversammlung der Vereinten Nationen annähern sollte, nämlich „one country – one vote" (Commission on Global Governance 1995: 187f). Als Konsequenz dieses Gedankengangs sollen Entwicklungsländer internationale Organisationen wie den IWF und die Weltbank dominieren. Bisher entsprechen die Stimmanteile der Länder im IWF und der Weltbank der Höhe ihrer finanziellen Einlagen. Daher werden sie von den G 7 Ländern kontolliert. Entwicklungsländer und einige Wissenschaftler fordern das Prinzip „no harmonization without representation" (Helleiner G. 2001: 250), nach dem diejenigen, die die Anpassung an Finanzmärkte umzusetzen haben auch das entscheidende Mitspracherecht besitzen sollten. Außerdem wird argumentiert, dass NGOs wie Umweltschützer, Frauengruppen, Landarbeiter, Indianervertreter etc. eine stärkere Beteiligung an GEG haben sollten, da sie spezifischeres Wissen haben als Regierungsvertreter (Scholte 2002).

5.1.3. Evaluierung der GEG Strategien

Die Notwendigkeit für eine neue GEG und ihre Form sind umstritten zwischen Entwicklungsländern und Industrieländern, zwischen NGOs, TNUs sowie Regierungen und sogar zwischen Mitgliedern der G 7 und der OECD (wie zwischen Deutschland und den USA, vgl. Kap. 5.1.4.). Diese politischen und wirtschaftlichen Akteure werden motiviert durch die Normen und Institutionen ihrer Länder, durch Einzelinteressen, Macht und Ideologien. Solche Motivationen sind selbstverständlich legitim für politische und private Akteure. Als wissenschaftliche Beobachter müssen wir uns aber mit einer zusätzlichen Frage auseinandersetzen: Wie können wir die Vorschläge und Ansätze jenseits der Analyse von Gruppeninteressen und Regierungspositionen bewerten? Wie können wir die Ansätze für eine neue GEG entlang einer problem-orientierten Logik analysieren? Für dieses Ziel schlage ich drei Kriterien zur Bewertung der verschiedenen Ansätze vor:

(1) Problemlösungsfähigkeit: Kapazität zur Bewältigung des Problems;
(2) Realisierungschancen: Wahrscheinlichkeit der politischen Durchsetzung und
(3) Legitimität: Demokratische Rechenschaft und politische Akzeptanz.

Diese Kriterien stellen einen Ausschnitt aus dem Spektrum möglicher Evaluierungskriterien dar. Die ersten beiden Kriterien wurden ausgewählt hinsichtlich ihrer Plausibilität für die empirische Grundfrage der GEG: Wie können die Finanzkrisen durch Global Governance besser bewältigt werden? Das dritte Kriterium scheint eine notwendige Komponente jeder Politik und ist deshalb unverzichtbar auch für „globales Regieren".

Problemlösungsfähigkeit. Um das Problem „globale Finanzkrisen" zu lösen, steht jede GEG-Strategie drei Herausforderungen gegenüber: Die Ursachen der Krisen liegen sowohl auf der internen Ebene innerhalb des jeweiligen Entwicklungslandes als auch auf der transnationalen Ebene bei den Finanzmärkten und schließlich auf der internationalen Ebene in teils fehlerhaften Vorhersagen und Instrumenten des IWF. Eine strengere Aufsicht über Spekulationskapital durch multilaterale Standards für Banken, Börsen und Investitionen nach dem Muster nationaler Regeln in Industrieländern könnte eine wirkungsvolle Maßnahme zur Stabilisierung von Kapitalbewegungen sein. Wenn dies ergänzt würde durch eine Reform des IWF und „Good Governance" Bedingungen für eine transparente, stabile und marktwirtschaftlich ausgerichtete Politik nachhaltiger Entwicklung in Empfängerländern, dann besitzen die Vorschläge für eine „verbesserte Aufsicht" der Gruppe 2 eine hohe Problemlösungsfähigkeit. Der „interventionistische" Ansatz (Gruppe 3) könnte das Problem entschärfen durch drastische Verringerung grenzüberschreitenden wirtschaftlichen Austausches über Kontrollen und Verbote. Allerdings würde dieser Ansatz gleichzeitig das Wachstums- und Wohlstandspotential der internationalen Arbeitsteilung verringern. Zusätzlich ist der interventionistische Ansatz mit dem Problem konfrontiert, dass globale Märkte nur eingeschränkt werden können, wenn alle wichtigen Länder sich an diesen Schritten beteiligen. Wenn nur einzelne Staaten oder kleine Gruppen Kontrollen und Steuern einführten, würden globale Marktakteure diese Standorte meiden und in anderen Ländern operieren.

Die Gruppe der Vorschläge „freie Marktwirtschaft" passt eigentlich nicht zum Kriterium der Problemlösungsfähigkeit, da sie kein Problem erkennen, das der Global Governance bedarf. Vielmehr werden die Finanzkrisen als eine natürliche Reaktion der Märkte auf falsche Wirtschaftspolitik gesehen. Diese Selbstregulierung sollte nicht verzerrt werden durch politisches Management, das ineffizientes Verhalten und „Moral Hazard" durch Sicherheitsnetze verstärken würde. Der Demokratisierungs-Ansatz scheint hier ambivalent zu sein, da ein stärkerer Einfluss von Entwicklungsländern in internationalen Organisationen die Programme des IWF zwar spezifischer machen könnte, aber auch die oft ineffiziente und autoritäre Politikgestaltung in Entwicklungsländern auf den IWF übertragen könnte. Außerdem würde eine solche „Demokratisierung" des

IWF möglicherweise zum Abzug von Geldern durch Industrieländer führen und somit die Fähigkeiten des IWF schwächen.

Realisierungschancen. Die Wahrscheinlichkeit einer Umsetzung vieler Vorschläge ist als gering einzuschätzen. Die USA sind gespalten zwischen denjenigen Gruppen, die keine Notwendigkeit für weitere Maßnahmen der Global Governance sehen und denen, die starke Arbeits- und Umweltstandards als Vorbedingung für weitere Liberalisierungen fordern. Diese Standards wiederum werden von führenden Entwicklungsländern wie Brasilien und Indien abgelehnt. Innerhalb der OECD bestehen klare Meinungsunterschiede wie am Fallbeispiel Deutschlands und der USA im nächsten Kapitel gezeigt wird. Wiederum scheint der aussichtsreichste Ansatz derjenige zu sein, der „verbesserte Aufsicht" fordert, da er auf einer moderat marktwirtschaftlichen Philosophie basiert, die – bei allen Unterschieden – im Prinzip von den meisten Industrieländern und vielen Entwicklungsländern, die ihre Wirtschaft in den 1990er Jahren liberalisiert haben, geteilt wird. Außerdem bauen diese Vorschläge auf bestehenden Institutionen der GEG – wie dem IWF, der WTO und der Weltbank – auf, deren Existenz nur von Vertretern einer radikalen freien Marktwirtschaft in Frage gestellt wird.

Hinsichtlich seiner Realisierungschancen scheinen die Vorschläge für eine „freie Marktwirtschaft" nicht durchsetzbar, da sie nur in einem Segment des politischen Spektrums der USA vertreten werden. Der Ansatz „interventionistische Reglementierung" wird in mehr Ländern unterstützt, erreicht aber keine Akzeptanz bei den OECD-Ländern und den Schwellenländern. Auch die reformierten sozialdemokratischen Parteien Westeuropas stehen eher dem Ansatz „verbesserte Aufsicht" nahe, als „stärkerem Interventionismus". Nur einige NGOs, wenige Staaten (etwa Kuba) und die traditionelle Linke in Industrieländern scheint Globalisierung ernsthaft rückgängig machen zu wollen. Die Vorschläge für eine Demokratisierung von GEG werden dagegen nicht nur von NGOs und linken Parteien in Industrieländern geteilt, sondern auch von den meisten Entwicklungsländern. Sie zielen auf eine Veränderung der Kontrolle über ressourcenreiche Organisationen wie den IWF und die Weltbank, die bisher von denjenigen Ländern kontrolliert werden, die sie finanzieren. Daher scheint dieser Vorschlag nicht durchsetzbar, weil die Mehrheit der Industrieländer nicht bereit sein wird, andere Länder – die als ökonomisch weniger kompetent wahrgenommen werden – über die Verwendung der Steuergelder ihrer Bürger entscheiden zu lassen.

Legitimität. Die Vorschläge für „freie Marktwirtschaft" auf globaler Ebene scheinen insofern problematisch zu sein, als sie eine Machtverschiebung weg von der Politik und hin zu privaten Marktkräften bedeuten, die per se nicht politisch rechenschaftspflichtig sind. Die Ansätze „Aufsicht“ und „Interventionsimus“ schlagen beide neue politische Regelungen und Institutionen vor und müssen sich daher mit der Frage auseinandersetzen, wie sie ihre neue Governance-Architektur demokratisch rechenschaftspflichtig machen wollen, um dem Legitimitätsmuster etwa der OECD-Demokratien zu genügen. Der „Demokratisierungs“-Ansatz, der gerade diese Legitimitätsprobleme der drei anderen Ansätze zu lösen verspricht, weist bei genauerer Betrachtung ebenfalls Probleme auf: Eine Demokratisierung von Global Governance durch die Stärkung des Einflusses von Entwicklungsländern in internationalen Organisationen würde sogar zu weniger legitimen und demokratischen Entscheidungen führen, weil Entwicklungsländer intern meistens nicht das Niveau an demokratischer Legitimität erfüllen, wie es Industrieländer aufweisen. Die oft autoritären oder oligarchischen politischen Strukturen von Entwicklungsländern (einschließlich der meisten Schwellenländer) haben nicht die demokratische Legitimität von OECD-Regierungen, die durch unabhängige Parlamente und Gerichte, politisch gebildete Wähler und eine kritische Presse kontrolliert werden. Dies trifft auf viele Schwellen- und Entwicklungsländer zu, aber nicht auf alle. Eine Belohnung demokratischer und stabiler Länder wie Chile und Taiwan durch stärkeren Einfluss auf Global Governance könnte sowohl die Legitimität von GEG erhöhen als auch Good Governance stimulieren.

Die Legitimität und die Problemlösungsfähigkeit einer „Demokratisierung“ internationaler Ressourcen muss ebenfalls hinterfragt werden. Ein großer Teil derjenigen finanziellen Zuflüsse an Entwicklungsländer, die von den Befürwortern einer Reform der Machtverteilung in internationalen Organisationen erwartet wird, dürfte an der Mehrheit der Bevölkerung in Entwicklungsländern vorbei gehen, da die interne Verteilungsgerechtigkeit in diesen Ländern meist sehr asymmetrisch ist. Eine stärkere Beteiligung von NGOs an „Global Governance“ wirft ähnliche Legitimitätsfragen auf, da NGOs intern meist nicht demokratisch verfasst sind und Einzelinteressen vertreten. Im Ergebnis scheinen demokratisch rechenschaftspflichtige Regierungen die einzigen Akteure zu sein, die die Legitimität und Fähigkeit besitzen, unterschiedliche gesellschaftliche Interessen im Prozess der Global Governance auszugleichen. NGOs könnten als Ratgeber mit besonderen Kenntnissen beispielsweise zu Umwelt-, Gender-. oder Arbeitsthemen beitragen, nicht aber als Entscheidungsträger.

Braucht die Weltwirtschaft ein besseres Management und bessere Regeln, und wenn ja, welche? Als Ergebnis der Bewertung der verschiedenen Vorschläge zu einer neuen GEG anhand der Kriterien der Problemlösungsfähigkeit, der Realisierungschancen und der Legitimität ist festzuhalten, dass eine stärkere Aufsicht über globale Märkte durch demokratisch rechenschaftspflichtige Regierungen den Kriterien am besten gerecht wird. Da die meisten Staaten die Wahrnehmung teilen, dass eine bessere GEG nötig ist und um den kleinsten gemeinsamen Nenner „stärkere Aufsicht" übereinstimmen könnten, ist besseres Management durchaus zu erwarten. Die zukünftige Form von GEG wird wahrscheinlich beeinflusst sein durch die Erfahrungen vieler Länder mit dem Management transnationaler politischer, wirtschaftlicher wie sozialer Themen auf regionaler Ebene. Regionale Kooperation prägt Politik und Wirtschaft in immer mehr Regionen und in immer mehr Lebensbereichen. Im letzten Jahrzehnt setzten die Mitgliedsstaaten der Europäischen Union den Binnenmarkt und die Währungsunion um. Neue Institutionen wurden mit dem Gemeinsamen Markt des Südens (MERCOSUR) in Südamerika, mit der Nordamerikanischen Freihandelszone (NAFTA) und in Südostasien geschaffen (vgl. Kap. 4). Globalisierung und die Finanzkrisen wurden daher von Regionalisierungsprozessen zeitlich begleitet, die teilweise sehr ähnliche Ziele wie viele GEG-Vorschläge aufweisen. Wirtschaftliche Liberalisierung in Einklang mit nachhaltiger Entwicklung zu bringen, gehört ebenso zu den Zielen regionaler Kooperation wie die Stimulierung von Wachstum und die Stabilisierung der Ökonomie. Insofern könnten die auf regionaler Ebene entwickelten Verhaltensmuster, Institutionen und Regelungen eine Blaupause für Global Economic Governance darstellen.

5.1.4. Warum divergieren nationale Strategien? USA, Deutschland und die IWF-Reform

In Anbetracht der globalen Auswirkungen der Finanzkrisen der 1990er Jahre wäre zu erwarten, dass alle Länder eine ähnliche Bereitschaft zeigen würden, das Management der Weltwirtschaft zu verbessern. Dies ist nicht der Fall. Selbst wenn man die Positionen von Industrieländern vergleicht, die relativ ähnlich in die Weltwirtschaft integriert sind, werden Unterschiede in den Haltungen zu Global Economic Governance offensichtlich. In der folgenden Fallstudie untersuche ich die Positionen der Regierungen Deutschlands und der USA zur Reform des Internationalen Währungsfonds (IWF). Beide Länder waren von den Finanzkrisen der 1990er Jahre negativ betroffen: Erstens durch eine Verringerung der Exporte in die Krisenregionen und zweitens durch Einbrüche der Kapitalmärkte und Börsen. Daher teilen beide Länder ein Interesse an der Stabilisierung der globalen Finanzmärkte und an einem besseren Management von Finanzkrisen. Dieses ähnliche Interesse übersetzte sich aber nicht in ähnliche Haltungen zu Governance-Strategien wie im Folgenden anhand eines der Kernelemente der GEG deutlich wird, nämlich der Reform des IWF (2000-2003).

Die US-amerikanische Regierung befürwortet eine Verringerung des Einflusses des IWF durch eine Beschränkung seiner Finanzen und seiner Funktionen. Der IWF sollte seine Programme auf kurzfristige Notfallhilfe fokussieren und seine Aktivitäten zunehmend durch Kreditaufnahme an Kapitalmärkten, also privat finanzieren. Die bestehende Praxis staatlich finanzierter oder garantierter Hilfsleistungen des IWF an Not leidende Länder wird kritisch gesehen. Viele US-Politiker betonen die Selbstverantwortung wirtschaftlicher Akteure für ihr Handeln und die Gefahr der „moralischen Verführung" („moral hazard"), wenn staatlich garantierte internationale Organisationen wie der IWF ein Sicherheitsnetz auch für „falsche" Politik bzw. private Anlageentscheidungen zur Verfügung stellen (Birdsall 2000, Frenkel/Menkhoff 2002). Auf der anderen Seite möchte die deutsche Regierung die öffentlich finanzierten Ressourcen des IWF ausweiten und seine Programme über die kurzfristige Notfallhilfe hinaus zur Armutsbekämpfung hin ausbauen. Zusätzlich sollen nach Aussagen eines hohen deutschen Regierungsbeamten die Entwicklungsländer und die „Zivilgesellschaft" in Form von NGOs wie Gewerkschaften und Bauernverbänden stärker an der Entscheidungsfindung des IWF beteiligt werden (Hoffmann 2002: 15).

Warum divergieren diese nationalen Haltungen zu Global Economic Governance? Die Unterschiede zwischen der US-amerikanischen und der deutschen Position können nicht überzeugend mit den macht-orientierten Theorien internationaler Beziehungen erklärt werden: Folgt man Interpretationsmustern, die „Macht" in den Mittelpunkt der Erklärung stellen, dann sollten die USA ein hohes Interesse an einer Stärkung des Einflusses des IWF auf die Empfängerländer seiner Kredite und auf die Weltwirtschaft im allgemeinen haben, weil die USA die Politik des Fonds mehr als jedes andere Land dominieren. Die USA besitzen den höchsten Stimmenanteil und sind das einzige Mitgliedsland mit einer Veto-Macht im IWF, da sie über 17% der Stimmrechte verfügen und grundlegende Entscheidungen mit einer Mehrheit von 85% der Stimmen verabschiedet werden müssen. Einige Beobachter sehen den IWF daher als ein Instrument der USA zur

Beförderung ihrer Interessen durch „soft power" (Joseph S. Nye) bzw. „structural power" (Susan Strange, vgl. Kap. 2.3.). Dennoch sind es die USA, die eine Verringerung der Finanzierung und der Funktionen des IWF fordern, während Mittelmächte wie Deutschland seine Stärkung favorisieren. Man mag nun argumentieren, dass die US-Position von dem Gedanken angetrieben sein könnte, bilaterale Verhandlungen zur Krisenbewältigung mit betroffenen Ländern würden den USA einen noch größeren Einfluss verschaffen als indirekt über den IWF. Dieses Argument überzeugt aber nicht, weil die USA die finanziellen Lasten mit anderen Geberländern teilen möchten und weil sie keine Anzeichen erkennen lassen, dass sie bilaterale Hilfsleistungen bevorzugen.

Man könnte auch argumentieren, dass die USA eine Stärkung des IWF ablehnen, weil jede Ausweitung der Funktionen des Fonds seine Demokratisierung erfordern würde und somit die Dominanz der USA verringern könnte. Ein Blick auf das in dieser Hinsicht beste empirische Beispiel für „internationale Institutionen und Demokratie" ermöglicht es, dieses Argument zu entkräften: Die Stärkung der Aufgaben der Europäischen Union war nicht begleitet von einer substanziellen Demokratisierung und implizierte keine Entmachtung der dominanten Mitgliedsländer. Ein anderes macht-orientiertes Interpretationsmodell, „Parteipolitik" als Erklärungsvariable, scheint ebenfalls nur sehr eingeschränkt die Unterschiede zwischen Deutschland und den USA hinsichtlich einer Reform des IWF erklären zu können. Obwohl die Administration von Präsident Clinton (Demokraten) multilateraler ausgerichtet gewesen sein soll als die seines Nachfolgers Bush (Republikaner), hat auch Clinton keine grundlegende Stärkung der Finanzen und Funktionen des IWF gefordert. Auf deutscher Seite ist die Position der Regierung Schröder (Sozialdemokraten/Grüne) zum IWF derjenigen seines Vorgängers Kohl (Christdemokraten/Liberale) ähnlich. Ich argumentiere hier, dass der Einfluss gesellschaftlicher Normen und Institutionen auf die Richtung der Politik gegenüber internationalen Wirtschaftsorganisationen die unterschiedlichen Haltungen zu GEG besser erklären kann, als Ansätze, die nationale Macht oder Parteipolitik in den Mittelpunkt der Erklärung stellen. Die Betonung von sozioökonomischen Normen und Institutionen erscheint plausibel, weil das hier untersuchte Thema der internationalen Wirtschaftsorganisationen stärker an interne, gesellschaftliche Strukturen und Werte gekoppelt scheint als etwa Sicherheitspolitik, da es Fragen betrifft, die auch im innenpolitischen Prozess relevant sind. Außerdem erscheinen gesellschaftliche Normen und Institutionen besser geeignet, pfadabhängiges Verhalten von Regierungen und den

Inhalt von Politik zu erklären als macht-orientierte Ansätze (vgl. Kap. 3.3. und Schirm 2002b).

Dominante Normen sind diejenigen Grundwerte einer Gesellschaft, die genügend Kommunalität (werden sie von einer Mehrheit geteilt?) und Spezifizität (ist ihre Bedeutung klar für alle?) erreichen, um den politischen Entscheidungsprozess zu beeinflussen (Boekle/Rittberger/Wagner 2001: 109f). Hinsichtlich konkreter Normen, die einen Beitrag zur Erklärung nationaler Haltungen zu GEG leisten können, erscheint es plausibel (1) Prozessnormen zu identifizieren, die den Entscheidungsfindungsprozess leiten und (2) Inhaltsnormen zu identifizieren, die ausdrücken, was die Gesellschaft als zentrale Staatsaufgabe im jeweiligen Politikfeld ansieht. Ich schlage hier „konsensuale Entscheidungsfindung" als wesentliche Prozessnorm und „staatliche Solidarität" als wesentliche Inhaltsnorm für Länder wie Deutschland vor. Für die USA scheinen „kompetitive Entscheidungsfindung" („the winner takes all") als Prozessnorm und „individuelle Selbstverantwortung" (Solidarität eher als private Wohltätigkeit und nicht nur als Staatsaufgabe) als Inhaltsnorm plausibel zu sein.

Eine sozioökonomische Institution mit möglicher Relevanz für die hier gestellte Frage ist das organisatorische Muster durch das gesellschaftliche Interessen in den Entscheidungsprozess der Regierung strukturell einfließt. Dies betrifft die Institutionalisierung der politischen Rolle vermittelnder Organisationen, die zwischen der Bevölkerung und der Regierung im politischen Prozess angesiedelt sind und dauerhaften Einfluss ausüben. Relevant scheint hier die Institutionalisierung des Einflusses der Arbeitgeberverbände und der Gewerkschaften. Deutschland kann in dieser Hinsicht als ein korporatistisches Land klassifiziert werden, wo Gewerkschaften und Arbeitgeberverbände eine gesetzlich geregelte, institutionalisierte und autonome Beteiligung an der wirtschaftlichen Entwicklung besitzen. Korporative Gruppen können von anderen Lobbygruppen unterschieden werden durch ihren institutionalisierten Einfluss auf ökonomische Entwicklungen und ihre institutionalisierte Beteiligung am politischen Entscheidungsprozess. In nicht-korporatistischen Ländern wie den USA werden die wirtschaftliche Entwicklung und die entsprechende Politik von der Regierung geprägt und sind nur marginal dem *institutionalisierten* Einfluss organisierter Interessen ausgesetzt. Die Norm der konsensualen Entscheidungsfindung kann hier als kulturelle Seite des Korporatismus gesehen werden.

Betrachtet man nun die Haltung Deutschlands und der USA zu Global Economic Governance durch das Prisma der jeweiligen Normen und Institutionen, dann werden die Unterschiede besser verständlich. Die Haltungen reflektieren stark die jeweils intern gesellschaftlich dominierenden Normen und Institutionen. Vor der kurzen Untersuchung der jeweiligen Positionen sind zwei Vorbemerkungen wichtig: Erstens sind die Haltungen innerhalb der jeweiligen Regierung nicht immer einheitlich, sondern können – je nach Ministerium oder Parteizugehörigkeit – etwas variieren. Zweitens wird das politische Tagesgeschäft natürlich auch von den technischen und pragmatischen Erwägungen ministerieller Bürokratien geprägt und nicht nur von den offiziellen Positionen der politischen Führungen. Da aber nur die politische Führung – und nicht die Ministerialbürokratie – auch politisch legitimiert gesellschaftliche Präferenzen ausdrückt, ist besonders interessant, warum sich gerade hier die Positionen unterscheiden. Methodisch greife ich bei der Untersuchung dieser offiziellen Haltungen im Folgenden auf die Reden der Regierungschefs (Bush und Schröder) und die Reden von hochrangigen Regierungsvertretern/Politikern der für das Thema verantwortlichen Ministerien in den USA (Treasury) und Deutschland (Finanzen, Auswärtiges Amt) zurück. In diesen Reden habe ich (1) nach Belegen für die Normen „individuelle Selbstverantwortung/ Wettbewerb" (USA) sowie „Solidarität/ Konsens" (Deutschland) und (2) nach einer Spiegelung der intern wirksamen Institutionen nach den Mustern „Korporatismus/ koordinierter Marktwirtschaft" (Deutschland) und „Entscheidungsautonomie der Regierung/ freie Marktwirtschaft" (USA) gesucht. Diese Kategorien sind natürlich Vereinfachungen, scheinen aber als Benennungen für grundlegende gesellschaftliche Orientierungen plausibel.

In seiner Grundsatzrede zur globalen Finanzarchitektur, dem „Millenium Challenge Account"-Vortrag vor der Inter-American Development Bank am 14.3.2002 formulierte Präsident Bush als Kernargument: „Greater contributions from developed nations must be linked to greater responsibility from developing nations" (Bush 2002: 1). Dieser Gedanke basiert auf einer liberalen Wirtschaftsphilosophie, nach der individuelle Selbstverantwortung Priorität genießt und Finanzhilfen nicht als einseitige „Solidarität" gesehen werden, sondern an die Verpflichtung zur Selbstverantwortung der Empfänger gekoppelt sind. Auf der deutschen Seite schreibt Kanzler Schröder in einem Artikel über Globalisierung: „Schließlich brauchen wir ein wirklich demokratisches Handels- und Finanzregime in der Welt" (Schröder 2002: 4). Durch die Betonung gleicher Rechte bzw. gleichen Einflusses für alle Länder und das Vernachlässigen ökonomischer Asymmetrien folgt diese Position offensichtlich dem internen Muster konsensualer und korporatistischer Entscheidungsfindung in Deutschland. Gleichzeitig suggeriert diese Formulierung Gleichheit zwischen Gebern und Nehmern von Finanzhilfen. Mit der Betonung von Solidarität steht die Position Deutschlands der Betonung von Selbstverantwortung durch Präsident Bush klar entgegen.

Hinsichtlich des Charakters und des Umfangs der Programme des IWF unterscheiden sich die Positionen der Regierungen ebenfalls entlang der intern relevanten gesellschaftlichen Normen und Institutionen: US-Finanzminister Paul O'Neill erklärte, dass der IWF einen markt-orientierten Ansatz hinsichtlich der Restrukturierung staatlicher Schulden folgen sollte, um Finanzkrisen zu verhindern bzw. besser zu bewältigen („a market-oriented approach to the sovereign debt restructuring process", O'Neill 2002: 2). Der Undersecretary im Finanzministerium John Taylor erklärte: „The policy challenge is to move gradually in the direction of less reliance on large official packages [...]. The United States has indicated that it does not support an IMF quota increase. As Secretary O'Neill has said, 'Limiting official resources is a key tool for increasing discipline over lending decisions'" (Taylor 2002: 3). Letztere Bemerkung zielt deutlich auf die Vermeidung des „moral hazard" durch die Verringerung des öffentlich garantierten Sicherheitsnetzes.

Das US-Finanzministerium betont das Vertrauen der USA in die Selbstregulierungskräfte des Marktes und erklärt: „Investors have become much more skilled at differentiating between countries and markets based on fundamental economic assessments, with the result that contagion has fallen dramatically" (Taylor 2002: 3). Zusätzlich schlägt der Deputy Treasury Secretary Kenneth W. Dam vor, der IWF solle das Ausmaß seiner Programme verringern und sich stärker auf seine Kernaufgaben konzentrieren, wie etwa: „helping to strengthen monetary, fiscal, exchange rate, financial sector, and debt management policies. In the last decade, the IMF became too involved in matters outside of these core areas" (Dam 2002: 3). Zusammen genommen betont die US-Position unterschiedliche Rollen für Geberländer und Empfängerländer von Finanzhilfen, die Selbstverantwortung aller Akteure, das Vertrauen in die Mechanismen des freien Marktes sowie das Ziel, die IWF-Programme auf Notfallhilfe zu beschränken.

Auf der deutschen Seite möchte die Staatsministerin im Auswärtigen Amt, Kerstin Müller, dass der IWF (wie die Weltbank) seine Programme in Richtung auf Armutsbekämpfung ausweitet und die „Zivilgesellschaft" in seine Entscheidungsprozesse einschließt (Müller 2003: 2). Diese Position folgt der Norm der Solidarität und möchte die Aufgaben des IWF über seine Verantwortung für die Stabilität der Finanzmärkte hinaus ausdehnen. Das Bundesministerium der Finanzen (BMF) unterstützt diese Position und entwickelt sie weiter in einer Erklärung zur IWF-Tagung im April 2003: Staatliche Schulden („sovereign debt") sollten nicht den Marktmechanismen überlassen bleiben, sondern multilateral im IWF behandelt werden, der seine Programme auf Armutsbekämpfung ausdehnen und die „Zivilgesellschaft" in Entscheidungsprozesse einbinden sollte (BMF 2003: 5). Im selben Papier betont das BMF: „Ein wichtiger Weg, um den [...] Gedanken der gleichberechtigten Partnerschaft zwischen Industrie- und Entwicklungsländern mit Leben zu füllen, ist die Stärkung der Stimme der Entwicklungsländer in den internationalen Institutionen. Einige Ansätze, um dies in IWF und Weltbank praktisch umzusetzen, wurden vorgelegt" (BMF 2003: 6). Zusammenfassend zeigt die deutsche Position weniger Vertrauen in Marktkräfte als die US-Position, möchte internationale „Solidarität" durch die Forderung nach Ausweitung der IWF-Programme auf Armutsbekämpfung stärken und befürwortet eine korporatistische wie konsensuale Entscheidungsfindung durch die Forderung nach größerem Einfluss für Entwicklungsländer sowie für die „Zivilgesellschaft".

Gesellschaftliche Normen und Institutionen als unabhängige Variable ermöglichen eine plausiblere Erklärung der unterschiedlichen Haltungen von zwei relativ ähnlich von Finanzkrisen betroffenen Ländern zur GEG, als macht-orientierte Erklärungsansätze. Das Interesse an Global Economic Governance und am IWF wird von beiden Ländern geteilt, da es aus der zunehmenden Integration nationaler Ökonomien in den Weltmarkt folgt. Die gewünschte Form der GEG und die Notwendigkeit von Governance werden aber nicht geteilt, da sie nationale Muster spiegeln, die durch Globalisierung bisher im Wesentlichen unverändert geblieben sind. Die Analyse der neuen Vorschläge für Global Economic Governance hat deutlich gezeigt, dass unterschiedliche nationale Positionen stark von internen gesellschaftlichen Normen und Institutionen beeinflusst werden: Was „bessere" Governance darstellt, hängt wesentlich von den sozioökonomischen Mustern ab, die ein Land intern prägen. Daher können die Positionen wie das Verhalten gegenüber Global Economic Governance nur erklärt werden, wenn auch auf sich gegenseitig verstärkende gesellschaftliche Normen und Institutionen fokussiert wird.

Arbeitsfragen zu Kapitel 5.1.:

- Welches sind die wichtigsten Vorschläge für neue Regeln für die Weltwirtschaft?
- Wie können die Vorschläge für neue Governance-Stategien bewertet werden?
- Warum unterscheiden sich die Positionen Deutschlands und der USA zur IWF-Reform?

Literatur zu Kapitel 5.1.:

Birdsall, Nancy 2000: The World Bank of the Future: Victim, Villain, Global Credit Union? in: The Brown Journal of World Affairs 7/2: 119-127.

Blustein, Paul 2003: The Chastening. Inside the Crisis That Rocked the Global Financial System and Humbled the IMF, 2d ed., New York.

Boekle, Henning/Rittberger, Volker/Wagner, Wolfgang 2001: Constructivist Foreign Policy Theory, in: Rittberger, Volker (Ed.): German Foreign Policy Since Unification. Theories and Case Studies, Manchester: MUP: 105-137.

Brett, E. A. 2000: Global Governance in an Unstable World, in: The Brown Journal of World Affairs 7/2: 95-105.

Bundesministerium der Finanzen (BMF) 2003: Zu den Themen der IWF-Fr hjahrestagung am 12./13.4.2003 in Washington D.C., Berlin 9.4.03; abgefragt am 3.5.2003: http://www.bundesfinanzministerium.de/Anlage18089/Themen-der-IWF-Fruehjahrstagung-am-12./13.-April-2003-in-Washington-D.C..pdf

Bush, George W./The White House 2002: The Millennium Challenge Account, Speech of the U.S. President at the Inter-American Development Bank, Washington D.C. 14.3.2002; abgefragt am 3.5.2003: http://www.whitehouse.gov/infocus/developingnations/print/millennium.html

Commission on Global Governance 1995: Our Global Neighbourhood, Oxford.

Dam, Kenneth W./Department of the Treasury 2003: Remarks of the Deputy Secretary on ªThe Role of the United States in the Global Economy delivered to the Center for Strategic and International Studies, Washington D.C. 11.9.2002; abgefragt am 3.5.2003: http://www.ustreas.gov/press/releases/po3411.htm

Dieter, Heribert 2004: The Stability of International Financial Markets: A Global Public Good? in: Schirm, Stefan A. (Ed.): New Rules for Global Markets, Houndmills: 23-43

Faust, Jörg 2004: Democratization, Financial Crises and Global Governance, in: Schirm, Stefan A. (Ed.): New Rules for Global Markets, Houndmills: 45-63.

Frenkel, Michael/Menkhoff, Lukas 2002: Reform Proposals for a New International Financial System, in: Fendt, Roberto/Lins, Maria A. Del Tedesco (Ed.): Uneven

Architecture. The Space of Emerging Countries in the International Financial System, Sao Paulo/Rio de Janeiro: 227-250.
Griffith-Jones, Stephany 2000: Proposals for a Better International Financial System, in: World Economics 1/2: 111-133.
Haggard, Stephan 1998: Why We Need the IMF, in: IGCC Newsletter (Institute for Global Conflict and Cooperation, San Diego, CA) 14/1: 6-7.
Helleiner, Gerald K. 2001: Markets, Politics, and Globalization: Can the Global Economy be Civilized? In: Global Governance 7/3: 243-263.
Hofmann, Michael 2002: Good Global Governance: ja. Aber „Wie"? in: Kommunikation Global (IPS-CIC) 3/36: 14-17 (Artikel des Ministerialdirektors im Bundesministerium für wirtschaftliche Zusammenarbeit BMZ).
Hopkinson, Nicholas 2000: Managing the Global Economy: Prospects for a New Financial Architecture and Economic Recovery, in: The Brown Journal of World Affairs 7/2: 129-140.
Kreile, Michael 2000: Deutschland und die Reform der internationalen Finanzarchitektur, in: Aus Politik und Zeitgeschichte B 37-38: 12-20.
Meltzer Commission/U.S.Congress 2000: Report of the International Financial Institution Advisory Commission, Washington D.C., in: http://www.house.gov/jec/imf/meltzer.htm
M ller, Kerstin/Ausw rtiges Amt 2003: Rede von Staatsminisiterin Kerstin M ller beim OECD-Forum in Paris am 29.4.03; abgefragt am 3.5.2003: http://www.auswaertiges-amt.de/www/de/aussenpolitik/aussenwirtschaft/foerderung/ausgabe_archiv?archiv_id=4380&type_id=3&bereich_id=8
Naiman, Robert 2000: From Protests to Policy: Reducing the Destructive Power of the International Financial Institutions, in: The Brown Journal of World Affairs 7/2: 107-117.
Nunnenkamp, Peter 2001: Umbaupläne und Reparaturarbeiten an der internationalen Finanzarchitektur: Eine Zwischenbilanz aus deutscher Perspektive, Kiel Working Papers Nr. 1078, Institut für Weltwirtschaft, Kiel.
Nunnenkamp, Peter 2002: IWF und Weltbank: Trotz aller Mängel weiterhin gebraucht? Kiel Discussion Papers Nr. 388, Institut für Weltwirtschaft, Kiel.
O Neill, Paul/Department of the Treasury 2002: Testimony of Treasury Secretary Paul H. O Neill before the Senate Committee on Banking, Housing and Urban Affairs, Washington D.C. May 1, 2002; abgefragt am 3.5.03: http://www.ustreas.gov/press/releases/po3062.htm
Reinicke, Wolfgang H. 1997: Global Public Policy, in: Foreign Affairs 76/6: 127-138.
Rodrik, Dani 2000: Governance of Economic Globalization, in: Nye, Joseph S./Donahue, John D. (Ed.): Governance in a Globalizing World, Washington D.C.: Brooking Institution Press: 347-365.
Sandholtz, Wayne 1999: Globalization and the Evolution of Rules, in: Prakash, Aseem/Hart, Jeffrey A. (Ed.): Globalization and Governance, London: Routledge: 77-102.

Schirm, Stefan A. 2004: The Divergence of Global Economic Governance Strategies, in: Schirm, Stefan A. (Ed.): New Rules for Global Markets. Public and Private Governance in the World Economy, Houndmills: Palgrave Macmillan: 3-21.

Schirm, Stefan A. 2000: Global Economic Governance? Globalisierung, Staat und die Prävention weltwirtschaftlicher Krisen, in: Scherpenberg, Jens van/Schmidt, Peter (Hrsg.): Stabilität und Kooperation: Aufgaben internationaler Ordnungspolitik, Baden-Baden: 377-392.

Schirm, Stefan A. 2002a: Globalization and the New Regionalism. Global Markets, Domestic Politics and Regional Cooperation, Cambridge: Polity Press.

Schirm, Stefan A. 2002b: The Power of Institutions and Norms in Shaping National Answers to Globalization: German Economic Policy After Unification, in: German Politics 11/3: 217-236.

Scholte, Jan Aart 2002: Civil Society and Democracy in Global Governance, in: Global Governance 8/3: 281-304.

Schröder, Gerhard 2002: Das Zeitalter der Chancen. Sicherheit, Modernisierung und Gerechtigkeit in der Globalisierung, in: Die Neue Gesellschaft – Frankfurter Hefte 49/5: 271-276.

Taylor, John B. 2002: Speech of the Under Secretary of Treasury for International Affairs on ªStrengthening the Global Economy: A Report on the Bush Administration Agenda at the National Association for Business Economics, Washington D.C. 30.9.2002; abgefragt am 3.5.03: http://www.ustreas.gov/press/releases/2002930214479428.htm

5.2. Governance durch internationale Organisationen

5.2.1. Der Internationale Währungsfonds (IWF)

Unterschiedliche Positionen zur Tätigkeit und zur Reform des Internationalen Währungsfonds (IWF) wurden bereits im vorangegangenen Kapitel (5.1.4) ausführlich untersucht. Im folgenden Text geht es daher um die kurze Darstellung der Tätigkeit des IWF in den letzten Dekaden, vor allem in Hinblick auf die Verschuldungskrisen von Entwicklungs- bzw. Schwellenländern. Im Zuge der Globalisierung der Finanzmärkte war es für viele Entwicklungsländer seit den 70er Jahren leichter geworden, bei privaten Banken Kredite aufzunehmen. Wesentlich aufgrund der hohen Einlagen der ölexportierenden Länder hatten transnationale Banken in den 70er und 80er Jahren ein Interesse an neuen Kreditnehmern, während viele Entwicklungsländer dringend Geld zur Finanzierung ihrer Industrialisierungsprojekte brauchten (vgl. Kap. 3.1.2., 3.1.6.).

Der IWF kam in den 80er Jahren zum Einsatz als viele, vor allem lateinamerikanische Schuldner die Zinsen und Tilgungen auf ihre Schulden nicht mehr bezahlen konnten, da sie nicht genügend Devisen erwirtschaftet hatten. In den 90er Jahren lagen die Ursachen für die umfangreichen Hilfspakete des IWF vor allem an asiatische und lateinamerikanische Länder im schnellen und spekulativen Abzug von privatem Anlagekapital aus diesen Staaten (vgl. 5.1.1.). In allen Fällen zielte der IWF mit seinen Beistandskrediten auf die Wiederherstellung der Zahlungsfähigkeit von Staaten, die ihre Verbindlichkeiten nicht mehr bedienen konnten. Im Folgenden wird die Funktion des IWF kurz erläutert (vgl. Biersteker 1990; Blustein 2003: 1-18; Kahler 1995: 48-65; Pauly 1994, 1997: 98-130; Rode 2001: 103-127).

Purposes of the International Monetary Fund (www.imf.org/external/pubs/ft/aa/aa01.htm):

1. To promote international monetary cooperation through a permanent institution which provides the machinery for consultation and collaboration on international monetary problems.
2. To facilitate the expansion and balanced growth of international trade, and to contribute thereby to the promotion and maintenance of high levels of employment and real income and to the development of the productive resources of all members as primary objectives of economic policy.

3. To promote exchange stability, to maintain orderly exchange arrangements among members, and to avoid competitive exchange depreciation.
4. To assist in the establishment of a multilateral system of payments in respect of current transactions between members and in the elimination of foreign exchange restrictions which hamper the growth of world trade.
5. To give confidence to members by making the general resources of the Fund temporarily available to them under adequate safeguards, thus providing them with opportunity to correct maladjustments in their balance of payments without resorting to measures destructive of national or international prosperity.
6. In accordance with the above, to shorten the duration and lessen the degree of disequilibrium in the international balances of payments of members.

Der IWF wurde im Rahmen des Bretton-Woods-Systems von 1944 geschaffen und wird durch ein Board of Governors beaufsichtigt, in dem die Stimmenanteile der Mitgliedsländer nach ihren finanziellen Einlagen beim IWF gewichtet sind. Im Wesentlichen wird die IWF-Politik daher von den G-7 Industrieländern bestimmt. Die höchste Stimmenzahl haben die USA mit 17%, an zweiter Stelle stehen Japan und die Bundesrepublik Deutschland. Der IWF vergibt Beistandskredite an Staaten, die unter kurzfristigen Zahlungsproblemen leiden und koppelt die Vergabe an die vertragliche Verpflichtung der Empfängerländer, ihre Wirtschaftspolitik so auszurichten, dass sie die Zahlungsprobleme künftig aus eigener Kraft bewältigen können. In einer verpflichtenden „Letter of Intent" (Absichtserklärung) sichert das Empfängerland zu, spezifische Schritte zur Wiedererlangung seiner Zahlungsfähigkeit zu unternehmen. Die Unterzeichnung einer „Letter of Intent" ist ebenso wie die Einhaltung der Vergabebedingungen des IWF Voraussetzung für die Auszahlung der einzelnen Tranchen des IWF-Kredites. Die IWF-Konditionen zielen auf die Erwirtschaftung eines Exportüberschusses durch Stärkung der Wettbewerbsfähigkeit und auf die Anziehung von Auslandskapital durch Verbesserung des Investitionsklimas. Diese beiden Möglichkeiten zur Lösung von Zahlungsbilanzproblemen erfordern aus der Sicht des IWF vor allem eine Reduzierung der Inflation (Verringerung von Budgetdefiziten, der Binnennachfrage, der Neukreditaufnahme etc.), eine Deregulierung der Ökonomie (Privatisierung, Rückführung staatlicher Intervention) und eine außenwirtschaftliche Öffnung (Abbau von tarifären und nicht-tarifären Handelshemmnissen) zur Steigerung der Wettbewerbsfähigkeit:

> Der IWF (2002) schreibt zu seinen Konditionen: „**Performance criteria** (PCs) are specific conditions that have to be met for the agreed amount of credit to be disbursed. There are two types of PCs: quantitative and structural. **Quantitative PCs** typically refer to macroeconomic policy variables such as international reserves, monetary and credit aggregates, fiscal balances, or external borrowing. For example, a program might include a minimum level of net international reserves, a maximum level of central bank net domestic assets, or a maximum level of government borrowing. In arrangements where structural reforms are an essential part of the economic program, **structural PCs** are also used. These vary widely across programs but could, for example, include specific measures to restructure key sectors such as energy, reform social security systems, or improve financial sector operations."

Mit diesen Konditionen verfolgt der IWF im Kern eine liberale Strategie, wie sie in der Wirtschaftspolitik seines wichtigsten Mitgliedslandes (den USA) und prinzipiell auch in den anderen Staaten der OECD im politischen Diskurs vorherrscht. Dabei geht es dem IWF nicht in erster Linie um entwicklungspolitische Erwägungen, wie sie etwa in seiner Schwesterorganisation, der Weltbank, prägend sind (vgl. Kap. 2.4.2.). Der IWF verfolgt vorrangig das Ziel, die Zahlungsfähigkeit der Empfänger seiner Kredite und Konditionen wiederherzustellen. Erst seit 1999 hat der IWF beide Aspekte mit der Schaffung einer speziellen Kreditlinie zur Armutsbekämpfung zusammengeführt.

Um die Unterstützung des IWF zu erhalten, müssen sich die Empfängerstaaten wie ausgeführt in einer „Letter of Intent" zu einer Wirtschaftspolitik nach den oben genannten Kriterien verpflichten. Verfehlt der Empfänger die genau geregelten „Absichten" (etwa die Höhe der Inflation oder den Umfang des Budgetdefizits), dann sperrt der IWF noch nicht ausgezahlte Tranchen seines Beistandskredits. Im Vergleich zu den Kreditvolumina, die von privaten Banken vergeben werden, waren die *stand-by*-Dahrlehen des IWF bis in die 1980er Jahre oftmals klein. Seine Bedeutung erhielt der IWF in der Schuldenkrise beispielsweise Argentiniens, Brasiliens und Mexikos in den 1980er Jahre dadurch, dass die privaten Gläubiger bestehender Schulden eine Neukreditvergabe bzw. eine Umschuldung der Altschulden von der erfolgreichen Unterzeichnung eines Abkommens mit dem IWF, d.h. von der Akzeptanz beaufsichtigter Konditionen, abhängig machten. Insofern instrumentalisierten private Akteure des globalen Finanzsystems eine internationale Organisation zur Wahrung ihrer Interessen. Im Zuge der Finanzkrisen der 1990er Jahre (Mexiko, Asien, Russland, Türkei, Brasilien, Argentinien) weitete der IWF sein Kreditvolumen stark aus, so dass es dem Engagement privater Kapitalgeber in Entwicklungsländern teilweise vergleichbar wurde. Auch heute machen viele private Gläubiger (Banken wie institutionelle Anleger) weitere oder neue Kapitalvergabe an ein krisengeschütteltes oder gefährdetes Land oftmals davon abhängig, dass das betreffende Land zuvor einen Kredit beim IWF beantragt und somit dessen Konditionen akzeptiert.

Aus dem gleichgerichteten wirtschaftspolitischen Interesse von IWF und Banken wurde manchmal eine Haltung „der Industrieländer" gegen „die Schuldnerländer" der Dritten Welt gefolgert. Diese Interpretation trifft in mehreren Punkten nicht den Sachverhalt. Erstens hatten politisch und wirtschaftlich bedeutende Sektoren in den Industrieländern den Forderungen des IWF und der Banken diametral entgegen gesetzte Interessen: Die Exportindustrie der Industrieländer gehörte zu den klaren Verlierern der IWF-Forderungen nach Einschränkung der Binnennachfrage bzw. nach Exportüberschüssen in den Schuldnerländern. Zweitens verfolgte der IWF seine an der Verbesserung der Zahlungsfähigkeit ausgerichtete Programmatik seit seiner Gründung im Rahmen des Bretton-Woods-Systems und hat diese auch auf Industrieländer angewendet (etwa auf Großbritannien 1976). Drittens muss berücksichtigt werden, dass die Schuldnerländer bei der Aufnahme von Krediten bei privaten transnationalen Banken wussten, dass sie Zinsen und Tilgungen zahlen müssen. Auch wenn transnationale Banken wegen ihrer Überliquidität in den 70er Jahren (Petro-Dollars) und Anleger im Boom der 90er Jahre bei der Kapitalvergabe unvorsichtig oder sogar aufdringlich gewesen waren, hätte auf der Seite der Kreditnehmer bzw. Kapitalempfänger ein Mindestmaß an ökonomischem Sachverstand deutlich gemacht, dass für die Darlehen bzw. Anlagen zwangsläufig Zinsen und Tilgungen zu zahlen sein würden – schließlich wurden ja Kreditverträge unterzeichnet. Eine Ausrichtung ihrer Wirtschaftspolitik auf außenwirtschaftliche Zahlungsfähigkeit gegenüber globalen Finanzmärkten war von vornherein absehbar.

Externe auslösende Momente der Schulden- bzw. Zahlungskrisen, wie etwa die US-Hochzinspolitik, der Preisverfall bei Rohstoffen, Börsenkrisen und die Rezession in Industrieländern, konnten von Entwicklungsländern zwar nicht vorhergesehen werden. Diese Einflüsse können aber nicht erklären, warum sich viele Staaten in einer Höhe verschuldet haben, die auch ohne externe Faktoren eine krisenhafte Entwicklung der Verschuldung bedingt hätte. Eine Ausrichtung der Wirtschaftspolitik auf die Bedienung des Schuldendienstes bzw. der Gewinnerwartungen der Kapitalanleger wäre in jedem Fall erforderlich geworden. Externe Faktoren können auch nicht erklären, warum viele Schuldner-Regierungen die Kredite von vornherein nicht, oder nur in geringem Ausmaß produktiv investiert haben und somit gar nicht an der Schaffung einer Rückzahlungsfähigkeit interessiert waren (auch nicht an einer produktiven Entwicklung des Landes). Das argentinische „Bereicherungsmodell" durch staatlich garantierte Finanzspekulation Anfang der 1980er Jahre, die auslandsfinanzierte Immobilienspekulation in Thailand in den 90er Jahren sowie teuere Rüstungsprogramme und die massive Kapitalflucht der Oberschicht in den meisten Schuldnerländern veranschaulichen die entwicklungspolitisch problematische Verwendung vieler Auslandskredite durch die Eliten.

Im Ergebnis der Verschuldungs- bzw. Finanzkrisen bleibt eine klare Einschränkung der Handlungsautonomie der Schuldnerländer: Wenn die Schuldner nicht eine außenwirtschaftliche Isolation, eine Abkoppelung vom Weltmarkt in Kauf nehmen wollten, hatten sie nur wenig Spielraum gegenüber den vertraglichen Ansprüchen der privaten Gläubigerbanken und dem von ihnen vorgeschalteten IWF.

Kritik an der Politik des Internationalen Währungsfonds zielt meistens auf drei Bereiche (vgl. The Economist: Special Report on The IMF, 28.9.2002: 75-77; Rode 2001: 117-127 und Kap. 5.1.4.). Erstens wird kritisiert, dass der IWF die Empfängerländer seiner Kredite über die Konditionalität dazu gebracht habe, ihre Finanzmärkte zu schnell zu öffnen. Oftmals seien vormals stark interventionistische und protektionistisch abgeschottete Volkswirtschaften sehr plötzlich spekulativem Kapital gegenüber geöffnet worden, ohne dass zuvor ein funktionierendes Bankensystem und eine Börsenaufsicht eingerichtet worden sei. Tatsächlich hat der IWF eine schnelle Öffnung der Finanzmärkte in Entwicklungsländern nicht verhindert und somit zu Instabilität und oft ungehindertem Zu- und Abfluss von Spekulationskapital beigetragen. Dieses Börsenkapital war von vielen Eliten in den Entwicklungsländern (in Asien wie Lateinamerika und Russland) zur Finanzierung des eigenen Wohlstandes und eines Wirtschaftsbooms genutzt worden, der nicht auf dem Wachstum der Produktion, sondern auf dem der Börsenumsätze oder beispielsweise schuldenfinanzierter Immobilienspekulation basierte. Hier hätte der IWF eine langsamere und kontrolliertere Öffnung der Finanzmärkte erreichen müssen. Inzwischen wird dieser Punkt auch innerhalb des IWF anerkannt.

Zweites wird am IWF kritisiert, dass er inkonsistent und widersprüchlich vorgehen würde. Der Fonds habe Ländern Kredite gewährt, obwohl diese nicht die nötigen Bedingungen erfüllt hätten. Tatsächlich scheint die Kreditvergabe des IWF teilweise politisch motiviert: So erhielten Russland 1998 und die Türkei 2001 umfangreiche Kredite auf Druck der USA, die befreundete Regierungen unterstützen wollten. In beiden Fällen lief der Kredit zumindest in der vergebenen Höhe bzw. mit den großzügigen Konditionen dem zuvor vom IWF wie von der US-Regierung propagierten Ziel zuwider, zweifelhafter Regierungspolitik und privaten Anlegern kein Versicherungsnetz zu gewähren. Diese Absicherung – das „bailing out" – von privaten Anlegern und von Entwicklungsländer-Eliten durch die öffentlich garantierten Gelder des IWF sehen viele als Hauptfehler des Fonds: Durch die IWF-Absicherung werden spekulative Anlagen und inkompetente Politik in Entwicklungsländern stimuliert (vgl. Kap. 5.1.4.). Als widersprüchlich wird auch die IWF-Politik gegenüber Argentinien kritisiert: Zunächst habe er in den 1990ern ein rasantes Wachstum des argentinischen Staatsdefizits toleriert, das nur zeitweise durch Erlöse aus Privatisierungen gedeckt wurde. Die Staatsschulden stiegen von 29% des BSP 1993 auf 41% 1998, ohne dass der IWF dies unterbunden habe. Für harte Schritte seien die Ökonomen des Fonds ihrem Klienten zu nahe gestanden, kritisiert der ehemalige Chefökonom des IWF, Michael Mussa (The Economist 28.9.2002: 76). Anschließend habe der Fonds Argentinien 2001 in die Zahlungsunfähigkeit schlittern lassen.

Drittens wird an der IWF-Politik kritisiert, dass er zu nachsichtig bzw. zu wenig konsequent gegenüber den Empfängern seiner Kredite gewesen sei. So habe er nicht genügend auf die Herstellung marktwirtschaftlicher Bedingungen gedrängt. In vielen Entwicklungsländern seien zwar Liberalisierungen und Privatisierungen durchgeführt, aber andere grundlegende Reformen vernachlässigt worden: Nötig für eine funktionierende Marktwirtschaft sei beispielsweise auch eine Reform des Justizsystems zur Sicherung von Eigentumsrechten privater Wirtschaftsakteure und eine Reform des Steuersystems zur Gewährleistung von Steuergerechtigkeit und zur Erhöhung der Staatseinnahmen: „It has become conventional wisdom in recent years that sustainable growth in Latin America demands more than liberalisation and privatisation. Deeper structural change – from improving education to overhauling judicial systems – is necessary. (…) The lesson is that the Fund must become tougher" (The Economist

28.9.2002: 76). In den letzten Jahren hat der IWF unter seinem Chef Horst Köhler (2000-2004) aufgrund der Kritik eine Reihe seiner Maßnahmen reformiert, führt eine interne Reformdebatte und geht offener mit seinen Kritikern um (vgl. „Common Criticisms of the IMF": www.imf.org/external/np/exr/ccrit/eng/cri.htm).

Ein wichtiges Indiz für neue Strategien und die möglicherweise zunehmende Emanzipation des Fonds von seinem größten Geldgeber, den USA, ist der Vorschlag der Chefökonomin des IWF, Anne O. Krueger, von 2001 zur Schaffung eines SDRM: Der „Sovereign Debt Restructuring Mechanism" ist ähnlich konzipiert wie das Konkursrecht für Firmen, bei dem die Gläubiger auf einen erheblichen Teil ihrer Kredite verzichten müssen, um die Existenz des Unternehmens nicht vollkommen zu gefährden (Blustein 2003: 384-392; The Economist 28.9.2002: 77). SDRM wäre für Fälle wie Argentinien 2001 eine Erleichterung gewesen, da das Land durch ein solches „Konkursverfahren" von einem wesentlichen Teil seiner Schulden entlastet worden wäre und somit mehr finanziellen Spielraum für Wachstum gehabt hätte. Die Wirtschaftskrise wäre nicht derart gravierend ausgefallen, weniger Argentinier wären in die Armut abgedriftet und das Land hätte mittelfristig wieder – die nun geringeren – Schulden bedienen können. Allerdings hätten Banken, Investoren und Anleger einen Teil ihrer Aussenstände abschreiben müssen. Daher protestierten sie vehement und erreichten, dass die Regierung von Präsident Bush, den Vorschlag 2001/2002 ablehnte. Mittlerweile scheint eine entschärfte Form des SDRM politisch auch in den USA möglich zu sein. Ein Konkursverfahren für Schuldnerländer wäre für Fälle wie Argentinien eine Erleichterung und für private Anleger ein geldwertes Motiv für ein weniger spekulatives Anlageverhalten. Ein Konkursrecht für Staaten ist daher ein Mittel, um das globale Finanzsystem zu stabilisieren und die Privatwirtschaft an den Kosten für Krisenbewältigung wirksam zu beteiligen.

5.2.2. Die Welthandelsorganisation (WTO)

Die meisten Theorien der IPÖ stimmen in der Annahme überein, dass Freihandel für fast alle Staaten und zu fast jedem Zeitpunkt die beste Politikoption darstellt (Milner 2002: 448). Das General Agreement on Tariffs and Trade (GATT) sowie die World Trade Organization (WTO) als seine Nachfolgerin haben durch ihr multilaterales Management maßgeblich zur Liberalisierung des Welthandels seit dem Ende des Zweiten Weltkriegs beigetragen (vgl. Kap. 3.1.4). Bei der Entstehung des GATT 1948 betrugen die

Warenzölle der Mitgliedstaaten im Durchschnitt 40%; mit dem Abschluss der Uruguay-Runde 1994 waren sie auf einen Satz von 2,9% gesenkt worden (Grimwade 2000: 329, 330). Neben dem Abbau von tarifären (Zölle) und nicht-tarifären Handelshemmnissen (Subventionen, Quoten, Standards etc.) gelang im Rahmen von GATT/WTO der Aufbau einer umfassenden Welthandelsordnung. Sie setzt sich aus Abkommen über den Handel mit Waren (GATT), Dienstleistungen (General Agreement on Trade in Services, GATS) sowie über geistige Eigentumsrechte (Agreement on Trade-Related Aspects of Intellectual Property Rights, TRIPS) zusammen. Die WTO hat 146 Mitgliedstaaten, deren Anteil am Welthandel bei über 93% und an der Weltbevölkerung bei rund 97% liegt (WTO 2002: 6). Diese Erfolge haben maßgeblich dazu beigetragen, dass der Handel mit Waren und Dienstleistungen in den vergangenen 50 Jahren stärker angestiegen ist als jemals zuvor. Trotzdem erscheint die Zukunft der WTO angesichts des Scheiterns der Ministerkonferenzen von Seattle 1999 und Cancún 2003 ungewiss. Daher befasst sich dieses Kapitel mit der Frage, warum die WTO-Konferenzen von Seattle und Cancún scheiterten, während es auf der Konferenz von Doha gelang, eine neue Welthandelsrunde zu eröffnen.

Die WTO von Singapur bis Cancún. Mit der Unterzeichnung der Schlussakte der Uruguay-Runde in Marrakesch 1994 wurde die Welthandelsordnung um neue Vertragssysteme wie GATS und TRIPS ergänzt. Gleichzeitig trat das Übereinkommen zur Errichtung der Welthandelsorganisation (WTO) in Kraft. Das GATT wurde dadurch in die WTO als internationale Organisation mit eigener Charta überführt. Mit 530 Mitarbeitern und einem Budget von 78 Millionen US$ ist die WTO mit Sitz in Genf eine der weltweit finanziell am schlechtesten ausgestatteten internationalen Organisationen. Im eigentlich nur zehn Seiten starken WTO-Übereinkommen werden über den Anhang 16 multilaterale Handelsabkommen wie GATT, GATS und TRIPS – insgesamt 26.000 Seiten – zusammengeführt. Außerdem gibt es vier sogenannte plurilaterale Abkommen, zu denen freiwillig beigetreten werden kann (Abkommen über Zivilluftfahrzeuge, öffentliches Beschaffungswesen, Rindfleisch und Molkereiprodukte). Zentrale Neuerung im Vergleich zum GATT ist das Dispute Settlement Body (DSB), das die Funktionen des GATT-Streitschlichtungspanels übernimmt. Konnten Schiedssprüche früher nur mit Zustimmung aller Streitparteien rechtskräftig werden, ist dies nun auch gegen deren Willen möglich.

Die erste WTO-Ministerkonferenz von Singapur (1996) ebenso wie die zweite Konferenz in Genf (1998) wurden erfolgreich abgeschlossen, allerdings waren in ihrem Rahmen auch keine Beschlüsse mit weitreichenden

Konsequenzen gefasst worden. Zum Fehlschlag wurde die dritte WTO-Ministerkonferenz von Seattle 1999. Es gelang den 135 Teilnehmerstaaten nicht, die Eröffnung einer neuen Welthandelsrunde zu beschließen. Dies war erst 2001 im Rahmen der WTO-Ministerkonferenz von Doha (Katar) möglich. Die „Doha Development Round" soll insbesondere Handelserleichterungen für die Entwicklungsländer zum Ergebnis haben. Nach Schätzungen der Weltbank würde der Abschluss der Doha-Runde das Welteinkommen bis 2015 um 515 Milliarden Euro pro Jahr steigern, wovon 60% den Entwicklungsländern zugute kommen würden (The Economist 20.9.2003: 29). Zuletzt hat der Fehlschlag der Zwischenkonferenz von Cancún diese Hoffnungen enttäuscht. Die Analyse der Ursachen, die zu Erfolg oder Fehlschlag führen, ist daher wichtig.

Die WTO selbst sieht die Ursachen des Scheiterns von Seattle im Vorbereitungsprozess sowie dem fehlenden Konsenswillen einiger Mitgliedstaaten (WTO 2002: 8). Ein Grund für die mangelhafte Vorbereitung lag in der Führungslosigkeit der WTO von Mai bis September 1999. Die Mitgliedstaaten konnten sich auf keinen Nachfolger für WTO-Generaldirektor Renato Ruggiero einigen. Erst nach fünf Monaten gelang die Einigung auf den ehemaligen neuseeländischen Handels- und Premierminister Mike Moore. Erste Schritte zur Annäherung der unterschiedlichen Interessen der Verhandlungspartner im Hinblick auf die Agenda der Millennium-Runde konnten so erst spät unternommen werden. Das Vorbereitungstreffen zur Konferenz von Seattle scheiterte (Scherpenberg 2000: 1). Mangelnde Konsensbereitschaft wird besonders Präsident Clinton und US-Außenhandelsrepräsentantin Charlene Barshefsky vorgeworfen. Clinton verringerte die Kooperationsbereitschaft der Entwicklungsländer mit seinem Ziel, die Sozialstandards der International Labour Organisation (ILO) in das WTO-Regelwerk zu übernehmen, um deren weltweite Einhaltung mit der Androhung von WTO-Handelssanktionen durchsetzen zu können (Bayne 2000: 134). Die in Seattle gezeigte Zurückhaltung der USA bei der Suche nach Kompromisslösungen z.B. im Agrar- und Textilsektor wird mit dem Interesse Clintons erklärt, die Chancen von Al Gore bei der Präsidentschaftswahl 2000 nicht gefährden zu wollen. Potentielle Wählergruppen wie Gewerkschaften und Umweltschützer sollten nicht verärgert werden.

Nicht-Regierungsorganisationen (NGOs) waren bei den GATT-Ministertreffen nicht vor Ort präsent gewesen. Seit Gründung der WTO 1995 jedoch war ihr Interesse an den Ministerkonferenzen gestiegen. Mit 776 offiziell registrierten NGOs erreichte es in Seattle seinen Höhepunkt, wobei die meisten von ihnen eine weitere Liberalisierung des Welthandels strikt ablehnten (Bayne 2000: 136). Mit Massendemonstrationen, bei denen einige gewaltbereite WTO-Gegner randalierten und plünderten, konnten sie die Aufmerksamkeit der Weltöffentlichkeit auf sich ziehen. Relevanz für das Verhandlungsergebnis erhielten sie dadurch, dass Präsident Clinton Verständnis für ihre protektionistischen Forderungen zeigte und ihre stärkere Einbindung forderte. Das enttäuschte fast alle anderen WTO-Mitgliedstaaten, hatten sie sich doch zur Liberalisierung des Welthandels bekannt und den NGOs kaum Beachtung geschenkt (Bayne 2000: 137). Die USA und die 17 Staaten der Cairns-Gruppe (u.a. Argentinien, Australien, Brasilien und Kanada) forderten, die Abschaffung der EU-Agrarsubventionen auf die Agenda der Millennium-Runde zu setzen, was Außenhandelskommissar Pascal Lamy strikt ablehnte. Die Entwicklungsländer drängten auf substanzielle Fortschritte bei der Liberalisierung des gesamten Agrarhandels. Dies war bereits mit dem Abschluss der Uruguay-Runde 1994 von den Industriestaaten in Aussicht gestellt, aber noch nicht umgesetzt worden.

Warum gelang der Durchbruch in Doha 2001? Nach dem Debakel von Seattle gelang es Mike Moore eine Zwei-Jahres-Strategie umzusetzen, die den erfolgreichen Abschlusses der Ministerkonferenz in Doha (Katar) 2001 ermöglichen sollte. Kern der Strategie war das Ziel, im Gegensatz zu 1999 bereits im Vorfeld der Konferenz einen kompromissfähigen Entwurf der Ministererklärung im Allgemeinen Rat zu erarbeiten. Der Entwurf beruhte auf einem Konsens-Findungs-Prozess, der so transparent war wie nie zu vor und insbesondere darauf abzielte, alle WTO-Mitgliedstaaten einzubeziehen (WTO 2002: 11). Dem WTO-Generaldirektor gelang es, den „deal-maker or deal-breaker“ Agrarhandel mit dem Entwicklungsbegriff zu koppeln. Rodrik argumentiert: „The EU could not have blocked an agreement at Doha without appearing to undermine development, and developing countries could walk away with a document that claimed to put their interest at the center“ (Rodrik 2003: 138). Dass es zu keinem Debakel wie in Seattle kam, lag auch an den Anschlägen auf das World Trade Center zwei Monate zuvor. Ein Scheitern der Verhandlungen hätte das Vertrauen in die Fähigkeit der Industriestaaten geschwächt, diesen Schock überwinden zu können. Die Industriestaaten zeigten sich daher außerordentlich kompromissbereit. Sie versprachen, Landwirtschaftssubventionen auf breiter Front abzubauen sowie Einfuhrzölle auf Agrar- und Industriegüter deutlich zu reduzieren (The Economist 20.9.2003: 29). Unter dieser Maßgabe stellten die Entwicklungsländer Kompromisse bei der Liberalisierung des Dienstleistungshandels in Aussicht. Außerdem sollte es erstmals Verhandlungen über die Erweiterung der WTO um Regeln für die vier Singapur-Themen Wettbewerb, Auslandsinvestitionen, öffentliche Beschaffung sowie Warenverkehr (Vereinfachung von Zoll-Verfahren) geben. Auf der WTO-Konferenz in Singapur 1996 hatte insbesondere die EU gefordert, diese Themen in die Verhandlungen einzubeziehen. Viele Entwicklungsländer hatten dies seither abgelehnt, da sie befürchteten, dass mit der Verabschiedung neuer Regelungen auch hohe Kosten und Souveränitätsverluste verbunden seien.

Im Ergebnis der vierten Ministerkonferenz beschlossen die WTO-Mitgliedstaaten mit der Doha-Erklärung vom 14. November 2001 die Eröffnung einer neuen Welthandelsrunde. Hauptziel der „Doha-Entwicklungs-Runde“ ist die umfassende Einbindung der Entwicklungsländer in das Weltwirtschaftssystem. Bereits kurz nach der Unterzeichnung der Doha-Erklärung distanzierten sich aber bereits einige Länder von ihren ergeizigen Absichtserklärungen. Der daraus entstandene gegenseitige Vertrauensverlust stellt eine Belastung für die weiteren Verhandlungen im Rahmen der Doha-Runde dar.

> Aus der Ministererklärung von Doha: „International trade can play a major role in the promotion of economic development and the alleviation of poverty. We recognize the need for all our peoples to benefit from the increased opportunities and welfare gains that the multilateral trading system generates. The majority of WTO Members are developing countries. We seek to place their needs and interests at the heart of the Work Programme adopted in this Declaration. Recalling the Preamble to the Marrakesh Agreement, we shall continue to make positive efforts designed to ensure that developing countries, and especially the least-developed among them, secure a share in the growth of world trade commensurate with the needs of their economic development. In this context, enhanced market access, balanced rules, and well targeted, sustainably financed technical assistance and capacity-building programmes have important roles to play“ (WTO 2001, §2).

Warum scheiterte Cancún 2003? Grundlegendes Problem war nach wie vor der strukturelle Interessengegensatz zwischen Agrar-und Industriesektor: Viele Entwicklungsländer wollten ihren oft wenig wettbewerbsfähigen Industriesektor (etwa Brasilien, Indien) nicht weiter öffnen, bestanden aber auf einem besseren Zugang zu den Märkten der Industrieländer für ihren oft konkurrenzfähigen Agrarsektor. Umgekehrt wollten viele Industrieländer (etwa EU, USA) ihren hinter protektionistischen Schranken geschützten und teilweise wenig wettbewerbsfähigen Agrarsektor nicht weiter öffnen, aber besseren Zugang zu den Märkten der Entwicklungsländer für ihre oft wettbewerbsfähigen Industriegüter erreichen. Hinter beiden Ländergruppen stehen innenpolitisch mächtige Lobbygruppen, die ihre Privilegien (etwa Zollschutz und Subventionen) vehement verteidigen bzw. ihr Interesse an besseren Exportmöglichkeiten deutlich verfolgen. Dieses strukturelle Problem internationaler Handelsverhandlungen (vgl. Kap. 3.2. und 4.3.) zeigte sich auch bei den WTO-Konferenzen. Das Abrücken mehrerer Staaten von ihren Absichtserklärungen führte denn auch dazu, dass es zwischen der Eröffnung der Runde 2001 und der Zwischenkonferenz Cancún zu keinen nennenswerten Verhandlungsfortschritten kam. Bei den Verhandlungen im Agrarbereich, die im Mittelpunkt der Runde standen, war die Frist für eine Einigung verstrichen, ohne dass man zu einem Kompromiss gekommen war. Gleiches galt für alle Verhandlungsfelder, in denen man sich Einigungsfristen gesetzt hatte (The Economist Newsletter 17.9.2003: Tequila sunset in Cancun, in: www.economist.com). Die Doha-Runde war vor der WTO-Ministerkonferenz in Cancún daher praktisch zum Stillstand gekommen. Sie gewann kurzzeitig an Momentum, als sich die EU und die USA im August 2003 auf einen Plan zur Liberalisierung des Agrarhandels einigen konnten, der allerdings weit hinter den Absichtserklärungen von Doha 2001 zurückblieb. Die dort in Aussicht gestellte Abschaffung von Exportsubventionen fand sich nicht mehr im gemeinsamen Plan.

Die Enttäuschung über die mangelnden Fortschritte bei der Liberalisierung des Agrarsektors führte dazu, dass 22 Schwellen- und Entwicklungsländer sich in Cancún zu einer ad-hoc Gruppe (G 22) zusammenschlossen: Ägypten, Argentinien, Bolivien, Brasilien, Chile, China, Costa Rica, Ecuador, El Salvador, Guatemala, Indien, Indonesien, Kolumbien, Kuba, Mexiko, Nigeria, Pakistan, Paraguay, Peru, die Philippinen, Südafrika, Thailand und Venezuela. Ihre Forderung nach einer raschen Liberalisierung des Agrarmarktes hatte ein starkes Gewicht, da sie über die Hälfte der Weltbevölkerung und rund zwei Drittel aller Bauern repräsentierte. Neben der G 22 spielte eine Gruppe westafrikanischer Staaten, bestehend aus Benin, Burkina Faso, Mali und dem Tschad eine wichtige Rolle. Da sie als ehemalige europäische Kolonien Präferenzhandelsabkommen mit der EU besaßen, standen sie Handelsliberalisierungen im Agrarsektor ablehnend gegenüber, die diesen Wettbewerbsvorteil geschmälert hätten. Ihre Hauptforderungen bestanden in der Abschaffung der Baumwoll-Subventionen der USA (rund 4 Milliarden USD pro Jahr) und in Kompensationszahlungen für den Schaden, den diese im Export der vier Staaten verursacht hatten (The Economist Newsletter 12.09.2003: The sword and the shield, in: www.economist.com).

Der erste Entwurf für eine Erklärung von Cancún, der unter Federführung der USA und der EU ausgearbeitet worden war, blieb deutlich hinter den Forderungen der G 22 und der vier westafrikanischen Staaten zurück. Entsprechend weigerten sie sich, der Forderung der EU nachzukommen und Verhandlungen über die Singapur-Themen aufzunehmen. EU-Außenhandelskommissar Pascal Lamy verfolgte ebenfalls eine harte Verhandlungslinie und war zunächst zu keinerlei Zugeständnissen bereit. Erst am Morgen des letzten Verhandlungstages bot er an, maximal zwei von vier Themen aufzugeben. Die Gruppe der vier westafrikanischen Staaten bestand aber weiterhin darauf, alle vier Singapur-Themen von der Verhandlungsagenda zu streichen. Im Gegensatz dazu forderte Südkorea (unterstützt von Japan) die Verhandlung aller vier Themenbereiche. Nach Gesprächen mit den Streitparteien gab der mexikanische Außenminister Luis Ernesto Derbez als Gastgeber bekannt, dass er keinerlei Grundlage für einen Kompromiss sähe und das Treffen somit beendet sei.

Das Scheitern der Ministerkonferenz von Cancún kann somit einerseits auf die mangelnde Bereitschaft der EU und der USA zurückgeführt werden, ihren Ankündigungen von Doha 2001 in Cancún auch Taten folgen zu lassen, insbesondere was die Liberalisierung des Agrarhandels betrifft. Hinzu kam der mangelnde Wille vor allem Seitens der EU, der Enttäuschung der Entwicklungsländer Rechnung zu tragen und auf die Einbeziehung der Singapur-Themen zu verzichten. Andererseits waren viele Entwicklungsländer erst gar nicht bereit, über Verhandlungen zu Kompromissen mit der EU oder den USA zu gelangen. Der Economist sieht den Grund für diese mangelnde Kooperationsbereitschaft bei NGOs wie Oxfam, die vielen Entwicklungsländern beratend zur Seite standen. The Economist urteilt über die Rolle der NGOs wie folgt: „Too many of them deluged poor countries with muddle-headed positions and incited them to refuse all compromise with the rich world. The NGOs' main mistake, however, was to raise poor countries' expectations implausibly high. Shout loudly and long enough, they seemed to suggest, and you will get your way" (The Economist 20.9.2003: 31).

Welche Perspektiven hat die WTO? Für nahezu ein halbes Jahrhundert war das GATT der Kristallisationspunkt für das multilaterale Management des Welthandels. Die WTO als seine Nachfolgeorganisation konnte durch ihre hohe Mitgliederzahl sowie ihr noch umfassenderes und durchsetzungsfähigeres Regelwerk (DSB), diese Bedeutung weiter verstärken. Allerdings sind auch ihre Fortschritte bei der Liberalisierung des Welthandels von Rückschlägen in Seattle und Cancún gekennzeichnet. Zwei Faktoren, die Fortschritt oder Rückschritt verursachten, wurden in den vorangegangenen Fallbeispielen identifiziert: Konsensprinzip und Agrarfrage. Wie werden sie sich in Zukunft entwickeln und welche Auswirkungen hat dies für die WTO? Die Zahl der Mitgliedstaaten im GATT/WTO-System ist von 23 (1948) auf 146 (2004) angestiegen. Da in den zentralen Entscheidungsverfahren der WTO das Konsensprinzip herrscht, muss eine steigende Zahl von Interessen ausgeglichen werden. Das Management der WTO durch die G 2 (USA und EU) verliert offenbar zusehends an Durchsetzungskraft. Der Beitritt Chinas zur WTO 2001 war noch ein positives Beispiel für die G 2-Führung gewesen (Zimmermann 2004). Immer öfter treten inzwischen die Entwicklungsländer unterstützt von NGOs als „policy-maker" statt „policy-taker" auf. Der Prozess des Interessenausgleichs wird daher komplexer. Blockade-Situationen wie bei der Wahl des WTO-Generaldirektors 1999 oder in der Schlussphase der Ministerkonferenz von Cancún häufen sich. Es zeichnet sich immer stärker ab, dass die WTO in Zukunft nur handlungsfähig bleiben kann, wenn Mehrheitsentscheidungen möglich sind. Der Reform des Entscheidungsverfahrens steht jedoch die Hürde entgegen, dass alle Mitgliedstaaten dem Verzicht auf das Konsensprinzip zustimmen müssen.

Die Verhandlungen über weitere Handelsliberalisierungen im Agrarbereich haben sich in Seattle, Doha und Cancún als Knackpunkt erwiesen. 1994 hatten die WTO-Mitgliedstaaten vereinbart, bis 2003 das DSB nicht wegen Verstößen gegen Agrarregeln wie überhöhter Subventionszahlungen anzurufen. Der EU ist es nicht gelungen, eine Verlängerung dieser Friedenspflicht in Cancún zu erzielen. Gegner von Agrarsubventionen wie die Cairns-Gruppe werden die Androhung von DSB-Verfahren (z.B. gegen Zucker- und Woll-Subventionen) bei künftigen Verhandlungen als Druckmittel gegen die USA und die EU einsetzen. In den USA war nach 60 Jahren stetig steigender Subventionen für den Landwirtschaftssektor unter Präsident Clinton eine Wende vollzogen worden. Dieser Ansatz wurde aber bereits 2002 mit der Einführung neuer Subventionen durch Präsident Bush aufgegeben. In der EU konnten sich nach jahrelangem Stillstand die EU-Agrarminister 2003 auf eine Reform ihrer Gemeinsamen Agrarpolitik einigen. Für die Liberalisierung des Welthandels blieb diese Reform nahezu folgenlos, da sie Produkte mit besonders hohen Handelsschranken wie Wolle, Tabak und Zucker ausnimmt (The Economist 5.7.2003: 73).

DSB-Verfahren könnten einen verstärkten Druck auf die USA und die EU erzeugen, ihre Agrarpolitik zu reformieren. Entscheidend für die Zukunft der WTO ist das Ergebnis dieses Anpassungsdrucks. Gelingt keine Reform und verhängt das DSB hohe Kompensationszahlungen, könnte (wie im Fall des Stahl- oder Bananenstreits und der US-Exportsubventionen) der Nutzen und die Legitimität der WTO in Frage gestellt werden. Bilaterale oder regionale Handelsvereinbarungen würden auf Kosten der WTO an Attraktivität gewinnen. Gelingt es, interne Widerstände gegen eine Reform der Agrarpolitik zu überwinden, würde dies auch den Durchbruch für die Doha-Runde bedeuten. Die Enttäuschung der Entwicklungsländer könnte genauso überwunden werden wie die daraus folgenden Blockaden bei anderen Verhandlungsfeldern wie den Singapur-Themen.

> Nelson Mandela (2002) erklärte zum 50. Geburtstag von GATT bzw. WTO im Mai 1998: „We are firmly of the belief that the existence of the GATT, and now the World Trade Organization, as a rules-based system, provides the foundation on which our deliberations can build in order to improve… As we enter the new millennium, let us forge a partnership for development through trade and investment"

Für die Mitarbeit an Kapitel 5.2.2. danke ich Marco Reuter

Arbeitsfragen zu Kapitel 5.2.:

- Wie lautet die Kernaufgabe des IWF und mit welchen Instrumenten setzt er sie um?
- Welche Fehler des IWF und der Entwicklungsländer haben zu Finanzkrisen beigetragen?
- Welches waren die Ursachen für das Scheitern der WTO-Verhandlungen in Cancun?

Literatur zu Kapitel 5.2.:

Bayne, Nicholas 2000: Why did Seattle Fail? Globalization and the Politics of Trade, in: Government and Opposition 35/2: 131-151.

Beise, Marc 2001: Die Welthandelsorganisation.Funktion, Status, Organisation, Baden-Baden

Biersteker, Thomas J. 1990: Reducing the Role of the State in the Economy: A Conceptual Exploration of IMF and World Bank Prescriptions, in: International Studies Quaterly 34 (1990) 4: 477-492.
Biersteker, Thomas J. 1992: The „Triumph" of Neo-classical Economics in the Developing World: Policy Convergence and Bases of Governance in the International Economic Order, in: Rosenau, James/Czempiel, Ernst-Otto (Hrsg.): Governance without Government: Order and Change in World Politics, Cambridge: 102-131.
Blustein, Paul 2003: The Chastening. Inside the Crisis that Rocked the Global Financial System and Humbled the IMF, New York, (2. Aufl.).
Goldstein, Judith 1993: Creating the GATT Rules: Politics, Institutions, and American Policy, in: Ruggie, John Gerard (Hrsg.): Multilateralism Matters: The Theory and Praxis of an Institutional Form, New York: 201-232.
Grimwade, Nigel 2000: International Trade: New Patterns of Trade, Production & Investment, London/New York.
Großmann, Harald 1998: Fifty Years of GATT, in: Intereconomics 33/1: 1-2.
Gstöhl, Sieglinde/Kaiser, Robert 2004: Mechanisms of Global Trade Governance: The 'Double Standard' on Standards in the WTO, in: Schirm, Stefan A. (Ed.): New Rules for Global Markets, Houndmills: 195-214.
International Monetary Fund (IMF) 2002: Factsheet IMF Conditionality, 4.12.2002, Washington D.C., in: http://www.imf.org/external/np/exr/facts/conditio.htm
International Monetary Fund (IMF) 2004: Articles of Agreement: The Purposes of the IMF, Washingtin D.C., in: http://www.imf.org/external/pubs/ft/aa/aa01.htm
Kahler, Miles 1995: International Institutions and the Political Economy of Integration, Washington D.C..
Mandela, Nelson 2002: Rede des Präsidenten Südafrikas zum 50. Geburtstag von GATT/WTO im Mai 1998, in: WTO: The Road to Doha and Beyond, Genf: 6.
Milner, Helen V. 2002: International Trade, in: Carlsnaes, Walter/Risse, Thomas/ Simmons, Beth A. (Hrsg.): Handbook of International Relations, London: 448-461.
Pauly, Louis W. 1994: Promoting Global Economy: The Normative Role of the International Monetary Fund, in: Stubbs, Richard/Underhill, Geoffrey R. D. (Hrsg.): Political Economy and the Changing Global Order, Toronto: 204-215.
Pauly, Louis W. 1997: Who Elected the Bankers? Surveillance and Control in the World Economy, Ithaca NY 1997.
Rode, Reinhard 1990: Introduction, in: Rode, Reinhard (Hrsg.): GATT and Conflict Management: A Transatlantic Strategy for a Stronger Regime, Boulder: 1-5.
Rode, Reinhard 2001: Weltregieren durch internationale Wirtschaftsorganisationen, Halle.
Rode, Reinhard 2003: Optimism for the WTO Doha Round: The Bickering Atlantic Bigemony and New Pro Free Trade Coalitions, Hallenser IB-Papier 3, Halle.
Rodrik, Dani 2003: Free Trade Optimism: Lessons From the Battle in Seattle, in Foreign Affairs 82/3: 135-140.

Sanger, David E. 2001: A Grand Trade Bargain, in: Foreign Affairs, 80/1 (Jan./ Febr.), 65-75.
Scherpenberg, Jens van 2000: Das Fiasko von Seattle, die USA, China und die Perspektiven der WTO, in: SWP-aktuell 51. (www.swp-berlin.org)
World Trade Organization 2001: Doha Ministerial Declaration, Genf.
World Trade Organization 2002: The Road to Doha and Beyond, Genf.
World Trade Organization 2003: The GATT Years: From Havana to Marrakesh, http://www.wto.org/english/thewto_e/whatis_e/tif_e/fact4_e.htm.
Zimmermann, Hubert 2004: Governance by Negotiation: The EU, the United States and China's Integration into the World Trading System, in: Schirm, Stefan A. (Ed.): New Rules for Global Markets, Houndmills: 67-86.

5.3. Private Akteure der Global Economic Governance

5.3.1. Nicht-Regierungsorganisationen (NGOs)

Die Relevanz internationaler staatlicher Organisationen für die Steuerung der globalisierten Ökonomie wurde in den vorhergehenden Kapiteln eingehend erläutert. In diesem Kapitel soll nun der potentielle Beitrag von Nichtregierungsorganisationen (NGOs) in globalen Governance-Netzwerken untersucht werden. Das Kapitel ist wie folgt aufgebaut: Zunächst werden NGOs definiert und von privatwirtschaftlichen Akteuren abgegrenzt. Dann werden konkrete Beispiele von NGO-Aktivitäten geschildert. Abschließend wird ein Ausblick über Möglichkeiten der verstärkten Einbindung von NGOs in globale Steuerungstätigkeiten gegeben und kritisch bewertet.

Eine pragmatische *Definition* von Nichtregierungsorganisationen bieten die Vereinten Nationen (UNO), die alle Organisationen, die keinen staatlichen Hintergrund haben unter den Überbegriff der NGOs fassen. In diesem Sinne werden auch privatwirtschaftliche Lobby-Organisationen als NGOs interpretiert, da sich die Definition ausschließlich auf das formale Kriterium der Nicht-Staatlichkeit bezieht und keine zusätzliche inhaltliche Differenzierung vornimmt. Die UN-Definition überzeugt zunächst aufgrund ihrer Klarheit. Sie entspricht gleichzeitig auch dem klassischen philosophischen Zivilgesellschaftsverständnis der französischen und englischen Aufklärung, der zufolge zwischen einem engeren, politisch-öffentlichen und einem weiteren gesellschaftlich-privaten Sektor zu trennen ist (Desai 1998: 341). Der Zusammenhang zwischen Zivilgesellschaft und NGOs trägt jedoch zu keinem einheitlichen Begriffsverständnis bei, da der Begriff der Zivilgesellschaft seit der Aufklärung in verschiedenen Demokratie- und Gesellschaftstheorien seinen Niederschlag gefunden hat und seitdem widersprüchlich interpretiert wird. Heute wird vielfach die Sichtweise vertreten, dass nicht nur eine Abgrenzung zwischen Staat und Gesellschaft vorzunehmen sei, sondern auch die Ökonomie als eigene Sphäre mit einer eigenen vorherrschenden Funktionslogik beschrieben werden muss. Als dritter gesellschaftlicher Sektor wird die Zivilgesellschaft als dem staatlichen und dem ökonomischen Sektor gegenüberstehendes System modelliert. In der Zivilgesellschaft wird Öffentlichkeit hergestellt, die sich dem Staat kritisch entgegenstellt. Dieser proklamierte Antagonismus zwischen Staat und Gesellschaft prägt oftmals auch die politischen Einstellungen von NGOs.

Das selbstgesteckte „aufklärerische" Ziel der NGOs wird dabei inhaltlich an den Themen Emanzipation, Solidarität mit der Dritten Welt, Umweltschutz und Menschenrechte sichtbar (Rode 2001: 175). Merkmale von NGOs, wie sie dem allgemeinen heutigen Verständnis entsprechen, sind also die Nicht-Staatlichkeit, die internationale Vernetzung mittels neuer Medien und die inhaltliche Ausrichtung im Hinblick auf die genannten Themen. Obwohl in diesem Kapitel nicht nur dem UN-Begriffsverständnis von NGOs gefolgt wird, kann für die *Funktionsbestimmung* von NGOs noch einmal auf die UNO zurückgegriffen werden. Den im Wirtschafts- und Sozialrat der Vereinten Nationen (www.un.org/esa/coordination/ngo/) akkreditierten 2350 NGOs kommt eine beratende Rolle zu, manche der NGOs erfüllen auch eine Agenda-Setting-Funktion (Beeinflussung der Tagesordnung diskutierter Themen). Die NGOs sollen auf globaler Ebene zur Bildung einer „Weltöffentlichkeit" (Beck 2002: 350) beitragen, indem sie grenzüberschreitende Probleme bzw. Probleme jener Gruppen und Staaten, die über wenig Einfluss verfügen, als globale Probleme einer „Weltgesellschaft" definieren.

Überträgt man die Funktionsbestimmung von NGOs auf konkrete Formen der internationalen Politik, zeigen sich NGO-Aktivitäten in medienwirksamen Protestaktionen, in der Beratung sowie der gezielten Einflussnahme auf das Agenda-Setting internationaler Organisationen, Konferenzen sowie der Außenpolitik einzelner Staaten. Aktivisten der NGOs sind sowohl meist junge Menschen, die sich für mehr Gerechtigkeit auf der Welt einsetzen wollen als auch gut organisierte Gruppen wie Kirchen, Gewerkschaften sowie Parteien. Um Öffentlichkeit zu erzeugen, greifen NGOs einerseits auf Flugblatt- und Unterschriftenaktionen, Demonstrationen sowie Formen des zivilen Ungehorsams zurück. Darüber hinaus spielt das Internet sowohl beim Austausch von Informationen als auch bei der Organisation von Großdemonstrationen eine wichtige Rolle. Das Herstellen einer kritischen Weltöffentlichkeit geschieht vor allem in Form von Protestaktionen am Rande internationaler Konferenzen, wie beispielsweise der WTO-Ministerkonferenz in Seattle 1999, bei der hunderte NGOs beteiligt waren. Durch vielfach verschickte E-Mails wird Aufmerksamkeit erzeugt, indem auf entsprechende Internetseiten mit abrufbaren Informationen hingewiesen wird. Die Demonstrationen sind nach wie vor auf die klassischen Massenmedien angewiesen. Erst eine breite Rezeption seitens der Medien führt dazu, dass globalisierungskritische Themen von einer größeren Öffentlichkeit „mitdiskutiert" werden. Ob allerdings die Protestaktionen der NGOs das Scheitern der WTO-Konferenz in Seattle verursacht haben, ist sehr umstritten. In den Medien wurde dies zwar so berichtet, dagegen zeigen Analysen, dass vor allem staatliche Akteure für das Scheitern verantwortlich waren (vgl. Kap. 5.2.2. und Rode 2001: 180).

Seit 2001 werden NGOs in den Massenmedien nicht mehr nur als protestierende Nebenerscheinungen internationaler Konferenzen wahrgenommen, vielmehr wurde mit dem erstmalig in Porto Alegre (Brasilien) organisierten Weltsozialforum (WSF) eine eigene „Plattform zur Herstellung von Öffentlichkeit“ geschaffen (Weltsozialforum 2004). Die Veranstaltungen des WSFs zeigen in alternativen Zukunftsmodellen, welche inhaltlichen Überlegungen den Protesten zugrunde liegen. Das WSF und sein europäisches Pendant, das Europäische Sozialforum (ESF), bestehen nicht ausschließlich aus NGOs, sie sind auch offen für Verbände und Experten. Politische Parteien sind zwar nicht direkt dazu eingeladen, aber ihre Unterstützung des WSF wird begrüßt (Europäisches Sozialforum 2004).

Die Global Governance Debatte fokussiert in der Regel weniger auf die Kritik- und Öffentlichkeitsfunktion der NGOs als auf die Frage nach Möglichkeiten einer institutionalisierten Form der Mitarbeit. Noch einmal dient die UNO als pragmatischer Ausgangspunkt der Analyse, da sie lange Zeit die einzige Institution in der internationalen Politik war, die NGOs als potentielle Partner wahrnahm (Altvater/Brunnengräber 2002: 8). Die UNO gilt diesen Gruppen aber nicht als relevante Organisation der internationalen politischen Ökonomie. Seit Mitte der 90er Jahre der Begriff der Global Governance die wissenschaftliche und politische Debatte mehr und mehr prägt und die globalen ökonomischen Probleme im Fokus des öffentlichen Interesses stehen, wandten sich viele NGOs der Weltbank, dem IWF und der WTO zu. Diese Organisationen gelten als die zentralen Steuerungsinstanzen der internationalen politischen Ökonomie und hier versuchen NGOs, politischen Einfluss geltend zu machen.

Bereits 1982 etablierte die Weltbank mit entwicklungspolitischen NGOs ein Komitee, das sich regelmäßig zu Konsultationen über Programme und Projekte der Weltbank trifft (World Bank 2004). Vor allem auf Projektebene wurden karitative Hilfswerke schnell in die Arbeit der Weltbank miteinbezogen. So werden NGOs beispielsweise bei der Formulierung von Länderunterstützungsstrategien einbezogen. In solchen ‚Business Plänen’ wird die finanzielle Hilfe eines Förderlandes für die nächsten drei bis vier Jahre detailliert dargelegt. Die Weltbank schätzt dabei insbesondere das Expertenwissen lokaler NGOs bei der Abschätzung von Umsetzungsproblemen (O’Brien et al 2002: 128). Die zunächst ablehnende Haltung der WTO und des IWF gegenüber NGOs wandelte sich in eine vorsichtige

Kooperationsbereitschaft als die Finanzkrisen Mitte der 90er Jahre die Risiken der Globalisierung einer breiten Öffentlichkeit deutlich machten und die Kritik an der Rolle der internationalen Organisationen wuchs. Seit 1996 erkennt die WTO die Öffentlichkeitsfunktion von NGOs formell an und akkreditiert diese bei ihren Ministerkonferenzen als Beobachter. Seit den Protesten von Seattle und dem Scheitern des multilateralen Investitionsabkommens (MAI) ist die WTO nun verstärkt um den Dialog mit NGOs bemüht, insbesondere um die Akzeptanz ihrer Arbeit in der Öffentlichkeit zu erhöhen. In sogenannten ‚Mittagessen-Dialogen' werden seit 2001 regelmäßig ausgewählte NGOs von Mitarbeitern des Sekretariats der WTO zu informellen Treffen geladen, um über ihr Anliegen zu diskutieren. Außerdem wurde die häufig kritisierte Intransparenz der WTO verbessert, indem das Sekretariat nun nach Ministerkonferenzen den NGOs Informationsgespräche anbietet, in denen über die Ergebnisse des offiziellen Treffens berichtet wird (WTO 2001). Der IWF lehnte lange Zeit die Institutionalisierung von Beratungen mit NGO-Vertretern ab. Erst seit einigen Jahren findet eine Zusammenarbeit statt (Rode 2001: 182). Beispielsweise wurde 1999 die Kreditlinie zur Armutsbekämpfung unter Einbeziehung von NGOs geplant. In Konsultationen debattiert der IWF die kritischen Positionen der NGOs. Insbesondere in der Einflussnahme zivilgesellschaftlicher Akteure auf Regierungen der Entwicklungsländer bei der Umsetzung von Good Governance Kriterien sieht der IWF positive Wirkungen.

Alle vier den NGOs zugeschriebenen Funktionen – Herstellung von Öffentlichkeit, Agenda-Setting, Expertise und Bereitstellung von Lösungen – konnten in der Empirie auch wiedergefunden werden. NGOs stellen Öffentlichkeit her, sind dabei aber auf die Massenmedien angewiesen. So lässt sich beispielsweise eine große Diskrepanz in der Medienberichterstattung zwischen den die WTO- und IWF-Konferenzen begleitenden Protesten und den eigenen Konferenzen (WSF und ESF) feststellen: Während über Proteste, insbesondere wenn diese gewalttätig verlaufen, ausführlich berichtet wird, erzeugen die Konferenzen des WSF oft nur Randnotizen. Ob die auf dem WSF vertretenen Positionen durch die verstärkte Zusammenarbeit von NGOs einerseits und Gewerkschaften und politischen Parteien andererseits zu einer breiteren Wahrnehmung in der Bevölkerung und einer nachhaltigen Beeinflussung der öffentlichen Meinung führt, ist schwer abzuschätzen. Dagegen scheint die Mitwirkung von NGOs bei den institutionalisierten Formen des Dialoges bislang nur in der Weltbank so weit fortgeschritten, dass diese die ihnen zugeschriebenen Funktionen auch erfüllen können. Es dauert immer eine bestimmte Zeit, bis Ideen von außen in eine Organisation gelangen und dort zu einem Umdenken führen (Wassermann 2003). Grundsätzlich ist an dieser Stelle jedoch zu betonen, dass die von den NGOs oft beklagten strukturellen Demokratiedefizite internationaler Organisationen nicht von deren Bürokratien, sondern ausschließlich von den Mitgliedsstaaten behoben werden können.

Gleichzeitig müssen sich NGOs in vielen Fällen eigene Demokratie- und Transparenzdefizite vorwerfen lassen. Viele NGOs sind intern nicht durch demokratische Wahlen legitimiert, wie dies die Regierungen der OECD-Staaten sind, die die internationalen Organisationen wie den IWF, die Weltbank und die WTO maßgeblich steuern. Außerdem vertreten NGOs oftmals Einzelinteressen wie Umwelt, Frauenrechte und Tierschutz, die zwar sehr wichtig sind, aber eben nicht die ganze Bandbreite gesellschaftlicher Interessen darstellen. Hier liegt es an demokratisch legitimierten Regierungen, einen Ausgleich von Einzel- und Gruppeninteressen auf der globalen Ebene zu suchen, wie er innerhalb der Demokratien etwa Westeuropas und Nordamerikas geschieht. Kritisch anzumerken ist auch, dass es sich bei vielen NGOs zur Armutsbekämpfung oder zum Umweltschutz in Entwicklungsländern (beispielsweise über 30.000 *jeweils* in Kenia, Bangladesh, Tansania) nach Beobachtung langjähriger Entwicklungshilfeexperten „häufig um gut situierte Familien-Clans oder ethnisch zusammengehörige kleine Gruppen handelt, die auf diese Weise vom Entwicklungshilfe-Geschäft profitieren“ (Langerbein 2004: 21).

5.3.2. Privatwirtschaftliche Akteure

Bei der Global Economic Governance kommt jenen privatwirtschaftlichen Akteuren eine besondere Bedeutung zu, die den globalen Handel, die globalen Finanzmärkte und die globale Produktion prägen (vgl. Kap. 3.1.). Für den globalen Handel und die globale Produktion sind dies in erster Linie transnationale Unternehmen (TNUs). TNUs existierten auch schon vor der Globalisierung, allerdings ist ihre Zahl in den letzten 25 Jahren um das Neunfache auf weltweit 63.459 Firmen gestiegen (Rode 2001: 151). Private Akteure der Finanzmärkte sind transnationale Banken (TNBs), Hedge Fonds und Rating Agenturen. Hedgefonds agieren weitgehend frei von Regeln und Bestimmungen, handeln mit Wertpapieren und Optionen, nehmen Kredite auf und spekulieren mit besonders riskanten Produkten. Rating Agenturen waren ursprünglich vor allem auf dem amerikanischen Aktienmarkt für die Bewertung von Anleihen wichtig. Auf dem wenig regulierten US-Markt wird ihnen dabei die Funktion einer privatwirtschaftlichen Kontrollinstanz für Anleger zugewiesen. Seit den 80er Jahren sind Rating-Agenturen zunehmend auch für die Bewertung von Staatsanleihen von Schwellen- und Entwicklungsländern verantwortlich und haben steuernde Wirkungen auf die Investitionstätigkeiten privatwirtschaftlicher Akteure in Entwicklungsländern (Fuchs 2004: 135; Hillebrand 2001).

Als theoretische Begründung für die Einbeziehung privatwirtschaftlicher Akteure in GEG kann auf den Ursprung des Governance-Prinzips verwiesen werden. Der Begriff wurde in der Policyforschung der 80er Jahre begründet, in der der Governance-Begriff eine Perspektive darstellt, der zufolge Politik verstärkt in netzwerkartig strukturierten Aushandlungsforen zwischen politischen Akteuren und den politischen Steuerungsadressaten stattfindet (Mürle 1998). Die Idee war, politische Programme so zu gestalten, dass die Adressaten der Politik dieser Politik auch zustimmen. Eine gegen die Interessen der Adressaten gerichtete Politik würde nämlich Steuerungsversagen nach sich ziehen. Dies gilt in besonderem Maße für die globalisierte Ökonomie, in der TNUs und TNBs Regeln leicht umgehen können, etwa durch Ausweichen in Nachbarländer mit weniger strikten Gesetzen.

Noch in den 70er Jahren wurden Regierungen und internationale Organisationen als einzige Steuerungsinstanzen der Weltwirtschaft angesehen, die es gegenüber privaten Akteuren zu stärken galt. Unvollkommene Märkte sollten von staatlichen Steuerungsinstanzen reguliert werden. Man war damals noch weit von einer partnerschaftlichen Kooperation entfernt; statt dessen galten TNUs „als mächtige Wirtschaftsriesen, vor denen arme Länder mit schwachen Regierungen zu schützen seien“ (Rode 2001: 146). Dieses Gedankenmuster der 1970er Jahre hat sich gewandelt und seit den marktwirtschaftlichen Reformen der 1980er und 1990er Jahren herrscht weitgehender Konsens darüber, dass die Politik auf die Investitionsbereitschaft privatwirtschaftlicher Akteure als Partner angewiesen ist. Private Akteure transferieren Direktinvestitionen, Technologie und spekulatives Portfoliokapital in Entwicklungsländer. Dabei kommt ihnen die Funktion der Wohlfahrtsproduktion zu, die insbesondere auch einen Ressourcentransfer von Nord nach Süd beinhaltet (Kaul 2000: 68). Private Akteure sollen bei dieser Funktionserfüllung nicht behindert, sondern unterstützt werden. Nur wenn ökonomische Aktivitäten negative Auswirkungen haben, ist eine politische Regulierung notwendig, allerdings unter Einbeziehung privater Akteure.

Indirekte (De-)Regulierungsfunktion durch Lobbying. Private Akteure können sich auf vielfältige Weise in der internationalen politischen Ökonomie an der Regelsetzung und Regeldurchsetzung beteiligen. Von zunehmender Relevanz sind dabei die neuen Formen der Einflussnahme auf regionaler und globaler Ebene. So fungiert beispielsweise der European Round Table of Industrialists (ERT) als supranationale Lobbygruppe in der Europäischen Union. Dabei üben die Mitglieder des ERT ihren Einfluss nicht nur auf regionaler Ebene aus. In interregionalen Dialogen mit Industrievertretern Nordamerikas und Ostasiens formulieren sie auch global ihre politischen Interessen hinsichtlich einer Liberalisierung der Weltwirtschaft (Spindler 2004: 244). So sind die von den Industriestaaten vertretenen Positionen in WTO-Verhandlungen maßgeblich durch entsprechendes Lobbying im Vorfeld geprägt. Bislang wird dieser Einfluss allerdings vor allem mit deregulierenden und liberalisierenden Politikinhalten in Zusammenhang gebracht. Private Akteure können aber auch eine indirekt regulierende Funktion erfüllen, wenn z.B. in der WTO gemeinsame internationale Produktionsstandards verhandelt werden.

Direkte Regulierungsfunktion. Hier geht es um die Frage, ob private Akteure eine über Lobbying hinausgehende, direkt regulierende Aufgabe übernommen haben. Falls dies so ist, schließt sich die Überlegung an, ob ihnen eine entsprechende Regulierungsfunktion von der Politik übertragen wurde – z.B. weil man der Meinung ist, bestimmte Aufgaben könnten besser von der Privatwirtschaft gelöst werden – oder ob private Akteure diese Funktion ohne explizite Zustimmung der Politik erfüllen. Hierüber gibt es in der Literatur eine kontroverse Debatte. Für die globalen Finanzmärkte stellt etwa Pauly fest, dass Staaten nach wie vor allen anderen Akteuren hierarchisch übergeordnet sind. Staaten hätten privaten Akteuren zwar aus Effizienzgründen Aufgaben übertragen, könnten ihnen diese aber jederzeit wieder entziehen (Pauly 2002: 76ff.). Dagegen stellt Sassen fest, dass sich in der globalen Ökonomie sogenannte intermediäre Zonen herausgebildet haben und es bestimmte Aufgaben gibt, die ausschließlich in Kooperation zwischen Politik und Ökonomie bewältigt werden können (Sassen 2002: 91ff.). Eine andere Perspektive schreibt privatwirtschaftlichen Akteuren ‚Private Authority' zu (Cutler/Haufler/Porter 1999: 16). Diese Autorität leite sich aus dem als legitim wahrgenommenen Verhalten dieser Akteure her. Das Ansehen und der Wissensvorsprung, den Unternehmen gegenüber Regierungen besitzen, resultieren häufig darin, dass Unternehmenspraktiken als beispielhaft wahrgenommen werden und auf diese Weise allgemeingültigen Charakter erlangen (Cutler 2002: 29ff.).

Beispiel eines gescheiterten Delegierungsversuches. Die Frage der Einbeziehung privater Akteure bei der Bekämpfung negativer Wirkungen wird schon seit längerer Zeit für die globalen Finanzmärkte kontrovers diskutiert. Die G 7 Staaten und der IWF haben 2000 beschlossen, den privaten Sektor an den finanziellen Kosten der Bewältigung von Finanzkrisen zu beteiligen (Deutsche Bundesbank 2001: 126). Dieser Verpflichtung entziehen sich die privaten Akteure jedoch. Als Ausnahme gilt das Eingreifen privater Banken bei der Finanzkrise Mexikos 1994/95 – dieses Beispiel konnte jedoch bis jetzt nicht wiederholt werden. Eine konkrete Umsetzung des „bailing-in" privater Finanzakteure in die Kosten der Krisenbewältigung gestaltet sich schwierig, da private Akteure nicht gezwungen werden können, den von Krisen betroffenen Staaten Kredite zu gewähren (Eichengreen 1999: 62f.). In den Krisen der 90er Jahre waren es daher großteils IWF-Mittel, die Staaten aus den Problemen, die durch den sprunghaften Rückzug privater Investoren verursacht worden waren, geholfen hatten (Deutsche Bundesbank 2003: 75, vgl. Kap. 5.1. und 5.2.1.).

Beispiel für eine starke private Regulierung. Bei den Finanzmärkten zeigt sich der Einfluss privater Regulierung besonders deutlich an der zunehmenden Bedeutung privater Rating Agenturen. Rating Agenturen bewerten die Kreditwürdigkeit von Firmen und haben sich in den USA als Regulierungsinstanzen gegenüber privaten Firmen bewährt. Ob sie jedoch für die Beurteilung von Ländern auch über adäquate Instrumente verfügen, wird von Experten unterschiedlich gesehen (Hillebrand 2001: 150ff; Nölke 2004: 167). Das System von Rating Agenturen und Anlegern stellt eine marktwirtschaftliche Form der Selbstregulierung dar und beabsichtigt zunächst nicht die Erfüllung einer regelsetzenden Funktion. Allerdings haben schlechte Bewertungen der Kreditwürdigkeit eines Staates durch eine Rating Agentur oft den Rückzug privaten Kapitals zur Folge. Um dem entgegenzuwirken, sehen sich schlecht bewertete Staaten gezwungen, ihre Wirtschafts- und Sozialpolitik im Sinne eines vorauseilenden Gehorsams den Bedingungen der globalen Märkte anzupassen. Private Akteure beeinflussen auf diese Weise die Politik von Entwicklungs- wie Industrieländern (vgl. Kap. 3.1.)

Beispiel für partnerschaftliche Governance Netzwerke. Unter „Public-Private-Partnership" werden Staaten und Unternehmen in Politiknetzwerken als kooperierende Partner betrachtet (Reinicke 1997). Am Beispiel des Global Compact der UNO lässt sich zeigen, wie Public-Private-Partnership als GEG realisiert werden kann. Der 1999 von UN-Generalsekretär Kofi Annan initiierte Global Compact stellt den Versuch der Selbstregulierung privater Akteure auf internationaler Ebene dar. Die im Global Compact freiwillig engagierten TNUs sollen sich zu neun Grundsätzen in den Bereichen Arbeitsbeziehungen, Menschenrechte und Umweltschutz verpflichten und so einen Beitrag zur Umsetzung bestimmter Standards und zur Schaffung allgemein gültiger Normen leisten. Wie die beteiligten TNUs sich engagieren, ist ihnen dabei selbst überlassen. Sie werden von der UNO nicht kontrolliert. Vielmehr sieht der Global Compact vor, durch regelmäßige Konsultationen mit den beteiligten Akteuren und dem Aufbau eines Netzwerks zwischen den TNUs eine Angleichung der Praktiken zu erzielen. TNUs, die offiziell als Mitglied des Global Compact von der UNO geführt werden wollen, verpflichten sich dazu, in einem jährlichen Bericht ihre Leistungen bei der Umsetzung eines der Prinzipien zu dokumentieren (Rieth 2004: 186ff). Allerdings wird der Global Compact von vielen NGOs kritisiert: Die Mitgliedschaft im Global Compact werde von den TNUs für Werbezwecke instrumentalisiert und es sei nicht kontrollierbar, inwieweit die Prinzipien tatsächlich umgesetzt würden. Auch TNUs, die gegen die Prinzipien verstoßen hätten, seien von der UNO bislang nicht ausgeschlossen worden (Amnesty International 2002; Greenpeace 2002). Besonders enttäuschend sei, dass nur etwa 10% der beteiligten Unternehmen den Jahresbericht einreichten (Hamm 2002: 31).

The Nine Principles of the Global Compact (United Nations 2004):

Human Rights

1. Businesses should support and respect the protection of internationally proclaimed human rights within their sphere of influence; and
2. make sure that they are not complicit in human rights abuses.

Labour Standards

3. Businesses should uphold the freedom of association and the effective recognition of the right to collective bargaining;
4. the elimination of all forms of forced and compulsory labour;
5. the effective abolition of child labour; and
6. eliminate discrimination in respect of employment and occupation.

Environment

7. Businesses should support a precautionary approach to environmental challenges;
8. undertake initiatives to promote greater environmental responsibility; and
9. encourage the development and diffusion of environmentally friendly technologies.

Arbeitsfragen zu Kapitel 5.3.:

- Welchen positiven Beitrag können NGOs zu Global Governance leisten?
- Worin besteht das Legitimitätsdefizit von NGOs und TNU?
- Wie ist die Rolle der Privatwirtschaft bei der Regelsetzung der GEG einzuschätzen?

Literatur zu Kapitel 5.3.:

Alvater, Elmar/Brunnengräber, Achim 2002: NGOs im Spannungsfeld von Lobbyarbeit und öffentlichem Protest, in: Aus Politik und Zeitgeschichte, B6-7: 6-14.

Amnesty International 2002: http://www2.amnesty.de/internet/ai-theme.nsf/0/97c47c8c8345df29c1256baa00333773?OpenDocument

Beck, Ulrich 2002: Macht und Gegenmacht im globalen Zeitalter. Neue weltpolitische Ökonomie, Frankfurt a.M..

Cutler, Claire A. 2002: Private international regimes and interfirm cooperation, in: Hall, Rodney B./Biersteker, Thomas J. (eds.): The emergence of private authority in global governance, Cambridge: 23-40.

Cutler, Claire A./Haufler, Virginia/Porter, Tony (eds.) 1999: Private Authority and International Affairs, Albany NY.

Desai, Meghnad 1998: Global Governance, in: Messner, Dirk (Hrsg.): Die Zukunft des Staates in der Politik, Bonn: 323-344.

Deutsche Bundesbank 2001: Geschäftsbericht 2001, Frankfurt a.M.

Deutsche Bundesbank 2003: Weltweite Organisationen und Gremien im Bereich von Währung und Wirtschaft, Frankfurt a.M.

Eichengreen, Barry 1999: Toward a New International Financial Architecture. A Practical Post-Asia Agenda, Washington D.C..

Europäisches Sozialforum (2004): Das Europäische Sozialforum (ESF)?, in: http://www.fse-esf.org/francais/article745.html

Fuchs, Doris A. 2004: The Role of Business in Global Governance, in: Schirm, Stefan A. (ed.): New Rules for Global Markets. Public and Private Governance in the World Economy, Houndmills, Basingstoke: Palgrave Macmillan: 133-154.

Greenpeace 2002: Die globale Verantwortung der Konzerne, in: www.greenpeace.org/deutschland/fakten/umwelt_und_wirtschaft/globalisierung/

Hamm, Brigitte 2002: Der Global Compact – eine Bestandsaufnahme, in: Hamm, Brigitte (Hrsg.): Public-Private Partnership und der Global Compact der Vereinten Nationen. INEF Report Heft 62/2002, Duisburg: 17-39.

Hillebrand, Ernst 2001: Schlüsselstellung im globalisierten Kapitalismus. Der Einfluss privater Rating-Agenturen auf Finanzmärkte und Politik, in: Brühl, Tanja/Debiel, Tobias et.al. (Hg.): Die Privatisierung der Weltpolitik, Bonn: 150-171.

Kaul, Inge 2000: Die Debatte der Entwicklungsfinanzierung: damals und heute, in: Nuscheler, Franz (Hrsg.): Entwicklung und Frieden im Zeichen der Globalisierung, Bonn: Bundeszentrale für politische Bildung: 65-78.

Langerbein, Heinrich 2004: Je mehr Hilfe, desdo größer die Armut, Forum Entwicklungspolitik, in: Süddeutsche Zeitung vom 23.3.2004: 21.

Mürle, Holger 1998: Global Governance, INEF-Report Nr. 32, Duisburg.

Nölke, Andreas 2004: Transnational Private Authority and Corporate Governance, in: Schirm, Stefan A. (Ed.): New Rules for Global Markets, Houndmills: 155-176.

O'Brien, Robert/Goetz, Anne M./Scholte, Jan A./William, Marc 2000: Contesting Global Governance. Multilateral Economic Institutions and Global Social Movements, Cambridge.

Pauly, Louis 2002: Global Finance, political authority, and the problem of legitimation, in: Hall, Rodney B./Biersteker, Thomas J. (eds.): The emergence of private authority in global governance, Cambridge: 76-90.

Reinicke, Wolfgang H. 1997: Global Public Policy, in: Foreign Affairs, Nr. 76/6: 127-138.

Rieth, Lothar 2004: Corporate Social Responsibility in Global Economic Governance: A Comparison of OECD Guidelines and the UN Global Compact, in: Schirm, Stefan A. (ed.): New Rules for Global Markets, Houndmills: 177-192.

Rode, Reinhard 2001: Weltregieren durch internationale Wirtschaftsorganisationen, Halle.

Sassen, Saskia 2002: The state and globalization, in: Hall, Rodney B./Biersteker, Thomas J. (eds.): The emergence of private authority in global governance, Cambridge: 91-112.

Spindler, Manuela 2004: New Regionalism and Global Economic Governance, in: Schirm, Stefan A. (ed.): New Rules for Global Markets. Public and Private Governance in the World Economy, Houndmills, Basingstoke: 235-253.

United Nations 2004: The Global Compact. The Nine Principles, in: www.unglobalcompact.org/Portal/

Wassermann, Sandra 2003: Wandel internationaler Organisationen. Eine neo-institutionalistische Analyse des Internationalen Währungsfonds, Arbeitspapiere zur Internationalen Politik und Ökonomie Nr. 1/2003, Stuttgart.

Weltsozialforum 2004: Charta der Prinzipien www.weltsozialforum.org/prinzipien/index.html

World Bank Group 2004: Civil Society, Frequently Asked Questions, in: http://web.worldbank.org

World Trade Organization 2001: WTO Secretariat activities with NGOs, WT/INF/30 12.4.01.

Für die Mitarbeit an Kapitel 5.3. danke ich Sandra Wassermann.

6. Exkurs: Theorien internationaler Beziehungen und Globalisierung

Welche Bedeutung hat Globalisierung für die Theorien internationaler Beziehungen als Theorien über zwischenstaatliche Politik? Im Folgenden wird unter Rückgriff auf viele Teile des Buches untersucht, inwiefern die drei IB-Theorien Neorealismus, Liberale Theorie und Konstruktivismus weltwirtschaftliche Verflechtung erklären können. Um ihre Schwächen zu beheben, werden drei Hypothesen eines auf Globalisierung zugeschnittenen, integrativen Ansatzes entwickelt. Grundsätzlich unterscheidet sich Globalisierung als Aktivität privatwirtschaftlicher Gewinn-Maximierer vom Kern „inter-nationaler" Politik als System der Beziehungen zwischen souveränen Staaten. Dieses System basiert auf dem territorial definierten Raum nationaler Politik und wird durch den Kern der Globalisierung, nämlich der zunehmend grenzüberschreitenden Form privater Aktivitäten verändert. Als Konsequenz wachsender Globalisierung wird in der Literatur sowohl ein Ende des Nationalstaates für möglich gehalten, wie auch die Entstehung einer „global village" in der territorial definierte politische Räume nur noch eine untergeordnete Rolle spielen. In Frage gestellt wird auch die Relevanz „inter-nationaler" Politik, da Nicht-Regierungsorganisationen und vor allem transnationale Wirtschaftsakteure heute einen wichtigeren Einfluss auf gesellschaftliche Entwicklungen hätten als nationale Regierungen (vgl. Kap. 3.1.-3.4., 5.3.).

Gleichzeitig können wir aber gerade im ökonomischen Bereich eine deutliche Zunahme internationaler Kooperation zwischen Staaten beobachten: Auf regionaler Ebene wurden in den letzten zehn Jahren nicht nur ältere Integrationsprozesse – wie in Europa mit der Währungsunion und dem Binnenmarktprojekt 1992 – vertieft, sondern auch eine Reihe neuer Abkommen geschlossen. Beispiele für neuere Initiativen sind das Nordamerikanische Freihandelsabkommen (NAFTA) und der Gemeinsame Markt des Südens (Mercosur) in Südamerika (vgl. Kap. 4.1.). Auch auf der globalen Ebene spielt multilaterale Zusammenarbeit zwischen Staaten nach wie vor eine wichtige Rolle gerade in wirtschaftlichen Belangen. Die Aktivitäten des Internationalen Währungsfonds (IWF) und der Welthandelsorganisation (WTO) dokumentieren dies anschaulich (vgl. Kap. 5.2.). Angesichts dieser scheinbar widersprüchlichen Entwicklungen gilt es, die

Frage zu beantworten: Welchen Beitrag können Theorien internationaler Beziehungen zur Beantwortung der Frage nach den Wirkungen von Globalisierung auf die internationale Politik leisten?

Bei der folgenden Untersuchung werde ich in drei Schritten vorgehen: Zunächst wird kurz wiederholt, was unter Globalisierung zu verstehen ist und welche Wirkungen auf Staaten von ihr ausgehen. In einem zweiten Schritt soll in einem Überblick über die aktuelle Debatte der Theorien internationaler Beziehungen die Frage geklärt werden, inwieweit diese Theorien zur Beantwortung der Leitfrage beitragen können. Im dritten Teil werde ich ergänzende Hypothesen vorschlagen, die eine Verbindung zwischen Globalisierung und internationaler Politik konzeptionell begründen. Der vierte Teil widmet sich der empirischen Illustration der Hypothesen anhand des Beispiels regionaler Kooperation. Damit greift dieser Exkurs viele in früheren Kapiteln behandelte Themen auf und führt sie im Sinne eines Schlusskapitels unter einer neuen Fragestellung zusammen. Die empirische These dieses Exkurses ist, dass Globalisierung über die Stimulierung marktwirtschaftlicher Reformen auf nationaler Ebene das Interesse von Staaten an einer Verankerung dieser Reformen durch regionale Kooperation stärkt und somit zu einer Ausweitung des politischen Raumes über nationale Grenzen beiträgt (vgl. Kap. 4.1.1.). Die theoretische These lautet, dass der Charakter von Globalisierung als transnationales Phänomen, dazu zwingt, Elemente neorealistischer, konstruktivistischer und liberaler Theorien internationaler Beziehungen zu integrieren. Wenn nämlich Globalisierung (1) internationale Beziehungen beeinflusst und transnationalen Einfluss auf die Innenpolitik besitzt und (2) sowohl materiell wie ideell konstituiert wird, dann benötigen wir Elemente aller drei großen Theorierichtungen, um dieses Phänomen zu erfassen.

Was ist Globalisierung? Zur Klärung dieser Frage wird hier kurz Kap. 3.1.1. rekapituliert (vgl. Literatur dort). Globale Märkte funktionieren nach der gewinnmaximierenden Logik privater, transnationaler und potenziell global operierender Akteure. Damit unterscheiden sich globale Märkte klar von der Setzung von Regeln (Werten) nach der nationalstaatlich begrenzten und im Prinzip am Gemeinschaftsinteresse ausgerichteten Politik von Regierungen. Zentrales Charakteristikum der Entwicklung globaler Märkte ist die transnationale Verflechtung von Volkswirtschaften und die erleichterte Möglichkeit zum grenzüberschreitenden Transfer von Ressourcen für private Akteure. Als Folge können wirtschaftspolitische Maßnahmen stärker „belohnt" werden als früher, die den Erwartungen globaler Märkte entsprechen, während nicht-weltmarktorientierte Politik stärker

„bestraft" werden kann durch einen Abzug bzw. ein Zurückhalten von Ressourcen. Diese Wirkungen sind von gradueller Natur und werden in der Literatur oft übertrieben – wie beispielsweise die andauernd hohen Staatsquoten in den Industrieländern und weiterhin stark divergierende Steuerbelastungen etwa zwischen den USA und Deutschland dokumentieren.

Die Tendenz des Wandels ist aber eindeutig: Wenn Regierungen die Erwartungen globaler Märkte ignorieren, so wird das jeweilige Land stärker als in den 1960er Jahren etwa eine Schwächung der Währung (Inflationsdruck) und/oder einen Abfluss bzw. ein Ausbleiben von Investitionen (weniger Produktion und Arbeitsplätze) verzeichnen. Außerdem erschwert transnationales Wirtschaften die Finanzierung von Staatsaktivitäten, da mobile Akteure sich der Besteuerung wirkungsvoller entziehen können als immobile Akteure. Insgesamt steigen die Kosten für binnenorientierten Interventionismus keynesianischer Prägung und die Anreize für weltmarktorientierte Reformen (zu Keynes vgl. Kap. 2.1.). Dieser Druck wird verstärkt durch die potenziell globalen Allokationsmöglichkeiten für transnationale Akteure, die Staaten in Konkurrenz als Standorte für mobile Produktion und Investition bringt. Transnationale Akteure erhalten ein größeres Drohpotential gegenüber Regierungen, da sie mit der Verlagerung ihrer Aktivitäten – mit „exit" – drohen können, wenn der Staat ihnen keine günstigeren Bedingungen bietet.

Dies bedeutet, dass staatliche Handlungsfähigkeit nicht per se eingeschränkt wird, sondern dass sich vielmehr die Kosten bestimmter politischer Optionen und die Anreize für andere Maßnahmen erhöhen. Je stärker eine Volkswirtschaft in globale Märkte integriert ist (etwa durch Handel, Investitionen, Verschuldung), desto höher sind die direkten Kosten einer Politik, die die Gewinnerwartungen und den Wettbewerbsdruck transnationaler Akteure nicht berücksichtigt. Indirekte Kosten entstehen unabhängig vom Grad der Integration in globale Märkte als Opportunitätskosten (ausbleibende Beteiligung an mobilen Ressourcen). Wichtig für die Konzeption der Wirkungen von Globalisierung ist, dass transnationale Akteure nicht (nur) „extern" sind, sondern auch diejenigen inländischen Firmen (und Arbeitsplätze) einschließen, die auf den Weltmarkt ausgerichtet sind. Damit verläuft die Konfliktlinie divergierender Interessen gegenüber Globalisierung auch nicht primär zwischen Kapitalgebern und Arbeitnehmern, sondern zwischen weltmarktorientierten Firmen (Unternehmer wie Arbeitnehmer) einerseits und nicht global wettbewerbsfähigen oder ausgerichteten Sektoren auf der anderen Seite.

Aus den dargelegten Zusammenhängen können drei Ebenen abgeleitet werden, auf denen Globalisierung wirkt und im Ergebnis weltmarktorientierte, liberale Reformen stimuliert:

Krisen. Globale Märkte reagieren auf die Standortnachteile binnenorientiert-interventionistischer Steuerung mit dem Entzug von Kapital und Produktion und können damit die ökonomische Entwicklung eines Landes nachteilig beeinflussen.

Interessen. Die zunehmende Einbeziehung von Wirtschaftssektoren in globale Märkte und wachsender Wettbewerb schwächen die Orientierung der Privatwirtschaft am Binnenraum und stärken eine Ausrichtung auf die Konkurrenzerfordernisse transnationalen Wirtschaftens. Weltmarktorientierte Interessen von Exportproduzenten gewinnen im politischen Diskurs an Relevanz aufgrund ihres steigenden wirtschaftlichen Gewichts und ihrer Fähigkeit, glaubwürdiger mit „exit" zu drohen.

Instrumente. Durch die De-Nationalisierung der Ökonomie dürfte die Wirksamkeit einer allein auf den Binnenmarkt ausgerichteten Politik geschmälert werden, da sich transnationale Aktivitäten dem Zugriff des Staates leichter entziehen können als rein nationale Aktivitäten.

6.1. Zur Erklärungskraft der Theorien internationaler Beziehungen

Welchen Beitrag können die Theorien internationaler Beziehungen zur Beantwortung der Frage nach den Wirkungen von Globalisierung auf internationale Kooperation leisten? Im Folgenden werde ich drei Argumentationslinien berücksichtigen: den Neorealismus, die Liberale Theorie internationaler Beziehungen und den Konstruktivismus. Dabei ist vor allem der Neorealismus keine neue Theorie-Entwicklung, sondern nach wie vor der Referenzpunkt, an dem sich neue Ansätze reiben. Grundsätzlich ist vorauszuschicken, dass ich die Ansätze nur grob skizzieren kann und dabei Überlappungen und Graubereiche der Zielsetzung geopfert werden, die drei Theorien möglichst klar gegeneinander zu kontrastieren.

Aus rein *neorealistischer* Perspektive muss ein direkter Einfluss von Globalisierung auf die internationale Politik, d.h. auf die zwischenstaatlichen Beziehungen verneint werden (zum Neorealismus vgl. Keohane 1986; Legro/Moravcsik 1999; Link 1998). Ausgehend vom anarchischen internationalen System sind die Interessen von Staaten hier extern gegeben und bestehen vornehmlich in der Sicherung ihrer territorialen Integrität durch Macht und Einfluss gegenüber anderen Staaten an erster Stelle mit sicherheitspolitisch relevanten Mitteln. Dieser Zusammenhang wird von Globalisierung nicht beeinflusst, da sie ja ein gesellschaftlich-privates Phänomen transnationaler Natur ist. Globalisierung kann aber indirekt auf internationale Politik einwirken, wenn sie die Ressourcenlage von Staaten verändert und auf diese Art und Weise auch die Fähigkeit zur Machtausübung vergrößert oder verringert. Dies könnte wiederum die relative Position von Staaten im internationalen System beeinflussen und damit ihre Durchsetzungsfähigkeit gegenüber anderen Staaten (vgl. Kap. 2.3.).

Grundsätzlich ist internationale Kooperation ohne sicherheitspolitische Motivation dem Neorealismus zufolge unwahrscheinlich,

- weil Staaten nach der Maximierung relativer Gewinne streben, d.h. nach mehr Gewinnen als sie andere erzielen können,
- weil die internationale Anarchie grundlegendes Misstrauen über das Verhalten anderer bedingt, und
- weil internationale Politik als Nullsummenspiel konzipiert ist, bei dem ein Staat nur auf Kosten eines anderen gewinnen kann.

Im Ergebnis kann mit dem Neorealismus eine Verbindung zwischen Globalisierung und der rapiden Zunahme regionaler ökonomischer Kooperation konzeptionell nicht erfasst werden.

Einige Varianten des Neorealismus (Grieco 1988) und andere Ansätze wie der „neoliberale Institutionalismus" (Jervis 1999), der Interdependenz-Ansatz und die Regime-Theorie (Rittberger 1995) halten „win-win"-Situationen allerdings für möglich oder weichen von der Annahme relativer Gewinne gänzlich ab. Dies würde wiederum implizieren, dass Staaten auf Globalisierung durch Kooperation reagieren können, wenn sie diese im Interesse der Wohlfahrtsmehrung sehen. Die konkrete Form eines internationalen Abkommens hängt dabei von der relativen Machtposition in intergouvernementalen Verhandlungen ab. Nicht erklären können diese Varianten des Neorealismus allerdings, ob Globalisierung Kooperation fördert, oder infolge des stärkeren Wettbewerbs auf dem Weltmarkt eher eine konfrontative Konkurrenz, einen Wettstreit von Handelsblöcken stimuliert – wie es Thurow (1992) und Garten (1993) postulieren.

Unter dem Oberbegriff der *Liberalen* – gesellschaftsorientierten – Theorien internationaler Beziehungen können Ansätze erfasst werden, die die ökonomische Interdependenz von Staaten in den Mittelpunkt stellen und die Außenpolitik als von innenpolitischen Faktoren beeinflußt sehen (zur Liberalen Theorie vgl. Moravcsik 1997; Keohane/Nye 1997; Kohler-Koch 1990, Rosecrance 1986). Wie im Neorealismus werden Staaten auch hier als rationale Nutzenmaximierer gesehen. Sie folgen im liberalen Ansatz aber in erster Linie dem Ziel, ökonomischen Wohlstand zu mehren und reagieren auch in der Außenpolitik auf Interessen gesellschaftlicher Gruppen. Außerdem stellt diese Argumentationslinie die interne Verfasstheit von Staaten in den Mittelpunkt und sieht Außenpolitik nicht nur als Spielball der Regierung, sondern mitgestaltet vom jeweiligen politischen System, innenpolitischen Koalitionen und spezifischen Entwicklungen wie etwa der wirtschaftlichen Lage eines Landes. Staaten streben nicht nach relativen Gewinnen gegenüber anderen Staaten, sondern nach absoluten Vorteilen, d.h. nach einer Verbesserung ihrer Lage im Vergleich zur Option der Nicht-Kooperation. Diese Annahmen lassen Kooperation zwischen Staaten theoretisch eher möglich erscheinen als im Neorealismus. Globalisierung könnte hier kooperative internationale Beziehungen leichter stimulieren als im Neorealismus.

Allerdings kann uns auch die Liberale Theorie nur einen analytischen Rahmen geben und erklären, dass sich Globalisierung in vermehrter Kooperation manifestiert, *wenn* dies innenpolitischen Interessen entspricht und als Gewinn empfunden wird. Nicht erklären kann diese Theorierichtung, ob und wann es tatsächlich zu Kooperation kommt, oder ob innenpolitische Interessengruppen Globalisierung eher als Bedrohung sehen und daher internationale Zusammenarbeit negieren (vgl. 2.2.2.).

Der *Konstruktivismus* entstand erst in den 1990er Jahren und ist somit die neueste Theorie internationaler Beziehungen (zum Konstruktivismus vgl. Hopf 1998; Risse 1999; Wendt 1992). Er widerspricht der Annahme, dass Staaten rationale Nutzenmaximierer seien und auf relative oder absolute Gewinne zielen würden. Interessen sind im Konstruktivismus nicht extern gegeben, sondern werden von Werten und Normen beeinflusst, die jede Realität als ein soziales Konstrukt formen. Um das außenpolitische Verhalten von Staaten zu erklären, muss die Identität und das Rollenverständnis eines Staates und seiner Gesellschaft untersucht werden. Identität und Rollenverständnis sind ein Resultat kultureller Prägungen, historischer Erfahrungen und gesellschaftlicher Normen. Diese hätten ein höheres Gewicht in der Außenpolitik als konkrete Gewinnerwartungen oder sich verändernde materielle Umstände.

Hanns Maull (1992; 2000) hat mit dem Konzept des „Zivilstaates" veranschaulicht, warum die Bundesrepublik Deutschland ihr außenpolitisches Verhalten nicht wesentlich verändert hat – trotz nach 1990 deutlich gewandelter nationaler wie internationaler Lage. Nur ihr über Jahrzehnte gewachsenes Rollenverständnis und die Norm der multilateralen Zivilisierung internationaler Politik könnten diese Kontinuität erklären. Hinsichtlich der Veränderung internationaler Politik durch Globalisierung kann uns der Konstruktivismus allerdings nur teilweise weiterhelfen, da er Wandel – hier den Wandel von Normen – bisher noch nicht auf verallgemeinerungsfähige Weise konzipiert hat. Nach dem Konstruktivismus verändert Globalisierung internationale Beziehungen dann, wenn sie positiv oder negativ in das Wertemuster einer Gesellschaft übernommen wird. Wann, warum und wie dies möglicherweise geschieht, bleibt aber offen bzw. unterspezifiziert. Außerdem bleibt offen, ob Globalisierung gesellschaftliche Wertemuster möglicherweise auf eine kooperations*hemmende* Weise verändert.

Zusammenfassend ist daher festzuhalten, dass uns die Theorien internationaler Beziehungen keine eindeutige Vermutung, kein klares Antwortmuster auf die Frage geben, wie Globalisierung internationale Politik beeinflusst. Eine Ergänzung der Theorien ist daher nötig, die das Format einer Theorie mittlerer Reichweite haben sollte, um die spezifischen Wirkungen von Globalisierung auf internationale Politik von Staaten in den letzten zwei Dekaden zu erklären. Dazu sollen die ausgeführten Ansätze genutzt und zugeschnitten auf die Charakteristiken von Globalisierung integrativ angewandt werden.

6.2. Kooperation durch Globalisierung? Hypothesen eines integrativen Ansatzes

Eine Theorie zu den außenpolitischen Wirkungen von Globalisierung muss mit der Liberalen Theorie, d.h. einer gesellschaftsorientierten These beginnen, da der Einfluss globaler Märkte ja in erster Linie ein transnational-privater ist. Nicht Staaten werden verändert, sondern die materiellen Handlungsbedingungen von Staaten durch stärkeren grenzüberschreitenden Wettbewerb und einer stärkeren Ausrichtung von gesellschaftlichen Gruppen am Weltmarkt. Wie zu Beginn des Exkurses begründet, stimulieren diese Wirkungen von Globalisierung weltmarktorientierte Reformen als Anpassung der Regierungspolitik. Damit werden internationale Aktivitäten der Regierung attraktiv, die diese Reformen befördern. Hierzu lässt sich folgende These aufstellen:

Wenn Globalisierung über ihren Einfluss auf Wirtschaft und Gesellschaft weltmarktorientierte Reformen stimuliert, dann gewinnen Staaten ein Interesse daran, diese Reformen durch internationale Kooperation effizienter zu gestalten, etwa über eine multilaterale Absicherung des neuen Kurses und eine Vergrößerung des Binnenmarktes.

Da nicht davon auszugehen ist, dass eine Veränderung der materiellen Handlungsbedingungen eine Regierung zwangsläufig zu Verhaltensänderungen bewegt, ist eine Berücksichtigung konstruktivistischer Perspektiven sinnvoll, mit denen ein Normwandel erfasst werden kann. Hier wäre zu vermuten, dass das durch Globalisierung gewachsene Gewicht marktliberaler Positionen die wirtschaftspolitische Ausrichtung einer Gesellschaft zugunsten globaler Wettbewerbsfähigkeit verändert und Reformen stimuliert. Da Reformen aber immer auch Verlierer produzieren, sind entgegen gesetzte gesellschaftliche Einflüsse und Normen zu erwarten, die eine demokratisch gewählte Regierung in ein Legitimationsdilemma bringen. Wie reagiert eine Regierung außenpolitisch auf den Reformdruck und den Widerstand gegen Reformen? Es kann vermutet werden, dass sie nach internationalen Instrumenten sucht, die ihr die Durchführung von Reformen erleichtert und sie gleichzeitig gegenüber gesellschaftlichem Widerstand politisch schützt. Dies kann sie durch internationale Selbstbindung an einen Kurs erreichen, für dessen Fortsetzung sie dann nicht mehr allein verantwortlich ist und dessen Legitimität durch multilaterale Zustimmung erhöht wird. Folgende These scheint hierfür plausibel:
Wenn eine Regierung infolge des Reformdrucks globaler Märkte konkurrierenden gesellschaftlichen Normen ausgesetzt ist, dann wird eine internationale Kooperation attraktiv, die eine Anpassung an Globalisierung durch multilaterale Verankerung politisch verträglicher macht, als sie rein national möglich wäre.

Die beiden Hypothesen erfassen die Motivation von Regierungen, internationale Kooperation als Folge von Globalisierung anzustreben. Sie sind daher integrativ wie komplementär zu bestehenden Theorien und schaffen eine erste Konkretisierung. Außerdem lassen sie bereits den Charakter der Zusammenarbeit vermuten – nämlich eine weltmarktorientierte Verankerung nationaler Reformen auf zwischenstaatlicher Ebene. Sie können aber nicht erklären, wie sich das gleichgerichtete Interesse von Staaten in intergouvernementalen Verhandlungen umsetzt. Hierfür scheinen Annahmen des Neorealismus adäquat, die die Machtverteilung zwischen Staaten berücksichtigen. Dies ist aber nur dann theoretisch möglich, wenn die neorealistische These vom kooperationshemmenden Autonomieziel abgeschwächt wird zugunsten des Wunsches nach Einfluss (Rittberger 1999).

Grundlegend für die hier verfolgte Argumentation bleibt aber die „liberale“, interne Motivation für Kooperation durch Globalisierung und somit das Ziel, absolute Gewinne gegenüber der Alternative der Nicht-Kooperation zu erreichen. Überzeugend – aber ohne Globalisierungswirkungen zu berücksichtigen – wurde der Zusammenhang zwischen gesellschaftsorientierter Interessenbildung und zwischenstaatlichen Verhandlungen von Andrew Moravcsik in seinem „liberalen Intergouvernementalismus" entwickelt (Moravcsik 1993, vgl. 4.1.1.). Konzipiert man Macht nicht nur als „power over resources", sondern auch als „power over outcomes" (vgl. 2.3.), so kann folgende These aufgestellt werden:

Wenn Staaten durch die Wirkungen von Globalisierung ein gleichgerichtetes Interesse an Kooperation entwickeln, sich aber hinsichtlich der Stärke dieses Interesses und ihrer Ressourcenausstattung unterscheiden, dann wird ihr Einfluss auf die Kooperationsverhandlungen diese Unterschiede wiederspiegeln.

Mit diesen grob skizzierten Hypothesen kann nun sowohl die Entstehung von Kooperation durch Globalisierung, als auch die Form der Kooperation erfasst werden. Demnach verändert Globalisierung internationale Politik von Staaten, indem sie über ihre Wirkungen auf Staat und Gesellschaft nationale Reformen stimuliert, zu deren Durchführung zwischenstaatliche ökonomische Zusammenarbeit attraktiv wird. Im Ergebnis kann Globalisierung zu einer Ausweitung des politischen Raumes über nationale Territorien hinaus führen. Im Folgenden möchte ich die Hypothesen anhand regionaler Kooperation in Europa, Nordamerika und Südamerika kurz empirisch illustrieren.

6.3. Anwendung der Thesen: Kooperation durch Globalisierung

Gegenstand dieser Skizze sind das Binnenmarktprojekt 1992 und die Währungsunion in Europa, das Nordamerikanische Freihandelsabkommen NAFTA und der Gemeinsame Markt in Südamerika Mercosur (zum Folgenden Schirm 2001: 74-204). Sie stehen für die Welle neuer ökonomischer Kooperation in den letzten 15 Jahren, d.h. für den zunehmenden Prozess der regionalen Ausweitung politischer Räume durch zwischenstaatliche Zusammenarbeit mit dem Instrument des „pooling of sovereignty" – wie es Keohane und Hoffmann (1990: 277) genannt haben. Inwieweit kann nun diese Entwicklung empirisch auf weltwirtschaftliche Globalisierung zurückgeführt werden?

Zur ersten Hypothese über die Stimulierung weltmarktorientierter Reformen infolge der Wirkungen von Globalisierung auf Staat und Gesellschaft. Tatsächlich haben sowohl die westeuropäischen Staaten, wie auch die lateinamerikanischen Schwellenländer in den 80er Jahren in unterschiedlichem Ausmaß marktliberale Reformen durchgeführt und sich von früheren eher binnenorientiert-interventionistischen Modellen verabschiedet. In Europa waren diese traditionellen Modelle Varianten keynesianischer Politik und in Lateinamerika die staatlich gesteuerte Industrialisierung zur Substitution von Importen. In allen Fällen kann eine Erhöhung der Kosten dieser binnenorientierten Politik durch Globalisierung festgestellt werden: Keynesianisches „deficit-spending" verteuerte sich durch die Globalisierung der Finanzmärkte, Nachfragestimulierung floss infolge gestiegener Außenhandelsverflechtung überproportional ins Ausland ab, und mangelnde globale Konkurrenzfähigkeit führte zu Wettbewerbsproblemen – um nur einige Stichworte zu Westeuropa zu nennen (vgl. Kap. 3.1.5.). In Lateinamerika wurden die Reformen ganz wesentlich durch die Krise der Auslandsverschuldung in den 80er Jahren verursacht: Lateinamerika hatte sich durch die massive Aufnahme von Krediten stark in die gerade globalisierten Finanzmärkte integriert, es aber versäumt, seine Wirtschaftspolitik auf die Bedienung des Schuldendienstes etwa durch vermehrte Exportüberschüsse und globale Wettbewerbsfähigkeit auszurichten (vgl. Kap. 3.1.6.). Auch hier war Globalisierung ursächlich für die Krise des früheren Modells und für marktliberale Reformen als Anpassung an die Erwartungen globaler Märkte.

Zur ökonomisch effizienteren Durchführung des neuen Kurses wurde nach Aussagen aller beteiligten Regierungen eine Verankerung der Reformen in regionaler Zusammenarbeit attraktiv: Erstens konnte durch einen größeren Binnenmarkt die Anziehungskraft des eigenen Standortes für Investitionen verbessert werden. Zweitens konnten Spezialisierungs- und Skaleneffekte die Wettbewerbsfähigkeit verbessern und drittens konnten die gravierenden Wettbewerbsschocks vermieden werden, die eine uneingeschränkte Öffnung gegenüber dem Weltmarkt erzeugt hätte. Im Ergebnis passten sich die Regierungen als rationale Nutzenmaximierer den durch Globalisierung veränderten wirtschaftspolitischen Bedingungen an, nachdem sie seit den 70er Jahren den Globalisierungsprozess auch wesentlich in Gang gesetzt hatten.

Die zweite Hypothese führt zur Untersuchung des wirtschaftspolitischen Normwandels. Auch hier lässt sich eine deutliche Verschiebung normativer Vorstellungen konstatieren, die trotz unterschiedlicher Intensität eine ähnliche Richtung in allen beteiligten Staaten hatte. Beispiele sind die Regierungszeit Thatchers in Großbritannien, der Kurswechsel von Mitterrands Sozialisten in Frankreich und die lateinamerikanischen Reformer wie Salinas in Mexiko und Menem in Argentinien. Die neuen Vorstellungen von der Überlegenheit marktliberaler Stabilitätspolitik basierte in allen Staaten (1) auf dem Erlebnis des Scheiterns der früheren Ansätze und (2) auf dem quantitativ wie politisch gewachsenen Gewicht transnational orientierter Wirtschaftssektoren an der Gesamtwirtschaft. Diese Sektoren waren durch Globalisierung nicht nur als Prozentsatz des BSP gewachsen, sondern erlangten durch ihre „exit"-Drohungen auch verstärkt politischen Einfluss. Der Normwandel, d.h. die Überzeugung, mit wettbewerbsorientierter Politik sei Wachstum und Wohlfahrt besser zu erreichen, setzte sich in den 1990er Jahren fort und manifestiert sich in unterschiedlichem Ausmaß beispielsweise in der programmatischen Konzeption von Blairs New Labour und in Schröders Erfolg gegenüber Lafontaine 1999.

Die marktliberale Orientierung der neuen Kooperationsabkommen kann also nicht nur wie eben geschehen mit einer Veränderung der materiellen Handlungsbedingungen erklärt werden, sondern auch durch eine Veränderung wirtschaftspolitischer Normen. Beide theoretischen Zugänge betreffen zwei Seiten desselben Phänomens. Allerdings waren alle Regierungen auch entgegen gesetzten normativen Haltungen ausgesetzt, da Teile der Bevölkerung im neuen Kurs eine Bedrohung ihrer materiellen Situation bzw. ihres Wertemusters sahen. Für diesen Punkt lässt sich in allen drei Beispielen regionaler Kooperation zeigen, dass die Regionalisierung des wirtschaftspolitischen Raumes auch innenpolitische Funktionen für die Regierungen erfüllt: Mit dem Verweis auf die multilateralen Verträge nutzten Regierungen die Abkommen sowohl zur externen Legitimierung ihrer Politik als auch zur Verringerung ihrer Rechenschaftspflicht – man sei ja nun nicht mehr allein verantwortlich, könne keine nationalen Maximalpositionen durchsetzen und müsse auf die regionale Kompromissfindung Rücksicht nehmen. Diese internationale Selbstbindung erhöhte den Handlungsspielraum der Regierungen gegenüber innenpolitischen Kritikern. Insofern verändert Globalisierung nicht nur ökonomische Normen und Rahmenbedingungen, sondern über neue internationale Kooperation auch die innenpolitische Balance zugunsten der Exekutive und zu Lasten korporativer Interessengruppen (Schirm 2001b).

Mit der dritten, eher neorealistischen These, können zwar die Ursachen für die neuen Kooperationsabkommen nicht erklärt werden. Allerdings erscheint ein macht-orientierter Ansatz sinnvoll zur Beantwortung der Frage, wer sich in den zwischenstaatlichen Verhandlungen stärker durchsetzen kann. Es ist wenig überraschend, dass sich tatsächlich in jedem Fall eine größere Durchsetzungsfähigkeit der wirtschaftlich potenteren Staaten gegenüber den kleineren zeigen lässt. So entspricht die Konzeption des

Mercosur eher den Zielen Argentiniens und Brasiliens als denjenigen Paraguays und Uruguays und im Vergleich der beiden großen Länder auch stärker den brasilianischen Vorstellungen. Ähnliches gilt für die NAFTA, wo sich Mexiko weitgehend den USA angepasst hat. Interessanter ist der europäische Fall, wo sich zwar auch deutsche, britische und französische Positionen durchgesetzt haben. Allerdings mussten die drei „Großen“ aufgrund des stark verrechtlichten Charakters der Kooperation in der EU auch erhebliche Zugeständnisse an die anderen Mitgliedsstaaten machen und konnten die Überlegenheit ökonomischer Ressourcen nicht so stark wie etwa die USA und Brasilien umsetzen. Die Institutionalisierung gemeinsamer Regeln verringerte die Ausübung nationaler Macht. Kompromisse (Package-Deals) und finanzielle Gegenleistungen (Side-Payments) an die kleinen Mitgliedstaaten waren in Europa nötig, um die erforderliche Zustimmung zu finden (Moravcsik 1998). Zwischen Frankreich und Deutschland spielte vor allem eine Rolle, dass Deutschland weniger an einer Währungsunion interessiert war und somit die größere Verhandlungsmacht besaß und die letztendliche Form der EWU daher stärker prägen konnte als Frankreich. Diese Beispiele zeigen, dass zur Erklärung der internationalen Verhandlungsresultate eine Berücksichtigung machtorientierter Ansätze wichtig ist.

6.4. Fazit

Zwei Schlussfolgerungen lassen sich festhalten: eine zur empirischen Veränderung internationaler Politik durch Globalisierung und eine zu den Theorien internationaler Beziehungen. *Empirisch* führt Globalisierung offensichtlich nicht zum Ende des Nationalstaates oder zur Entgrenzung der Staatenwelt. Vielmehr stimuliert die Zunahme privater grenzüberschreitender Aktivitäten eine Zunahme zwischenstaatlicher Kooperation auf wirtschaftlichem Gebiet. Insofern führt die Transnationalisierung wirtschaftlicher Räume zur Ausweitung politischer Räume aufgrund der gemeinsamen Regelung von Politikbereichen durch mehrere Staaten. Die neuen Integrationsabkommen dokumentieren dies deutlich und veranschaulichen die gemeinsame wirtschaftspolitische Gestaltungsfähigkeit von Nationalstaaten. Der kausale Zusammenhang führt von der transnational-gesellschaftlichen Ebene der Globalisierung zunächst zu einer Veränderung ökonomischer wie politischer Kosten und Anreize für Regierungen. Hier werden durch einen Wandel materieller Handlungsbedingungen und ideeller Überzeugungen weltmarktorientierte Reformen auf nationaler

Ebene stimuliert. Diese machen vermehrte internationale Zusammenarbeit mit anderen Staaten attraktiv: Zum einen können durch die multilaterale Verankerung nationaler Politik ökonomische Effizienzgewinne erzielt werden, die durch den Wettbewerbsdruck der Globalisierung wichtiger geworden sind. Zum anderen kann den Kritikern der neuen Politik mit einer internationalen Selbstbindung bzw. Verlagerung von Verantwortlichkeiten auf die internationale Ebene begegnet werden.

Aber Globalisierung stimuliert auch auf andere Weise internationale Kooperation, da sie den „souveränitätspolitischen" Preis internationaler Abkommen verringert: Durch die marktliberalen Reformen reduziert der Staat ohnehin seine frühere interventionistische Rolle in der Wirtschaftspolitik und öffnet den Binnenraum nach außen. Dadurch und durch den gewachsenen transnationalen Anteil an der Gesamtwirtschaft verringerte sich faktisch das Ausmaß an staatlicher Kontrolle, was wiederum die rechtliche Einschränkung staatlicher Handlungsautonomie durch Abkommen mit anderen Staaten erleichtert. Insofern reduziert Globalisierung den „Preis" der Einschränkung staatlicher Souveränität durch zwischenstaatliche Kooperation.

Für die *Theoriedebatte* wird deutlich, dass die Veränderung internationaler Beziehungen durch Globalisierung durch eine Nutzung von Elementen aller drei großen Theorierichtungen erfasst werden kann. Internationale Politik ist Politik zwischen Staaten und muss daher auch weiterhin machtorientierte Ansätze des Neorealismus in ihre Erklärung einschließen. Allerdings kann auf dieser Ebene die Veränderung internationaler Politik durch Globalisierung nicht erklärt werden. Dies liegt wesentlich am gesellschaftlichen Charakter von Globalisierung, die ja durch die grenzüberschreitende Interaktion privater Gewinnmaximierer und weltmarktorientiertes Denken konstituiert ist. Die Akteure der Globalisierung sind somit sowohl extern wie intern und heben damit die konzeptionelle Grenze zwischen „Innen" und „Außen" auf. Wir erleben zwar keine Entgrenzung der Staatenwelt, aber eine Entgrenzung wirtschaftlicher Räume. Zur Erfassung von Veränderungen durch Globalisierung ist daher eine gesellschaftsorientierte Theorie zentral. Diese kann sich aber nicht in der Konzipierung des Wandels materieller Handlungsbedingungen erschöpfen, sondern erfordert auch eine Berücksichtigung des Wertewandels einer Gesellschaft. Die durchaus unterschiedlichen Einstellungen zur Globalisierung in den Industrieländern – etwa in den USA und Deutschland – machen deutlich, wie stark Realität sozial konstruiert ist, wie stark unser Handeln von grundlegenden Überzeugungen über das Verhältnis von Staat und Individuum geprägt ist (vgl. Kap. 3.3.).

Insofern führt die Frage nach der Veränderung internationaler Politik durch Globalisierung nicht nur zur Überwindung theoretischer Gegensätze, sondern ermöglicht auch eine Integration wichtiger Thesen der Theorien. Im Kern verschiebt sich allerdings der interpretative Fokus auf die transnationale Ebene und macht die Relevanz grenzüberschreitender ökonomischer Interaktionen für die empirische wie für die theoretische Erfassung staatlichen Handelns deutlich. Außerdem zeigt der hier vorgeschlagene integrative Ansatz, wie wichtig eine stärkere Berücksichtigung der politischen Ökonomie für die theoretische Erklärung und die empirische Untersuchung internationaler Beziehungen ist. Während diese Disziplin in Deutschland noch ausgebaut werden muss, gehört „International Political Economy" in den USA und Großbritannien zum Kern des politikwissenschaftlichen Curriculums. Eine Vertiefung dieser Forschungsrichtung in Deutschland scheint dringend geboten.

Arbeitsfragen zum Exkurs 6.:

- Warum kann der Neorealismus die Wirkung von Globalisierung nicht erklären?
- Warum ist die Liberale Theorie für die Erklärung von Globalisierung besonders geeignet?
- Wie kann Globalisierung zwischenstaatliche Kooperation stimulieren?

Literatur zum Exkurs 6.:

Garrett, Geoffrey 2000: The Causes of Globalization, in: Comparative Political Studies 33/6-7: 941-991.

Garten, Jeffrey E 1993.: Der Kalte Frieden. Amerika, Japan und Deutschland im Wettstreit um die Hegemonie, Frankfurt/M.

Grieco, Joseph M. 1988: Realist Theory and the Problem of International Cooperation, in: The Journal of Politics 50/3: 600-624

Hopf, Ted 1998: The Promise of Constructivism in International Relations Theory, in: International Security 23/1: 171-200

Jervis, Robert 1999: Realism, Neoliberalism, and Cooperation. Understanding the Debate, in: International Security 24/1: 42-63

Keohane, Robert O. (Ed.) 1986: Neorealism and its Critics, New York.

Keohane, Robert O./Hoffmann, Stanley 1990: Conclusions: Community Politics and Institutional Change, in: Wallace, William (Ed.): The Dynamics of European Integration, London: 276-300

Keohane, Robert O./Nye, Joseph 1977 Power and Interdependence. World Politics in Transition, Boston MA.

Kohler-Koch, Beate 1990: „Interdependenz“, in: Rittberger, Volker (Hrsg.): Theorien der Internationalen Beziehungen. Bestendsaufnahme und Forschungsperspektiven (PVS Sonderheft 21), Opladen: 110-129

Legro, Jeffrey W./Moravcsik, Andrew 1999: Is Anybody Still a Realist?, in: International Security 24/2: 5-55

Link, Werner 1998: Die Neuordnung der Weltpolitik. Grundprobleme globaler Politik an der Schwelle zum 21. Jahrhundert, München.

Maull, Hanns W. 2000: Germany and the Use of Force: Still a „Civilian Power“?, in: Survival 42/2: 56-80

Maull, Hanns W. 1992: Zivilmacht Deutschland. Vierzehn Thesen für eine neue deutsche Außenpolitik, in: Europa-Archiv, Folge 10/92: 269-278

Moravcsik, Andrew 1993: Preferences and Power in the European Community: A Liberal-Intergovernmental Approach, in: Journal of Common Market Studies 31/ 4: 473-524

Moravcsik, Andrew 1997: Taking Preferences Seriously: A Liberal Theory of International Politics, in: International Organization 51/4: 513-553

Moravcsik, Andrew 1998: The Choice for Europe. Social Purpose and State Power from Messina to Maastricht, Ithaca N.Y.

Risse, Thomas 1999: Identitäten und Kommunikationsprozesse in der internationalen Politik – Sozialkonstruktivistische Perspektiven zum Wandel in der Außenpolitik, in: Medick-Krakau, Monika (Hrsg.): Außenpolitischer Wandel in theoretischer und vergleichender Perspektive: Die USA und die Bundesrepublik Deutschland, Baden-Baden: 33-57

Rittberger, Volker (Hrsg.) 1995: Regime Theory and International Relations, Oxford.

Rittberger, Volker 1999: Deutschlands Außenpolitik nach der Vereinigung. Zur Anwendbarkeit theoretischer Modelle der Außenpolitik: Machtstaat, Handelsstaat oder Zivilstaat?, in: Bergem, Wolfgang/Ronge, Volker/Weißeno, Georg (Hrsg.): Friedenspolitik in Europa, Opladen: 85-87

Rosecrance, Richard 1986: The Rise of the Trading State. Commerce and Conquest in the Modern World, New York.

Schirm, Stefan A. 2001: Globale Märkte, nationale Politik und regionale Kooperation in Europa und den Amerikas, Baden-Baden (2. Aufl.)

Schirm, Stefan A. 2001b: Wie Globalisierung nationale Regierungen stärkt. Zur politischen Ökonomie staatlicher Antworten auf Globalisierung, in: Landfried, Christine (Hrsg.): Politik in einer entgrenzten Welt: 133-150.

Schirm, Stefan A. 2002: Raum, Globalisierung und Theorien internationaler Beziehungen, in: Schmitt, Karl (Hrsg.): Politik und Raum, Baden-Baden: 43-58

Thurow, Lester 1992: Head to Head. The Comming Economic Battle among Japan, Europe, and America, New York.
Wendt, Alexander 1992: Anarchy is what States Make of it, in: International Organization 46/2: 391-425.